Sotill · Es gibt nur einen Gott und eine Menschheit

For there is
one God
and one mankind

Graz and its Jewish citizens

Wolfgang Sotill

Es gibt nur einen Gott und eine Menschheit

Graz und seine jüdischen Bürger

Herausgegeben von
Kurt D. Brühl und Helmut Strobl

Mit einem Beitrag von Elisabeth Welzig
und Bildern von Christian Jungwirth
Ins Englische übersetzt von James Jolly

:STYRIA

Inhalt

Die Deutsche Bibliothek –
CIP-Einheitsaufnahme
Sotill, Wolfgang:
Es gibt nur einen Gott und
eine Menschheit : Graz und
seine jüdischen Bürger / Wolf-
gang Sotill. – Graz ; Wien ;
Köln : Verlag Styria, 2001
ISBN 3-222-12838-3

© 2001 Verlag Styria
Graz Wien Köln

Gestaltung: Siegfried Jesch
Satz und Reproduktion:
Reprozentrum Klagenfurt
Druck: Carinthian Bogen-
druck, Klagenfurt

ISBN 3-222-12838-3

Content

© 2001 Verlag Styria Graz
Vienna Cologne

No parts of this work may
be reproduced in any form
(by photography, microfilm,
or other method) or processed
using electronic systems without the written permission of
the publisher.

Design: Siegfried Jesch.
Typeset and reproduction:
Reprozentrum Klagenfurt
Printed by: Carinthian
Bogendruck, Klagenfurt

ISBN 3-222-12838-3

Anstelle zweier Vorworte: ein Gespräch

Konsul Kurt D. Brühl

Die beiden Herausgeber des vorliegenden Buches, Konsul Kurt David Brühl, Präsident der Israelitischen Kultusgemeinde Graz (IKG), und DI Helmut Strobl, Grazer Kulturstadtrat, über die steirische Landeshauptstadt und das politische Klima seit 1945.

Bei der feierlichen Übergabe der neuen Synagoge an die IKG am 9. November 2000 fiel die Bemerkung: „Es ist großartig, dass es diese Synagoge gibt. Aber warum erst jetzt?"

STROBL: Die Frage ist berechtigt. Tatsächlich liegen zwischen der sogenannten Reichskristallnacht, in der die alte Synagoge eingeäschert wurde, und der Übergabe des Neubaus auf den Tag genau 62 Jahre. Dass es einer so langen Zeit bedurft hat, kommt aber nicht von ungefähr. Tatsächlich war nach dem Krieg eine neue politische Generation von unbelasteten Entscheidungsträgern notwendig geworden. Und diese haben dann – einstimmig – am 21. Oktober 1998 im Stadtparlament den Beschluss für die Wiedererrichtung der Synagoge gefasst. Die vorausgegangene Politikergeneration, nämlich jene, die selbst im Krieg war, war nach 1945 zu einem derartigen Entschluss offenbar noch nicht in der Lage.

Ich möchte die eingangs gestellte Frage nicht relativieren, aber es ist doch wichtig darauf zu verweisen, dass dem Neubau der Synagoge bereits in den achziger Jahren andere Aktivitäten der Stadt Graz vorausgegangen sind. Dazu zählen die Sanierung der Aufbahrungshalle und die des jüdischen Friedhofs. Und aus dieser Logik heraus stellte sich schließlich auch die Frage nach der Wiedererrichtung der Synagoge. Dabei ist es wichtig zu betonen: Die Kultusgemeinde hat diesbezüglich keine Wünsche an die Stadt herangetragen und schon gar keine Forderungen.

BRÜHL: Wir waren tatsächlich sehr positiv überrascht, als sich die Stadt 1988 an die Kultusgemeinde gewandt hat und uns ihre Hilfe zugesagt hat. Wir waren dafür sehr dankbar, wenngleich ich auch bemerken muss: Es herrschte zwischen 1945 und 1988 schon eine sehr lange Zeit des Schweigens.

The two editors of this book – Kurt David Brühl, president of the Graz IKG, and Helmut Strobl, Graz city council member for cultural affairs – discuss the Styrian capital and its political climate since 1945.

At the ceremony on November 9, 2000 in which the new synagogue was presented to the Jewish community, we heard the words "It's great that we have this synagogue, but why not before now?"

STROBL: The question is justified. Indeed, it was 62 years to the day from the so-called "Reichskristallnacht", when the old synagogue was reduced to ashes, to the dedication ceremony for the new synagogue. But it was no coincidence that it took so long. After the war, it took a new political generation of decision makers, unburdened by past deeds. And on October 21, 1998 these decision makers –

Instead of two Forewords: a Conversation

Nun stellt die Übergabe der Synagoge einen gewissen Wendepunkt dar. Damit ist auch die Zeit für einen Ausblick gekommen.

BRÜHL: Natürlich wird mit diesem Gebäude auch ein Neubeginn verbunden sein – ein Aufbruch in eine neue Zukunft. Zunächst muss es aber auch ein Rückblick sein: Die Kultusgemeinde hat heute – unverschuldet – nur mehr rund einhundert Mitglieder. Vor dem Krieg waren es zwischen 2300 und 2500 Seelen gewesen. Die meisten Menschen wurden vertrieben, ermordet und für die wenigen, die zurückkamen, war es in den Wirren der Nachkriegszeit nicht einfach, eine Kultusgemeinde aufzubauen. Viele Grazer Juden blieben auch in dem 1948 gegründeten Judenstaat, in dem nun jene Sehnsucht manifest wurde, die Theodor Herzl schon 50 Jahre zuvor angesprochen hatte, wenn er sagte: „Wenn ihr wollt, ist es kein Märchen". Natürlich hege ich die Hoffnung, dass durch die neue Synagoge ein gewisser Zuzug von Juden nach Graz erreicht

unanimously – passed a resolution in the city council to rebuild the synagogue. The previous generation, the one which had taken part in the war, was apparently not yet capable of such a resolution, even after 1945. I don't want to rationalize the issue, but it is important to point out that prior to the reconstruction of the synagogue, in the 80's, the city initiated other activities. These included the restoration of the funeral hall and the Jewish cemetery. And this logically led to the project of rebuilding the synagogue. Here it is important to emphasize that the Jewish community did not approach the city with any requests, much less demands.

BRÜHL: We were really quite surprised when, in 1988, the city approached the Jewish community and offered its assistance. We were very grateful, even if I do have to point out one thing: the time between 1945 and 1988 was a very long period of silence.

The dedication of the synagogue now represents a certain juncture. It's time to look to the future.

BRÜHL: Of course this building represents a new beginning and a step into the future. But for the moment it must also be a look back into the past: Through no fault of its own, the Jewish community in Graz now consists of no more than a hundred members. Before the war there were between 2,300 and 2,500 souls. Most of those people were driven out or murdered, and for the few who came back, it wasn't easy to rebuild the community in the turbulent postwar period. Many Jews from Graz remained in the Jewish state, founded in 1948, which manifested the yearning expressed 50 years earlier by Theodor Herzl when he said: "If you want, it doesn't have to be a fairy tale." Naturally, I nourish the hope that the new synogogue will lead to a certain influx of Jews into Graz. And the Jews already residing here will no longer be confronted with the empty site where the temple had stood before 1938.

STROBL: I would like to ad a qualitative aspect to that. When, in 1988, representatives of a new generation – the children of the wartime generation – entered into dialogue with the

Stadtrat Helmut Strobl

werden kann. Und die alteingesessenen Grazer Juden werden fortan nicht mehr mit dem leeren Platz konfrontiert sein, auf dem bis 1938 ihr Gotteshaus gestanden hat.

STROBL: Ich würde das gerne um einen qualitativen Aspekt ergänzen. Als wir, die Vertreter der Söhne-Generation, 1988 die Gespräche mit der Kultusgemeinde aufgenommen haben, musste ich mit Entsetzen zur Kenntnis nehmen, dass es in ihr Mitglieder gab, die gar nicht wollten, dass man von ihnen weiß, dass sie Juden sind. Das ist, so glaube ich, kein guter Zustand. Deswegen bin ich auch überzeugt, dass es wichtig ist, dass die Synagoge da ist und dass dadurch ein jüdisches Leben ermöglicht wird, auch wenn es nur das einer kleinen Gemeinde ist.

Die Synagoge ist auch ein Zeichen der Stadt Graz, die sagt: Wir wollen eine Gemeinde haben und wir wollen sie sichtbar und nicht versteckt haben. Wir wollen eine Situation, in der niemand Angst haben muss, sich zu seinem Glauben zu bekennen. Ich bin überzeugt, wir sind auf einem guten Weg dahin, aber wir sind noch nicht dort, wo wir sein sollten. Aber sicher ist auch, dass Graz, die „Stadt der Volkserhebung", einen besonders schlechten Ruf gehabt hat und heute wirklich ganz anders orientiert ist. Wir stehen heute auch woanders als 1955, dem Jahr, in dem Österreich wieder frei wurde. Wir stehen auch woanders als selbst 1968, als protestierende Studenten von ihren Eltern die Erinnerung an den Zweiten Weltkrieg mit all seinen Auswüchsen einforderten. Der Umdenkprozess hat 1988 begonnen. Wir haben erkannt, dass wir etwas tun müssen.

BRÜHL: Auch wir wollen uns als IKG weiterentwickeln, und zwar nach außen und anderen Religionsgemeinschaften gegenüber. Das tun wir sehr gerne. Ausgegangen ist die Initiative dazu hauptsächlich von den christlichen Kirchen, von denen wir das ehrliche Gefühl haben, dass sie die Begegnung suchen. Es ist das Bestreben der jetzigen Jugend, sich mit uns gemeinsam in Graz ein neues Leben aufzubauen.

Jewish community, I discovered with horror that there were members who did not want anyone to know that they were Jews. I don't think that's a good situation. That is why I am convinced that it is important that we have the synagogue and that it promotes Jewish life, even if it is only in a small community. The synagogue is also a symbol with which the City of Graz says: we want to have a Jewish community and we want it to be visible, not hidden. We want a situation in which no one needs to be afraid to profess his faith. I am convinced that we are on the way to achieving that situation, but we are not yet where we should be. But one thing is certain: Graz, which once had a very bad reputation, truly has a different orientation today. We have come a long way since 1955, the year in which Austria regained its freedom. We have also come a long way since 1968, when protesting students demanded that their parents remember World War II and all that accompanied it. The process of finding a new orientation began in 1988. We recognized that we must do something.

BRÜHL: We of the IKG also want to want to continue to develop as a community, outwardly and in relation to other religious groups. We are happy to do that. The initiative for this came from the Christian churches, and we have the feeling that they are sincerely interested in dialogue. The young people of today want to build a new life together with us in Graz.

Vertrau dir selbst nicht

Beim Wandern durch die Felder habe ich öfter den alten steirischen Bauern Porgaj getroffen, der seine Felder betrachtete. Hier gilt er als ein sehr reicher Bauer, ein Großbauer. Stets trug er seine Gabel, eine Sichel oder eine Sense mit sich. Er sah sich um und bemerkte sofort die niedergetrampelten Stellen. Er schüttete mir sein Herz aus und beklagte sich über die Jugend, die kein Herz für seine geliebten Felder habe. Um den Weg abzukürzen oder auch einfach so, trampeln sie in die Felder und die Weiden hinein und vernichten alles. Und erst die Liebespaare, die Liebespaare …! Jeden Sonntag kommen sie aus der nahen Stadt und wälzten sich im Klee und manchmal auch in den Getreidefeldern. Der Hagel ist noch besser als die! Porgaj, der schon 70 Jahre alt ist, war noch nie in Versuchung gekommen, seinen Fuß vom Weg ab in ein Feld zu setzen. Einmal war ihm auf diesem Weg eine Schlange begegnet. Er erschlug sie auf der Stelle mit der Heugabel, wich aber nicht einen Schritt ins Feld aus, um nur nicht das Getreide zu beschädigen. „Wir, die Alten, haben noch Ehrfurcht vor einem Getreidefeld."

Über dieses und jenes hat dieser einfache Bauer mit mir gesprochen und er hat meinen Antworten und Erörterungen mit Interesse zugehört. Aber nachdem die Nazis an die Macht gekommen waren, hat er sich plötzlich von mir abgewandt, er ignorierte mich und vermied es, mit mir zusammenzutreffen.

Aus Angst oder aus Scham? Sah er mich von weitem, versuchte er alles Mögliche, um mir nicht direkt zu begegnen, und wich aus.

Eines Tages trafen wir uns auf einem schmalen Feldweg und er hatte keine Möglichkeit auszuweichen. Nicht nach rechts und nicht nach links. Was wird er tun? In diesem Fall konnte der alte Mann seinen Prinzipien nicht treu bleiben. Er ging ins Feld. ER ging ins FELD! Also: Vertraue dir bis zu deinem Tod selbst nicht!

Gershon Schoffmann

Don't even trust yourself

Hiking through the countryside, I often met the old Styrian farmer Porgaj, out inspecting his fields. Around here, he was considered a very rich farmer. He always carried a pitchfork, a sickle, or a scythe. He would look around for any places which had been trampled down. He poured his heart out to me, complaining about the young people and their lack of respect for his beloved fields. In order to take a short cut, or sometimes for no reason at all, they would just trample across his fields and meadows, destroying everything. And the couples, the couples in love...! On Sundays they would come out from town and roll around in the clover, sometimes even in the grain fields. They were worse than hail! Porgaj, who was over 70, had never, ever, been tempted to leave the path and set foot in a field. Once, he came across a snake. He killed it on the spot with the pitchfork, but didn't budge an inch, so as not to damage the grain. "We old folks still have respect for a grain field."

This simple farmer would talk to me about this and that, and listen with interest to my answers and explanations. But once the Nazis took power, he suddenly turned his back on me, ignored me, and avoided meeting me. Out of fear, or out of shame? If he saw me from afar, he would do everything possible to avoid an encounter. One day, we met on a narrow path in a field, and there was no way we could avoid each other. Not to the right, not to the left. What would he do? In this case, the old man could no longer be true to his principles. He simply went across the field. HE went across the FIELD! The moral is: As long as you live, don't even trust yourself!

Gershon Schoffmann

Zur Einbegleitung

Rabbi, es wäre mir ein Bedürfnis, mit Ihnen jetzt gemeinsam das Vaterunser zu beten." Man könnte vermuten, dieses abwegige Ansinnen, das eine ältere Dame im Rahmen einer jüdisch-christlichen Bibelwoche in Graz formulierte, sei eine Provokation von christlicher Seite gewesen. Wie sich bald herausstellen sollte, gründete der Wunsch dieser Frau in nichts anderem als in reiner Unkenntnis. Es war Unwissenheit in Bezug auf das Judentum, mit der sie den Rabbiner brüskierte, es war aber auch völlige Ignoranz der eigenen christlichen Tradition gegenüber. Dass hinter dem Herrengebet eine deutlich jesuanische Theologie steht, die von Juden nicht mitgetragen werden kann, war ihr offensichtlich nicht bewusst.

Diese Episode fiel mir ein, als ich beauftragt wurde, ein Konzept für ein Buch zum Thema „Graz und die Juden" zu erstellen. Nach ersten Vorarbeiten wusste ich schon bald, was ich nicht wollte. Dieses Buch sollte keine „Geschichte der Juden in Graz" werden und sich nicht in der Auflistung historischer Fakten erschöpfen. Ich wollte keine wissenschaftliche Abhandlung, sondern ein Lesebuch schreiben.

Dabei war mir die historisch-religiöse Zusammenschau besonders wichtig. Ich habe ganz bewusst versucht, Querverbindungen zwischen Religion und Geschichte, Wirtschaft und Politik herzustellen. Diese umfassende Konzeption wird auch im Titel dieses Buches „Graz und seine jüdischen Bürger" deutlich. Er weist darauf hin, dass jüdisches Leben eng mit der Stadtgeschichte verbunden war und ist. Der inhaltliche Bogen ist dabei so weit gespannt, dass kein Anspruch auf Vollständigkeit bestehen kann.

Darüber hinaus soll dieses Buch einem dialogischen Prinzip folgen, das in jedem Fall von Verständnis der eigenen Position und der des Gegenübers getragen ist. Denn sonst bleibt das, was man so gerne als Dialog zwischen den Religionen bezeichnet, nicht mehr als ein belangloses Gespräch. Eines ohne Tiefgang, eines ohne Konsequenz. Nun stellt sich natürlich die Frage, was kann die Folgerung aus der christlich-jüdischen Begegnung sein? Für die jüdische Seite kann ich als Christ diese Frage nicht beantworten. Für die christliche aber sehr wohl. Es ist notwendig, das Judentum zuerst einmal kennen zu lernen, es zu entmystifizieren und eine Grundhaltung zu entwickeln, die eine Wiederholung des Holocaust unmöglich macht. Dieses Buch will aber für Christen mehr als diese erste und notwendigste Aufgabe erfüllen. Es will wachen Christen, die ihre Religion nicht in Antworten, sondern in Fragen leben, behilflich sein, die Wurzeln der eigenen Religion zu finden.

Es gilt Dank zu sagen: Zunächst jenen, die mein theologisches Vorhaben mitgetragen haben, indem sie mir den Auftrag für diese Publikation erteilten. Namentlich sind dies Mag. Herbert Beiglböck vom bischöflichen Ordinariat Graz-Seckau sowie die beiden Herausgeber des Buches, Konsul Kurt David Brühl, Präsident der Israelitischen Kultusgemeinde Graz, und DI Hel-

Rabbi, it would mean a lot to me to pray the Lord's Prayer with you right now." One might suspect that this inappropriate request, made by an elderly woman during the Jewish-Christian Bible week in Graz, was intended by a Christian as a provocation. But it soon turned out that the woman's wish was based on nothing more than pure ignorance. It was ignorance of Judaism which led her to offend the rabbi, but also total ignorance of Christian tradition. She was apparently not aware that the Lord's Prayer represents a Jesus-oriented theology which cannot be shared by Jews.

I thought of this episode when I was commissioned to outline a concept for a book about "Graz and the Jews." After preparing some initial drafts, I soon found that I knew what I didn't want. I didn't want the book to be a "History of Jews in Graz," composed of mere lists of historical facts.

I didn't want to write a historical treatise, but rather a reader, and I found the historical and religous context especially important. I have consciously tried to illuminate the relationship between religion and history, economics and politics. This comprehensive concept is implied in the title of the book, "Graz and its Jewish Citizens." The title indicates that Jewish life was, and is, closely intertwined with the history of the city. The spectrum of content is so broad that no claim to completeness can be made.

In addition, this book is intended to follow a dialogue principle, which is naturally tied to the understanding of one's own position and that of the partner. Otherwise, what we call dialogue between the religions is nothing more than a trivial conversation, without depth or consistency. Now, of course, the question arises: What can the conclusion of Christian-Jewish encounters be? As a Christian, I cannot answer the question for Jews. But for the Christian side, I can. It is necessary to become acquainted with Judaism, to demystify it and to develop a basic position toward it which makes a repetition of the Holocaust impossible. But this book

Introduction

mut Strobl, Grazer Kulturstadtrat. Mag. Beiglböck
war es vor allem auch, der durch seine ruhigen
und konstruktiven Anregungen das Projekt auch
in schwierigen Phasen vorangetrieben hat. Er sei
ganz besonders herzlich bedankt.

Dass dieses Buch auch einem hohen ästheti-
schen Anspruch gerecht wird, ist vor allem Christian Jungwirth zuzuschreiben. Die ausgezeichnete
Qualität der Bilder spricht für sich. Was sie aber
nicht zeigen, ist Jungwirths Engagement. Es ist
mir ein besonderes Anliegen, dem Jüdischen Mu-
seum in Wien – und dort vor allem Dr. Alfred
Stalzer – für die gute Zusammenarbeit zu danken.
Mit Freude darf ich auch bemerken, dass Fotogra-
fen von internationalem Ruf wie Harry Weber
(Wien) und David Rubinger (Jerusalem) Bilder zur
Verfügung gestellt haben. Reiche Unterstützung
habe ich auch von den Historikern Dr. Heidemarie
Uhl, Mag. Heimo Halbrainer und Univ.-Prof. Dr.
Stefan Karner sowie dem Mediziner Univ.-Prof.
Fred Lembeck erfahren. Einen wichtigen Beitrag
hat auch DI Itzhak Addato (Haifa) geleistet, der
die Abdruckrechte der in Israel verlegten Texte
von Gershon Schoffmann besorgt hat. Gedeihlich
war auch die Zusammenarbeit mit Helmut
Lenhart sowie Siegfried Jesch, die dem Buch sein
äußeres Erscheinungsbild gegeben haben.

Dass ich dieses Projekt überhaupt annehmen
konnte, ist der „Kleinen Zeitung" und deren Che-
fredakteur Erwin Zankel sowie den Kollegen vom
„Extrablatt" unter der Leitung von Gerhard Nöhrer zu verdanken, die meine Karenzierung befür-
wortet haben.

Die Arbeit an einem umfangreichen Werk
schafft auch persönliche Beziehungen oder intensi-
viert diese. Eine ist zu James Jolly, dem Übersetzer
des Buches, gewachsen. Er hat sich tief in die Materie eingearbeitet, um auch tatsächlich alle Nuan-
cierungen des deutsches Textes im Englischen wie-
dergeben zu können.

Das vorliegende Buch hat im Jahr 1999 wesentlich mein Leben und auch das von Mag. Ulla
Nidetzky bestimmt. Ihr habe ich eine kritische inhaltliche und stilistische Begleitung, aber auch so
manch ermunterndes Wort zu verdanken. Das
sichtbare Ergebnis dieser bereichernden Zusammenarbeit sei nun den Lesern überantwortet.

Wolfgang Sotill

is intended to fulfill more than just the first, necessary task. It is intended to help those percep-
tive Christians who experience their religion,
not in answers, but in questions to find the
roots of their own religion.

I would like to express my thanks, first of
all, to those who supported my theological in-
tentions by giving me the assignment of writing
this book. In particular these are Herbert Beiglböck from the Diocesan Office of Graz-Seckau
and the two editors of the book, Kurt David
Brühl, president of the Jewish Community of
Graz, and Helmut Strobl, Graz city council
member for cultural affairs. Above all, Mr.
Beiglböck was also the one who, with his calm
and constructive suggestions, kept the project
on track during its difficult phases. For this he
deserves special thanks.

The fact that this book also achieves high
artistic standards is mainly due to the efforts of
Christian Jungwirth. The excellent quality of
his photos speaks for itself, but his dedication
can scarcely be praised highly enough.

I was greatly assisted by the Jewish Muse-
um in Vienna – especially by Alfred Stalzer.
I would like to express my very special thanks
to both of them for their cooperation. And it is
with pleasure that I point out that photogra-
phers of international reputation such as Harry
Weber (Vienna) and David Rubinger (Jerusalem) graciously made their works available. I
also received strong support from the historians
Heidemarie Uhl, Heimo Halbrainer, and Stefan
Karner, as well as from medical doctor Fred
Lembeck. Itzhak Addato (Haifa) also made an
important contribution by securing permission
for use of the texts by Gershon Schoffmann,
which were published in Israel.

The cooperation with Helmut Lenhart and
Siegfried Jesch, who gave the book its outward
appearance, also proved very productive. The
fact that I was able to take on this project, with
which I was approached in the spring of 1999, is
due to the kindness of the "Kleine Zeitung" and
its editor-in-chief, Erwin Zankel, as well as my
colleagues at the "Extrablatt" under the direction of Gerhard Nöhrer, who all approved my
leave of absence. Collaboration on a compre-

hensive work also
creates personal relati-
onships and intensifies
existing ones. The for-
mer applies to James
Jolly, the translator of
this book, who immer-
sed himself in the ma-
terial in order to re-
produce all the nuan-
ces of the German text
in the English version.
To a great extent, this
book dominated my
life and that of Ulla
Nidetzky during the
year 1999. To her I
owe my thanks for her
critical assistance re-
garding content and
style, and also for her
encouragement. The
visible result of this
support is now in the
hands of readers.

Wolfgang Sotill

Die Synagoge

Gottes Treue währet ewig

"Führe mein Volk, die Israeliten, aus Ägypten heraus!" Der Auftrag an Mose war unmissverständlich. Dem Beduinen, der in der kargen Landschaft des Sinai Schafe hütete, war hingegen viel weniger klar, wer aus dem brennenden und doch nicht verbrennenden Dornbusch zu ihm gesprochen hatte. Deswegen fragte er, wie die Stimme denn heiße: „Ehje ascher ehje", lautete die Antwort: „Ich bin da".

Aus dieser Selbstoffenbarung Gottes erschließt sich ein Programm. Er, der schützende Gott aus vergangenen Zeiten, der Begleiter Abrahams, Isaaks und Jakobs, hält für sein auserwähltes Volk auch eine Zukunft bereit: „Ich habe beschlossen, euch aus dem Elend Ägyptens hinauszuführen in das Land, in dem Milch und Honig fließen."

Dieser Gott, der Immer-Da-Seiende, der vor dem Anfang der Welt war und nach ihrem Ende sein wird, bietet sich Israel also als Begleiter durch die Geschichte an.

Aus dem Gottesnamen „Ich bin – für euch – da" lässt sich aber keine Verfügbarkeit Gottes durch sein Volk ableiten. Dies belegt eine zweite Übersetzung der schwierig wiederzugebenden hebräischen Formel „Ehje ascher ehje." Sie lautet: „Ich werde sein, der ich sein werde." Damit wird deutlich: Nicht Israel kann seinen Gott zum Handeln veranlassen, sondern er bestimmt selbst Ort, Zeit und Umstände, unter denen er sich den Menschen zuwendet.

"Lead my people, Israel, out of Egypt!" God's command to Moses was unmistakable. But to the bedouin herding sheep in the barren landscape of the Sinai, it was much less clear who had spoken to him, out of the bush that burned but was not consumed by the fire. So he asked the Voice's name: "Ehje ascher ehje" was the answer: "I am here." From this self-revelation of God, a program was born. He, the protective God of bygone times, the companion of Abraham, Isaac, and Jacob had prepared a future for his Chosen People: "I have decided to lead you out of the misery of Egypt, into the Land Where Milk and Honey Flow." This God, the Everlasting, who existed before the world began and will remain after the end of the world, is offering to accompany Israel through history.

But the God-name "I am here (for you?)" does not imply that God is available at the beck and call of His people. This is demonstrated by another translation of the difficult Hebrew phrase "Ehje ascher ehje." It is: "I will be Who I will be." This makes clear that it is not the people of Israel who will order their God to act, but that He will decide the place, time and circumstances under which He will turn to His people.

He is always present among His people, even if He does not always show it. And He accompanies only the House of Israel, whom He forbids to worship any other Gods beside

God's Constancy
is Everlasting

Er ist bei seinem Volk stets präsent, auch wenn er sich diesem nicht immer zeigt. Und: Er begleitet allein und ausschließlich das Haus Israel, dem er nicht gestattet, anderen Göttern neben ihm zu huldigen.

Dieser Gott Israels ist kein Gott, der aus der „Tiefenseele" Israels geboren worden wäre, sondern einer, der sich von sich heraus seinem Volk „angeboten" hat und der in einem Bundesverhältnis zu seinem Volk steht.

Aus diesem Verständnis Gottes, den wir als den unendlich Langmütigen und Treuen erachten, muss eine heute noch immer wirksame christliche Theologie hinterfragt werden, die auf dem Satz beruht: „Die Juden waren verstockt. Deshalb hat Gott den Bund mit ihnen gebrochen und seinen geliebten Sohn in die Welt gesandt, um einen neuen Bund zu stiften." Die Frage ist, welches Gottesbild wir vertreten, wenn wir Christen einen Bundes-Gott verkünden, der sich wie ein gekränkter Ehepartner schmollend von seinem Gegenüber zurückzieht. Zum Zweiten muss die Frage erlaubt sein, woher die Vertreter der Theologie „Gott ist sich und Israel untreu geworden" denn die biblische Begründung nehmen. Im Brief an die Römer schreibt der Apostel Paulus (11,1f): „Ich frage also: Hat Gott sein Volk verstoßen? Keineswegs! Denn auch ich bin ein Israelit, ein Nachkomme Abrahams aus dem Stamm Benjamin. Gott hat sein Volk nicht verstoßen, das er einst erwählt hat."

Wenn es dennoch einen weiteren Bund – jenen mit und durch Christus – gibt, dann ist dies so zu verstehen, dass Gott sich dem Menschen in seiner unendlichen Barmherzigkeit immer wieder als Partner anbietet. So, wie er dies einst schon im Bund mit Noah getan hat, so tut er es erneut mit Abraham, dann am Sinai und schließlich beim Letzten Abendmahl, wenn Jesus vom „neuen Bund in meinem Blut" spricht.

Allen diesen Bundesschlüssen ist gemeinsam, dass sie freiwillige Angebote Gottes an den Menschen sind und dass Gott nie einen Bund aufgelöst hat, um danach einen neuen zu stiften. Womit klar ist: Gott blieb sich und seinem Volk Israel treu.

Him. This God of Israel is not a God born of the "deep, inner soul" of Israel. He is one who has "offered" His help to His people, and whose relationship to His people is defined by a contract.

From this concept of God, whom we view as eternally patient and faithful, it is necessary to examine an aspect of Christian theology which is still in place today, and which is based on the concept that "The Jews were 'stubborn', so God broke His contract with them and sent His Beloved Son, to form a new covenant." The question is, what kind of God are we Christians proclaiming, a God of the Covenant who withdraws from His partner, pouting like an offended spouse? Secondly, it is worth asking where the biblical justification comes from for the theology which proclaims "God was unfaithful to Israel and Himself." In his letter to the Romans, the Apostle Paul (11,1 f) says "I say then, Hath God cast away His people? God forbid, For I also am an Israelite, of the seed of Abraham, of the tribe of Benjamin. God hath not cast away His people, which He foreknew."

If there is nevertheless another covenant, the one with and through Christus, then this tells us that God in His unending mercy offers Himself to us over and over again. Just as He once did in his contract with Noah, He does it again with Abraham, then in the Sinai, and finally at the Last Supper, when Jesus speaks of the "new testament in my blood."

What all these contracts have in common is the fact that they are voluntary offers made by God to Man, and that God has never dissolved a contract in order to form a new one. Which proves that God always remained faithful to Himself and His people, Israel.

The most characteristic feature of this Covenant-God of the Sinai, known as "El Shaddai" (Almighty God), "Sebaot" (Lord of Hosts), "Elohim" (an expression of perfection) or as "Adonai" (My Lord) is that, in the beginning, He has no attachment at all to any particular locality. He remains mobile, and takes an interest in the fate of the people who worship Him. He accompanies them through the Sinai Desert: by night in the form of pillar of fire which leads the

Gott nährt Israel:
Er zeigt Mose, aus welchem
Felsen Wasser quillt.

God nourishes Israel:
He shows Moses the rocks
from which water flows.

Sch'ma Israel

Höre Jissrael:
ER unser Gott, ER Einer!
So liebe denn
IHN deinen Gott
mit all deinem Herzen,
– Seele, mit all deiner
Macht.
So seien diese Reden, die
ich heuttags dir gebiete,
auf deinem Herzen, ein-
schärfe sie deinen Söh-
nen, rede davon, wann du
sitzest in deinem Haus
und wann du gehst auf
den Weg, wann du dich
legst und wann du dich
erhebst, knote sie zu
einem Zeichen an deine
Hand, sie seien zu Gebind
zwischen deinen Augen,
schreibe sie an die
Pfosten deines Hauses
und in deine Tore!

*Das „Sch'ma Israel" ist das
erste monotheistische
Glaubensbekenntnis der
Menschheitsgeschichte. Es
findet sich im Deuterono-
mium 6, 4–9 und liegt hier
in der Übersetzung von
Buber-Rosenzweig vor.
Das „Sch'ma" wird von
frommen Juden täglich
zweimal gebetet.*

Das wesentliche Merkmal dieses Bundes-Gottes vom Sinai, der als „El Schaddai" (all-mächtiger Gott), „Sebaot" (Herr der Heerscha-ren), „Elohim" (Bezeichnung der Vollkommen-heit) oder als „Adonai" (mein Herr) bezeichnet wird, ist, dass ihm zunächst jede Ortsgebunden-heit fehlt. Er bleibt bewegungsfähig und nimmt Anteil am Schicksal der ihn verehrenden Men-schen. Er begleitet sie durch die Wüste Sinai bei Nacht in Form einer den Weg weisenden Feu-ersäule und bei Tag als schattenspendende Wolke. Und wenn das Volk hungert, lässt er Wachteln vom Himmel fallen, und wenn es dürstet, zeigt er ihm Felsen, aus denen Wasser hervorquillt.

So geleitet der Allmächtige sein Volk durch die Wüste Sinai und durch das Ostjordanland, bis er ihm schließlich Jericho und bald das ge-samte „gelobte Land" in Besitz gibt.

Dieser Gott ist aber nicht nur durch sein Heilshandeln bei seinem Volk, er begleitet es auch in Form der Bundeslade. Die vergoldete, tragbare Truhe, in der die beiden Gesetzestafeln vom Berg Sinai aufbewahrt werden, versinn-bildlicht die Gegenwart Gottes.

Sesshaft wird dieser Gott um 1000 vor Chris-tus, als König David Jerusalem zur Hauptstadt seines Reiches macht und durch die Aufstellung der Bundeslade am Berg Ophel versucht, ein für alle zwölf Stämme Israels einendes Zeichen zu setzen.

Dem nomadischen Gott wird also ein fester Ort zugewiesen. Was zweierlei bedeutet: Zum einen konnte man ihm zu Ehren einen ange-messenen Tempel errichten, zum anderen schränkte man ihn aber dadurch auf die Wirk-samkeit jenes Stammesbereiches ein, innerhalb dessen er verehrt wurde.

Diese Beschränkung auf eine örtlich gebun-dene „Stadtgottheit" sollte sich rund 400 Jahre später als äußerst fatal erweisen: Der Gott Israels war zu Hause in dem von König Salo-mon errichteten Tempel geblieben, während das Volk weit entfernt – ohne ihn – im baylonischen Exil (586–537) darbte. Niemand drückt dies bes-ser aus als der Psalmist: An den Strömen von Babel, da saßen wir und weinten, wenn wir an Zion dachten. Wir hängten unsere Harfen an

way, by day as a cloud which provides shade. When the people are hungry, He makes quail fall from Heaven, and when they are thirsty, He shows them rocks from which water spouts. In this way, the Almighty leads his people through the Sinai Desert and through eastern Jordan, giving them possession of Jericho, and eventual-ly all of the "Promised Land."

However, this God is present with His people not only through His miracles, but also in the form of the Arc of the Covenant. The gold-plated, portable chest, in which the two stone tablets of law from Mt. Sinai are kept, manifests the presence of God.

It is around the year 1000 BC that this God settles in one place, when King David makes Jerusalem the capital of his kingdom, and, by placing the Arc of the Covenant on Mt. Ophel, attempts to establish a unifying symbol for all twelve tribes of Israel.

So the nomadic God is assigned a fixed locality. This means two things: On the one hand, it is now possible to build a worthy temple in His honor. On the other hand, His effectiveness is now limited to the region occupied by those tribes who worship Him.

This reduction to a "City God", bound to one location, would prove fatal some 400 years later: the God of Israel was at home in the tem-ple built by Solomon, while His people suffered without Him, far away in Babylonian exile (586–537). No one expresses this better than the

die Weiden in jenem Land. Dort verlangten von uns die Zwingherren Lieder, unsere Peiniger forderten Jubel: „Singt uns Lieder vom Zion!" Wie könnten wir singen die Lieder des Herrn, fern, auf fremder Erde? Wenn ich dich je vergesse, Jerusalem, dann soll mir die rechte Hand verdorren. Die Zunge soll mir am Gaumen kleben, wenn ich an dich nicht mehr denke, wenn ich Jerusalem nicht zu meiner höchsten Freude erhebe (Psalm 137).

Die bittere Erfahrung, vom eigenen Gott abgeschnitten zu sein, mündet in ein im Judentum fortan immer wiederkehrendes Motiv: die Zionssehnsucht. Zugleich zeigt sie aber auch die Notwendigkeit, sich neuen, vom Tempel unabhängigen Formen der Gottesverehrung zuzuwenden.

So herrscht unter den Forschern Einigkeit darüber, dass die Anfänge religiöser Versammlungen im Sinne eines gebetsorientierten und schlachtopferfreien Gottesdienstes im babylonischen Exil zu suchen sind, wo es an einem gemeinsamen religiösen Mittelpunkt, wie eben dem Tempel in Jerusalem, fehlte. Wollten die ins Exil Vertriebenen ihre Bindung mit der Vergangenheit aufrecht erhalten, die nationale und auch religiöse Eigenart bewahren, das Gemeinschaftsbewusstsein beleben, so blieb ihnen nur die Möglichkeit, im Glauben zusammenzukommen (griechisch: synagogein) und sich im Haus der Versammlung (Bet ha Knesset) zu treffen.

psalmist: By the rivers of Babylon, there we sat down. Yea, we wept, when we remembered Zion. We hanged our harps upon the willows in the midst thereof. For there they that carried us away captive required of us a song; and they that wasted us required of us mirth, saying, "Sing us one of the songs of Zion." How shall we sing the Lord's song in a strange land? If I forget thee, o Jerusalem, let my right hand forget her cunning. If I do not remember thee, let my tongue cleave to the roof of my mouth; if I prefer not Jerusalem above my chief joy (Psalm 137).

The bitter experience of being cut off from their own God culminates in a motive which surfaces ever after in Judaism: the yearning for Zion. But at the same time, it demonstrates the necessity of turning to new forms of worship which are independent of the Temple.

Thus, there is a consensus among scholars that the origins of religious gatherings in the sense of a prayer-oriented worship service without animal sacrifice are to be found in the Babylonian captivity, where the common, religious center, namely the Temple in Jerusalem, was missing. If the exiles wanted to maintain their ties to the past, preserve their national and religious identity, and enliven their group consciousness, there was only one possibility for gathering in faith (Greek: synagogein) and coming together in the meeting house (Bet ha Knesset).

Gottes feste Wohnstatt: der Tempelplatz in Jerusalem.

God's permanent residence: site of the Temple in Jerusalem.

Dass der Tempel dennoch den Rhythmus vorgab, beweist die Tatsache, dass die synagogalen Gebete zu jenen Zeiten festgelegt wurden, zu denen in Jerusalem die Opfer dargebracht wurden.

Mit diesem Gebetsgottesdienst, der auf der Vorstellung beruht, dass Gott dort ist, wo Gläubige beten, wird der Gott Israels wieder aus der Enge des Tempels befreit. Er ist stets dort, wo sich zumindest zehn religiöse Juden zu einer Liturgie zusammenfinden. Damit war die Institution der Synagoge begründet.

Der theologische Wandel vom Tempel zur Synagoge war ein radikaler gewesen. Er bestand in der Abkehr von der priesterlichen Religionspraxis im Tempel, bei dem das Volk passiv geblieben war, hin zu einer liturgischen Laienführerschaft. Jeder Jude konnte im Bethaus die Tora verlesen, die Versammlung leiten und, wenn er die Gabe hatte, auch das Wort Gottes interpretieren. War ein Priester zugegen, so wurde ihm Ehrerbietung gezeigt, eine Sonderstellung wurde ihm aber nicht eingeräumt.

Die Synagoge bedeutete also eine Abkehr vom Opfer, eine Entmachtung der Priesterklasse und eine damit verbundene Demokratisierung der Liturgie. Aus der Katastrophe entsteht der Dienst des Gemeindegebets, das die Kraft hat, jüdische Identität zu erhalten und sie auch noch zu stärken.

Die nun aus dem Exil Zurückkehrenden wollten ihre neue Errungenschaft freilich nicht aufgeben. Dass es nach der Wiedererrichtung des Tempels durch Nehemia das Blutopfer

The fact that the synagogal prayers were set for the same times as the sacrifices in Jerusalem shows that the Temple continued to set the rhythm.

With this prayer service, based on the concept that God is present wherever the faithful pray, the God of Israel is once again liberated from the restraints of the Temple. He is always present wherever at least ten religious Jews come together for a liturgy. Through this step, the institution of the synagogue was founded. The theological transformation from the Temple to the synagogue had been a radical one. Turning their backs on the priestly practice of religion in the Temple, in which the people remained passive, the Jews now embraced a liturgical lay leadership. In the synagogue, every Jew could read from the Torah, lead the service, and, if he had the gift, even interpret the Word of God. If a priest was present, he was shown respect, but he was not accorded a special position.

Thus, the synagogue represented a turning away from sacrifice, a wresting of power from the priesthood, and the democratization of the liturgy which it signified. From catastrophe is born the service of congregational prayer, which has the power to preserve Jewish identity, and even to strengthen it. Returning from captivity, the exiles were not about to give up their new attainment. The coexistence of blood sacrifice and prayer service after the reconstruction of the Temple by Nehemiah is evidenced by the Talmud, which tells how the priests on

neben dem Gebetsopfer gegeben hat, belegt der Talmud, der davon spricht, dass die Dienst tuenden Priester jeden Morgen ihre Opferhandlung unterbrochen haben, um im Tempel mit anderen Frommen gemeinsam zu beten: „Sie gingen und legten die Opferteile auf die untere Hälfte der Rampe auf der Westseite nieder, salzten sie, dann gingen sie wieder hinunter und begaben sich in die Quadernhalle, um das ‚Sch'ma Israel' zu beten."

Mit der Zerstörung des Tempels im Jahre 70 nach Christus und mit der völligen Vertreibung der Juden aus Jerusalem (135 n. Chr.) war der Opferkult im Tempel vollkommen unmöglich geworden. Die Konsequenz daraus: Eine nur auf den Geist hin ausgerichtete religiöse Frömmigkeit wurde notwendig, was den endgültigen Durchbruch der Synagoge bedeutete. Sie wurde somit zum vollständigen Tempelersatz, worauf die Aussprüche rabbinischer Gelehrter aus dem dritten und vierten Jahrhundert verweisen: So heißt es im Talmud: „Rabbi Pinchas sagte im Namen Rabbi Hoschajas: Wer in einer Synagoge betet, gleicht einem Mann, der ein reines Opfer darbringt… Rabbi Abahu im Namen des Rabbi Abahu zitiert: ‚Suchet den Herrn, wo er sich befindet' (Jes 55,6). Wo befindet er sich denn? In den Synagogen und Lehrhäusern."

Auch wenn sich in Ägypten Reste von Bethäusern bereits ins dritte vorchristliche Jahrhundert datieren lassen, so taucht die Bezeichnung „Synagoge" selbst zum ersten Mal erst in der Gründerschrift eines jüdischen Bethauses in Jerusalem auf, das aus dem ersten nachchristlichen Jahrhundert stammt. Darin heißt es: „Theodotos, Sohn des Vettenos, Priester und Synagogenvorsteher, hat die Synagoge zur Lesung des Gesetzes und zum Studium der Gebote, ebenso die Herberge, die Zimmer und die Wasserversorgungsanlage gestiftet."

Der Terminus „Synagoge" scheint sich unter dem hellenistischen Einfluss, der in Palästina um die Zeitenwende geherrscht hat, rasch durchzusetzen, denn im Neuen Testament ist die Bezeichnung bereits allgemein gebräuchlich.

duty interrupted their sacrificial ceremonies every morning to join other pious worshippers in prayer: "They went and laid the sacrificial parts on the lower half of the ramp on the West Side, salted them, and then went down into the quadrangle hall to pray the 'Sh'ma Israel'".

With the destruction of the Temple in 70 AD and the complete expulsion of the Jews from Jerusalem (135 AD), the sacrificial cult in the Temple became impossible to maintain. The result of this was that a religious piety aimed solely at the spirit became necessary, leading to the final breakthrough for the synagogue. It became a total replacement for the Temple, as demonstrated by the pronouncements of rabbinic scholars from the third and fourth centuries. An example is found in the Talmud: "Rabbi Pinchas said in the name of Rabbi Hoshaja: Whoever prays in a synagogue is equal to a man who brings a pure sacrifice... Rabbi Abahu, quoted in the name of Rabbi Abahu: 'Seek the Lord, where He is' (Isaiah 55,6). Where is He? In the synagogues and houses of learning."

Even if the remains of houses of prayer in Egypt can be dated to the third century BC, the word synagogue itself first appears in the founding documents of a Jewish house of prayer from the first century AD in Jerusalem. Here we read: "Theodotos, son of Vettenos, priest and synagogue leader, donated this synagogue for the reading of the Law and the study of the Commandments, also the hostel, the rooms, and the aqueduct".

The term "synagogue" seems to have spread quickly under the Hellenistic influence which dominated Palestine at the dawn of the first millennium AD, for the word is used frequently in the New Testament.

„Sie haben kein E-Mail?
Sind Sie aber ungebildet!"

Die Religionen dieser Erde lassen sich in zwei große Gruppen einteilen. In jene, in denen Priester als Mittler zwischen Volk und Gott stehen, und in jene, in denen das Individuum einen unvermittelten Zugang zu seinem Schöpfer sucht. Vertreter der ersten Gruppe sind beispielsweise die Drusen. Eine überwältigende Mehrheit der Gläubigen zählt zu den Unwissenden, während eine kleine „wissende" Führungsschicht stellvertretend für das übrige Volk die Religion ausübt.

Im Gegensatz dazu steht das Judentum, das sich durch das babylonische Exil und die Zerstörung des Jerusalemer Tempels von einer priesterlichen Stellvertreterreligion zu einer Volksreligion gewandelt hat. Diese Demokratisierung fordert vom Einzelnen eine eigenverantwortliche Auseinandersetzung mit den Grundlagen des Glaubens. Und zu diesen gehören nach rabbinischer Tradition „die Tora, der Kult und die Ausübung von Liebeswerken". Hierarchisch ist klar festgeschrieben: Das lebenslange Tora-Lernen ist wichtiger als die Teilnahme am Gottesdienst. An anderer Stelle heißt es: „Das Studium der Tora wiegt alle Gebote auf". Ort dieses Lernens ist vor allem die Synagoge, die deswegen auch als „Haus des Lernens" (bet midrasch) bezeichnet wird. Das Jiddische spricht gar von der „Schul". Was man

The religions of this earth can be divided into two main groups. They are those in which priests function as intermediaries between man and God, and those in which the individual seeks direct access to his God. The Druse are an example of the former. The overwhelming majority of the faithful belong to the group of the "unknowing," while a small group of initiated leaders practices the religion as proxies for the rest of the people.

In contrast to this, we have Judaism, which, as a result of the Babylonian exile and the destruction of the Temple in Jerusalem, was transformed from a priestly, mediated religion into a religion of the people. This democratization requires each individual to take responsibility for dealing with the fundamental aspects of faith. According to rabbinic tradition, these include "the Torah, religious observance, and the practice of good works." In hierarchical terms, it is clear that life-long learning of the Torah is more important than participation in the worship service. Or in another place, we read: "The study of the Torah weighs as much as all the commandments."

The site of this learning is mainly the synagogue, which is thus called the "House of Learning" (bet midrash). In Yiddish, we even use the word "Schul". What is meant by this

"You don't have e-mail?
You are uneducated."

darunter versteht, kann man heute noch in den orthodoxen Vierteln Jerusalems, etwa in Mea Shearim, sehen. Noch spät nachts dringt das Gemurmel Einzelner auf die Straße, oft überlagert von den Disputationen derjenigen, die in Gruppen zusammensitzen und dabei intensiv – manchmal auch lautstark – Probleme aus Tora und Talmud erörtern. Betritt man als Fremder den Lehrraum einer Synagoge, dann ist man beinahe ein wenig enttäuscht. Man sieht oft nicht mehr als ein Bücherregal mit lose gestapelten Bänden, allesamt in Schwarz gebunden und vom häufigen Gebrauch abgegriffen. An den Wänden hängen vereinzelt Bilder von Rabbinern, denen es nachzueifern gilt, und über den ohne erkennbare Ordnung gruppierten Stühlen liegen Tefillin und Tallitim, Gebetsschnüre und Gebetsmäntel. Da sitzen nun die Männer in ihren schwarzen Kaftanen, rezitierend und dabei so konzentriert, dass selbst der Blick, den sie selten genug von ihren Büchern heben, verrät, dass sie ihre Umgebung nicht wahrnehmen. Und manchmal sieht man jemanden, dem das Kinn auf die Brust gesunken ist. Lernen ermüdet eben. Wer weiß das nicht aus eigener Erfahrung?

Wer dieser individuellen Art des Lernens im Unterrichtsraum einer Synagoge wenig abgewinnen kann, der wird mitunter das antisemitische Sprichwort zitieren: „Hier geht es zu wie in einer Judenschul." Freilich hat nicht jeder einen Zugang zu dieser Art der Wahrheitssuche, in der es auch heftigen Widerspruch geben darf.

In den meisten Synagogen unterscheidet man zwischen dem Unterrichtssaal und dem Raum für die Liturgie. Oft ist es so, dass in den Tag und Nacht offen stehenden Lehrzimmern auch Gottesdienste abgehalten werden. Liturgie und intellektuelle Auseinandersetzung bereichern einander: Durch das Lernen der Tora wird die Ehrerbietung Gottes im Gottesdienst auf eine höhere Stufe erhoben.

Im Judentum sind das Wissen und der Glaube kein Gegensatz. Aber die Frömmigkeit verlangt nach Studium. Dabei werden das öffentliche Verlesen der Tora während des Gottesdienstes und die wöchentliche Predigt ebenso

can be seen in the orthodox quarters of Jerusalem, for example in Mea Sharim. Even late at night, one can hear the murmuring of lone worshippers, engrossed in their books. This is often drowned out by the disputes of small groups, sitting together in intense, and sometimes loud, discussion of the Torah and the Talmud.

To the uninitiated, entering the teaching room of a synagogue is something of a disappointment. Often, there is nothing more to be seen than a book shelf with loosely piled volumes, all bound in black, and well worn from use. On the walls, there hang stray portraits of rabbis worthy of emulation. The chairs are grouped without any recognizable order, and tefelin and tallithim, the phylacteries and prayer shawls are laid across them. And there they sit reciting, the men in their black kaftans, so concentrated that even if they occasionally raise their heads from their books, their countenances reveal that they are utterly oblivious to their surroundings. Once in a while, you can see someone whose chin has sunk to his chest. Study is tiring; as everyone knows.

Lena Lieber Gitter Rosenblatt

Religiöse Juden: Für sie sind Wissen und Glaube kein Gegensatz.

Religious Jews: Knowledge and faith are not a contradiction for them.

als „Lernen" verstanden wie der Diskurs im privaten Rahmen. Unter der Führung dessen, der sich berufen fühlt, werden die fünf Bücher Mose, die Mischna oder der Talmud erörtert.

Synagogen waren schon früh auch Orte der formellen Erziehung. So berichtet der Talmud, dass es „in Jerusalem 480 Synagogen gab und jede einzelne von ihnen eine Grundschule (bet sefer) und eine höhere Schule (bet talmud) hatte". Und so ist es auch heute noch: Juden in der Diaspora schicken ihre Kinder in die Synagoge, wo sie religiöse Unterweisung erhalten und ihre jüdische Identität geprägt wird.

Das Studium der Tora ist die charakteristischste Ausprägung jüdischer Spiritualität. Von Jonathan, „dem Sohn des Uziel, dem bedeutendsten Schüler des Hillel" (frühes erstes Jahrhundert), wird erzählt, dass ein Vogel, der ihm über den Kopf geflogen war, in Flammen aufgegangen sei. So stark war seine geistige Erregung, wenn er über der Tora saß.

Der Puls des Judentums schlägt also dort am lebendigsten, wo gelernt wird. Und das gilt für die Tora ebenso wie für alle anderen Bereiche des Lebens. Dies sei an einem Beispiel veranschaulicht. Bei einer Pressekonferenz fragte die über 90-jährige Lena Lieber Gitter Rosenblatt einen Journalisten nach seiner E-Mail-Adresse. Als dieser einigermaßen verlegen antwortete, er habe keine, war die alte Frau entrüstet: „Sie haben kein E-Mail? Sind Sie aber ungebildet."

Tatsächlich besuchte die Altwienerin, die in ihrer Jugend mit Anna Freud gut bekannt war, trotz ihres fortgeschrittenen Alters noch zweimal wöchentlich die amerikanische Kongressbibliothek in Washington, um die pädagogischen Theorien von Maria Montessori zu studieren.

Lernen hat im Judentum mit Erinnerung zu tun. Mit dem beständigen Wiederholen dessen, was andere längst dem Vergessen überantwortet haben oder zumindest einer Historie zurechnen, die für sie keine Relevanz mehr hat.

Als Jude, so besagt die Tradition, müsse man hingegen Ja zur Geschichte sagen. Man müsse zu ihr stehen, sie vergegenwärtigen und dabei Gottes Wirken preisend anerkennen. Als

People who are at a loss to understand this individualist method of learning in the lesson room might quote the anti-Semitic saying "Hier geht es zu wie in einer Judenschul" ("This place is like a Jewish prayer school"). Certainly not everyone can relate to this method of searching for wisdom, in which strong disagreement is also allowed. In most synagogues, a distinction is made between the teaching room and the room for the liturgy. Often, worship services are also held in the teaching rooms, which are open day and night. Liturgy and intellectual discourse benefit from each other: through the study of the Torah, the worship of God in the worship service is raised to a higher level.

In Judaism, knowledge and wisdom are not mutually exclusive. But piety demands study. Here, however, both the public reading of the Torah in the worship service and the weekly sermon also count as studying, as does private study. Led by those who feel called, the Five Books of Moses, the Mischna, and the Talmud are elaborated on.

From an early stage, synagogues were also places of formal learning. Thus, the Talmud reports that "there were 480 synagogues in Jerusalem, and every one of them had a primary school (bet sefer) and a secondary school (bet talmud)." And so it is even today: Jews in the diaspora send their children to the synagogue, where they receive religious training, and where their Jewish identity is formed. The study of the Tora is the characteristic expression of Jewish spirituality. It is told of Jonathan "the son of Uziel, the most important pupil of Hillel" (early first century), that a bird which had flown over his head burst into flames. So strong was his spiritual excitement when he sat mulling over the Torah. Thus the pulse of Judaism beats strongest where learning takes place. That is true of the Torah as well as for all other areas of life. An example illustrates this: At a press conference, Lena Lieber Gitter Rosenblatt, who was over 90 years old, asked a journalist for his e-mail address. When the man answered, somewhat embarrassed, that he didn't have one, the old woman was indignant: "You don't have e-mail? You are uneducated!"

Indeed, in spite of her venerable age, the Viennese-born woman, who in her youth had been a friend of Anna Freud, still visited the Library of Congress in Washington, in order to study the pedagogical theories of Maria Montessori.

In Judaism, learning has to do with memory. And with the constant repetition of that knowledge which others have long since relegated to the realm of lost memory, or at least filed away as history, devoid of relevance for the present.

As a Jew, tradition tells us, one must say "Yes" to history. One must face it and accept it, remember it, and in so doing, praise and recognize God's works. Deuteronomy 32:7 is considered a "locus classicus" for this interpretation: "Remember the days of old, consider the years of many generations: ask Thy father, and he will shew thee; thy elders, and they will tell thee."

It is also this historical awareness which determines the relationship between Judaism and Christianity. Thus, when a church document

locus classicus für diese Auffassung gilt Deuteronomium 32,7: „Gedenke der früheren Zeiten und hab acht auf die Jahre von Geschlecht zu Geschlecht. Frage deinen Vater, der wird es dir verkünden, deine Ältesten, die werden es dir sagen."

Dieses historische Bewusstsein ist es auch, das das Verhältnis zwischen Judentum und Christentum bestimmt. Wenn also ein kirchliches Dokument über „die älteren Brüder" veröffentlicht wird, so achten Juden zunächst darauf, ob darin der Holocaust und die christliche Mitverantwortung daran zur Sprache kommen. Bloße theologische Würdigungen der traditionellen jüdischen Religion werden als unerheblich bewertet. Am deutlichsten bringt dies Henry Siegman, Exekutiv-Vizepräsident des Synagogue Council of America, zum Ausdruck: „Was Juden zum Dialog mit Christen führt, sind nicht theologische, sondern historische Erwägungen. Die Problematik christlich-jüdischer Beziehungen bestimmt sich für den Juden aus einer Geschichte, in der christliche Haltung und

christliches Handeln den Juden in seinem Menschtum herabwürdigten und ihm Leiden und Martyrium auferlegten."

In Israel hat die Synagoge nicht jenen Stellenwert, der ihr in der übrigen Welt zukommt. Denn dort ist vom Fußballverein bis zur Regierung, von der Milch bis zum Flughafen ohnehin alles jüdisch. Jüdische Werte und Traditionen werden in den meisten öffentlichen Institutionen vertreten und bewahrt. In der Diaspora hingegen ist die Synagoge meist die einzige jüdische Institution, die neben religiösen auch kulturelle und soziale Aufgaben wahrnimmt. Dementsprechend treten in den USA und in Europa auch nicht-religiöse Juden einer Synagoge bei. Sie bekunden damit aber nicht mehr als die Bereitschaft, die jüdische Gemeinde finanziell zu unterstützen. Die Mitgliedschaft ist für religiös wenig gebundene Personen oft der einzige, sicher aber der deutlichste Weg, ihre Zugehörigkeit zum Judentum auszudrücken. Wobei sich nun die Frage stellt: Was ist das Judentum eigentlich? Eine Religion, ein Volk, eine Nation, eine Rasse? Keine

about the "older brethren" is published, Jews look first to see whether the Holocaust and the role of Christians in it are mentioned. Mere theological appreciation of the traditional Jewish religion is viewed as insignificant.

Henry Siegman, Executive Vice President of the Synagogue Council of America, expresses this most pointedly: "Not theological, but historical considerations lead Jews to a dialogue with Christians. For Jews, the issue of Christian-Jewish relations is based on a history in which Christian attitudes and Christian actions deprived the Jews of their humanity and self-esteem, and caused them suffering and martyrdom."

In Israel, the synagogue does not have the same significance which it enjoys in the rest of the world. For in Israel everything is Jewish, from the football club to the government. Jewish values and traditions are represented and preserved in most public institutions. In the Diaspora, on the other hand, the synagogue is usually the only Jewish institution, which, along with religious functions, fulfills cultural

Junge Israelis: Sind sie noch Juden, auch wenn sie oft nicht religiös sind?

Young Israelis: Are they still Jews even if they are not religious?

der vier Möglichkeiten vermag als ausschließliche Antwort zu befriedigen.

Wäre das Judentum nur eine Religion, wo wären dann die agnostischen, die atheistischen Juden einzuordnen? Oder jene, die sich zu Christus als den Messias bekennen und die ihr Judentum dennoch nicht verleugnen? Sie alle müssten, zum Teil gegen ihren Willen, vom Judentum ausgeschlossen werden.

Wären die Juden aber bloß ein Volk, so müsste man die ungewöhnliche Voraussetzung schaffen, dass ein Mensch zwei Völkern angehören kann. Denn wer würde die österreichischen Juden aus dem österreichischen Volk ausschließen wollen und wer würde die amerikanischen Juden nicht als Amerikaner bezeichnen?

Definiert man den Begriff national oder territorial, so ist man mit dem Problem konfrontiert, dass nicht einmal fünfzig Prozent der 14 Millionen Juden in Israel leben.

Auch die Rasse ist kein Zugehörigkeitskriterium. Die Juden haben körperlich gesehen keine Merkmale, die allen gemeinsam sind. Es ist anders als bei den Farbigen Afrikas, Frankreichs, Amerikas, die trotz verschiedener Nationalität, Sprache, Zivilisation offensichtlich zur selben Rasse gehören. Bei den seit Jahrtausenden weltweit verstreut lebenden Juden kann man aber nur von einer vagen genetischen Verwandtschaft sprechen.

Keine der vier Kategorien mag ausreichend zu erklären, wer ein Jude ist. Deswegen ist es vernünftig, wenngleich auch juridisch nicht fassbar, das Jude-Sein mit dem Bewusstsein des Einzelnen zu verbinden. Dieses kann freilich vom stolzen Gefühl, dem auserwählten Volk anzugehören, bis hin zum jüdischen Selbsthass reichen, der militante Antisemiten hervorgebracht hat.

Anders formuliert: Jude ist, wer sich als solcher fühlt, wer sich entweder zum Positiv-Jüdischen im religiösen oder kulturellen Sinne bekennt oder sich bewusst davon abgrenzt und gerade dadurch die Verbindung aufrecht erhält. Die Grenze setzt das Bewusstsein: Man hört auf, ein Jude zu sein, wenn man sich von der Geschichte, die vom Auserwählt-Sein bis zur Staatsgründung Israels reicht, verabschie-

and social duties. Accordingly, in the US and Europe, non-religious Jews also often join the synagogue. In doing so, however, they are announcing only their willingness to support the Jewish community financially.

For people with few religious ties, membership is often the only way, and certainly the most obvious way, to express their membership in Judaism. Which leads us to the question: What is Judaism, anyway? A religion, a people, a nation, a race? None of the four categories is capable of providing a satisfactory, exclusive answer.

If Judaism were merely a religion, what would we do with the agnostic Jews, or atheist Jews, or those who view Christ as the Messiah,

det. Jemand hört auf, Jude zu sein, wenn er vergessen hat, dass er in einem religiösen, kulturellen oder politischen Sinn einer war.

Bis zur Gründung des Staates Israel 1948, die ein markanter Einschnitt in der jüdischen Geschichte war, gab es keine Periode, in der es ein Vorteil gewesen wäre, sich zum Judentum zu bekennen – im Gegenteil: In weiten Teilen Europas musste man mit Verfolgung, Vertreibung oder der Zwangstaufe rechnen. So schreibt der Kirchenvater Chrysostomos bereits im vierten Jahrhundert: „Solche Tiere (Anm.: die Juden), die zur Arbeit untauglich sind, eignen sich zur Verwendung als Schlachttiere." Der Ruf sollte nicht verhallen und im letzten Jahrhundert grausame Wirklichkeit werden.

Es war also nie leicht, sich zur Schicksalsgemeinschaft des Judentums zu bekennen. Somit darf die Deklaration, Jude zu sein, durchaus als ein Kriterium für die Zugehörigkeit zu diesem Volk, zu dieser Rasse, zu dieser Nation und Religion gewertet werden.

Erst mit dem Fall des Eisernen Vorhangs, der es Hunderttausenden Juden ermöglicht hat, das Gebiet der ehemaligen UdSSR in Richtung Westen – eben nach Israel – zu verlassen, ist bei zahlreichen Menschen der Wunsch nach jüdischen Vorfahren wach geworden. Und so kamen auch zahlreiche Russen ins Land, deren Judentum von den Rabbinern Israels nicht anerkannt wurde. Für die Einwanderungswelle ist die staatliche Gesetzgebung verantwortlich, die besagt, dass jeder, der eine jüdische Großmutter hat, in den Judenstaat einwandern darf. Israel will jeder Person, die nach NS-Gesetzen einst wegen ihres Judentums verfolgt werden konnte, nun durch das „Gesetz der Rückkehr" offen stehen. Dieser, einen möglichst großen Personenkreis berücksichtigenden Definition steht jene „engere" gegenüber, die besagt, dass vor dem Religionsgesetz nur derjenige als Jude zu betrachten sei, der von einer jüdischen Mutter geboren wurde oder der vor einem orthodoxen Rabbiner zum Judentum konvertiert ist. Nachdem Israel bis heute keine Trennung von „Synagoge und Staat" vollzogen hat, liegt die Befugnis, Ehen zu schließen, ausschließlich in den Händen der

but still remain Jewish? All of these would have to be excluded from Judaism, some of them against their will.

But if Jews were merely a people, we would have to accept the unusual condition that a person can be a member of two peoples. For who would want to exclude Austrian Jews from the Austrian people, and who would not call American Jews Americans? If we define the concept in national or territorial terms, we run into the problem that not even fifty percent of the 14 million Jews live in Israel.

Race is also not a criterion of membership. There are no physical characteristics which are common to all Jews. It is different from the blacks of Africa, France, or America, who, in spite of different nationalities, languages, or cultures are recognizable as members of the same race. Among the Jews, who for thousands of years have lived widely separated from one another, there is only a vague genetic relationship. None of the four categories really explains who is a Jew. Thus it seems reasonable, even if it is not concrete in legal terms, to associate being Jewish with the awareness of the individual. Of course, this can range from the pride of belonging to the Chosen People, all the way

to that Jewish self-loathing which has even produced militant anti-Semites.

In other words: A Jew is anyone who feels like a Jew; anyone who either professes a positive affinity with Judaism in a religious or cultural sense, or on the other hand consciously distances himself from it, thereby maintaining the relationship.

The awareness lays the boundary: One stops being a Jew, when one takes leave of the history which begins with the Chosen People and ends with the founding of Israel.

One stops being a Jew when one forgets that, in a religious, cultural, or political sense, he or she once was a Jew. Up to the founding of the state of Israel in 1948, which was a major juncture in Jewish history, there was no period in which there was an advantage to professing one's Jewishness. On the contrary, in large parts of Europe, one had to fear persecution, expulsion, or forced baptism. Thus, in the fourth century, the ecumenical Patriarch of Constantinople Chrysostomos writes "Such animals (note: the Jews) who are unfit for work, are suited only as beasts for slaughter."

This call was to echo across Europe, and found its cruel realization in the past century.

Thus, it wasn't easy to profess membership in the ill-fated community of Judaism. In this sense, a declaration of Jewishness can certainly be considered a criterion for true membership in this people, this race, this nation, and this religion. Only with the fall of the Iron Curtain, which enabled hundreds of thousands of Jews to leave the former USSR for the West, that is, for Israel, did many people begin to wish for Jewish ancestors.

And so, numerous Russians, whose Jewishness was not recognized by the rabbis of Israel, entered the country. In Israel, the law allows anyone whose grandmother was Jewish to immigrate. With its "Laws of Return", Israel wants to be open to all those who once faced persecution under the Nazi race laws.

This definition, intended to encompass the largest possible group, is juxtaposed against a stricter one: according to religious law, only those persons are Jews who were born of a

Rabbiner. Diese können verständlicherweise aber nur jemanden ehelich verbinden, der jüdischer Abstammung ist.

Mehr als eine Million russischer Einwanderer sind israelische Staatsbürger, nur ein Teil von ihnen ist aber dem Religionsgesetz nach tatsächlich jüdisch. Es stellt sich die Frage, wer in einem Staat, der keine vor Staatsbeamten geschlossene Zivilehe oder auch Beisetzung kennt, für die Gruppe der israelischen, aber nicht-jüdischen Bürger formell zuständig ist. Eine Frage, die sich bisher nicht klären ließ und die auch keine Regierung klären will. Sie müsste befürchten, einen Kulturkampf auszulösen.

In dem Wissen, dass keine Regierung an der unzureichenden Definition dessen, was einen Juden, eine Jüdin ausmacht, etwas zu ändern wagt, fliegen viele Israelis ins Ausland, um sich dort zu vermählen. Mit Trauungsurkunden aus Zypern oder den USA kehren die jungen Paare dann in die Heimat zurück, um sich dort rechtens als Ehepaar anerkennen zu lassen. Das Wort Hochzeitsreise bekommt dadurch eine ganz neue Bedeutung. Und wer sich einen Aufenthalt im Ausland nicht leisten kann, zahlt eben 500 Dollar für ein in der

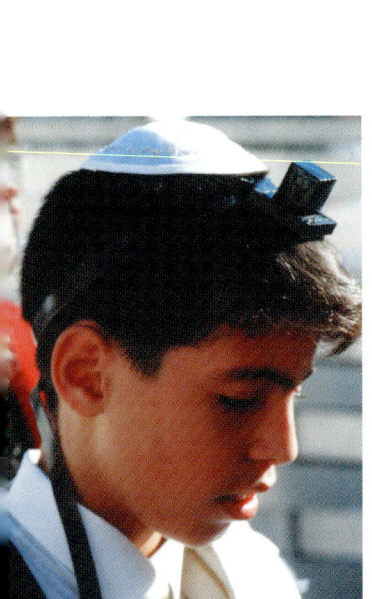

Botschaft eines südamerikanischen Staates in Tel Aviv ausgestelltes Ehezertifikat. Damit ist zwar die Frage der Eheschließung, aber noch lange nicht jene der Scheidung oder die der Adoption eines Kindes gelöst.

„Jude ist, wer von einer jüdischen Mutter geboren oder vor einem orthodoxen Rabbiner konvertiert ist." Richtet der erste Teil der Definition strenge Anforderungen an die Abstammung, so legt der zweite Teil nicht minder strenge Richtlinien in Bezug auf den Übertritt zum Judentum fest. Im Gegensatz zu vielen anderen Religionen hat das Judentum nämlich zu keiner Zeit missionarisch gewirkt. Eher das Gegenteil war der Fall: Übertrittswilligen Personen wurde und wird von Rabbinern nicht nur abgeraten, sondern es wird ihnen die Entscheidung durch zahlreiche Hindernisse noch erschwert. Bis zu sieben Jahre kann eine solche Konversion dauern – eine Zeit, in der sich die wahre Gesinnung eines Menschen prüfen lässt. Niemand soll in die Gemeinschaft aufgenommen werden, der eines raschen Vorteils wegen die Religion wechselt.

Wenn ein Übertritt vor einem Rabbiner des reformierten oder konservativen Judentums vollzogen wird, so anerkennen dies die orthodoxen Rabbiner Israels nicht. Denn sie betrachten sich als die alleinigen Wahrer der jüdischen

Jewish mother or have converted to Judaism before an orthodox rabbi. Since Israel to this day has not implemented a separation of "Synagogue and State", the power to perform marriages lies exclusively in the hands of the rabbis. But for understandable reasons, rabbis can only carry out marriages between persons of Jewish descent.

This leads to a dilemma: more than a million Russian immigrant are Israeli citizens, but according to religious law, not all of them are Jewish. In a state in which no civil official can perform marriages, who is responsible for the non-Jewish Israeli citizens? This question has not been answered so far, and the government is loathe to try for fear of unleashing a cultural war. Knowing that no government dares to change the inadequate definition of what makes one a Jew, many Israelis fly abroad to marry. The young couples return with marriage certificates from Cyprus or the US, and are legally recognized as married couples.

This gives a whole new meaning to the phrase "honeymoon trip." Those who can't afford a trip abroad pay $ 500 for a marriage certificate issued at the Tel Aviv embassy of a South American country. This solves the problem of the marriage ceremony, but by no

Tradition. Ihnen geht es um die Bewahrung der jüdischen Identität und um die Reinheit des ererbten Glaubens.

Die Institution der Synagoge ist komplex: Sie ist Gebetsraum, Ort der Wissensvermittlung und oft nicht mehr als ein jüdisches Identifikationsmerkmal in der Diaspora. Die Vorstellung, die Synagoge sei ein jüdisches Bethaus, gerade so wie die Kirche eben das christliche, ist zu kurz gegriffen und stimmt nur sehr bedingt.

means that of divorce or the adoption of a child.

"A Jew is anyone who was born of a Jewish mother, or who has converted before an orthodox rabbi." If the first part of this definition places strict demands on ancestry, the second part places no less demanding requirements with regard to conversion to Judaism.

In contrast to many other religions, Judaism has never been a missionary religion. The opposite is closer to the truth: prospective converts are not only discouraged by rabbis, but the decision is also rendered more difficult by numerous hindrances. Such a conversion can take up to seven years, a time in which a person's true disposition can be tested. No one should be accepted into the community who converts for some quick advantage. If the conversion is carried out by a rabbi of the reformed or conservative wing of Judaism, it is not recognized by the orthodox rabbis of Israel. For they consider themselves the sole protectors of the Jewish tradition, and are concerned with the preservation of Jewish identity and the purity of the ancestral faith.

The institution of the synagogue is complex; it is a place of prayer and of learning, and, in the Diaspora, sometimes little more than a characteristic of identity.

The idea that the synagogue is a Jewish house of prayer in the same way that a church is a Christian house of prayer is inadequate, and only partially correct.

Religiöse Juden: Sie betrachten nur sich als die wahren Kinder Gottes.

Religious Jews: They see themselves as the only true children of God.

Ein Konflikt:
Sie ist Israelin, nicht aber Jüdin.

A conflict:
She is an Israeli but not a Jew.

Gottes Wort
ist süß und klingend

Die Synagoge bleibt trotz ihrer eigenständigen theologischen Entwicklung nach Auffassung der Talmudgelehrten ein „kleines" Heiligtum und als solches zweitrangig hinter dem Tempel. Nach seinem Vorbild wird sie auch mit rituellen Gegenständen ausgestattet.

Das liturgisch Wichtigste jeder Synagoge ist die Heilige Lade oder Aron Hakodesch, die sich stets an der Ostwand, also in Richtung Jerusalem, befindet. In diesem Schrein, der an die Bundeslade erinnert, sind die Torarollen aufbewahrt. Für den Gemeindegottesdienst werden sie feierlich aus dem Schrank genommen und auf das Lesepult, die Bima oder den Almemor, gelegt.

Die fünf Bücher Mose werden auch heute noch von Toraschreibern von Hand geschrieben. Dieser Beruf erfordert sowohl perfektes handwerkliches Können als auch eine tiefe Hingabe an Gott. Denn das Kopieren der Texte ist ein durchaus religiöser Akt, der im Christentum etwa mit dem Malen einer Ikone vergleichbar ist. Auch dort bereitet sich der Künstler durch ein Gebet auf seine Aufgabe vor. Für den Toraschreiber geht es nicht allein um die ästhetisch ausgewogene Gestaltung des Textes, sondern auch um das theologische Anliegen der unver-

In spite of its independent theological development, according to the interpretation of Talmud scholars, the synagogue remains a "little" sanctuary (Mikdasch M'at), and as such, secondary to the Temple.

Based on the example of the Temple, it is also equipped with certain ritual objects.

Liturgically, the most important aspect of every synagogue is the "holy ark," or Aron Hakodesch, which is always found on the eastern wall, that is, facing Jerusalem. In this shrine, which is reminiscent of the Ark of the Covenant, the Torah rolls are kept. For the worship service, they are ceremoniously retrieved from the cabinet and placed on the rostrum, called bima or almemor.

The Five Books of Moses are, even today, written out by hand, by Torah writers.

This profession requires both perfect artistry skills and a deep dedication to God. For the copying of texts is a highly religious act, comparable with the painting of icons in Christianity.

Here, also, the artist prepares himself for his work through prayer. The Torah writer is concerned not only with the esthetically balanced form of the text, but also with the theological

God's Word Sounds Sweet

derbten Überlieferung. Jedes Wort ist wichtig, jedes einzelne ist Gottes offenbarter Wille, der vom Menschen keinesfalls verändert werden darf. Der Schreiber, so wird es gerne erzählt, arbeitet im Bewusstsein, Gott persönlich diktiere ihm jeden einzelnen Satz.

Durch diese Präzision, die man später auch in den klösterlichen Schreibstuben wiederfindet, wird die originalgetreue Wiedergabe von Texten über Jahrhunderte gewährleistet. So sind die heute verwendeten Bibeltexte mit jenen aus den Rollen der Essener-Siedlung Qumran, die noch aus der Zeit vor der Zeitenwende stammen, bis auf ein paar theologisch unbedeutende Abweichungen ident. Dies zeugt von der exakten Arbeit der Schreiber über einen Zeitraum von 2000 Jahren.

Die Rollen werden auf Pergament geschrieben. Dafür dürfen nur Tierhäute verwendet werden, die nach den rituellen Vorschriften auch rein – sprich koscher – sind. Nachdem es nun keine Haut gibt, die lang genug wäre, um den gesamten Text zu tragen, schreibt der Toraschreiber auf Einzelblättern, die nach ihrer Beschriftung mit Sehnen von koscheren Tieren zusammengenäht werden.

Neben der religiösen Versenkung und dem Wissen um rituelle Vorschriften ist es auch noch die Schönschreibkunst, die den Schreiber auszeichnet. Alle Spalten, von denen jede mindestens vierzig, aber nicht mehr als sechzig Zeilen lang ist, müssen völlig gleichmäßig sein. Auch am linken auslaufenden Zeilenende – Hebräisch wird ja von rechts nach links geschrieben – darf es keinen Leerraum geben. Andererseits darf aber auch kein Wort abgeteilt werden. Das hat keinen rituellen, sondern einen praktischen Sinn. Denn in einer Sprache, die nur Konsonanten schreibt und die Vokale ausspart, muss der Leser ein Wort sofort und mit einem einzigen Blick erfassen können. Sonst könnte ihm beim Vorlesen des Textes in der Synagoge ein Fehler unterlaufen. Das aber widerspräche der Vorschrift, Gottes Wort nicht zu verändern. Nicht willentlich, nicht unwissentlich.

Sieht nun jemand, um ein Beispiel aus dem Deutschen zu verwenden, die Konsonanten „brt", so könnten diese nun dreierlei bedeuten: Brot, Brut oder auch Bart. Nur durch die klare

matter of passing it on in purity. Every word is important, each one is God's will revealed, and may under no circumstances be changed by man. The writer, it is often said, works with the awareness that God is personally dictating every sentence to him.

Thanks to this precision, which we later also find in the monastic writing chambers of the Middle Ages, the exact replication of texts is guaranteed through the centuries.

Thus, with a few, theologically insignificant discrepancies, the Bible texts used today are identical to those from the scrolls found in the pre-Christian Essener settlement of Qumran.

This demonstrates how precisely the Torah writers have worked over a period of more than 2,000 years. The scrolls are written on sheets of parchment. These must be made of animal skins which are pure according to the ritual laws, that is, "kosher".

Since no skin is long enough to hold the entire text, the Torah writer writes on individual sheets, which, once they have been filled, are sewn together with the sinews of kosher animals.

Along with religious dedication and knowledge of ritual laws, the writer is characterized by his calligraphy. Every column, which may be no less than forty and no more than sixty lines long, must be completely uniform.

Even at the end of the final, left line (Hebrew is written from right to left), no empty space is allowed.

At the same time, no word may separated. This has no ritual significance, but rather a practical one. For in a language, in which only consonants are written and the vowels are left out, the reader must be able to recognize a word immediately, at a single glance.

Otherwise, he might make a mistake while reading in the synagogue. But this would go against the commandment, not to change God's word. Not willfully and not inadvertantly.

Now, to use an English example, if someone sees the consonants "brd", this could represent all sorts of words: "aboard", "bard", "bared", "beard", "bird", "board", "bored", "braid", "bread", "bred", "breed", "bride", "broad,"

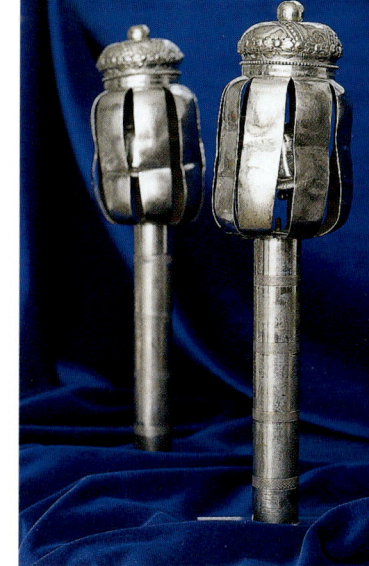

Glocken auf den Torarollen: Gottes Wort ist klingend.

Bells on the Torah scroll: God's word sounds sweet.

Besamimbüchse: Sie wird zum Ausgang des Sabbat mit wohlriechenden Kräutern gefüllt.

Besamim box: It is filled with sweet-smelling herbs at the end of the Sabbath.

Schreibweise ohne Silbentrennung wird deutlich, was im Text gemeint ist. Ist der Text nun fertig geschrieben und sind die einzelnen Pergamentbögen vernäht, dann wird das erste Blatt, das mit den Worten beginnt „Am Anfang schuf Gott Himmel und Erde", an einen Stock gebunden. Ebenso geschieht dies mit dem Blatt, das die letzten Verse der fünf Bücher Mose trägt, die lauten: „Niemals wieder ist in Israel ein Prophet wie Mose aufgetreten. Ihn hat der Herr Auge in Auge berufen. Keiner ist ihm vergleichbar, wegen all der Zeichen und Wunder, die er in Ägypten im Auftrag des Herrn am Pharao, an seinem ganzen Hof und an seinem ganzen Land getan hat, wegen all der Beweise seiner starken Hand und wegen all der furchterregenden und großen Taten, die Mose vor den Augen von ganz Israel vollbracht hat."

Diese beiden Teile werden nun gegenläufig zusammengerollt und oft mit einem Mantel und mit einem meist in Silber gearbeiteten Schild umgeben und so im Toraschrein aufbewahrt. Hülle und Schmuck sind meist Geschenke von Menschen, die auf diese Weise Dank für ein besonderes Ereignis in ihrem Leben kundtun.

Auch die Tinte ist kein handelsübliches Produkt, sondern wird von jedem Schreiber nach einer streng geheim gehaltenen Rezeptur gemischt. Sie muss neben den rituellen auch den technischen Vorschriften entsprechen: Sie muss pechschwarz, beständig und so viskos sein, dass sie mit Federkielen von Gänse- und Truthahnfedern aufgetragen werden kann. Man erzählt sich, dass Toraschreiber dem dunklen Gemisch einen Tropfen Honig beimengen. Denn Gottes Wort – davon sind sie überzeugt – ist süß.

Am oberen Ende des Drehstabes der Torarollen sind Glocken befestigt. Sie sollen bekunden, dass Gottes Wort auch klingend ist. Offenbar sind diese „Mitzwot", die Worte Gottes, die im Deutschen oft nur verkürzt als „Gesetz" wiedergegeben werden, für den gläubigen Juden nicht solch eine Last, wie Christen dies immer verkünden. Wobei wir an die theologisch heikle, aber doch sehr wichtige Frage stoßen: Gibt es, wie es der Apostel Paulus lehrt, nur eine Freude durch die Befreiung vom Gesetz oder gibt es nicht auch eine Freude unter dem Gesetz? Für eine solche

"brood", or "buried". Only clear writing, without separation, makes the meaning of the text instantly recognizable.

Once the text is finished, and the pages are sewn together, the first page, starting with "In the beginning, God created the heavens and the earth" is tied to a wooden rod, bearing the last five verses of the Pentateuch: "And there has not arisen a prophet since in Israel like Moses, whom the Lord knew face to face, none like him for all the signs and the wonders which the Lord sent him to do in all the land of Egypt, to Pharaoh and to all his servants and to all his land, and for all the mighty power and the great and terrible deeds which Moses wrought in the sight of all Israel" (RSV).

Then these two parts are rolled together in opposite directions, and often encased in a cloth and a shield wrought with silver, and kept in the Torah shrine. The case and the ornaments are usually gifts from people who in this way wish to express thanks for particular events in their lives.

The ink is also not some run-of-the-mill product, but is mixed by each writer himself, according to a recipe which is a closely-guarded secret.

It must meet both ritual and technical specifications: it must be jet-black, durable, and of the proper consistency for application with the quills of geese or turkeys. It is said that the Torah writers add a drop of honey to the dark mixture. For God's Word, they are convinced, is sweet. Bells are attached to the upper end of the rod of the Torah scrolls. These are intended to demonstrate that God's Word also sounds sweet.

Apparently, these "Mitzvot", the Words of God, which are often simply translated as "the Law", are not such a burden for devout Jews as Christians often think. This brings us to a theologically sensitive, but very important question: Does joy, as the Apostle Paul teaches, derive exclusively from *liberation from* the Law, or is there also a joy under the Law?

The drop of honey, the little bells on the Torah scrolls, and the Simchat Torah, the "Feast of the Joy of the Torah", all stand for the latter.

Torarolle: Sie enthält die fünf Bücher Mose.

Torah scroll: It contains the Five Books of Moses.

Schofarhörner: Aus ihnen ertönt der Ruf zum Gebet.

Shofar horns: They sound the call to prayer.

As the close the seven-day Sukkot festival, Simchat Torah designates that day on which the reading of the yearly Torah cycle is finished, and on which the first chapter of Genesis is immediately begun.

For, as we have already established, the reading and study of the Torah is a lifelong duty for every Jew. During Simchat Torah, the atmosphere in the synagogue is not one of earnestness and liturgical gravity, but of exuberance and joy. This can be experienced in particular in the prayer houses of the Hassidim, where dancing and singing take place. So we may ask, Would we celebrate the "Words of God" so enthusiastically if they were so stifling, and only limited man in his freedom?

To view Judaism as a system overflowing with laws would be to shortchange Jewish religiousness. On the other hand, it would be a falsely-understood apology if we tried to deny the legal characteristic of the Torah and the Halacha (the rabbinical rules). For with its 613 commandments, the Torah makes up the basis of the Jewish faith.

From them, rabbinic law is derived. Its purpose is to make the biblical instructions applicable under the changing conditions of passing time. Every community needs laws. The rabbis argue that pure love, as it is extolled in the New Testament, but also in Talmudic sources, could lead to chaos without regulatory measures. And the Torah is one of these.

In the course of history, this minimalistic definition of the Torah as Law has experienced a significant conceptual expansion. Thus, a devout Jew sees in it a testimonial of hope and the positive permeation of the world.

Just how complex God's commandments are is made clear in Psalm 1. There we read: "Blessed is the man whose delight is in the Torah of the Lord, and in his Torah doth he meditate day and night."

Paraphrased, this means: all study of the Torah is aimed at manifesting God's will in this world. Thus, our task is to create social justice and let love reign. In the dialogue between Christians and Jews, the Law and the Gospel are often juxtaposed.

stehen der Tropfen Honig, das Glöckchen an der Torarolle und Simchat Tora, das Fest der Torafreude.

Als Abschluss des siebentägigen Laubhüttenfestes (Sukkot) bezeichnet Simchat Tora jenen Tag, an dem die Lesung des jährlichen Tora-Zyklus abgeschlossen und an dem sofort mit dem ersten Kapitel des Buches Genesis neu begonnen wird. Denn das Lesen und Studieren der Tora ist, wie bereits festgestellt, eine lebenslange Pflicht für jeden Juden. Zu Simchat Tora bestimmt nun nicht Ernsthaftigkeit und liturgische Getragenheit die Stimmung in der Synagoge, sondern Ausgelassenheit und Freude. Besonders schön ist dies in den Bethäusern der Chassiden zu beobachten, in denen getanzt und gesungen wird. Würde man, so ist zu fragen, die „Worte Gottes" so ausgelassen feiern, wenn sie nur reglementierend wären und sie den Menschen in seinem freien Tun nur einschränken würden?

Das Judentum als ein ausuferndes System von Gesetzen zu betrachten wäre eine Verkürzung der jüdischen Religiosität. Andererseits wäre es aber auch eine falsch verstandene Apologie, wenn man versuchte, den gesetzlichen Charakter der Tora und der Halacha, d. h. der rabbinischen Vorschriften, zu leugnen. Denn die Tora bildet mit ihren 613 Ge- und Verboten die Grundlage des jüdischen Glaubens. Aus ihnen leitet sich das rabbinische Gesetz ab, dessen Zweck es ist, die biblischen Weisungen unter veränderten Zeitumständen anwendbar zu machen.

Gesetze braucht jede Gemeinschaft. Die reine Liebe, wie sie in neutestamentlichen, aber auch in talmudischen Texten gepriesen wird, könnte ins Chaos führen, gäbe es keine reglementierenden Maßnahmen, argumentieren die Rabbiner. Und als eine solche versteht sich die Tora. Diese minimalistische Definition der Tora als Gesetz hat im Lauf der Geschichte eine deutliche Begriffserweiterung erfahren. So sieht der fromme Jude in ihr ein Zeugnis der Hoffnung und der positiven Durchdringung der Welt.

Wie vielschichtig die Weisungen Gottes sind, wird in Psalm 1 deutlich. Dort heißt es: „Wohl dem Mann, der Freude hat an der Tora des Herrn, über seine Tora sinnt er bei Tag und bei

Christian theology, which sees the only salvation in the liberation from the Law through Jesus Christ, goes back to Paul: "And the commandment, which was ordained to be unto life, I found to be unto death" (Romans 7:10). And to the Galatians (2:21) he writes, "for if righteousness come by the law, then Christ is dead in vain." The Church adapted this Pauline theology, though sometimes in the face of strong opposition from early Jewish Christians, and has retained it to this day.

This interpretation of the Law separates Jews and Christians up to the present, for only seldom are the words of Jesus from the Gospel of Matthew (5:17-18) quoted: "Think not that I am come to destroy the law, or the prophets: I am not come to destroy, but to fulfill. For verily I say unto you, Till heaven and earth pass, one jot and one tittle shall in no way pass from the law, till all be fulfilled" (KJV).

Theology tries to illuminate and explain; another simple example from the Christian

Nacht." Interpretiert bedeutet dies: Jede Beschäftigung mit der Tora zielt darauf ab, den Willen Gottes in dieser Welt zu verwirklichen. Der Auftrag lautet also, soziale Gerechtigkeit zu schaffen und Liebe walten zu lassen.

Im Dialog zwischen Juden und Christen werden oft Gesetz und Evangelium einander gegenübergestellt. Die christliche Theologie, die das alleinige Heil in der Befreiung vom Gesetz durch Christus sieht, geht auf Paulus zurück: „So erwies sich mir eben dies zum Leben gegebene Gesetz als zum Tod führend", heißt es im Römerbrief (7,10). Und an die Galater (2,21) schreibt er: „Käme die Gerechtigkeit durch das Gesetz, wäre Christus vergeblich gestorben."

Die Kirche hat, wenn auch unter teilweise heftigen Widerständen der frühen Judenchristen, diese paulinische Theologie übernommen und sie bis zum heutigen Tag beibehalten. Diese Interpretation des Gesetzes trennt Juden und Christen bis heute, denn zu selten wird das Jesus-Wort aus dem Matthäus-Evangelium (5,17f) zitiert, in dem es heißt: „Denkt nicht, ich sei gekommen, um das Gesetz und die Propheten aufzuheben, sondern um es zu erfüllen. Amen, das sage ich euch: Bis Himmel und Erde vergehen, wird auch nicht der kleinste Buchstabe des Gesetzes vergehen, bevor nicht alles geschehen ist."

Theologie mag zu erhellen und zu begründen; als Erklärung zum Thema „Freiheit unter dem Gesetz" mag auch ein einfaches Beispiel aus der christlichen Welt dienen, das älteren Menschen noch in Erinnerung ist. Bis zum Zweiten Vatikanischen Konzil war klar geregelt: Am Freitag, dem wöchentlichen Fasttag, gilt strenges Fleischverbot. Das war ein deutliches Wort und ebenso deutlich waren die Konsequenzen daraus: Wer sich daran hielt, war fromm, wer nicht, beging eine Sünde. Als nun das Konzil dem Zeitgeist entsprechend versuchte, eine Individualisierung herbeizuführen, lautete das Fastenverbot fortan: Du sollst ein Opfer bringen. Das bedeutete für den einen nicht zu rauchen, für den anderen auf ein Glas Wein zu verzichten. Viele gläubige Christen waren tief verunsichert und wünschten sich ein unmissverständliches Reglement zurück. Womit klar wäre: Es gibt auch eine Freiheit unter dem Gesetz.

world, which older Catholics will remember well, serves to elucidate the topic of "Freedom under the Law". Before the Second Vatican Council, it was clearly regulated: on Friday, the weekly day of fasting, meat was strictly prohibited. That was clear and easy to understand, and the consequences were also clear: whoever kept it was pious; whoever didn't sinned. So when the Council tried, in keeping with the spirit of the age, to usher in more individual choice, the fasting rule said: Thou shallt make a sacrifice.

For some, that meant not smoking, for others, going without a glass of wine. Many Catholics felt insecure, and wished to return to the unmistakable rule. But the message is clear: there is freedom under the law.

Along with the Torah scrolls, the Eternal Light, or Ner Tamid, is also found in every synagogue. This custom is based on Exodus 27:20-21, which says "...that a lamp may be set up to burn continually ...from evening to morning before the Lord. It shall be a statute for

Neben den Torarollen findet sich in jeder Synagoge das Ewige Licht oder Ner Tamid, gemäß dem Vers aus Exodus 27,20f, in dem es heißt: „Das Licht soll vom Abend bis zum Morgen vor dem Herrn brennen, als eine ständig eingehaltene Verpflichtung der Israeliten von Generation zu Generation." Diese Lampe, die keinen festen Platz in der Synagogenarchitektur hat und genauso vor dem Toraschrein wie auch beim Eingang oder auch an einer Säule hängen kann, soll an den siebenarmigen Leuchter im Tempel, die Menora, erinnern. Darüber hinaus versinnbildlicht das Licht die Seele, wenn es in der Weisheitsliteratur des Alten Testaments heißt: „Eine Leuchte des Herrn ist des Menschen Geist."

Als Drittes darf in keiner Synagoge die Bima (der Almemor, das Lesepult) – fehlen, von dem aus die Liturgie mit dem Lesen der Tora geleitet wird. Um die wertvollen Schriften dabei nicht zu verunreinigen, indem man mit dem Finger die Zeilen entlang fährt, gibt es in allen Synagogen eigene Zeigestöcke. Sie sind häufig aus Silber, fein ziseliert und laufen nach vorne hin in Form einer Hand aus, bei der nur der Zeigefinger ausgestreckt ist.

Ein weiteres Element traditioneller Synagogen ist die Frauenabteilung, Esrat Naschim. Auch sie geht auf den Tempel in Jerusalem zurück, wo es vor dem Allerheiligsten einen Vorhof der Frauen und einen der Männer gab. Die Geschlechtertrennung, die in der Synagoge oft durch eine eigene Empore für Frauen vollzogen wird, soll verhindern, dass Betende durch die Anwesenheit des jeweils anderen Geschlechts abgelenkt werden. Diese Trennung gibt es in den Reformsynagogen nicht mehr, weil man dort von einer Gleichstellung der Geschlechter ausgeht.

Neben dem Verbot der Darstellung von Menschen gibt es kaum Vorschriften, die die künstlerische Gestaltung betreffen. Deswegen findet man viele verschiedene Gestaltungsvarianten. Der Bogen spannt sich vom sehr schlichten Gebetsraum in einem Haus bis hin zu einer prunkvollen, kirchenähnlichen Architektur.

Sammelbüchse: Gelebte Wohltätigkeit ist im Judentum wichtig.

Collection box:
The practice of charity is important in Judaism.

ever to be observed throughout their generations by the people of Israel" (RSV).

This lamp, which has no fixed place in the synagogue architecture, and can just as well hang in front of the Torah shrine as at the entrance or on a pillar, is intended to remind us of the seven-armed menora in the Temple.

In addition, the light represents the soul. The Old Testament proverb tells us, "A lamp is the soul of man".

A third item which must be present in every synagogue is the bima (almemor), the rostrum from which the liturgy, with the Torah reading, is conducted. In order to keep readers from moving their fingers along each line while reading, and thus smearing the valuable scriptures, every synagogue is equipped with several styluses.

They are often made of silver, finely engraved, ending in the form of a hand with outstretched index finger at the front end.

Another element of traditional synagogues is the women's area, Esrat Naschim. It too, is based on the Temple in Jerusalem, where, in front of the Holy of Holies, there was a vestibule for women and one for men.

The separation of the sexes, which in many synagogues is carried out in the form of a separate gallery for women, is intended to keep worshippers from being distracted by the presence of the respective opposite sex.

This separation is no longer practiced in Reformed synagogues, since Reformed Jews embrace the equality of the sexes.

Aside from the commandment prohibiting the representation of people, there are hardly any rules regarding the artistic decoration.

For this reason, many different variations in design are to be found. The spectrum ranges from very simple prayer rooms in a home, to pompous, churchlike architecture.

Toramantel: Oft wurde und wird er von Privat-personen – etwa nach einer unerwarteten Heilung oder Befreiung aus Todesgefahr – gespendet.

Torah cloth: It is often donated by private persons – for example after being healed from an illness or saved from danger.

Tora und Synagoge müssen mit Leben erfüllt werden

Es ist gut, dass es in Graz wieder eine Synagoge gibt. Sie kann zu einem Zentrum jüdischen Lebens werden, ist Dr. Paul Chaim Eisenberg, Oberrabbiner aus Wien, überzeugt.

Ist in kleinen Diaspora-Gemeinden ein dem jüdischen Religionsgesetz entsprechendes Leben überhaupt möglich?

Eisenberg: Diese Frage muss man relativ beantworten, denn zuerst muss man einmal definieren, was man unter einer kleinen Gemeinde versteht. Für meine Frau, die in New York gelebt hat, ist Wien eine kleine Gemeinde. Aus Grazer Sicht ist Wien schon groß, denn es gibt dort mehrere Synagogen, mehrere Rabbiner, koschere Geschäfte, eine Mikwe (Anm.: rituelles Tauchbad) und jüdische Schulen für die Kinder. Dies sind eben jene Einrichtungen, die ein religiöser Jude braucht, um irgendwo leben zu können. Die Größe einer Gemeinde misst sich also nicht unbedingt an der Anzahl ihrer Mitglieder, sondern auch an den vorhandenen Möglichkeiten, jüdische Einrichtungen benutzen zu können. Diese wiederum sind freilich davon abhängig, ob eine Gemeinde in der Lage ist, solche Institutionen zu erhalten. Ich würde aber sagen: Je kleiner eine Gemeinde ist, desto weniger orthodoxe Juden werden Sie dort finden. Für sie ist es nämlich sehr aufwendig, die für sie grundlegenden Dinge, wie koschere Nahrung oder die Erziehung der Kinder, zu organisieren. Daher wäre es in Graz auch schwierig, ein orthodoxer Jude zu sein. Andererseits können auch einige wenige engagierte Juden in einer kleinen Kommunität ein jüdisches Leben aufrechterhalten. Das Zentrum eines solchen ist immer die Synagoge. Deswegen ist es gut, in Graz wieder eine zu haben. Ich freue mich sehr darüber.

Wie steht es nun mit dem „Minjan", jener liturgischen Vorschrift, die besagt, dass zu einem Gottesdienst zumindest zehn religiös volljährige, männliche Juden anwesend sein müssen?

Eisenberg: Juden, die in Orten leben, wo man den Minjan nicht zusammenbringt, können zum Beispiel zu Feiertagen in größere Städte fahren, um dort am Gottesdienst teilzuneh-

It is good that there's a synagogue in Graz again. Austria's Chief Rabbi, Dr. Paul Chaim Eisenberg from Vienna, is convinced that it can become a center of Jewish life.

Is it possible to live strictly according to Jewish religious law in small Diaspora communities?

Eisenberg: This question must be answered in a relative sense, because we first have to define what we mean by small communities. For my wife, who has lived in New York, Vienna is a small community. By Graz standards, Vienna is large, because there are several synagogues there, several rabbis, kosher shops, a mikve (note: a ritual bath), and Jewish schools for the children. These are the facilities which a Jew needs in order to live a strict religious life. So the size of a community can't necessarily be measured merely by the number of members, but also by access to Jewish facilities. But these

Paul Chaim Eisenberg

The Torah and the Synagogue Must Be Filled with Life

men. Oder man macht es umgekehrt: Man lädt sich einige Leute in die Gemeinde ein, um die Zehnzahl zu erreichen. Freilich: Ein streng orthodoxer Jude will jeden Tag einen Gottesdienst haben, und das ist in einer kleinen Gemeinde nicht möglich. Er kann natürlich aber auch alleine täglich beten.

Kommen wir von der Liturgie zum Rabbiner. Nun gibt es religiöse Traditionen, die ihn als „inkarnierte Tora" bezeichnen. Wie ist das zu verstehen?

Eisenberg: Es gibt die Auffassung, dass eine Torarolle, aus der nie vorgelesen wird, wie ein Körper ohne Seele sei. Daher gebührt dem Rabbiner, der die Satzungen der Tora lehrt, besondere Ehre, weil er ihr gleichsam eine Seele einhaucht. Dabei wird ein sich gegenseitig bedingender Dualismus deutlich: Einen Rabbiner ohne Tora gibt es nämlich nicht und eine Tora, ohne dass sie ein Rabbiner unterrichtet und weitergibt, wäre auch nicht die Erfüllung. Sie bliebe eine nur für sich heilige Tora, ohne Bezug zum täglichen Leben. Sie sehen also: Der Rabbiner ist nicht das Bindeglied zwischen Gott und dem Menschen, sehr wohl aber zwischen der Tora und dem Menschen.

Demnach ist die Rolle eines Rabbiners nicht mit der eines katholischen Priesters vergleichbar, der als Leiter einer heiligen Messe zugleich ein Vermittler zwischen Gott und dem gläubigen Volk ist?

Eisenberg: Im Judentum bedarf es keines Rabbiners, um einen Gottesdienst zu leiten. In kleinen Gemeinden engagieren sich oft einfache Mitglieder als Vorbeter. Diesen braucht man, um eine Struktur und Ordnung in den Gebetsablauf zu bringen. Außerdem ist er notwendig, weil es Wechselgebete mit Texten und Antworttexten gibt. Wichtig ist aber: Als Vorbeter betet er nicht statt und auch nicht für die Gemeinde, sondern er leitet nur das Gebet. Und dieses richtet der Mensch direkt an Gott. Wir Juden legen sehr viel Wert darauf, dass wir keine Vermittler zwischen Schöpfer und Geschöpf brauchen. Das ist auch der Grund, warum wir keine Beichte kennen. Denn auch

institutions are dependent on the community's ability to maintain them. I would say, the smaller a community is, the fewer Orthodox Jews you will find there. For them, it is very expensive and time-consuming to organize basic things like kosher food and education for the children. Thus it would also be difficult to be an Orthodox Jew in Graz. On the other hand, it only takes a few dedicated Jews to maintain Jewish life in a small community. And the focus of this is always the synagogue. That's why it's good that we have one in Graz again. I'm very happy about it.

What about the "minyan", the liturgical rule which requires a quorum of ten Jewish men who have reached religious maturity in order to hold a worship service?

Eisenberg: For example, Jews who live in places where the minyan can't be met can go to larger cities for holy days, in order to participate in worship services. Or vice versa: they can invite people from out of town, to help fulfill the minyan. Still, Orthodox Jews want to have a worship service every day, and that's not possible in small communities. But of course they can still pray alone every day.

Let's move from the liturgy to the rabbi. Now, there are religious traditions which call him the "Torah incarnate." What is meant by this?

Eisenberg: There is a view that a Torah roll which is never read from is like a body without a soul. So a rabbi who teaches the law of the Torah deserves special honor, because he breathes life into it.

This demonstrates a reciprocal causal duality: there's no rabbi without the Torah, and, conversely, a Torah from which no rabbi teaches is also unfulfilled. It remains holy only unto itself, without reference to everyday life.

So you see, the rabbi is not the link between God and man, but between Torah and man.

Then the role of the rabbi is not comparable to that of a Catholic priest, who, by saying mass, functions as the intermediary between God and the faithful?

*Der Rabbiner: Er ist der
Mittler zwischen der Tora
und dem Menschen.*

die Frage der Sünde klärt jeder einzelne Jude selbst mit seinem Herrn.

Und wenn ein Rabbiner nun bei einer Liturgie anwesend ist, welche Rolle nimmt er dann ein?

Eisenberg: Er ist derjenige, der die Predigt hält und den Gottesdienst ein wenig mitgestaltet. Sonst hat er viele Aufgaben im seelsorgerischen Bereich. Er ist zuständig für die Ereignisse des Lebenskreises wie die Beschneidung, die „Bar Mitzwa", für Hochzeiten und Todesfälle, für rechtliche Belange, für die Betreuung von Kranken und Trauernden. Bei Rabbinern größerer Gemeinden reicht ihr Amt bis zur Vertretung nach außen.

Wie wird man nun Rabbiner?

Eisenberg: Üblicherweise durch intensives Studium an einem Rabbiner-Seminar. Solche gibt es in Europa etwa in London und Paris, aber auch in Budapest. Es gibt aber auch noch eine andere Möglichkeit. Nämlich, privat bei einem Rabbiner zu studieren. Denn jeder Rabbiner hat das Recht, selbst wiederum neue Rabbiner zu ernennen. Die Ausbildung muss also nicht notwendigerweise formal sein. Hauptsache, sie ist lang und tiefgehend.

Wie viele Rabbiner gibt es zur Zeit in Österreich?

Eisenberg: Wir haben zehn, von denen neun in Wien und einer in Salzburg leben, wo sich die größte Gemeinde außerhalb Wiens befindet. Nun muss ich zur Hierarchie aber bemerken: Auch wenn ich der Oberrabbiner bin, so stehe ich den übrigen nicht vor, von denen ein jeder für eine bestimmte Gruppe, für eine bestimmte Synagoge verantwortlich ist. Und diese einzelnen Synagogen unterscheiden sich nicht nur in ihrer Lage, sondern auch in ihrer religiösen Ausrichtung voneinander.

Wie viele jüdische Österreicher gibt es derzeit und welchen unterschiedlichen Richtungen sind sie zuzuordnen?

Eisenberg: Es gibt in Österreich weniger als 10.000 Juden, von denen neunzig Prozent in Wien leben. Hier haben wir Juden, die der strengen Orthodoxie angehören, darunter auch solche

Eisenberg: In Judaism, we don't need a rabbi to lead the worship service. In small congregations, normal members often serve as prayer leaders.

This function is necessary in order to provide structure and order to the prayer sequence.

The prayer leader is also needed because there are responsive prayers, in which a text is spoken and then is answered by a responsive text from the congregation.

But it's important to note that, as prayer leader, he doesn't pray on behalf of the congregation. He simply leads the prayers. And the people direct these to God himself.

It's very important to Jews that we don't need an intermediary between the Creator and the Created.

This is also the reason why we have no confession. Because the question of sin is also settled by each individual Jew with his maker.

And when a rabbi is present in the liturgy, what role does he play?

Eisenberg: He is the one who holds the sermon and helps to lead the service. Aside from that, he has many duties related to the spiritual needs of the congregation.

He is responsible for the events of the life cycle, such as circumcision, the Bar Mitzvah,

der chassidischen Richtung. Dann gibt es die Gruppe der Lubavitcher Juden, die Chabad Chassidim, die sehr weltoffen sind und die sehr intensiv mit nicht-religiösen Juden arbeiten und diese zum religiösen Judentum zurückbringen wollen. Dann haben wir eine Synagoge der Misrachi, das ist eine moderat-orthodoxe Gruppe, die gleichzeitig auch auf den Staat Israel hin ausgerichtet ist. Im Zentrum dieser Gemeinde steht der Stadttempel in der Seitenstettengasse, der für alle offen ist. Hier ist es nicht so wichtig, ob man nun orthodox ist oder nicht, denn von diesem Tempel mit seiner traditionellen Ausrichtung geht eine starke integrative Kraft aus. Das ist auch die Eigenschaft, die die Grazer Synagoge haben soll. Und schließlich haben wir in Wien noch eine kleine Reformgruppe, die noch keinen eigenen Rabbiner hat und die ein wenig am Rande des Spektrums einzustufen ist. Zwischen diesen Reformierten und der Orthodoxie treten immer wieder theologische Spannungen auf.

Sie sprechen von Synagoge und Tempel, bezeichnen mit beiden Begriffen aber stets dieselbe Institution.

Eisenberg: Die Orthodoxen mögen das Wort Tempel nicht, denn sie beziehen es auf den einen Tempel, der in Jerusalem gestanden hat und der im Jahre 70 nach der allgemeinen Zeitrechnung von den Römern zerstört wurde.

weddings, deaths, legal matters, caring for the sick and for those in mourning. Rabbis in larger congregations are also expected to represent the Jewish community to the outside world.

How does one become a rabbi?

Usually through intensive study at a rabbinical seminary. In Europe, we have these in London, Paris, and Budapest, for example. But there is also another option, that is, private study with a rabbi. Every rabbi has the right to appoint new rabbis.

So it isn't absolutely necessary for a rabbi to study formally. The important thing is for his training to be long and profound.

How many rabbis are there currently in Austria?

Eisenberg: We have about ten - nine in Vienna, and one in Salzburg, which has the largest congregation outside of Vienna.

But regarding the hierarchy, I should mention that, even if I am the Chief Rabbi, I am not the others' boss. Each of them represents a particular synagogue. And these synagogues differ not only in their locations, but also in their religious orientation.

How many Jewish Austrians are there right now, and what various orientations do they belong to?

Eisenberg: There are fewer than 10,000 Jews in Austria, of whom ninety percent live in Vienna. Here there are some strict Orthodox Jews, including some Hassidim.

Then there are the Lubavitcher Jews, the Habad Hassidim, who are very open in their views. They work intensively with nonreligious Jews to bring them back to religious Judaism. Then we have a synagogue of the Misrachi, that's a moderate Orthodox group, which is very Israel-oriented. The focus of this community is the Stadttempel on Seitenstettengasse, which is open to all.

Here, it is not so important whether a person is Orthodox or not, because this temple, with its traditional orientation, radiates a strong integrative power. That is also the characteristic which

Es gibt aber noch einen weiteren Grund, warum sie nicht gerne vom „Tempel" sprechen: Gerade in der Zeit der Emanzipation des 19. Jahrhunderts haben viele Juden, und unter ihnen vor allem die Reformierten, versucht, das Christentum ein wenig zu imitieren. Damals hat man begonnen, prächtig ausgestattete und mit Kuppeln versehene Synagogen zu bauen und die liturgische Kleidung der Priester zu kopieren. Außerdem haben die Reformierten auch noch die Orgel aus der Kirche übernommen und in die Synagoge eingeführt. Diese Anlehnung an das Christentum wurde nun von der Orthodoxie bekämpft, weswegen diese auch bei der Bezeichnung „Bet Knesset", dem jiddischen Ausdruck „Schul" oder einfach beim Begriff „Synagoge" geblieben ist. Die Reformierten bezeichneten ihre oft kirchenähnlichen Bauten als „Tempel".

Wie ist nun die Liturgie aufgebaut?

Eisenberg: Gehen wir von der Alltagsliturgie aus. Da gibt es das Morgengebet mit den Segenssprüchen und Psalmen, dann kommt das „Sch'ma Israel". Das ist die Deklaration des Glaubens an einen Gott. Davor und danach gibt es Segenssprüche, dann folgt das 18-Bitten-Gebet, das in drei Teile aufgeteilt ist: in Lob, Bitte und Dank. Am Montag, Donnerstag und Samstag kommen noch die Tora-Lesung und das Schlussgebet hinzu. Dann gibt es noch ein Nachmittags- und ein Abendgebet. Am Nachmittag werden Psalmen, wieder das 18er-Gebet und ein Abschlussgebet gesprochen. Und das Abendgebet besteht aus dem „Sch'ma Israel", dem 18er-Gebet und dem Abschlussgebet. Am Freitagnachmittag gibt es zwischen dem Nachmittagsgebet und dem Abendgebet noch ein Gebet zum „Empfang des Sabbat". Dabei haben wir neben den Psalmen auch Lieder, die zum Teil erst aus dem 15. und 16. Jahrhundert von den Kabbalisten stammen. Ein schönes Symbol ist es auch, dass man sich am Übergang vom gewöhnlichen Wochentag zum Feiertag einmal zur Türe dreht, um den Sabbat einzubegleiten. Und wesentlich ist, dass sich am Sabbat das 18-Bitten-Gebet auf sieben Bitten reduziert, wobei Lob und Dank erhalten bleiben und die Bitten, die während der

we want the Graz synagogue to have. And we also have a small Reformed group in Vienna, which so far doesn't have a rabbi of its own, and which is a little bit at the edge of the spectrum. Theological tensions arise frequently between these Reformed groups and the Orthodox.

You use the words "synagogue" and "temple" for one and the same institution.

Eisenberg: Orthodox Jews don't like the word "temple" because they use it only for the one Temple which stood in Jerusalem and was destroyed by the Romans in the year 70 AD. But there is another reason why they don't like to use the word "temple". During the period of emancipation in the 19th century, many Jews, especially Reformed Jews, tried to a certain extent to imitate Christian customs. They built splendid synagogues with cupolas and used priestly liturgical robes.

Another thing Reformed Jews borrowed from the Church was the use of the organ in the worship service. This imitation of Christianity was resisted by Orthodox Jews, which is why they stuck with the phrase "Bet Knesset", or the Yiddish word "Shul", or simply the term "synagogue". Reformed Jews often called their church-like buildings "temples".

How is the liturgy set up?

Eisenberg: Let's start with the everyday liturgy. There is the morning prayer with blessings and psalms, then comes the "Sh'ma Israel". This is the declaration of belief in one God. Before and after that, there are blessings, followed by the Prayer of 18, which is divided into praise, pleas, and thanksgiving. On Monday, Thursday, and Saturday, these are accompanied by Torah readings and the Final Prayer. Then we have the afternoon prayer and the evening prayer. In the afternoon, the psalms, the Prayer of 18, and the Final Prayer are said. And the evening prayer consists of the "Sh'ma Israel", the Prayer of 18, and the Final Prayer. On Friday afternoon, between the afternoon prayer and the evening prayer, there is a prayer for "Receiving the Sabbath". Here, along with the Psalms, we also have songs, some of which were

Woche das Zentrale sind, durch einen Feiertags-segensspruch ersetzt werden.

Das Gebet ersetzt nun das Opfer im Tempel. Ist dieses Opfer in der heutigen Liturgie noch lebendig?

Eisenberg: Wir erinnern uns sehr wohl daran, und zwar im Morgengebet. Das klassische Gebet hat tatsächlich mehrere Bitten, die den Wunsch zum Ausdruck bringen, dass der Tempel in Jerusalem wieder aufgebaut und die Opfer wieder eingeführt werden mögen. Diese Gebete lassen die Reformer aus. Denn für sie ist klar, dass der Weg vom Opfer zum Gebet kein Rück-, sondern ein Fortschritt war. Deswegen beten sie nicht mehr um die Wiederherstellung des alten Zustandes. Die Orthodoxen hingegen suchen nach der Quelle und dem Ursprung. Sie glauben, dass die Erlösung auch in der Rekonstruktion des Alten liegt.

Glauben Sie, dass der Neubau der Synagoge in Graz zu einer Zuwanderung von Juden führen wird?

Eisenberg: Die Synagoge wird ein Zentrum der Gemeinde werden, aber lassen Sie mich einen Vergleich mit der Tora ziehen. Wenn man diese nur im Schrank lässt, dann wird dies zu keinem religiösen Leben führen. Und so verhält es sich auch mit der Synagoge, wenn man nur ihre Schönheit bewundert. Wenn man sie aber zu einem Zentrum macht und zunächst einmal mit einem wöchentlichen Gottesdienst beginnt und wenn man den Religionsunterricht dort abhält und versucht, einen guten Lehrer nach Graz zu holen, dann könnte dies schon ein sehr aktives Leben werden. Man braucht einen Menschen, der die Gemeinde spirituell leitet, der über genügend Wissen verfügt, der Vorbeter und zugleich „Motor" der Gemeinde ist. Es müsste gar kein ausgebildeter Rabbiner sein.

written by the Cabalists in the 15th and 16th centuries. Another nice symbol is that, in order to make the transition from normal days of the week, a person turns toward the door to usher in the Sabbath. And it's very important to note that, on the Sabbath, the Prayer of 18 is reduced to seven points, in which the praise and thanksgiving are retained, and the pleas, which are the central point during the week, are replaced by a ceremonial benediction.

Prayer takes the place of the sacrifice in the temple. Does this sacrifice still play a role in the liturgy today?

Eisenberg: We do remember it, in the morning prayers. The classical prayer actually includes several prayers expressing the wish that the Temple in Jerusalem may be rebuilt, and that the custom of sacrifice be reinstated. Reformed Jews leave out these prayers.

For to them there is no doubt that the path from sacrifice to prayer was a positive, not a negative step. That's why they don't pray for the restoration of the old situation.

Orthodox Jews, on the other hand, seek the source, the wellspring. They believe that redemption lies partly in the reinstatement of the old ways.

Do you think that the new synagogue will attract more Jews to Graz?

Eisenberg: The synagogue will be a focus for the community, but let me make a comparison with the Torah. If you leave it on the shelf, it won't lead to a religious life. And it's the same with the synagogue, if you only admire the beautiful building. But if you make it a focal point, and start off with one weekly worship service, and if you hold religious education classes there, and try to bring a good teacher to Graz, then this could be a very attractive life. You need a person who can provide spiritual leadership for the community, who possesses adequate knowledge, who can function both as a prayer leader and as a "motor" for the congregation. It doesn't have to be a trained rabbi.

Sabbat –
eine Insel in der Zeit

Mama kommt in ihren weichen Schuhen ins Esszimmer. Einen Augenblick bleibt sie auf der Schwelle stehen, wie von dem weißen Tischtuch und den silbernen Leuchtern geblendet. Dann wäscht sie sich schnell Gesicht und Hände und legt den frisch gewaschenen Spitzenkragen um, den sie immer am Freitagabend trägt. Eine ganz neue Mama tritt nun zu den Leuchtern und zündet mit einem Streichholz ein Licht nach dem anderen an. Alle sieben Kerzen erglänzen. Sie beleuchten Mamas Gesicht von unten, und wie verzaubert senkt sie den Blick. Langsam, dreimal hintereinander, schließen sich ihre Hände zum Kreis um jede Flamme, als umschlinge sie ihr eigenes Herz. Mit den Kerzen schmelzen die Sorgen der Woche dahin.

Mama bedeckt ihr Gesicht mit den Händen und segnet die Lichter. Ihre leisen, gemurmelten Segenswünsche dringen zwischen den Fingern durch und geben den gelben Flammen noch mehr Kraft. Mamas Hände leuchten im Kerzenschein wie die Gesetzestafeln in der Lade.

Ich drücke mich ganz dicht an Mama, um den segnenden Händen nahe zu sein, blicke auf, suche

__M__ama enters the dining room wearing slippers. For a moment, she stops at the threshold, as if blinded by the white tablecloth and the silvery lamps. Then she quickly washes her face and hands and turns over the freshly washed lace collar, that she always wears on Friday evening.

A completely new Mama now approaches the lamp, and with a match, lights one after the other. All seven candles glow. They light Mama's face from below, and she lowers her gaze as if under a spell.

Slowly, she closes her hands three times in a circle around the flames, as if she were embracing her own heart. With the candles, the week's cares melt away. Mama covers her face with her hands and blesses the lights.

Her soft, murmured blessings carry through her fingers, giving the yellow flames more power.

Mama's hands glow in the candlelight like the Tablets of Law in the Ark. I press closely against Mama, in order to be close to these hands and their act of blessing. I look up, and seek her face, wanting to look into her eyes. They are hidden behind her hands.

Sabbath: An Island in Time

ihr Gesicht, möchte in ihre Augen schauen. Sie sind hinter den Händen verborgen.

Nun zünde ich mein eigenes kleines Licht an, halte wie die Mutter die Hände vors Gesicht und spreche ihr die Segenssprüche leise nach, murmle sie wie durch ein Gitter in mein kleines Licht.

Kaum angezündet, beginnt meine Kerze schon zu tropfen. Rasch versuche ich, ihre Tränen mit einer Hand aufzuhalten.

Ich höre Mama den einen und den anderen Namen in ihrem Gebet erwähnen – Vater, uns Kinder, ihren eigenen Vater, ihre Mutter. Nun ist auch mein Name in die Flamme der Kerze gefallen. Mir wird ganz heiß. „Der Allvater möge sie alle segnen!" Jetzt endlich lässt Mama die Hände sinken. „Amen", sage ich mit erstickter Stimme hinter meinen Fingern.

„Guten Sabbat!", ruft Mama laut. Ihr Gesicht ist wie geläutert, als hätte es die Helle der Sabbatlichter in sich aufgenommen. „Guten Sabbat!", antwortet der Vater vom anderen Ende des Tisches und steht auf, um in die Synagoge zu gehen.

In dieser kurzen Schilderung von Bella Chagall, der ersten Frau des Malers Marc Chagall, kommt die Freude und die Hingabe zum Ausdruck, mit der fromme Juden den Sabbat begehen. Die ganze Woche ist auf ihn hin ausgerichtet, und wenn der heilige Tag schließlich da ist, dann wird er feierlich begrüßt. Kurz vor Einbruch des Sabbats entzündet die Hausfrau zumindest zwei Kerzen, während man in der Synagoge zur selben Zeit singt: „Komm, mein Freund, der Braut entgegen, wir wollen den Sabbat empfangen." Dieser beginnt Freitagabend mit dem Sonnenuntergang und endet Samstagabend bei Sonnenuntergang.

In diesen 24 Stunden verrichtet der fromme Jude keine Arbeit, denn es steht geschrieben: „Du sollst keinerlei Geschäft am Sabbat verrichten, weder du selbst, noch dein Sohn, noch deine Tochter, noch dein Knecht, noch deine Magd, noch dein Ochs oder Esel, noch sonst eines von deinen Tieren, auch der Fremde nicht, der sich in deinen Toren aufhält, damit auch dein Knecht und deine Magd ruhen wie du" (Dtn 5,14).

Durch das Arbeitsverbot hat der Sabbat eine sozialrechtliche Funktion, denn alle Juden sollen von ihrer Arbeit lassen, auch die Hausfrauen.

Now, I light my own little light, and like my mother, hold my hands in front of my face and repeat the blessings after her, murmur them, as through a screen, into my little light.

No sooner have I lit my candle than it begins to drip. Quickly I try to catch its tears with my hand.

I hear Mama speaking a few names in her prayer. Father, me and the other children, her own father, her mother. Now my name has fallen into the candle flame. I feel hot. "May the Almighty Father bless all of them." Now Mama lowers her hands. "Amen," I say, voice muffled by my fingers.

"Good Sabbath," Mama calls out loud. Her face seems cleansed, as if it had absorbed the brightness of the Sabbath lights. "Good Sabbath," Father answers from the other end of the table, and he rises to go to the synagogue.

This short vignette by Bella Chagall, the first wife of painter Marc Chagall, expresses the joy and devotion of religious Jews celebrating the Sabbath.

The whole week revolves around it, and when the holy day finally arrives, it is welcomed ceremoniously.

Shortly before the Sabbath begins, the housewife lights at least two candles, while in the synagogue, at the same time, the people are singing: "Come, my friend, to meet the bride, let us receive the Sabbath." The Sabbath begins on Friday evening at sunset, and ends at sunset on Saturday.

In these 24 hours, religious Jews do no work, for it is written: "in it (the Sabbath) you shall not do any work, you, or your son, or your daughter, or your manservant, or your maidservant, or your ox, or your ass, or any of your cattle, or the sojourner who is within your gates, that your manservant and your maidservant may rest as well as you" (Dtn 5:14, RSV).

Due to the commandment not to work, the Sabbath takes on a socio-legal function, for all Jews are to refrain from working, including housewives, who therefore prepare meals beforehand. In wealthy households, the custom arose of using Christian maids, so-called *"Schicksen"*, who were not bound by the commandments of the Torah, and thus could do all those jobs forbidden to Jews. These includ

Der Sabbat:
Das ist die Zeit, in der der Mensch ruht, wie
Gott nach den sechs Schöpfungstagen.

The Sabbath:
This is the time for people to rest as God
rested after the six days of Creation.

Deshalb kochen diese die Mahlzeiten vor. In begüterten Haushalten behalf man sich früher mit christlichen Hausmädchen, sogenannten „Schicksen", die nicht an die Tora-Gebote gebunden waren und so all jene Arbeiten übernehmen konnten, die den Juden verboten waren: Dazu gehören das Feuermachen, das Lichteinschalten, das Telefonieren oder das Autofahren. Heute haben freilich Warmhalterohr und Zeitschaltuhr die „Schicksen" weitgehend ersetzt.

Der Sinn des Ruhegebotes ist es, dass sich der Jude ganz in den Schöpfungsrhythmus Gottes einfügt, der am siebenten Tag, nach vollendeter Schöpfung, ebenfalls geruht hatte. Dieses Ruhen, so wollen es fromme Rabbiner verstanden wissen, ist aber nicht bloße Untätigkeit. Es ist vielmehr ein Innehalten, ein Aufhören. Rabbi P. De Vries, der 1944 im KZ Bergen-Belsen ermordet wurde, schreibt: „Wir steigen alle sieben Tage einmal vom Thron unserer vermeintlichen Herrlichkeit hinab und legen den Stab des Herrschers beiseite. Eine Zeit lang schaffen wir Abstand zwischen unserer Herrschaft über die Materie und uns, diese Herrschaft, die in schaffender Arbeit, im Herstellungsprozess zum Ausdruck kommt. [...] Das ist der Kern des Wesens des jüdischen Sabbats: der Schöpfung Hände und Geist zu entziehen und dem Schöpfer alle sieben Tage einmal sein Werk wieder zu Füßen legen. Wisse, dass du kein Schöpfer bist, und zeig, dass du es weißt. Gott ist der Schöpfer. Nur Gott."

Der Sabbat, der neben der Beschneidung und den Speisegesetzen zu den frühen Unterscheidungsmerkmalen der Juden von ihrer Umwelt gehört, ist also eine „Insel in der Zeit", an dem Hast und Unruhe nachlassen und an dem sich die Seele erneuern kann. Dazu gehört für den frommen Juden auch die Heiligung Gottes in der Liturgie, denn in Exodus 31,14 heißt es: „So hütet den Sabbat, denn ein Heiligtum ist er euch."

Wenn man nun den Glauben als „imitatio dei" („Nachahmung Gottes") versteht, dann wird auch begreiflich, warum der Sabbat als heilig und Verstöße gegen die Sabbatruhe oft heftig geahndet werden. Der „Sabbes-Goi" (Goi ist eine despektierliche Bezeichnung für Nicht-Juden) wird sozial geächtet.

making fires, which, strictly interpreted, means not turning on electric lights, making phone calls or driving a car.

Today, however, automatic ovens and thermostats with timers have largely replaced the "Schicksen".

The point of the commandment to rest is to force Jews to adapt to the divine rhythm of creation, in which God also rested on the seventh day.

But this resting, according to devout rabbis, is not mere inactivity. Instead, it is a stopping in ones tracks. Rabbi P. De Vries, who was murdered at the Bergen-Belsen concentration camp in 1944, writes: "Every seven days, we climb down from the throne of our presumed glory and put aside the rod of the ruler. For a time, we distance ourselves from our lordship over matter, this lordship which is expressed by creative work, in the process of production [...] That is the essence of the Jewish Sabbath: to remove hands and mind from creation, and every seven days, to lay the Creator's work at his feet. Know that thou art not a creator, and show that thou knowest God is the Creator. Only God."

The Sabbath, along with circumcision and the commandments regarding food, is one of the early characteristics which distinguishes Jews from their surroundings. It is also an "island in time," where haste and restlessness dissipate, and the the soul is rejuvenated.

For religious Jews, this also includes praising God in the liturgy, for Exodus 31:14 tells us: "You shall keep the Sabbath, because it is holy for you."

Now, if we interpret religious belief as "imitatio dei" (imitation of God), then we can begin to understand why the Sabbath is considered holy, and violations of the Sabbath rest are often punished drastically.

The "Sabbes-Goi" – "Goi" ist eine deroguative term for non-Jews – is a social outcast.

The Sabbath is the day when religious Jews (often, it is only the men), go to worship in the synagogue.

The real difficulty for small Diaspora congregations is found in the regulation that at

Der Sabbat ist nun jener Tag, an dem fromme Juden – oft sind es nur die Männer – zum Gottesdienst in die Synagoge gehen. Die besondere Schwierigkeit für kleine Diasporagemeinden besteht nun in der Vorschrift, dass sich zumindest zehn männliche, religiös mündige Juden zu einer Liturgie zusammenfinden müssen. Andernfalls kann der Gottesdienst nicht abgehalten werden. Als mündig gilt derjenige, der ein „bar mitzwot", ein „Sohn der Satzungen" Gottes ist. Und dies wird man an seinem 13. Geburtstag nach einer Feier in der Synagoge, bei der man erstmals öffentlich aus der Tora vorgelesen und auch eine kurze, predigthafte Interpretation des gelesenen Tagesabschnittes gegeben hat.

Der religionsgeschichtlich interessante Bezug ergibt sich zum Lukasevangelium, in dem in 2,41-52 vom zwölfjährigen Jesus im Tempel berichtet wird, der unter Erwachsenen sitzt und die heiligen Schriften interpretiert. „Alle, die ihn hörten, waren erstaunt über sein Verständnis und seine Antworten", heißt es dort.

Jede Zahl unter zehn „bar mitzwot" wird nicht als „Gemeinde" angesehen, denn dann ist das „Quorum" – oder hebräisch: der Minjan – nicht erfüllt und die Liturgie nicht möglich. Diese Zehnzahl geht auf die Sodom-und-Gomorra-Erzählung im Buch Genesis (18,16ff) zurück. Der Herr wollte die beiden Orte, in denen „die Sünde schwer geworden ist", vernichten. Nun beginnt Abraham mutig mit seinem Herrn zu verhandeln. Das ist ein Zeichen dafür, dass der Mensch als Geschöpf nicht bloß Untertan seines Schöpfers, sondern auch sein Partner ist. Aus diesem Selbstverständnis argumentiert Abraham Gott gegenüber: „Willst du auch den Gerechten mit den Ruchlosen wegraffen? Vielleicht gibt es fünfzig Gerechte in der Stadt [...] Das kannst du doch nicht tun." Gott antwortet: „Wenn ich in Sodom, in der Stadt, fünfzig Gerechte finde, werde ich ihretwegen dem ganzen Ort vergeben." Abraham, offenbar von seinem Erfolg ermutigt, bittet Gott, Sodom zu verschonen, auch wenn sich dort nur fünfundvierzig, nur vierzig, nur dreißig oder gar nur zwanzig Gerechte fänden. Gott gibt auch tatsächlich seinem Knecht Abraham nach, der

least ten male Jews who have reached religious adulthood must come together.

Otherwise, the worship service cannot take place. An adult is one who is a "bar mitzvot," a "son of the statutes" of God.

A Jew achieves this status on his thirteenth birthday, after a ceremony in the synagogue, in which he reads from the Torah for the first time, and holds a short, sermon-like interpretation of the day's reading.

From the standpoint of religious history, this leads to an interesting connection illustrated in the Gospel of Luke (2:41-52), in which the *twelve-year-old* Jesus sits among the adults and interprets the Holy Scriptures. "...and all who heard him were amazed at his understanding and his answers."

A number fewer than ten "bar mitzvot" is not recognized as a congregation, for the quorum, or, in Hebrew, the "minyan," is not full, and thus the liturgy is not possible.

This number ten is based on the story of Sodom and Gomorra in the Book of Genesis (begins 18:16). The Lord wanted to destroy the two cities, because "their sin was very grave."

Abraham courageously begins to negotiate with God. This is a symbol that man as a creature is not merely a slave of his Creator, but also a partner.

From this self-concept, Abraham argues: "Wilt thou indeed destroy the righteous with the wicked? Suppose there are fifty righteous in the city [...] Far be that from thee."

God answers: "If I find at Sodom fifty righteous in the city, I will spare the whole place for their sake."

Abraham, apparently encouraged by his success, asks God to spare Sodom even if He only finds forty-five, or forty, or thirty, or even only twenty righteous.

God actually gives in to His servant, who finally raises his voice one last time and says: "Oh let not the Lord be angry [...] Suppose ten are found there." The Lord is willing to spare the city for the sake of ten righteous.

When He fails to find even these, He "rains brimstone and fire". Only the righteous Lot and his family are saved.

schließlich ein letztes Mal seine Stimme erhebt und sagt: „Herr, zürne nicht [...], vielleicht finden sich dort nur zehn." Der Herr ist bereit, sie um der zehn willen nicht zu vernichten. Als er auch die nicht findet, lässt er „Feuer und Schwefel vom Himmel herabregnen". Nur der gerechte Lot und seine Familie werden gerettet.

Eine andere Tradition für das gemeinschaftliche Feiern in der Synagoge leitet sich aus dem Vers 23,25 im Buch Exodus ab, der lautet: „Wenn ihr dem Herrn, eurem Gott, dient, wird er dein Brot und dein Wasser segnen." Diesen auffälligen Wechsel der Pronomina vom Plural zum Singular interpretiert ein Rabbiner folgendermaßen: Dienen bedeutet beten. Und beten soll man in der Gemeinschaft, deshalb die Anrede in der Mehrzahl. Das Brot isst aber jeder für sich, deshalb die Einzahl.

Nach dem Besuch der Synagoge kehrt man in das erleuchtete Haus zurück, in dem der Tisch bereits festlich gedeckt ist. Bevor man sich zu Tisch begibt, segnet der Vater die Kinder. Zu den Söhnen sagt er: „Gott lasse dich werden wie Ephraim und Menasse", und während er den Mädchen die Hände auf den gebeugten Kopf legt, betet er: „Gott lasse dich werden wie Sara, Rivka, Rahel und Lea. Es segne dich der Ewige und behüte dich. Es lasse der Ewige sein Angesicht über dir leuchten und begnadige dich. Es wende dir der Ewige sein Angesicht zu und gebe dir Frieden."

Dann spricht der Hausherr den „Kiddusch", einen besonderen Segen über einen koscheren Wein, der in einem verzierten Becher vor ihm steht. Danach wird das Brot gebrochen, Tischgebete und Hymnen werden rezitiert. So entsteht eine spirituelle Verbundenheit zwischen allen Anwesenden, unter denen sich häufig Gäste befinden.

Selbst wenn jemand nicht in die Synagoge geht und als nicht-religiöser Jude darauf verzichtet, die traditionellen Sabbatgebete zu sprechen, so trifft man sich am Freitagabend doch zu einem gemeinsamen Abendessen und pflegt jenseits der Religion Gemeinschaft und Familie.

Der Sabbat ist der letzte Tag der Woche und seit jeher Ruhetag und zugleich Tag der liturgischen Gemeinschaftsfeier. Der Sonntag hingegen

Another tradition for the communal celebration in the synagogue is derived from Exodus 23:25, which says, "And *ye* shall serve the Lord, *your* God, and I will bless *thy* bread and *thy* water."

The conspicuous pronoun switch from the plural "ye" to the singular "thy" is interpreted by a rabbi as follows: To serve means to pray. And we should pray together, that's why we are addressed in the plural. But bread is eaten by each individual, hence the singular.

After attending the service in the synagogue, the worshippers return home, where the table is already festively set.

Before sitting down to table, the man of the house blesses the children. To his sons, he says, "May God let you become like Ephraim and Menasseh," and while laying his hands upon the girls' bowed heads, he prays, "May God let you become like Sarah, Rivka, Rachel, and Lea. May the Lord bless you and keep you. May the Lord make His face to shine upon you and be gracious unto you. May the Lord lift up His countenance upon you and give you peace."

Then the man of the house speaks the "Kiddusch," a special blessing over a kosher wine, placed before him in a decorated cup.

After that, the bread is broken, and table blessings and hymns are recited. Thus, a spiritual bond is created among all those present, often including guests.

Even if someone does not attend the synagogue, and, as a non-religious Jew, declines to say the traditional Sabbath prayers, Friday evening is a time to get together for a meal, and take time for fellowship and family, even without religion.

The Sabbath is the last day of the week, and has always been both a day of rest and the day of the liturgical, communal celebration. Sunday, on the other hand, is the "first day of the week," on which early Christians gathered to "break bread together." It was not until 312 AD that Emperor Constantine declared it the day without court cases. Later, the emperors prohibited "slave work" on Sundays, and it was the later Germanic kings who prohibited all "hard work."

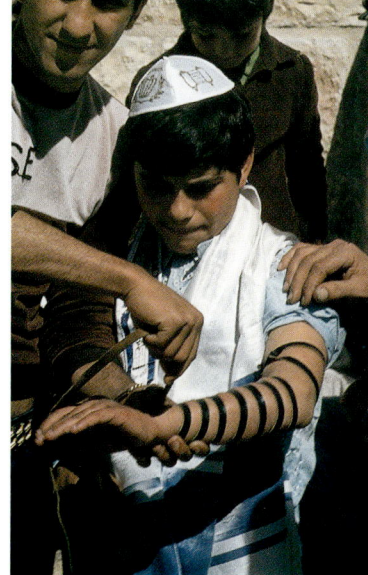

Tefillin: „Du sollst sie binden zum Zeichen an deine Hand, und sie sollen dir zum Schmuck auf deiner Stirn werden."

Tefillin: "And thou shalt bind them for a sign upon thine hand, and they shall be as frontlets upon thine eyes."

ist „der erste Tag der Woche", an dem sich schon die christliche Urgemeinde „zum Brechen des Brotes" versammelte. Erst Kaiser Konstantin erklärte ihn 321 zum Tag ohne Gerichtsverhandlung. Später haben Kaiser die „Sklavenarbeit" am Sonntag untersagt, und erst die germanischen Könige haben alle „schweren Arbeiten" generell verboten.

Betritt man nun als Mann eine Synagoge oder einen anderen Ort besonderer Heiligkeit wie einen Friedhof oder das Areal vor der Westmauer in Jerusalem, dann ist es angebracht, den Kopf zu bedecken. Man kann einen Hut oder eine Kippa tragen. Die Kippa ist eine kleine, handtellergroße, flache Mütze, die auf den Hinterkopf gesetzt wird und die bei orthodoxen Juden meist farblos schwarz, manchmal aber auch verziert ist. Beliebte Motive sind der Davidsstern oder auch streng geometrisch angeordnete Linien.

Mit der Verzierung setzt der Träger wohl auch ein kulturelles Signal. So erzählt beispielsweise eine Kippa, die in den fünfziger Jahren in Tel Aviv gefertigt wurde, mit ihrem Edelweiß, dem Enzian und dem Almrausch wohl von der Hoffnung eines aus Österreich vertriebenen Juden auf Heimkehr.

Fragt man Juden nun nach dem Grund für die Kopfbedeckung, dann bekommt man meist folgende Antwort: Die Kippa – oder auch Jarmulke, wie sie im Jiddischen heißt – sei eine Art „Deckel" am Kopf, damit der Geist des Menschen sich nicht zu hoch emporwage. Denn auch der Turm von Babel sei schon in sich zusammengebrochen, weil die Menschen nicht nur die Gottesnähe, sondern darüber hinaus die Gottesgleichheit gesucht hätten.

Beobachtet man Juden beim Gebet, dann kommt es vor, dass sie stehend ihren Oberkörper nach vor- und wieder zurückwippen. Dafür gibt es zwei Erklärungen: Die eine besagt, dass der Körper des Betenden den Rhythmus, den ihm die Psalmen vorgeben, übernimmt. Die andere sieht im Beten eine Interaktion aus Geist und Körper. Der Mensch in seiner Gesamtheit soll seinen Schöpfer preisen.

Die Verbindung von Verstand und Herz wird durch die Tefillin unterstrichen. Es sind dies Gebetsschnüre, die der fromme Jude beim

For a man entering a synagogue or another place of special holiness, such as a cemetery or the grounds of the Western Wall in Jerusalem, it is customary to cover one's head.

One can wear a hat or a kippa. The kippa is a small, flat, hand-sized cap which is placed on the back of the head. Among Orthodox Jews it is usually a drab black, but it can also be decorated.

Popular designs include the Star of David, and lines arranged in strict geometric order.

With this decoration, the wearer also makes a cultural statement. For example, a kippa made in Tel Aviv in the '50s, decorated with edelweiss, gentian, or Alpine rose might symbolize an exiled Austrian Jew's hope of returning home.

If you ask Jews why they cover their heads, then you'll usually get the following answer: The kippa, or yarmulka, as it is called in Yiddish, is a sort of "lid" for the head, to keep a person's spirit from daring to reach too high. For the tower of Babel also toppled down, because the people were seeking not only to be near God, but to be equal to God.

If we observe Jews at prayer, we sometimes notice them standing up, rocking back and forth with their upper bodies. There are two explanations for this: One is that the praying man's body takes on the rhythm that the psalms dictate. The other sees prayer as an interaction between soul and body. A person should praise God with all his being.

The connection between reason and heart is emphasized by the tefillin. These are prayer strings worn by religious Jews in morning prayers and sometimes in noon prayers, but never in the evening, on the Sabbath, or on other festive occasions.

This is done according to Deuteronomy 6:8 "And you shall bind them as a sign upon your hand, and they shall be as frontlets between your eyes."

Black cubes are fastened to the thongs, which are made of leather or parchment.

Inside the cubes are handwritten verses from the Torah (Ex. 13:1-10; Ex. 13:11-16; Dtn 6:4-9; Dtn 11:13-21).

Morgengebet, gelegentlich zu Mittag – nie aber am Abend, am Sabbat oder anderen Festtagen – anlegt. Er tut dies gemäß dem Wort (Dtn 6,8): „Und du sollst sie binden zum Zeichen an deine Hand, und sie sollen dir zum Schmuck auf deiner Stirn werden." An die Gebetsriemen aus Leder oder Pergament sind schwarze Würfel gebunden. In diesen befinden sich handgeschriebene Abschnitte aus der Tora (Ex 13,1-10; Ex 13,11-16; Dtn 6,4-9; Dtn 11,13-21). Sie werden an der Stirn getragen als Zeichen dafür, dass das Wort Gottes im Mittelpunkt des menschlichen Geistes sei, und am linken Oberarm, weil es heißt: „Dann leget meine Worte euch ans Herz" (Dtn 11,18). Vom Oberarm führen dann die Riemen über den Unterarm, um den sie siebenmal geschlungen werden. Zwischen den Fingern laufen die Gebetsschnüre aus.

Ein weiteres Zeichen, mit dem Juden ihre fromme Gesinnung zum Ausdruck bringen, sind die Zizit oder Schaufäden. Ihr Gebrauch leitet sich aus dem Buch Numeri ab, in dem es in 15, 37-41 heißt: „Der Herr sprach zu Mose: Rede zu den Israeliten und sag zu ihnen, sie sollen sich Quasten an ihre Kleiderzipfel nähen, von Generation zu Generation, und sollen an den Quasten eine violette Purpurschnur anbringen; sie soll bei euch zur Quaste gehören. Wenn ihr sie seht, werdet ihr euch an alle Gebote des Herrn erinnern." In der Antike wurden diese Quasten nur an viereckigen Gewändern angebracht. Später hat sich daraus der Tallit oder Gebetsmantel entwickelt, der meist aus Wolle oder Seide gefertigt, schwarz-weiß oder auch blau-weiß gestreift ist. Von seinen Ecken baumeln nun die Zizit. An jeder Ecke werden vier Fäden durch den Tallit gezogen, drei gleich lange und ein längerer. Dieser umwickelt die übrigen exakt 39-mal. Das ist wiederum die Summe, zu der sich die Buchstaben der hebräischen Wörter „Adonai Echad", „der Herr ist einzig", addieren lassen.

They are worn on the forehead as a sign that God's word is at the center of the human mind; on the left upper arm because it is written, "You shall therefore lay up these words of mine in your heart."

From the upper arm, the strings pass along the lower arm, where they are wrapped seven times. They end between the fingers.

Another symbol which Jews use to express their piety is the zizit, or tassels.

Their use is based on the Book of Numbers 15:37-41: The Lord spoke to Moses, "Speak to the people of Israel, and bid them to make tassels on the corners of their garments throughout their generations, and to put upon the tassel of each corner a cord of blue; and it shall be to you a tassel to look upon and remember all the commandments of the Lord."

In ancient times, these tassels were worn only on four-cornered garments. Later, these garments developed into the tallit, or prayer shawl, which is usually made of wool or silk and features black and white or blue and white stripes.

From its corners hang the zizit. On each corner, four threads are drawn throught the tallit, three of equal length, and one longer one. This one is wrapped around the other three exactly 39 times. This is the sum which results from adding the letters of the Hebrew words "Adonai Echad," "The Lord is one."

Die Kippa:
Eine Bedeckung des Kopfes, damit sich der Geist des Menschen nicht zu hoch emporwage.

The kippa: It covers the head so that the human spirit does not climb too high.

Ein Hort der Vaterlandsliebe

Jahrhundertelang waren den Juden die Bürgerrechte vorenthalten worden. Mit Josef II. und dessen Toleranzpolitik war die Diskriminierung aber beendet. Was folgte, war ein Auszug aus dem Getto. Diese neue geistige Freiheit nutzten viele, um sich Bildung und Wissen anzueignen, das sich – bislang unerreichbar – außerhalb der Gettomauern entwickelt hatte. Dies führte zu einem enormen Zustrom zu den Universitäten. Vor allem interessierte man sich für die Naturwissenschaften, die – abseits von der im Getto vertretenen Weltsicht – faszinierende, empirische Erkenntnisse gewonnen hatten. So war es beispielsweise für den frommen Juden unvorstellbar, was die aufstrebenden Naturwissenschaften nun vertraten: nämlich, dass die Welt nicht in sieben Tagen erschaffen worden war. Und dies vermochten die Gelehrten an den Universitäten auch noch zu belegen!

Zu diesen neuen geistigen Rahmenbedingungen der Juden kamen in Graz noch ganz spezielle: der Zuzug von Glaubensbrüdern. Lebten um 1870 nur etwa 250 in der Stadt, so verzeichnete die Volkszählung von 1880 bereits 1211 Bürger „mosaischen Glaubens". Von diesen Neuankömmlingen stammte etwa die Hälfte aus jenen westungarischen – später burgenländischen – Gebieten, in denen sich die

For centuries, Jews had been denied civil rights. But with Josef II and his policy of tolerance, official discrimination came to an end. What followed was an exodus from the ghetto. Many used this new intellectual freedom to acquire education and knowledge which had hitherto developed, unattainable, outside the ghetto walls. This led to an enormous influx into the universities. Above all, Jews were interested in the natural sciences, which had gained new knowledge far beyond the world view preached in the ghetto. For example, science now claimed that the world had not been created in seven days, an idea unimaginable to devout Jews. And the learned men at the universities could even prove it!

Along with this new intellectual framework for Jews, Graz offered special conditions: the arrival of brothers in the faith. Whereas around 1870 there were only about 250 Jews in the city, the 1880 census listed 1211 citizens of "Mosaic faith". Of these newcomers, about half were from the western Hungarian areas (later part of Burgenland) where Jews expelled from Styria had settled in 1496.

Most of the immigrants settled in the districts of Gries and Lend, also called the *Murvorstadt*, which was inhabited by the lower classes. In particular, the Gries district developed into the

A Bastion of Patriotism

1496 aus der Steiermark vertriebenen Juden angesiedelt hatten.

Die Mehrheit der Zuwanderer ließ sich in den Bezirken Gries und Lend nieder, also in jener Murvorstadt, die von der sozialen Unterschicht bewohnt wurde. Insbesondere der Bezirk Gries entwickelte sich zum Stadtteil mit der höchsten jüdischen Bevölkerungsdichte: Sie lag im Jahre 1910 bei 2,3 Prozent. Gemessen an der Gesamtbevölkerung hat der Anteil der
jüdischen Bürger in Graz aber nie mehr als 1,3 Prozent betragen.

Das neue Selbstverständnis öffnete dem mitteleuropäischen Judentum drei Wege: jenen der Assimilation, jenen der Abschottung in der Orthodoxie und jenen schwierigen dritten Mittelweg, der das Judentum stolz betonte, sich zugleich aber doch an die vorherrschende christliche Alltagskultur anlehnte. Man wollte zwar Jude bleiben, sich zum Gott Israels bekennen, zugleich aber war es wichtig, so deutsch wie die Deutschen zu sein. Die im Habsburgerreich gelebte Alltagskultur war der Maßstab, der ihnen erstrebenswert erschien.

Diesen dritten Weg beschritt man in Graz. Davon zeugt die Synagoge, mit deren Bau 1890 begonnen wurde und die sich, dem damaligen Zeitempfinden entsprechend, in ihrer Architektur an Kirchenbauten anlehnte. So wurde der Backsteinbau, der romanische und orientalisch-byzantinische Stilelemente verband, sogar mit dem typisch christlichen Instrument einer Orgel ausgestattet. Damit drückte die Gemeinde ihre liberal-reformierte Richtung aus.

Mit der neuen Synagoge sollte die Zeit des Improvisierens abgeschlossen sein. Denn der 1865 unter Leitung des Wiener Oberkantors Salomon Sulzer eingeweihte Betsaal im „Colosseum" in der Zimmerplatzgasse nördlich des Augartens war mit seinen 240 Sitzplätzen für die aufstrebende Gemeinde längst zu klein geworden.

Den Bau eines Gotteshauses betrieb vor allem Dr. Samuel Mühsam, der 1877 aus der mährischen Kleinstadt Bisenz bei Göding nach Graz berufen worden war. Mühsam, der neben

quarter with the highest Jewish population density: 2.3 percent in 1910.

But in proportion to the total population, Jewish residents were never more than 1.3 percent.

This new perspective opened up three possible paths to central European Jews: assimilation; self-isolation in orthodoxy; and the difficult, third middle way which proudly emphasized Jewishness, but at the same time borrowed from the dominant, omnipresent Christian culture. They wanted to remain Jewish, and recognize the God of Israel, but at the same time it was important to be as German as the Germans.

The everyday culture typical in the Habsburg realm was the measure which seemed desirable to them.

In Graz, this third way was chosen. The synagogue, begun in 1890, bears witness to this. In accordance with the spirit of the times, its architecture borrowed from church buildings. Thus the brick building, which combined roma-

Die Synagoge in Graz: Ein Ölgemälde aus den zwanziger Jahren von Ernst Paar.

The synagogue in Graz: An oil painting by Ernst Paar from the 20's.

Es gibt nur einen Gott und eine Menschheit

„Die Gottesidee ist zum Ausgangspunkte eines Sittengesetzes geworden, welches Menschenliebe gegen jedermann fordert mit dem gebieterischen Hinweise, daß Gott sich als Weltengott und Vater aller Menschen offenbarte. Eine solche begründete Menschenliebe und Humanität muß wesentlich unterschieden sein von jener, die aus einer bestimmten Zeitströmung sich heraus entwickelt und nur im Geiste wandelbarer Culturverhältnisse ihre Rechtfertigung findet. Diese moderne Menschenliebe und Humanität, welche, von der Cultur begründet, aus der Erleuchtung der Geister geflossen, sie hat ihren Machtbereich vor Erwägungen politischer und socialer Natur nicht überall zu schützen gewußt. Sie hat gar manche Kluft, die von Menschenhand zwischen Mensch und Mensch gezogen, nicht immer zu überbrücken vermocht. Während schon im Talmud (Gittin 61a) ein Satz vorkommt, der so heißt: ‚Die Armen der Heiden, also derer, die nicht einmal einen Gott anerkennen, sollst du genauso unterstützen wie die von Israel, ihre Toten genauso beerdigen wie die von Israel, denn wisse, über dir gibt es einen Gott, der Vater ist über alle Menschen in Liebe und Barmherzigkeit.' Das ist die Humanität, welche Israel aus Gott schöpft.

Siehe, im Begriffe ‚Mensch' liegt die Vorstellung einer einzigen großen Familie. Warum hat Gott den Menschen nicht, wie die ganze Welt, aus dem Nichts geschaffen? Warum hatte er ihn gerade aus Erde geschaffen? Um die Menschen darüber aufzuklären, daß die Erde, die ganze Erde, ihre Heimat sei. Und ist auch ein Volk vertrieben aus seinem Heimatlande, es zerstreut sich auf dem ganzen Erdenrund und gründet sich überall eine neue Heimat und erbaut sich überall neue Gotteshäuser und verkündet überall, daß kein Volk berechtigt ist, zum anderen zu sagen: ‚Ihr seid hier Fremdlinge'. Und in diese neue Heimat und in dieses neue Gotteshaus bringt es eine alte Wahrheit. Erfüllt von dem Gedanken, daß die Lehren der Menschlichkeit die Grundsäulen sind, die unsere Religion tragen, sollst du niemals vergessen, daß du Mensch sein müssest in des Wortes edelster Bedeutung, ehe du Israelit sein könntest! Niemals sollst du vergessen, daß du draußen auf dem Markt des Lebens Liebe und Gerechtigkeit betätigen und ‚reiner Hände' wie der Psalmist sagt, mitarbeiten müssest am Heile der Gesellschaft, ehe du hier in diesen Räumen ‚lauteren Herzens' dich in weihevoller Andacht der Gottheit nähern dürftest; niemals sollst du vergessen, daß schon das erste israelitische Gotteshaus, welches vor Jahrtausenden von Salomo errichtet wurde, als Sinnbild dastand für die von der israelitischen Religion angestrebte Menschenverbrüderung, daß der weise König ihm die Weihe gab mit den Worten (1 König 8,41): ‚Welchem Volke er auch immer angehöre, so er zu dir, o Gott, betet, du magst ihn erhören'. So sei auch dieses Gotteshaus eine Stätte, die beglückt, erhebt, tröstet und Hoffnung spendet, für Männer, Frauen und Kinder, für alle, die jemals hier erscheinen, um auszuschütten ihr Herz vor Gott dem Herrn. Amen."

Ausschnitt aus der Rede des Grazer Rabbiners Dr. Samuel Mühsam, gehalten zur Eröffnung der Synagoge am 15. September 1892.

seiner Ausbildung zum klassischen Philologen auch jene zum Rabbiner abgeschlossen hatte, war unter 40 Bewerbern von der Kultusgemeinde ausgewählt worden. Er war nach der Vertreibung der Juden am Ende des 15. Jahrhunderts und deren erlaubter Wiederansiedelung in der Steiermark in der Mitte des 19. Jahrhunderts nach 350 Jahren der erste Rabbiner in Graz.

Bevor aber mit dem Bau begonnen werden konnte, musste erst einmal dessen Finanzierung gesichert sein. Viele Gemeindemitglieder schreckten jedoch vor den hohen Baukosten, die mit 50.000 Gulden veranschlagt worden waren, zurück. „Es gab Schwarzseher genug, die den Ruin der Gemeinde durch einen Tempelbau vorausprophezeiten und ein solches Objekt schon gepfändet sahen", sagte die Frau des Rabbiners. Die Pessimisten sollten sich durchsetzen und das 1878 gegründete Tempelbaukomitee löste sich bald wieder auf.

Sieben lange Jahre ruhten die Pläne, bis es 1885 gelang, Bernhard Kolmann, dem Gründer der Grazer Straßenbahn, die Zusicherung für eine Spende in der Höhe von 10.000 Gulden abzuringen. Unglücklicherweise starb Kolmann, noch ehe der Betrag überwiesen wurde. Aber der Auftrieb, den Rabbi Mühsam nun verspürte, ließ ihn nicht ruhen und so unternahm er einen zweiten Anlauf. Spenden allein, so war ihm und dem gesamten Tempelbaukomitee klar, würden aber nie ausreichen, um den Bau finanzieren zu können. Deswegen entschloss man sich, sein Glück mit einer Lotterie zu versuchen, für die der Staat das Monopol innehatte. Um die Einwilligung für die Tempel-Lotterie zu bekommen, sprachen der Rabbiner und der Präses der Gemeinde, Karl Holzer, bei Kaiser Franz Josef vor. Rabbi Mühsam segnete ihn mit einem hebräischen Segenswunsch, worauf der Kaiser antwortete: „Ich sehe die Notwendigkeit eines israelitischen Tempels in Graz ein und werde Ihr Anliegen in Erwägung ziehen." Tatsächlich wurde die Lotterie genehmigt; sie spielte 18.500 Gulden ein. Den fehlenden Betrag brachte man durch Bankkredite, aber auch durch Spenden auf. Freigiebig erwiesen sich sowohl der Wiener

nesque and Middle Eastern features, was even equipped with that typically Christian instrument, an organ. This was an expression of the congregation's liberal-reformed orientation.

The new synagogue was intended to end the period of improvisation. For with its 240 seats, the prayer room in the "Colosseum" on Zimmerplatzgasse north of the Augarten, which had been consecrated in 1865 by the Viennese Head Cantor Salomon Sulzer, had long since been outgrown by the aspiring congregation.

More than anyone else, Dr. Samuel Mühsam pushed for construction of a synagogue. Mühsam had been called to Graz from the small Moravian town of Bisenz bei Göding in 1877. Along with his classical education, he had completed rabbinical training, and was chosen by the congregation out of 40 candidates.

The Jews had been expelled from Styria at the end of the 15th century, and finally allowed to resettle here in the mid-1800's. So Mühsam was the first rabbi in Graz in 350 years.

Before construction could begin, financing had to be secured. But many members of the congregation were daunted by the high construction costs, which were estimated at 50,000 gilders. "There were plenty of pessimists who predicted that the congregation would be ruined by the temple project, and already saw its foreclosure" according to the rabbi's wife. The pessimists won the day, and the temple construction committee, founded in 1878, was soon dissolved.

For seven years, the plans were put on ice until, in 1885, the congregation was able to win a pledge of 10,000 gilders from Bernhard Kolmann, the founder of the Graz streetcar system.

Unfortunately, Kolmann died before the money could be transferred. But Rabbi Mühsam felt a momentum that would not let him rest, and so he tried again. He and the construction committee realized that they would never be able to finance the temple from donations alone.

For this reason, they decided to try their luck with a lottery, for which the state held a monopoly. In order to receive permission for their temple lottery, the rabbi and the chairman of the congregation, Karl Holzer, had an audience with Kaiser Franz Josef. Rabbi Mühsam blessed him

There is But One God and One Humanity

"The concept of God was the point of departure for a moral law which demands that we show human kindness to all people, based on the authoratative argument that God reveals Himself as the God of the World and Father of All People.

A human kindness and brotherly love founded upon such precepts must be essentially different from those similar emotions which develop from a particular fashion of the times, justified only in the spirit of changeable cultural circumstances. This modern humanity and kindness, based on culture, flowing from enlightenment of the spirits, has not always been able to protect its its sphere of influence from various political and social considerations. Often, it has been unable to bridge those gaps, built by human hands, which separate one person from another. Whereas the Talmud (Gittin 61a) contains the following sentence: 'You should support the poor among the heathens, that is, those who do not even recognize any God, just as you do those who bury their dead like those of Israel. For, know that there is one God, who is the Father of all people in love and mercy.' That is the humanity which Israel draws from God. For in the concept of "mankind" lies the idea of one big family. Why didn't God create man, like the rest of the universe, from nothing? Why did he create us out of earth?

It was to show people that the earth, the entire earth, is our home. And when a people is expelled from its homeland, it spreads out over all the earth, and starts a new home, and builds new temples. And it proclaims everywhere that no nation has any right to tell another, "You are foreigners here!"

And it brings an old truth to this new homeland, and this new temple. Filled with the idea that the lessons of humanity are the pillars which bear our religion, you must never forget that before you can be Israelites, you must first be human in the nobelest sense of the word!

We must never forget that, out there in the marketplace of life, you must first practice love and justice, and, as the psalmist says, work "with clean hands" for the good of society, before you approach God "with a pure heart" in solemn worship. You must never forget that even the first Israelite temple, built by Solomon thousands of years ago, stood as a symbol of the brotherhood of man which the Jewish religion strives for. Or that the wise king consecrated the Temple with the words 'Whatever nation he may belong to, if he prays to you, o God, then hear his prayer' (1 Kings 8:41). May this temple also be a place which uplifts, makes happy, comforts, and gives hope, for men women, and children; for all who may come here, to lay their hearts before God. Amen."

Excerpt from the speech by the Graz Rabbi Dr. Samuel Mühsam at the inauguration of the synagogue on Sept. 15, 1892.

Menora mit Doppeladler: „Die deutsche Kultur hat an den Juden eifrige Pfleger gefunden".

Menorah with double eagle: "In Jews, German culture has found zealous caretakers."

wie auch der Pariser Zweig der Familie Rothschild. Auch einige Gönner aus Budapest, Prag und Triest, aus Belgien und Deutschland überwiesen beträchtliche Summen.

Im Jahre 1887 erfolgte der Ankauf des Grundstücks Grieskai 58, das sich auf einem durch die Murregulierung erschlossenen ehemaligen Augebiet in unmittelbarer Nähe des rechten Murufers befand. Mit der Planung des Baus wurde der Wiener Architekt Maximilian Katscher beauftragt. Er entwarf nach dem Vorbild der in Dresden von Gottfried Semper errichteten Synagoge einen etwa 20 Meter im Geviert messenden, gedrungen wirkenden quaderförmigen Backsteinbau. Dieser wurde von einer 17 Meter über dem Tempelfußboden ansetzenden Kuppel gekrönt, die sich – Laterne und Davidsstern eingerechnet – 30 Meter über das Straßenniveau erhob. Südlich der Synagoge wurde im selben romanisch-byzantinischen Stil das Schul- und Amtshaus der Kultusgemeinde errichtet, das im Erdgeschoß den 214 Sitze fassenden „Winterbetsaal" beherbergte. Auf den Einbau einer Mikwe, eines ri-

with a benediction in Hebrew, and the Kaiser answered, "I recognize the necessity for an Israelite temple in Graz, and will take your request under consideration."

And indeed, the lottery was approved, and brought in 18,500 gilders. The rest was obtained through bank loans and donations. Both the Viennese and the Parisian branches of the Rothschild family proved to be generous. Several patrons from Budapest, Prague, Triest, as well as from Belgium and Germany sent sizable sums of money.

In 1887, a piece of land was purchased at Grieskai 58, located directly on the right bank of the Mur. The land, in a section of the former flood plain, had been rendered secure by the regulation of the river. The Viennese architect Maximilian Katscher was commissioned with planning the building. He designed a sturdy-looking brick building based on the synagogue built by Gottfried Semper in Dresden, with about 200 square meters of floor space in ashlar form.

This was crowned by a dome which began at 17 meters above the temple floor, and which, including its lantern and Star of David, rose 30 meters above street level. To the south of the synagogue, the building containing the congregation's school and offices was built in the same style. This building also contained the 214-seat winter prayer room on the ground floor. For financial reasons, it was decided not to build a mikweh, or ritual bath; the one at the nearby "Bad zur Sonne" continued to be used for this purpose.

The proud day of dedication of the synagogue was the 14th of September, 1892 (23rd Elul 5652), the day before the Jewish New Year's celebration. The square between the temple and the congregational building was decorated with pictures of the Emperor and Empress.

According to the "Tagespost" newspaper, numerous members of the Graz nobility, such as Governor Baron Kübeck and the Mayor, Dr. Portugall, were present. Delegations from the Israelite congregations in Vienna and Steinamanger (later Szombathely) were in attendance. The Protestant Church was also represented – only the Catholics were missing. It is well known

Marc Chagalls „Jude im Schtetl“:
Die Tora prägt seine Welt.

Marc Chagall's "Jew in the Stetl":
The Torah defines their world.

*Das Bethaus wurde am
14. September 1892
eingeweiht:
Die Katholiken blieben
dem Festakt fern.*

tuellen Bades, hat man aus finanziellen Gründen verzichtet; dieses verblieb weiterhin im nahen „Bad zur Sonne".

Der stolze Tag der Einweihung der Synagoge war der 14. September 1892 (23. Elul 5652), der Vortag des jüdischen Neujahrsfestes. Der Platz zwischen „Tempel" und Gemeindehaus war mit Bildern des Kaisers und der Kaiserin geschmückt. Persönlich anwesend waren laut „Tagespost" zahlreiche „Grazer Nobilitäten" wie Statthalter Baron Kübeck und Bürgermeister Dr. Portugall. Abordnungen waren von den Israelitischen Kultusgemeinden aus Wien und Steinamanger (später: Szombathely) gekommen. Auch die evangelische Kirche war vertreten – nur die Katholiken fehlten. Das Verhältnis der katholischen Kirche zum Judentum war zu dieser Zeit bekanntlich sehr gespannt. Umso treffender war die Festpredigt von Rabbiner Samuel Mühsam, der sich dem Thema „Es gibt nur einen Gott und eine Menschheit" widmete. (Text siehe Seite 54).

Beachtenswert war auch die Ansprache des Wiener Oberrabbiners Güdemann, der als vehementer Vertreter der „assimilatorischen" Richtung galt, gegen die sich wenige Jahre später der Zionismus von Theodor Herzl wenden sollte. Dieser beruht auf der These, dass auch die „Angleichung der Juden an die Wirtsvölker" deren Problem in Europa nicht werde lösen können. In unverbrüchlicher Heimatverbundenheit führte Oberrabbiner Güdemann aus: „Die deutsche Kultur hat an den Juden eifrige Pfleger gefunden mit jener Liebe und Zähigkeit, womit der Jude an allen vaterländischen Einflüssen haftet, bildeten die hier zahlreich wohnenden deutschen Juden gleichsam freiwillige Wachtposten an dem Schatze deutscher Sprache und deutscher Sitte; und, hätte man nicht die Juden vor 400 Jahren vertrieben, wer weiß, ob es um diese Schätze jetzt nicht besser stünde und das Deutschtum nicht weitere Grenzen beherrschte, als dies heute der Fall ist. Selbst die aus dem Lande vertriebenen Juden hielten ja, z. B. in Italien, lange an ihrem Deutschtum fest und machten das Deutsche zu ihrer Handelssprache. So ist es also am wenigsten gerechtfertigt, gegen die Juden das

that the relationship of the Catholic Church to Judaism was very tense at the time. The sermon by Rabbi Samuel Mühsam, with the topic "There is But One God and One Human Race", was that much more fitting (see text on page 55).

The Viennese Chief Rabbi Güdemann also held a notable speech. Güdemann was considered a vehement representative of the "assimilationist" movement, which would be opposed by Theodor Herzl's Zionist movement a few years later.

Zionism was based on the premise that "Jews' adaptation to the host nations" would not solve their problems in Europe. With firm patriotism, Chief Rabbi Güdemann explained that "in the Jews, German culture has found zealous caretakers, equipped with the love and persistence with which Jews cling to all influences of the Fatherland. The numerous German Jews living here represent, as it were, voluntary guardians of the German language and customs;

Deutschtum auszuspielen, als ob es ihnen fremd und gleichgültig wäre. Möge also das neue Gotteshaus immer auch ein Hort der Vaterlandsliebe, der Liebe zur Muttersprache und zur vaterländischen Kultur verbleiben."

Rabbi Mühsam war es noch bis zu seinem Tod am 21. Februar 1907 vergönnt, in „seinem" Tempel zu wirken.

and, if the Jews hadn't been driven out 400 years ago, who can say whether these treasures might not be in a better position than they are today, or whether the reign of German culture might not reach much further. Even Jews forced out of the country held have fast to their German ways, and made German their business language, for example in Italy. So there is not the slightest justification for playing the German culture card against the Jews, as if German culture were foreign and indifferent to them. May the new temple always be a bastion of patriotism, of love of our native language and the native culture of our land."

Rabbi Mühsam was blessed to work in his temple until his death on February 21, 1907.

Der Blick in die Zeitung statt ins Gebetbuch

Nachfolger von Dr. Samuel Mühsam, dem ersten Grazer Rabbiner der Neuzeit, wurde Dr. David Herzog, der am 16. Februar 1908 in sein Amt eingeführt wurde. Der 1869 in der damals ungarischen, heute slowakischen Kleinstadt Trnava/Tyrnau geborene Herzog besuchte Rabbiner-Seminare in Berlin und Leipzig und war auch Hörer der Universitäten von Paris und Wien. An der deutschen Universität in Prag habilitierte er sich als Privatdozent, in Prag-Smichow nahm er auch seine erste Rabbinerstelle an. Nach Graz wurde Herzog wegen seiner theologischen Kompetenz berufen, vermutlich spielte aber auch seine klare weltanschauliche Haltung eine Rolle. So hat er aus seiner großdeutschen Gesinnung nie ein Hehl gemacht: „Wer in Prag lebt, weiß, dass die Tschechisierung unter den christlichen Deutschen von Tag zu Tag zunimmt und nur die Juden treu am Deutschtum festhalten und die festesten Stützen desselben bilden."

In innerjüdischen Belangen galt Herzog, der eine orthodoxe Ausbildung erhalten hatte, als Traditionalist. Neuerungen war er, wie sein Wirken in Graz beweist, aber keineswegs abgeneigt. So führte er als Gegenstück zur „Bar Mitzwa", bei der der 12-Jährige ein „Sohn der Weisungen" Gottes und somit ein mündiger Jude wird, die „Bat Mitzwa" für Mädchen ein. In einer Predigt begründete Herzog den ungewöhnlichen Schritt mit der zu Beginn des 20. Jahrhunderts aufbrechenden weiblichen Emanzipation: „Wir werden bald Doktorinnen aller

Dr. Samuel Mühsam, the first rabbi in Graz in modern times, was succeeded by Dr. David Herzog, who took the position on February 16, 1908. Herzog was born in 1869 in the small town of Trnava (Tyrnau) in what was then Hungary (it now belongs to Slovakia). He attended the rabbinical seminaries in Berlin and Leipzig, and also took courses at the universities of Paris and Vienna. At the German University of Prague, he received his qualifications as a private university professor, and in Prague-Smichow, he accepted his first position as a rabbi. He was called to Graz because of his theological competence, and his clear world view presumably also played a role.

He never made any secret of his pan-German sentiments: "Those who live in Prague know that the 'Czechization' among Christian Germans is increasing daily, and that only the Jews are steadfast in holding on to German customs, of which they are the strongest supporters."

In inner-Jewish matters, Herzog, who had received an orthodox education, was considered a traditionalist. But he was in no way opposed to innovation, as his efforts in Graz prove. For example, as a pendant to the Bar Mitzva, in which 12-year-old boys are declared "Sons of the Commandments", and thus adult members of the Jewish community, he initiated a "Bat Mitzva" for girls.

In a sermon, Herzog explained the unusual step with women's emancipation, which was

Reading the Newspaper Instead of the Prayer Book

Fakultäten in unseren Töchtern heranwachsen sehen. Darum ist es eine gebieterische Notwendigkeit, auch in den heranwachsenden Töchtern die religiöse Innigkeit, die starke Glaubenstreue zu befestigen." Wie fortschrittlich Rabbiner Herzog bereits vor hundert Jahren dachte, beweist auch die Tatsache, dass sich dieser Ritus auch heute erst im liberal-reformierten Judentum durchgesetzt hat. Orthodoxe Kreise lehnen ihn immer noch ab.

Freilich stießen auch in Graz die Neuerungsideen nicht sofort auf Zustimmung. Zwei Jahre sollten vergehen, ehe sich jüdische Eltern Anfang Juni 1911 erstmals bereit erklärten, mit ihrer Tochter die „Bat Mitzwa" zu feiern.

Auch im medialen Bereich forcierte Rabbi Herzog Neuerungen. So gründete er im April 1908 den „Grazer Israelitischen Gemeindeboten", der bis Mai 1914 zuerst monatlich, später alle zwei Monate erschien. Der „Gemeindebote", das in seiner Art erste Blatt in Österreich, unterrichtete die Leserschaft über alle wichtigen Vorkommnisse innerhalb der Gemeinde und enthielt wichtige Kundmachungen über Schule und Gottesdienst. Und manchmal dürfte der Rabbiner, der nur im ersten Erscheinungsjahr Schriftleiter des Blattes war, auch später noch mitgearbeitet haben. So wird ihm zumindest ein namentlich nicht gekennzeichneter Artikel über den „Gottesdienst an unseren Feiertagen" (Gemeindebote 1910, S. 85–87) zugeschrieben, in dem der Verfasser die Zustände während der Synagogenliturgie kritisiert: „Wir bemerken mit Verdruß, daß einige Herren, statt ins Gebetbuch zu blicken, sich ungeniert in das Studium von Zeitungsartikeln vertieften; weiters ist es uns unangenehm aufgefallen, daß selbst die Herren Funktionäre, nämlich sowohl der Herr Rabbiner als der Herr Oberkantor beim Umzuge mit der Thora von den Andächtigen aufgehalten wurden, um eine Einladung zu einem Familienfeste entgegenzunehmen. [...] Auch in der Frauenabteilung sind die Zustände leider nicht besser, doch fehlt es uns an Mannesmut, in dieses Wespennest zu stechen. Überdies sind wir unten an der Beobachtung der Vorgänge, oben durch die hohe Galeriewand und den schützenden Wall moderner Damenhüte behindert.

burgeoning at the beginning of the twentieth century.

"Soon we will see our daughters growing up to get their doctorates in all university institutes. Therefore, it is necessary to fortify their inner religious intensity and strong faith in our young girls". Just how progressive Rabbi Herzog's thoughts were a hundred years ago is demonstrated by the fact that, even today, this rite is only accepted in liberal-reformed Judaism. It is still shunned in Orthodox circles.

However, these innovative ideas were not met with immediate acceptance. Two years went by before, at the beginning of June 1911, Jewish parents first agreed to celebrate the "Bat Mitzva" with their daughters.

Rabbi Herzog implemented innovations in the field of media, as well. In April, 1908, he founded the "Grazer Israelitische Gemeindebote" (Graz Israelite Congregational Messenger), which appeared until 1914, at first monthly, and later bimonthly.

The "Gemeindebote", the first paper of its kind in Austria, informed its readers about all the important events within the congregation, and contained important announcements about the school and the worship services. And sometimes, although he was the paper's publisher only during its first year, the rabbi may have also contributed to it in later years. Thus an article about "Our Worship Services on Holy Days", which appears without the author's name (Gemeindebote 1910, pp. 85-87), is attributed to him. In it, the situation during the synagogue liturgy is criticized: "We have noticed with dismay that some gentlemen, instead of having their eyes in their prayer books, unabashedly study the newspaper. In addition, it has come to our attention that even the officials, that is, the Rabbi and the Chief Cantor, have been held up during the procession with the Torah in order to be invited to a family celebration [...] Things are not much better in the ladies' department, but we lack the courage to stir up that particular wasp's nest.

In addition, from the floor we are unable to observe what happens up on the gallery because of the high gallery wall and the protective wall of modern ladies' hats.

Auch er wurde 1938 zerstört: der jüdische Friedhof in Graz.

Also destroyed in 1938: The Jewish cemetery in Graz.

Vielleicht findet sich jedoch eine Dame, die den Übermannesmut findet, um den sich oben (Anm.: auf der Frauenempore der Synagoge) abspielenden Unfug zu beenden."

Herzog, der 1925 auf Grund einer Statutenänderung der Israelitischen Kultusgemeinde zum Landesrabbiner ernannt wurde, war ein „außergewöhnlicher Mann, der an Menschenliebe geglaubt und diese in die Tat umgesetzt hat. Für ihn gab es keinen Unterschied, welcher Religion oder Rasse ein Mensch angehört hat; wenn ein Mensch in Not war, so tat er alles in seiner Macht Stehende, ihm oder ihr zu helfen." So schreibt Fred Herzog über seinen Vater nach dessen Tod. Diese Nächstenliebe nährte sich bei Herzog nicht aus einem sozialen Humanismus, sondern aus seinem tiefen Glauben und seinem Beruf als Rabbiner. Über seine Amtsauffassung schreibt er 1908 im „Gemeindeboten": „Der Priester darf nicht bloß seine Pflichten üben, sondern er muß sie mit Begeisterung, mit dem vollen Einsatz seiner Persönlichkeit betätigen, weil er nur dann das Feuer der Begeisterung, die Glut der religiösen Erkenntnis auch in den Gemeindegliedern wird entfachen können."

Als Seelsorger blieb Herzog aber nicht nur an der Synagoge. Er nahm als Militärrabbiner die ganze israelitische Zivil- und Militärseelsorge in der Steiermark, in Kärnten und Krain wahr. Von staatlicher Seite wurde er dafür mit dem Ritterkreuz I. Klasse des österreichischen Verdienstordens, dem Kriegskreuz für Zivilverdienste II. Klasse und vom Roten Kreuz mit dem Ehrenkreuz II. Klasse ausgezeichnet.

Dr. Samuel Mühsam hatte den Bau der Synagoge vehement betrieben. David Herzog sorgte nun seinerseits dafür, dass auf dem Wetzelsdorfer Friedhof der Kultusgemeinde eine „Zeremonienhalle" errichtet wurde. Am 25. September 1910 erfolgte die feierliche Eröffnung des Kuppelbaus, über den der „Gemeindebote" vom 1. 10. 1910 schrieb: „Die neue Leichenhalle liegt mit ihrer Hauptfront, welche eine Längenausdehnung von 33 Metern besitzt, an der Straße östlich des Friedhofs [...] Der Bau ist im Empirestil gehalten und zeigt in allen seinen Formen einen seinem ernsten Zwecke entsprechenden, ruhigen, äußerst würdigen Cha-

Perhaps there is a lady somewhere who has the superhuman courage to put an end to the shenanigans up there."

Herzog, who, following a change in the statutes of the Israelite Congregation was named Provincial Rabbi in 1925, was an "extraordinary man who believed in human kindness, and practiced it. For him, it made no difference what religion a person belonged to; when someone was in trouble, he did everything in his power to help him or her." Thus writes Fred Herzog about his father after the latter's death. With Herzog, this brotherly love grew not from a social humanism, but from a deep faith and from his profession as a rabbi.

In 1908, he wrote in the "Gemeindebote" of his view of the job, "A priest can't simply do his duty, he must do it with enthusiasm, with the full dedication of his personality, because only then can he kindle the fire of enthusiasm and the flames of religious knowledge in the members of the congregation".

However, as rabbi, Herzog did not hide in the synagogue. As a military chaplain, he was responsible for all civilian and military Jewish religious services in Styria, Carinthia, and the Krain region.

rakter. Den mittleren Teil des Baues bildet die
von einer mit Kupfer eingedeckten, achteckigen
Kuppel gekrönte Einsegnungshalle (die Kup-
pelspitze mit dem Davidsstern erhebt sich 20
Meter über den Vorplatz), an welche sich bei-
derseits die nur acht Meter hochgehaltenen Sei-
tenflügel mit Nebenräumlichkeiten anschließen. Von der Freitreppe gelangt man durch drei
nebeneinanderliegende Eingangstore in einen
schmalen Vorraum, von da durch drei Gla-
stüren in die eigentliche Einsegnungshalle unter
der Kuppel."

Als der Bau offiziell seiner Bestimmung
übergeben wurde, hielt Rabbiner Herzog die
Weiherede. Er beendete sie mit den Worten:
„Möge dieses Haus eine Stätte des Trostes und
der Belehrung sein. Zu Dir aber, allgütiger
Vater, flehe ich in dieser weihevollen Stunde:
Nimm dieses Haus in deine schirmende Obhut
und bewahre es vor Entweihung und Schän-
dung!" Das Gebet wurde nicht erhört. In seinem Tagebuch erinnert sich der Rabbiner später: „Am nächsten Tag, also am 10. November
1938, wurde unsere wundervolle Leichenhalle
mit Dynamit in die Luft gesprengt und zahlreiche Gräber wurden zertrümmert und die Lei-

The Austrian government awarded him the
Knight's Cross, 1st class of the Austrian Order
of Merit and the War Cross for Civilian Service,
2nd class, and he received the Cross of Honor,
2nd class from the Red Cross.

Dr. Samuel Mühsam had vehemently pushed for construction of the synagogue. David
Herzog, for his part, now made sure that a
"Ceremonial Hall" was erected for the congregation at the Wetzelsdorf Cemetery.

On September 25, 1910 the festive opening of
the domed building was celebrated. The "Gemeindebote" wrote on Oct. 1, 1910, "The front
of the new mortuary, which is 33 meters long,
faces the road to the east of the cemetery. [...]
The building is in the Empire style, and in all aspects reflects a quiet, very dignified character
which well suits its purpose.

A consecration hall crowned by an octagon-
al, copper-plated cupola (the point of the cupola
rises 20 meters above the forecourt) forms the
the middle part of the building, which is abutted
on either side by the eight-meter side wings with
additional rooms. The outdoor steps lead
through three adjacent entrances, into a narrow
antechamber, and from there through three

chen hinausgeschleudert. Ein grauenvoller Anblick!"

Die demokratische Kultur in diesem Land entwickelte sich nach dem Zweiten Weltkrieg nur langsam. Es bedurfte einer Generation, der „die Gnade der späten Geburt" zuteil geworden war. Die Vertreter der Stadt Graz und des Landes Steiermark betrieben in Hinblick auf das „Bedenkjahr 1988" die Wiedererrichtung der Zeremonienhalle. Ein Kuratorium wurde eingerichtet, dem neben den Kirchen die Republik Österreich, die Bundesländer Steiermark, Kärnten und das Burgenland sowie die Stadt Graz, aber auch Privatpersonen angehörten. Die Konstituierung fand am 15. November 1989 im Weißen Saal der Grazer Burg statt.

Die projektierten Gesamtkosten des Baus in der Höhe von elf Millionen Schilling wurden vom Land Steiermark (4,6 Millionen), vom Bund (drei Millionen) und von der Stadtgemeinde Graz (2,3 Millionen) getragen. Eine weitere Million wurde durch Geld- und Sachspenden von Institutionen, Firmen und Einzelpersonen aufgebracht. Dank einer gut funktionierenden Bauaufsicht konnten die ursprünglich veranschlagten Baukosten auch tatsächlich eingehalten werden. Mit der Baugestaltung wurden DI Jörg und DI Ingrid Mayr beauftragt, deren Auftrag lautete, eine „angemessene architektonische Gestaltung" anzustreben, die den „besonderen rituellen Erfordernissen" entspricht.

In Anlehnung an den 1938 niedergebrannten Bau entwarfen Mayr & Mayr als Grundriss ein langgestrecktes Rechteck, in dessen Mitte der durch eine Kuppelkonstruktion gekrönte Zeremonienraum liegt. Das gesamte Bauwerk ist aus Stahlbeton errichtet, die hölzerne Kuppel ausgenommen. Das Dach wurde mit Kupferblech gedeckt, die Straßenfassade mit zwei überdachten Toren wurde mit Spritzputz versehen. Im Rahmen der feierlichen Übergabe des Baus an die Grazer Kultusgemeinde am 11. November 1991 erklärte Oberrabbiner Paul Chaim Eisenberg: „Dieser Bau ist auch eine Art Wiedergutmachung an die jüdische Gemeinde Graz für das in den schrecklichen Jahren des Nationalsozialismus erlittene Leid. Der Tag der Ein-

glass doors into the consecration hall itself, underneath the cupola."

When the building was dedicated to its purpose, Rabbi Herzog gave the consecrational speech. He ended it with these words, "May this building be a place of comfort and instruction. But to you, kind Father, I pray in this moment of blessing: Take this building into your care and protect it from desecration and violation!"

The prayer was not answered. In his diary, the rabbi later recalled, "The next day, that is, November 10, 1938, our wonderful mortuary was demolished with dynamite, and numerous graves were wrecked, and the corpses flung out. A dreadful sight!"

After the Second World War, democratic culture grew only haltingly in this country. A new generation was needed, one which had been granted the "grace of later birth". In connection with the Commemorative Year 1988, representatives of the City of Graz and the Province of Styria rebuilt the Ceremonial Hall. A committee was formed, whose members included churches, the Republic of Austria, and the Provinces of Styria, Carinthia and Burgenland, as well as private persons. Its constitutive meeting was held on November 15, 1989 in the White Room of the Burg of Graz.

The projected total construction costs of 11 million schillings were covered by the Pro-

weihung ist kein Freudentag, sondern ein Tag des Bedenkens, wie König Salomon im Kohelet sagt: ‚Es ist besser, in ein Trauerhaus zu gehen als ein Festmahl zu feiern.' Der Talmud erklärt hierzu, dass man auf einem Friedhof angesichts der Vergänglichkeit des Menschen versteht, dass das kurze Leben ein Geschenk und eine Gnade Gottes ist und dass wir dadurch angehalten werden, es würdig und positiv zu gestalten."

David Herzog war aber nicht nur ein äußerst gebildeter Rabbiner und ein „sehr strenger Religionslehrer", er war auch über drei Jahrzehnte im steirischen Landesschulrat tätig. Er unterrichtete auch an der Grazer Karl-Franzens-Universität ab dem Wintersemester 1909/10 semitische Sprachen. 1926 wurde ihm der Titel eines „außerordentlichen Universitätsprofessors" verliehen. Seine Vorlesungen widmete Herzog beispielsweise hebräischen und arabischen Texten und deren Grammatik, der Erklärung aramäischer Texte im Alten Testament, dem babylonischen Talmud oder der Lesung von Abu'l Walid Merwan ibn Ganahs „Rikmah". Rabbiner Dr. David Herzog war ein gelehrter, ein von vielen Menschen geachteter Mann, der sich zugute halten konnte, Leistungen über die jüdische Kultusgemeinde hinaus für die Stadt Graz erbracht zu haben. Umso weniger konnte er, der der deutschen Kultur so positiv gegenüberstand, verstehen, was die Natio-

vince of Styria (4.6 million), the federal government (3 million), and the City of Graz (2.3 million). Another one million schillings was raised through donations of money and goods from institutions, companies, and individuals. Thanks to effective construction supervision, the original cost estimates were complied with. Jörg Mayr and Ingrid Mayr were given the task of designing the building, and their assignment was to strive for a "fitting architectonic design", which would suit the "appropriate ritual requirements".

Borrowing from the building destroyed in 1938, Mayr & Mayr drafted a blueprint of an elongated rectangle, with a ceremonial room in the middle crowned by a cupola. The entire building is made of reinforced concrete, with the exception of the wooden cupola. The roof was laid with sheet copper, and the front of the building, with its two roofed gates, was done in plaster.

During the ceremonies on November 11, 1991, in which the building was given over to the Graz Jewish Congregation, Chief Rabbi Paul Chaim Eisenberg declared, "This building is a sort of compensation to the Jewish community of Graz for the suffering in the terrible years of Nazi rule. The day of consecration is not a day of joy, but a day of commemoration, reflection. As King Solomon says, 'It is better to

nalsozialisten ihm antaten: „Zwei bekannte Herren und ich saßen an einem Samstagvormittag im Augarten ganz rückwärts, wo bereits Düngerhaufen aufgespeichert waren, denn vorne zu sitzen wagten wir nicht. Im Sitzungssaal der Gemeinde und im Hofe waren viele hunderte Juden, da sie ja sonst nirgends sich aufhalten durften, so daß wir ein ruhigeres Plätzchen für eine Besprechung uns aussuchten. Aber kaum saßen wir 5, 6 Minuten da, kamen 2 Hitlerjungen im Alter von 12 Jahren, zogen Dolche aus ihrer rückwärtigen Tasche und riefen uns zu: ‚Wenn ihr Saujuden nicht sofort aufsteht, erstechen wir euch.' Aus den grimmen Augen dieser ‚prächtigen' Jungen ersahen wir, daß zwischen Wort und Tat keine Phrase gemacht ist, kein leeres, erschrecken uns machendes Gerede lag, und traurig gingen wir weg und machten uns aus dem Staube." Aber Herzog musste nicht nur den vulgären Judenhass der Straße, sondern auch jenen an der Universität mit ihrer „für Führer, Volk und Reich kämpfenden Wissenschaft" über sich ergehen lassen. Am 9. April 1938 wurde er vom Dekan Dr. Karl Pohlheim angewiesen, „sich vorläufig jeder weiteren Lehrtätigkeit auf akademischem Boden

enter a house of sorrow than to celebrate a feast.' The Talmud tells us that, at a cemetery, we are able to understand the transitory nature of man, that this brief life is a gift and a grace of God, and that we are thus called upon to form it positively and with dignity."

However, David Herzog was not only an extremely learned rabbi and a "very strict religion teacher"; he was also active in the Styrian Educational Council *(Landesschulrat)* for more than three decades. He taught Semitic languages at the Karl-Franz University in Graz beginning in the Winter Semester of 1909–1910. In 1926, he received the title of "Ausserordentlicher Universitätsprofessor". Herzog's lectures included such topics as Hebrew and Arabic texts and their grammar, interpretation of Aramaic texts from the Old Testament, the Babylonian Talmud, and readings of Abu'l Walid Merwan ibn Ganahs "Rikmah".

Rabbi Dr. David Herzog was a learned man and respected by many people. He could be proud of having achieved many things for the good not only of the Jewish community, but also for the City of Graz.

zu enthalten". Am 23. April wurde ihm mitgeteilt: „Sie scheiden daher selbstverständlich sogleich endgiltig [sic!] aus dem Lehrkörper der philosophischen Fakultät aus."

Im August 1938 wurde Herzog zur Polizei bestellt. Diesmal wurde er aber nicht – wie im März – im Polizeigefängnis Paulustor festgehalten und misshandelt, sondern diesmal teilte man ihm mit, dass er wegen der „Liquidation der Gemeinde" bis „Ende November" die Stadt zu verlassen habe. Im Zuge der Ausschreitungen während der „Reichskristallnacht" (siehe: „Schau, wie dein Jehova brennt") wurde Herzogs Wohnung geplündert und er selbst attackiert und gedemütigt. Mitte Dezember flüchtet der 69-Jährige mit seiner Frau Anna über Wien und die Niederlande nach London. Von dort übersiedelte er 1940 nach Oxford, wo er mit Hilfe eines Stipendiums seinen Studien nachgehen konnte. In Oxford ist David Herzog am 6. März 1946 im Alter von 77 Jahren verstorben. Er liegt dort am jüdischen Friedhof begraben.

So it was all the more difficult for him, who had such a positive attitude toward German culture, to understand what the National Socialists did to him:

"One Saturday morning, two acquaintances and I were sitting at the very back part of the Augarten, where manure heaps were kept. We were afraid to sit at the front. In the congregational meeting hall and the courtyard, hundreds of Jews had gathered, since they were not allowed to go anywhere else. So we had found ourselves a quieter place to talk. But we had scarcely been there 5 or 6 minutes, when 2 Hitler Youth boys about 12 years old came along. They pulled knives out of their back pockets and said, 'If you *Saujuden* don't get out of here right now, we're going to stab you!' In the eyes of these 'splendid' boys we saw that there was nothing to separate the word from the deed, that this was no empty talk to scare us, and we sadly went on our way." Herzog suffered not only the vulgar anti-Semitism of the street, but also that of the university, with its "science fighting for *Führer, Volk, und Reich*".

On April 9, 1938 he was told by the dean, Dr. Karl Pohlheim, to "refrain for the time being from further teaching activities on university premises". On April 23, he was notified that "You therefore naturally will leave the faculty permanently". (Translator's note: In the letter, the word endgültig (permanently) is misspelled as "endgiltig", possibly to make fun of a Jewish accent).

In August, 1938 Herzog was called to the police station. However, on this occasion, he was not held - as in March – in the police jail at Paulustor and abused. This time, he was told that, due to "liquidation of the congregation" he must leave the city by "the end of November". In the course of the rioting during the "Reichskristallnacht" (see "Look How Your Jehovah's Burning") Herzog's apartment was plundered, and he himself was attacked and humiliated.

In mid-December, the 69-year-old Herzog and his wife Anna fled via Vienna and the Netherlands to London. From there, he moved to Oxford in 1940, where a scholarship enabled him to pursue his studies. David Herzog died in Oxford on March 6, 1946 at the age of 77. He is buried there in the Jewish cemetery.

Die von langer Hand geplante Spontaneität

Die „Reichskristallnacht" sollte eine „spontane" Vergeltungsaktion des deutschen Volkes für das Schussattentat des Juden Herschel Grynszpan auf den deutschen Legationsrat Ernst von Rath in Paris sein. Tatsächlich aber war die Pogromnacht vom 9. auf den 10. November 1938 ein organisierter Angriff auf die jüdischen Bürger des deutschen Reiches, der mit Wissen und im Auftrag Hitlers, des Reichspropagandaministers Joseph Goebbels und der SS-Führer Heinrich Himmler und Reinhard Heydrich durchgeführt wurde. Wir befragen dazu Univ.-Prof. Dr. Erika Weinzierl, Historikerin für Zeitgeschichte aus Wien.

Gab es bereits Vorzeichen für dieses Pogrom oder kam es völlig überraschend?

Weinzierl: Ja, die gab es. So wurden bereits im September 1938 die Juden von Niederdonau (Horn) gezwungen, die Stadt binnen 24 Stunden zu verlassen. Und in Wien beschloss die NSDAP-Gauleitung, die Juden aus einigen bürgerlichen Bezirken wie dem 17. und dem 19. zu vertreiben. So drangen am 5. Oktober, dem großen Versöhnungstag (Anmerkung: Yom Kippur), SA-Männer in Zivil in den genannten Bezirken in jüdische Wohnungen ein, nahmen deren Inhabern die Wohnungsschlüssel ab und schickten die total verschreckten Juden zum Ostbahnhof und zum Donaukanal, wo angeblich Schiffe nach Palästina warteten. Mitte Oktober wurden in jüdischen Bethäusern und in zahlreichen Geschäften und Wohnungen Fensterscheiben und Möbel zerschlagen und einige Juden misshandelt und verletzt. Am 16. Oktober wurde im Tempel in der Tempelgasse (Leopoldstadt) ein Brand gelegt. Zwei weitere Brandlegungen und die Zerstörung von jüdischen Geschäften im 20. Bezirk folgten. In den Tagen danach wurden im 2. und im 20. Bezirk etwa 2000 Juden polizeilich perlustriert und die meisten von ihnen in überfüllten Polizeigefängnissen und Notarresten inhaftiert. Nach einigen Tagen wurden sie mit dem Auftrag, sich täglich bei der Polizei zu melden, wieder entlassen. Die Situation der Wiener Juden hat sich daher durch das Novemberpogrom wohl noch be-

The "Reichskristallnacht" was supposedly a spontaneous act of revenge by the German people for the murder of the German diplomat Ernst von Rath by a Jew, Herschel Grynszpan in Paris. In reality, the pogrom on the night of November 9-November 10, 1938 was an organized attack on the Jewish citizens of Germany, carried out with the knowledge of and on the orders of Hitler, Propaganda Minister Goebbels, and the SS-Leaders Heinrich Himmler and Reinhard Heydrich. We spoke with the Viennese Professor of Modern History Dr. Erika Weinzierl on this topic:

Were there any warning signs before the pogrom took place, or was it a complete surprise?

Weinzierl: Yes, there were signs. For example, as early as September, 1938, the Jews of Niederdonau (Horn) were forced to leave the city within 24 hours. And in Vienna, the NSDAP Gau leadership decided to expel the Jews from several middle-class districts, like the 17th and the 19th. Thus, on October 5, the Day

Erika Weinzierl

Spontaneity, Organized from the Top

trächtlich verschärft, er bedeutete für sie aber keinen plötzlichen Einschnitt in bisherige Lebensbedingungen wie in Deutschland.

Was war der Anlass für die Ausschreitungen?

Weinzierl: Das war das Attentat Herschel Grynszpans auf Ernst von Rath, dem dritten Botschaftssekretär an der deutschen Botschaft in Paris, vom 7. November. Und zwar hat sich der in Paris lebende 17-jährige Jude dazu entschlossen, als er von seiner Schwester Berta eine Karte erhielt, in der sie die Situation ihrer Familie schilderte. Diese war, wie 17.000 andere Juden polnischer Staatszugehörigkeit auch, Ende Oktober aus Deutschland über die Grenze nach Westpolen abgeschoben worden. Für die Polen waren die Abgeschobenen Staatenlose, deswegen blieb diesen zunächst auch nichts anderes übrig, als hilflos, frierend und hungernd im Niemandsland herumzuirren. Der „Vergeltungstat" Grynszpans ging, anders als die Nazis dies später darstellten, jedenfalls keine planmäßige Vorbereitung voraus. Seinen Tod nutzten die NS-Größen propagandistisch jedenfalls aus. Dass dies so sein würde, beschreibt eine jüdische Zeitzeugin, die berichtet, dass in den Tagen zwischen dem Attentat am 7. November und dem Ableben von Raths am 9. November viele Gespräche deutscher Juden mit der Wendung begonnen haben: „Wenn der bloß nicht stirbt…"

Nun ist er aber gestorben. Wie kommt es nun zu den Ausschreitungen?

Weinzierl: Die NS-Spitze – SS, SA eingeschlossen – traf sich an diesem Abend im Alten Rathaus von München, um nach der vorangegangenen symbolischen Wiederholung des „Marsches zur Feldherrnhalle" bei einem Abendessen im Kreis der alten Kämpfer noch einmal des 9. November 1923 zu gedenken. Dabei trifft die Todesnachricht ein. Goebbels informiert die Anwesenden in einer demagogisch-emotionalen Rede über den Tod von Rath und über die spontanen, judenfeindlichen Kundgebungen. Die anwesenden Reichs- und Gauleiter verstanden die Rede so, „dass die Partei nach außen hin nicht als Urheber der Demonstratio-

of Reconciliation (editor's note: Yom Kippur), SA men in civilian clothes forcibly entered Jewish apartments in those districts, took the residents' house keys away from them, and sent the terrified Jews to the Ostbahnhof station and the Danube canal, where ships bound for Palestine were supposedly waiting.

In mid-October, window panes and furniture were broken in numerous shops and apartments, and several Jews were roughed up and injured. On October 16, a fire was set in the temple on Templegasse street (Leopoldstadt).

Two more fires and the destruction of Jewish shops in the 20th District followed. In the next few days, in the 2nd and the 20th District, 2,000 Jews were investigated by the police, and most of them were thrown into crowded jails at the police stations. After a few days, they were released with the order to report to the police station daily. The November pogrom certainly worsened the situation for Jews in Vienna, but it wasn't a sudden change in living conditions, the way it was in Germany.

What was the immediate cause of the rioting?

Weinzierl: It was the attack on Ernst von Rath, the Third Secretary of the German Embassy in Paris, by Herschel Grynszpan on November 7. The 17-year old Jew, who lived in Paris, decided to act when he received a card from his sister Berta describing the family's situation.

Like 17,000 other polish Jews, they had been forced across the border into western Poland. For the Poles, the deportees were stateless, so for some time, they had no choice but to wander around, helpless, freezing, and hungry in that no-man's-land. Contrary to the Nazi version of the story, Grynszpan did not really plan his "act of revenge".

Nazi Party leaders exploited Rath's death. An indication that this would be the case is provided by a Jewish woman who survived the period. She reports that between the attack on November 7 and Rath's death on November 9, many conversations between German Jews began with the phrase "Just so long as he doesn't die…"

Die Leichenfledderer

Nun begann der Ausverkauf aller meiner beweglichen Sachen mit Ausnahme meiner Bücher, Gemälde und Teppiche [...] Jeder wollte die Sache umsonst haben. Fast jeder, der kam, drohte: „Wenn Sie mir nicht die Sache so geben, werden Sie es der Gestapo geben müssen." Viele kamen und ließen stets etwas in ihre Taschen verschwinden. Wir wagten nichts zu sagen, denn die Folge wäre ja nur gewesen, dass er uns die Gestapo auf den Hals gehetzt hätte. Und die Folgen davon waren unabsehbar. Denn wie darf ein Jude wagen, ein Mitglied der Herrenklasse eines Verbrechens zu beschuldigen! Das ist doch unerhört! Ich darf ruhig sagen, jeder Gegenstand wurde 2- bis 3-mal verkauft. Das kam so. Da fast alle Juden nun eingesehen haben, dass ihrem Bleiben ein Ende bereitet ist, verkauften alle ihre Sachen. Viele zu überstürzt, dass sie um jeden Preis die Sachen gaben, nur um etwas Geld für die Auswanderung in die Hände zu bekommen. Nun gingen die Leichenfledderer von einer jüdischen Wohnung zur anderen, und gefiel ihnen etwas besser oder erschien es ihnen dort billiger, dann kamen sie zurück und verlangten ihr Geld zurück. Ja, ich sage dies hier von Zeugen belegt aus, dass viele noch mehr verlangten, als sie bezahlt hatten.

Da half kein Protest.

Aus: David Herzog, Erinnerungen eines Rabbiners.

---

nen in Erscheinung treten, sie in Wirklichkeit aber organisieren sollte". Einzelne Teilnehmer im Alten Rathaus geben noch von dort telefonisch die Pogromanweisungen durch; vor Mitternacht waren jedenfalls die einzelnen Dienststellen von Gestapo, SS und Polizei informiert. Damit wurde in allen Gemeinden des Großdeutschen Reiches, in denen es Juden und Synagogen gab, eine Welle der Gewalt ausgelöst.

Wie sieht die Gesamtbilanz aus?

Weinzierl: Im gesamten Deutschen Reich sind im Verlauf der Reichskristallnacht 26.000 Juden verhaftet worden. Von ihnen wurden 10.911 in das KZ Dachau, 9845 nach Buchenwald und der Rest nach Sachsenhausen gebracht. In den Konzentrationslagern starben mehrere hundert infolge der Misshandlungen durch Wachmannschaften. Nach Untersuchungen des Obersten Parteigerichts der NSDAP gab es 91 Tötungen. Aber allein in Wien begingen 680 Juden in diesen Tagen Selbstmord. Der Sachschaden betrug ersten Schätzungen zufolge 25 Millionen Reichsmark. Ungefähr 7500 Geschäfte und 267 Synagogen und Bethäuser waren zerstört worden. Diese Bilanz veranlasste Göring zu dem Ausruf: „Mir wäre lieber gewesen, ihr hättet zweihundert Juden erschlagen und hättet nicht solche Werte vernichtet." Damit aber nicht genug: Den Juden wurde neben der Zahlung von einer Milliarde Reichsmark an das Deutsche Reich auch noch die Reparatur aller in der Reichskristallnacht entstandenen Schäden auferlegt. Wobei alle Versicherungsansprüche der Juden zugunsten des Reiches beschlagnahmt wurden und die Entschädigungssummen von den Versicherungsgesellschaften direkt an den Staat überwiesen wurden. Zudem kam, dass am 12. November Anordnungen erlassen wurden, nach welchen Juden der Zutritt zu Theatern, Kinos und Konzerten sowie zu Ausstellungen verwehrt wurde. Auch wurde ihnen der Besitz von Waffen und das Halten von Brieftauben untersagt. Verboten wurde ihnen auch der Aufenthalt auf Sportplätzen, in Badeanstalten, Parks und ähnlichen öffentlichen Orten. Dies war auch der Beginn der Zwangsarisierung.

But he did die. And how did the riots start?

Weinzierl: The Nazi leadership, including SS and SA, met that evening in the Old Town Hall in Munich, following the symbolic playing of "Der Marsch zur Feldherrnhalle" to celebrate the 9th of November, 1923 with a dinner for the old comrades in arms. It was here that they received the news of Rath's death. In a demagogical, emotional speech, Goebbels informed those present of the spontaneous, anti-Jewish demonstrations.

The *Reichsleiters* and *Gauleiters* present understood the speech to mean "that the Party was not to appear as the initiator of the demonstrations, but in reality was to organize them." Individual participants at the Old Town Hall passed on pogrom orders by phone; by midnight, in any case, the individual Gestapo, SS, and police posts were informed. This unleashed a flood of violence against Jews in every community in the German Reich where there were Jews and synagogues.

What was the total of damage and injury?

Weinzierl: All over the German Reich, 26,000 Jews were arrested during the Reichskristallnacht. Of these, 10,911 were taken to the Dachau concentration camp, 9,845 to Buchenwald, and the rest to Sachsenhausen. Several hundred died in the concentration camps from injuries suffered at the hands of the guards. According to the investigations of the Supreme Party Court of the NSDAP, there were 91 killings. But in Vienna alone, 680 Jews committed suicide during these few days. According to preliminary estimates, material damages amounted to 25 million reichsmarks. Around 7,500 shops and 267 synagogues and houses of prayer were destroyed. This prompted Göring to exclaim: "I would rather you had killed 200 Jews, and hadn't destroyed these valuable things." But that was not enough: along with the payment of 1,000,000,000 reichsmarks to the German Reich, the Jews were ordered to pay for the repair of all damages incurred during the Reichskristallnacht. At the same time, all Jewish insurance claims were confiscated by the Reich, and the insurance companies paid damages

Wie war die Reaktion der Öffentlichkeit, des Auslandes und der Kirchen auf diese Ungeheuerlichkeit?

Weinzierl: Die ausländische, nicht-faschistische Presse hat ausführlich und empört berichtet. Öffentlich protestiert hat auch, wenngleich mit einigen vorsichtigen Wendungen, der Erzbischof von Canterbury. Ansonsten blieb es beim Protest Einzelner. Wie jenem des Grazer Theologen und Priesters DDDr. Johannes Ude, der dem Reichsstatthalter Baldur von Schirach und dem steirischen Gauleiter Uiberreither geschrieben hat, dass er die Novemberpogrome als Beschmutzung der deutschen Ehre brandmarke. Als Reaktion wurde Ude ins Ausseerland gauverwiesen.

War die sogenannte „Reichskristallnacht" bereits eine geplante Vorstufe zur Shoa?

Weinzierl: Die Bezeichnung „Reichskristallnacht", die wohl aus dem Berliner Volksmund stammt und ein Ausdruck für die von Glassplittern übersäten Straßen ist, verschleiert die furchtbare Wirklichkeit dieser Tage. Deswegen haben sich Wissenschaftler auch darauf verständigt, den Ausdruck nicht mehr zu verwenden und stattdessen von den Novemberpogromen zu sprechen. Diese sind, und das betrifft den zweiten Teil Ihrer Frage, keine geplanten Vorstufen. Sie sind aber ein kaum zu überschätzender Testfall. Er zeigt der NSDAP, dass nach fünfjähriger systematischer Entrechtung und Verfemung der Juden in Deutschland sich auch kein Protest erhebt, wenn es zu deutlich sichtbarer, gewaltsamer Verfolgung kommt. Wichtig: Dabei hat auch die Angst um die eigene Existenz eine Rolle gespielt. Vor allem aber haben die jahrhundertelange Einübung in christlichen Judenhass und der seit dem letzten Drittel des 19. Jahrhunderts einsetzende politisch und rassistisch motivierte „moderne" Antisemitismus bei der Masse der Bevölkerung Gleichgültigkeit und Feindschaft gegen die Juden bewirkt.

directly to the state. In addition, decrees were made on November 12 prohibiting Jews from entering theaters, cinemas, and concerts, as well as exhibitions. They were also forbidden to own weapons or keep carrier pigeons, and were not allowed to go to sports fields, swimming pools, parks, or other, similar public places. This was the beginning of forced aryanisation.

How did the public, foreign governments, and the churches react to this monstrosity?

Weinzierl: The foreign, non-fascist press reported in detail and with great indignation. The Archbishop of Canterbury protested publicly, albeit with some careful phrasing. Otherwise, there were only isolated protests. Like those of the Graz theologian and priest, Dr. Johannes Ude, who wrote to Reichsstaathalter Baldur von Schirach and the Styrian Gauleiter, Uiberreither, reviling the November pogroms as a blemish on German honor. As a result, Ude was banished from the Gau and sent to the Aussee District.

Was the so-called "Reichskristallnacht" already a planned step on the way to the Shoa?

Weinzierl: The term "Reichskristallnacht", which probably arose in the Berlin vernacular and referred to the street strewn with shards of glass, veils the terrible reality of those days.

For this reason, scholars have agreed not to use the expression, and instead speak of the November pogroms. To answer the second part of your question, these were not a planned step. But, as a precedent, their significance cannot be overstated. They showed the NSDAP that, after five years of systematic deprivation of rights and ostracism of Jews in Germany, there would be no protest, even in the case of clearly visible, violent persecution.

It is important to remember that fear for one's own life and job played a role. But above all, the indifference and enmity against the Jews was caused by centuries of carefully-rehearsed Christian anti-Semitism, and the politically and racially motivated "modern" anti-semitism which began in the last third of the 19th century.

The Grave Robbers

Now began the the sell-out of everything I owned that wasn't nailed down, with the exception of my books, paintings, and rugs {...} Everyone wanted to have the things for free. Almost everyone who came threatened "If you don't give it to me, you'll have to give to the Gestapo". A lot of them came, and put things discreetly into their pockets. We didn't dare say anything, because we knew they would sic the Gestapo on us. And in that case, there was no telling what might happen. For a Jew must never dare to accuse a member of the master class of a crime. That's outrageous! I can tell you that every object was sold 2 or 3 times. This is how it happened. Since nearly all the Jews had accepted that there was no hope of their staying, they all sold their belongings. Many of them too hastily, selling things for whatever price was offered just to get cash for emigration. Then the grave robbers went from one Jewish apartment to the next, and if they found something they liked better, or if it appeared cheaper, they came back and demanded their money back. Yes, I'm telling you, here, in front of witnesses, many of them demanded more than they had paid. It did no good to protest.

Excerpt from:
David Herzog,
Erinnerungen eines
Rabbiners.

Da schau hin, wie dein Jehovah brennt!

Gegen halb drei Uhr nachts stürmte es an der Tür. Meine Frau war totenbleich vor Schrecken geworden, fiel zusammen und sagte mir: „Geh hinaus. SS-Leute stehen draußen und verlangen Einlass, widrigenfalls sie die Tür einbrechen werden." Ich nahm meinen Schlafrock und ging schlaftrunken zur Türe, an der mit einer solchen Wucht gedroschen worden war, dass ich meinte, alles geht in Scherben. Als ich öffnete, stürmten zwölf SS-Leute, was sage ich Leute, vertierte Bestien, herein und schrien mich an: „Mache dich fertig, kleide dich rasch an, denn jetzt soll Rache an dir, du Mörder, du Verbrecher, du Vampyr genommen werden! Rasch, rasch." Da ich als alter Mann nicht so rasch mich ankleiden konnte, als die Verbrecher es gewollt — später wusste ich, warum sie es so eilig hatten — ging ein Lausbub von etwa 18 Jahren her und schlug mich mit seiner Faust so stark ins Gesicht, dass mir das Nasenbein schwer verletzt wurde. Inzwischen zündeten sie alle Lampen in der Wohnung an und schrien: „Da schaut, wie die Juden wohnen."

Meine Frau weinte, sie wollte mit mir gehen. Doch die Verbrecher, es waren meistens Studenten der Universität und der technischen Hoch-

Around 2:30 am, someone banged on the door. My wife, pale with terror, and said "Go out. There are SS people out there, and if we don't let them in, they'll break down the door."

I took my bathrobe and went drowsily to the door. They were banging on it so hard, I thought everything was going to fall apart. When I opened up, twelve SS people burst in, why do I call them people, animals, beasts, and screamed "get dressed, quick, because we're going to take revenge on you, you murderer, you criminal, you vampire! Quick, quick!"

Since an old man like me couldn't get dressed as fast as they wanted (later, I knew why they were in such a hurry), a punk kid about 18 years old came and hit me in the face with his fist, so hard it broke my nose. Meanwhile, they were all lighting lamps and screaming "Look how the Jews live!"

My wife was crying, and wanted to go with me. But the criminals, most of them were students from the university and the technical college, screamed at her: "We don't need you."

After a while, six of the criminals left. Then, one of these bandits, a fat student with a Schmiss on his chin (a scar identifying members of con-

Look How
Your Jehovah's Burning!

schule, schrien ihr zu: „Sie können wir nicht brauchen." Inzwischen gingen sechs der Verbrecher weg, worauf dann einer der Banditen, ein feister, dick ausgefressener Student, mit einem Schmiss am Kinn, zurückkam und den anderen sagte: „Hier wird nichts angerührt." Heute verstehe ich dieses Wort. Aber damals wusste ich nicht, was es bedeuten sollte. Denn in den anderen jüdischen Wohnungen wurde alles klein und dünn geschlagen. Das sollte in meiner Wohnung nicht geschehen, weil man da Geheimschätze und Geheimdokumente vermutete. Als der Lümmel meine Beule an der Nase sah, fragte er, wer das gemacht habe, da sagte ihm einer, der und der, und da sagte er, das sehe dem ähnlich. Nun wurde ich auf die Straße getrieben und zu laufen geheißen. Da ich als 70-jähriger, seelisch gebrochener Mann nicht so laufen konnte, wurde ich mit Fußtritten reguliert, so dass ich zweimal schnurstracks hinfiel und mir beide Knie schwer verletzte. Wir kamen zur Murbrücke, da wollten mich drei Kerle in den Fluss werfen, aber zwei Frauen, die sich den brennenden Tempel anschauen wollten, schrien: „Ihr werdet doch den alten Mann nicht im Winter ins Wasser werfen." So trieben sie mich denn zum brennenden Tempel. Dort war ein Scheiterhaufen für mich aufgestellt worden. Doch bei der Rosenkranzgasse stand Polizeiwache und die ließen niemanden durch. Später erfuhr ich die Ursache. Es sollte verhindert werden, dass Menschen in einer Anwandlung von Scham ihrer Empörung Luft machen und manches hindern könnten. Eine andere Version, die mir zugemittelt worden war, und diese ist die wahre, ist, da die Feuerwehr den Auftrag hatte, die neben dem Tempel stehenden Häuser zu schützen, was bei einem Andrang nur schwer durchführbar gewesen wäre, deshalb durfte niemand durchgelassen werden. Nur diesem Umstande hatte ich es zuzuschreiben, dass die zum Schauplatz Zugelassenen nicht Reigentänze um meinen verkohlten Leichnam aufgeführt haben. Nun wurde ich zum Griesplatz Nr. 2 getrieben. Hier stand schon ein Auto, das auf uns wartete. Doch bevor ich ins Auto genommen wurde, umstellten mich die Banditen und fragten mich um die Adressen

servative fraternities) came back and said to the others "Don't touch anything here!" Today, I understand what he meant. But at the time, I had no idea what it was supposed to mean. For in other Jewish apartments, everything was broken to bits. They weren't to do that in my apartment, because they suspected there might be secret treasures, secret documents. When this oaf saw my nose, he asked who had done that, and when they told him, he said, "That sounds like him." Now, they took me out into the street and told me to run. Since I, a 70-year-old, emotionally broken man, couldn't run, they helped me by kicking, so that I twice fell down and hurt both my knees. When we reached the Mur bridge, three of them wanted to throw me in the river, but two women, who had come to watch the temple burn, said "You're not going to throw that old man in the water in winter!" So they chased me along to the burning temple. There, they had set up a bonfire for me. But on Rosenkranz Street, there were police guards who wouldn't let anyone through. I later learned the reason: They wanted to ensure that no one suddenly felt ashamed and tried to stop the action. Another version I heard, and this is the real reason, was that the fire department had orders to protect the adjacent buildings, which would have been extremely difficult if people were swarming around, so no one was allowed through.

I owe it to this complication that the spectators there did not end up dancing around my charred body.

At this point, I was chased to the building at Griesplatz Number 2. There, a car was waiting for us. But before I was put in the car, the bandits surrounded me and demanded to know the addresses of the other rabbis, officials, and, most tellingly, of the rich Jews. I said I didn't know their addresses, because I had never had any reason to. The criminal who had smashed my nose grabbed me by the beard, and tore the right side of it off, which hurt terribly, and caused me to bleed profusely. Then one of them asked me where Koppel the Jew (who had been dead for some time) lived, and I said he lived at such and such an address. The rascal screamed "You

der anderen Rabbiner, Beamten und, das ist das Bezeichnendste, nach der von reichen Juden. Ich sagte ihnen, ich kenne ihre Adressen nicht, denn ich habe mich um diese nicht gekümmert. Da zupfte mir der Verbrecher, der mir die Beule an der Nase schlug, meinen Bart, riss mir die Hälfte der rechten Seite unter furchtbaren Schmerzen aus, so dass ich stark blutete. Da fragte mich der eine, wo der Jude Koppel, der allerdings schon längst tot war, wohne, worauf ich sagte, der wohnte dort und dort. Da schrie der Bengel: „Du Judas", worauf ihm der eine zurief: „Halt's Maul."

Und nun sagten sie zu mir, ich wolle ihnen zehn Schilling geben. Ich sagte ihnen: „Ich habe kein Geld bei mir", denn ich trug nur selten Geld bei mir. Daraufhin hießen sie mich, ein bereits für meine Verschleppung bereitstehendes Auto, das am Griesplatz 2 stand, zu besteigen, und zwei der Verbrecher setzten sich zu mir und nahmen mich in die Mitte. Ich glaube, es gibt in keiner Sprache eine solche Flut von gemeinen Schimpfworten wie in der deutschen, und diese alle wurden noch unterstützt mit wuchtigen Schlägen. Mit allen diesen wurde ich belegt. Mörder, Räuber, Saujude, Vampyr, Blutsauger und wer weiß noch alles. „Wir werden dir schon zeigen, dass du kein Geld bei dir hast." Sie fuhren mich zu meiner Wohnung. Da ging der eine hinauf zu meiner Frau, die einen schweren Schüttelfrost hatte, schrie ihr zu, sie solle öffnen, und als sie öffnete, verlangte er zehn Schilling. Meine Frau hatte zum Glück noch zehn Schilling bei sich und gab sie ihm. Wer weiß, was sie mit mir noch getan hätten, wenn ihnen diese zehn Schilling nicht gegeben worden wären. Nun kam er herunter und hieß den Chauffeur, mich zum jüdischen Friedhof zu fahren. Wir fuhren über die Radetzky-brücke, da zum ersten Male sah ich den in hellen Flammen lodernden Tempel, ich weinte fürchterlich, da schrien mir die Mordbuben zu: „Nun, jetzt soll dir dein Jehovah, du Mörder, du Räuber, du Strolch helfen. Da schau hin, wie dein Jehovah brennt." Und nun wurde ich geohrfeigt, geschlagen, an den Haaren gerissen. Ich erwähne nochmals, da erst sah ich zum ersten Male die hell auflodernden Flammen

Judas," but the first one yelled at him to shut up.

Then they told me to give them ten shillings. I said "I don't have any money with me," because I very seldom carried any money with me.

So then they told me to get in the car which they had waiting for my abduction, and I sat in the middle, with one of them on either side of me. I don't think any other language has as such a stream of ugly curses as German, and these they emphasized with heavy blows.

They called me a murderer, a robber, a "Saujude," a vampire, a bloodsucker, and who knows what else.

"We're going to show you that you don't have any money with you." They took me to my apartment. One of them went upstairs to my wife, who was having chills. I called out to her to open up, and when she did, he demanded ten shillings. Fortunately, my wife had ten shillings, and gave it to him. Who knows what they would have done if they hadn't got the money. Then he came down, and told the driver to take me to the Jewish cemetery. We went over the Radetzky bridge, and that was the first time I saw the temple in flames. I cried bitterly, and the murderous boys yelled at me "Now your Jehovah can help you, you murderer, you robber, you crook! Look there, how your Jehovah is burning!" Then they boxed me, hit me, and pulled my hair.

I would like to mention once again how I first saw the bright-burning flames of my beloved temple. The first time, when they were chasing me across the bridge and hitting me, I had no chance to look. But now, seeing my be-

Ausweisung von Grazer Juden: „Warum, warum?"

Expulsion of Jews from Graz: "Why, why?"

meines heißgeliebten Tempels. Denn als sie mich zum ersten Male über die Brücke schlagend einhertrieben, konnte ich gar nicht hinschauen. Als ich nun meinen heißgeliebten Tempel brennen sah, brach ich in tiefes Weinen aus, das, wie ich glaube, einen Stein hätte rühren müssen. Aber die Bestien schrien mich an und sagten: „Da schau, wie der Saujude heult", und ohrfeigten mich hin und her und schlugen auf mich ein. Und der Chauffeur, den ich nie vergessen werde, es war ein bebrillter Lump von etwa 50 Jahren, sekundierte und sagte, was man diesem Geschmeiß und Gesindel auch antut, ist viel zu wenig. Man sollte sie alle kalten Blutes erschlagen. Und so ging das den ganzen Weg. Nun kamen wir zum jüdischen Friedhof und da sagten sie mir: „Jetzt wirst du dir dein eigenes Grab schaufeln und dein dreckiger Jehovah soll dir das letzte Gebet sprechen." Doch die Friedhofshalle war gesperrt und sie wussten nicht, dass der Pförtner auf der anderen Seite des Terrains wohnte. Nun berieten sie, was mit mir zu machen sei. Nach geheimnisvollen Besprechungen gaben sie dem Chauffeur den Auftrag, mich weiterzufahren, und so fuhren sie mich weit hinaus, bis wir zu einem Feld mit Strohschobern kamen. Da fragten sie den Chauffeur, was er bekomme, er sagte: „Acht Schilling", worauf sie ihm die Zehn-Schilling-Note gaben, und er gab ihnen zwei Schilling zurück. Diese schmissen sie mir ins Gesicht und schrien: „Damit du Jude nicht sagst, wir haben dir dein Geld genommen." Ich musste das Geld aufheben und dann trieben sie mich auf das Feld, weit abseits von der Straße. Vor einem

loved temple burning, I broke down crying, so pitifully that a stone would have been moved. But those beasts just screamed at me "Look how the Saujude is crying!" and hit me back and forth. And the driver, he was a bum about 50 years old, wearing glasses, egged them on, saying "Whatever you do to these vermin, it's not enough. They ought to all be killed in cold blood."

And that's how it went, the whole way. Finally, we came to the Jewish cemetery, and they told me "Now you're going to dig your own grave, and your filthy Jehovah can say your last prayer for you."

But the cemetery hall was locked, and they didn't know that the gatekeeper lived on the other side. They discussed what to do with me. After some hushed conversations, they told the driver to take me further, and so we drove on until we came to a field full of haystacks.

They asked the driver how much they owed him, and he said "Eight shillings." They gave him the ten-shilling note, and he gave them two shillings back. These they threw in my face, screaming "Here, Jew, so you can't say we took your money!" I had to pick the money up, and then they chased me out into the field, far away from the road. In front of a haystack, they made me kneel down, one on each side of me, with revolvers in their hands. For the ninth time, I said the prayer for the dead, or rather the Widdni, the prayer for the dying, and now they started hammering at me. Head, back, sides, they beat me all over. Then I heard the beasts say: "There's no need to shoot him any more." What

Heuschober hießen sie mich niederknien und flankierten mich, je einer zur Rechten, der andere zur Linken mit Revolvern in der Hand. Ich verrichtete still, jetzt das neunte Mal, das Totengebet beziehungsweise die Widdni, das Gebet des Sterbenden, und nun fingen sie an in mich einzuhämmern. Kopf, Rücken, Seiten, alles wurde weich in mir geschlagen. Noch hörte ich, wie die Bestien sagten: „Der braucht keinen Schuss mehr." Was dann mit mir geschehen, weiß ich nicht. Ich fiel in eine Bewusstlosigkeit und so mochte ich etwa eine halbe Stunde so dagelegen sein. Als ich erwachte, hatte ich rasende, nicht zu beschreibende, furchtbare Schmerzen und ich war noch immer benommen und wusste nicht, wo ich bin und was mit mir geschehen. Erst nach einer Viertelstunde kam ich zu mir, suchte mich aufzurichten, fiel aber immer wieder um, bis ich mich endlich aufraffte. Ich wusste nicht, wo ich war. Ich fing an, mich zu orientieren, aber es war dunkel und ich konnte den Weg erst schwer finden. Erst nach etwa zehn Minuten kam ich auf den Straßenweg. Aber kaum da angekommen, fiel ich wieder in Ohnmacht, die etwa sieben bis acht Minuten gedauert haben mochte. Mühselig und von furchtbaren Schmerzen geplagt, raffte ich wieder meine Kräfte zusammen, schaute aus, und da sah ich Lichter brennen. Da dachte ich, hier, in dieser Richtung müsse die Stadt liegen. Ich ging und ging, es mochte etwa 4.35 Uhr morgens gewesen sein, aber der Weg nahm kein Ende. Anfangs kam ich an einer Ziegelei vorbei, dann, wie gesagt, der Straße entlang. Nach ungefähr eineinviertel Stunden kam ich, nachdem ich noch einmal in eine kurze Ohnmacht gefallen war, nach dem Orte, wo die Brauerei Reininghaus stand. Da traf ich einen Arbeiter, der zur Arbeit ging. Den fragte ich, wie ich zur Bahn kommen könne. Denn dort wollte ich mir ein Taxi nehmen und nach Hause fahren. Er wies mir den Weg, und durch schmale Wege mich hindurchschlängelnd kam ich endlich etwas vor sechs Uhr morgens zum Hauptbahnhof. Dort stand ein Taxi. Ich sagte dem Chauffeur, er möchte mich nach Hause fahren. Aber ich hatte noch nicht die Wagentür geöffnet, pfiff der Chauffeur und es waren noch keine dreißig Sekunden

happened then, I don't know. I fell unconscious, and lay there perhaps half an hour. When I awoke, I was in indescribable pain and was still dazed. I didn't know where I was, who I was, or what had happened to me. After about 15 minutes, I came to, and tried to get up, but kept falling down, until I finally got myself under control. I didn't know where I was. I tried to get my bearings, but it was dark, and I had trouble finding the path. After about ten minutes, I finally found the road. But I had barely reached it when I fell unconscious again. This time I was out maybe seven or eight minutes. Wearily, and plagued by pain, I collected all my strength, looked around, and saw lights burning. I thought, this must be the way to town.

I walked and walked, it was about 4:30 or 5 in the morning, but the road just didn't end.

In the beginning, I passed by a brickworks, and then, as I said, down the road. After about an hour and a quarter, after another short bout of unconsciousness, I came to the place where the Reininghaus brewery stood. There I met a workman on his way to work. I asked him how to get to the railroad station. I wanted to get a taxi there and go home. He showed me the way, and, wending my way through narrow streets, I finally reached the main station about 6 am.

There I found a taxi. I told the driver to take me home. But I hadn't even opened the door when the driver whistled, and within 30 seconds, two Gestapo goons came and grabbed me and dragged me into waiting room of the train station. What I saw there finally opened my eyes. I realized that I had not been the only victim, but that a brutal pogrom had taken place. In the waiting room I found fifteen members of my congregation, and a certain Frau Herlinger, née Stössel. Most of them were injured. I sat down on the bench, but fell over and had to lie on the bench. No one was allowed to speak. Slowly, slowly, the room filled up.

There were men with broken ribs, such as Alois Blüteweis, a man of about sixty years; or with head wounds; or with burned moustaches, like a certain König, another elderly man; and so on and so forth.

verflossen, kamen zwei Gestapobestien, fassten mich und schleppten mich in einen Warteraum der Bahn. Was ich da zu sehen bekam, öffnete mir erst die Augen, und ich wurde gewahr, dass nicht ich allein das Opfer war, sondern dass da ein ganz bestialischer Pogrom veranstaltet worden war. In der Halle fand ich bereits 15 Mitglieder meiner Gemeinde und eine Frau Herlinger, geb. Stössel. Die meisten waren verletzt. Ich setzte mich auf eine Bank, fiel aber zusammen und musste mich auf die Bank legen. Keiner durfte ein Wort sprechen. Langsam, langsam füllte sich der Saal. Da kamen Männer mit gebrochenen Rippen, wie z. B. Alois Blüteweis, ein Mann von etwa sechzig Jahren, mit verwundeten Köpfen, mit verbrannten Schnurrbärten auf der einen Seite, wie ein gewisser König, ein ebenfalls älterer Herr usw. usw. Als etwa 30 bis 40 Männer schon da waren, schrie ein etwa 18- bis 20-jähriger junger SS-Mann, der drinnen die Wache über uns hielt: „Auf! Zum Turnen!" Ich natürlich konnte mich nicht rühren und sagte zu ihm, ich will nach Hause fahren. Da schrie er mich an: „Du Saujude, du wirst schon nach Hause gehen müssen, wenn du es können wirst." Nun wurden die armen, verwundeten Menschen draußen am Bahnhofsplatz vor einer gaffenden und sich freuenden Menge trainiert. „Kniebeugen, Laufen", und wie sonst all die Kommandos lauteten und deren Geschrei mir ins Mark riss. Nach ungefähr drei viertel Stunden Exerzierübungen kamen Polizeiwagen, sie stießen alle die armen Opfer in den Wagen und nur ich allein blieb übrig. Da hörte ich, wie sie am Telefon verhandelten, was mit mir geschehen solle. Nach langem Hin- und Herverhandeln sagte mir der Lausbube, ich kann nach Hause gehen. Ich nahm ein Taxi, fuhr heim, und statt der üblichen Taxe knöpfte mir der Verbrecher die doppelte Taxe ab. Wir waren ja Freiwild geworden.

Textausschnitt aus:
David Herzog, Erinnerungen eines Rabbiners. 1932–1940. Der Text wurde an die neue Rechtschreibung angepasst, die Interpunktion durch den Autor dieses Buches verdeutlicht.

When there were about 30 or 40 people there, a young SS man about 18 or 20 years old, who was guarding us, screamed, "Get up! Time to exercise!"

Of course, I was unable to move, and said to him, "I want a ride home." He yelled at me, "You Saujude, you'll have to walk home, if you can." The poor, injured people were being "exercised" by a gawking crowd spectators who were really enjoying it. "Knee-bends! Run!" and I don't know what all commands they were giving, and their yelling chilled me to the bone. After about 45 minutes of this exercising, police cars drove up, they put all the poor victims in the cars, and I was the only one left. Then I heard them negotiating on the phone over what to do with me. After a long discussion, the rascal told me I could go home. I took a taxi, went home, and instead of the usual fare, the crook charged me double. We had become fair game.

Excerpt from:
David Herzog,
Erinnerungen eines Rabbiners. 1932–1940.

Brennende Zeremonienhalle: Nicht einmal den Toten ließ man ihre Ruhe.

Burning cemetery hall: They didn't give peace to the death.

Das Begreifen
der Vergangenheit

Beinahe hätten die Nationalsozialisten in Graz ihr Ziel erreicht und nicht nur die jüdische Bevölkerung, sondern auch die Erinnerung an sie ausgelöscht. Sie haben versucht, die Juden zu vertreiben, systematisch auszurotten, sich deren Besitztümer anzueignen und Einrichtungen zu zerstören.

Die Stadtgemeinde Graz hat dem Vergessen nach 1945 durch zahlreiche Maßnahmen entgegengewirkt. Besondere Bedeutung kommt in der jüngsten Geschichte dem einstimmig gefassten Beschluss aller im Stadtparlament vertretenen Parteien vom 21. Oktober 1998 zur Wiedererrichtung der Synagoge zu. SPÖ, ÖVP, FPÖ, die Grünen, das Liberale Forum, die KPÖ sowie die ÖABP stimmten dem entsprechenden Antrag von Kulturstadtrat DI Helmut Strobl zu. In diesem führte Strobl aus, dass bereits „im Jahre 1987 in Vorbereitung auf das Gedenkjahr 1988 die Wiedererrichtung der Synagoge Thema von Gesprächen zwischen Vertretern der Stadt Graz und den Vertretern der Israelitischen Kultusgemeinde" war. Dabei sei es, so der Stadtrat, „nie Wunsch oder Bitte der Kultusgemeinde", sondern „stets eine Idee seitens der Grazer Stadtpolitiker" gewesen, den Bau zu errichten. Dementsprechend haben auch „alle Parteien, die im Gemeinderat vertreten waren, zu allen Zeiten die notwendigen Beschlüsse einstimmig" getragen. Dies betraf auch die Finanzierung des Baus, der mit 55 Millionen Schilling (exklusive Inneneinrichtung) veranschlagt wurde.

Der Auftrag der Stadtgemeinde Graz an das Architektenehepaar DI Jörg und DI Ingrid Mayr

The National Socialists nearly achieved their goal of wiping out not only the Jewish population, but the memory of it, as well. They tried to expel the Jews, systematically eradicate them, take over their property, and destroy their facilities.

Since 1945, the City of Graz has taken a number of steps to counter this forgetting. Of particular significance in this context is the unanimous resolution of all parties in the city council on October 21, 1998 to rebuild the synagogue. SPÖ, ÖVP, FPÖ, the Green Party, the Liberal Forum, KPÖ, and ÖABP all agreed with the motion by Helmut Strobl, Councilman for cultural affairs. In his proposal, Strobl explained that "representatives of the City of Graz and representatives of the Jewish community had discussed the topic of reconstruction of the synagogue as early as 1987."

The councilman emphasized that the reconstruction had not been "the wish or request of the Jewish community, but rather an idea of the Graz city fathers."

In accordance with this, "all parties represented in the city council had unanimously approved all the necessary resolutions."

This applied to the financing of the project, which was budgeted at ATS 55 million (excluding interior decorating). The city awarded the construction contract to the husband-and-wife architectural team of Jörg and Ingrid Mayr. Their assignment was to design a new building which would not be a simple reconstruction of the synagogue destroyed during the "Reichskri-

Comprehending the Past

lautete, einen Neubau zu schaffen, der keine Rekonstruktion der in der „Reichskristallnacht" zerstörten Synagoge sein sollte. Ein Bezug zur alten Synagoge war aber wünschenswert.

Die Konzeption von Mayr & Mayr wird diesem Auftrag dadurch gerecht, dass sie die Ziegel der niedergebrannten Synagoge in den Neubau integriert. Dass diese Ziegel heute eine Umfriedungsmauer bilden, aus der der Neubau herauswächst, ist ursprünglich der Initiative des Grazer Künstlers Fedo Ertl zu verdanken. Bereits 1983 war er mit der Bitte an die Kultusgemeinde herangetreten, die Grundmauer der niedergebrannten und gesprengten Synagoge freilegen zu dürfen, um damit symbolisch das von Schweigen und Verdrängung geprägte Klima in Österreich zu durchbrechen. Er wollte verhindern, dass weiterhin „Gras über die Vergangenheit wachse", wie dies bereits auf dem Platz am Grieskai geschehen war. Die Kultusgemeinde befürchtete, es könnte unter dem Motto „Die Juden können nicht vergessen, sie rühren ständig um", zu antisemitischen Aktionen kommen. Sie bat Ertl, von seinem Plan Abstand zu nehmen. Im Rahmen dieser Gespräche erfuhr der Künstler allerdings, dass ein Teil der Synagogenziegel bereits 1939 für einen Garagenbau an der Ecke Mayffredygasse–Alberstraße Verwendung gefunden hatte. Um nun diese gebrandschatzten und geschändeten Ziegel, die eine gewaltsame Profanisierung erlebt hatten, dem Vergessen zu entreißen, schuf Ertl mit seinem Projekt „1938/83" ein „etwas anderes Denkmal". Er legte in Form eines langen Spalts einen Teil der Mauer vom Mörtel frei, um so die darunter befindlichen Ziegel sichtbar zu machen.

stallnacht," but instead would incorporate a certain reference to it.

The concept by Mayr and Mayr fulfills this assignment by integrating the bricks from the original synagogue. It is thanks to an initiative of the Graz artist Fedo Ertl that these bricks today form an enclosing wall from which the new building rises. In 1983, Ertl had approached the Jewish congregation for permission to uncover the foundation of the demolished and burned synagogue, in order to symbolically break through the Austrian climate, which was characterized by silence and denial. He wanted to prevent any more "grass from growing over the past," as had already happened at the site on Grieskai. The Jewish congregation was afraid that this could lead to anti-Semitic action with sentiments like "The Jews can't forget; they're always stirring things up." Ertl was asked to "leave well enough alone." However, in the course of these talks, the artist learned that some of the bricks had already been used in 1939 for the construction of a garage at the corner of Mayffredygasse and Alberstrasse. In order to retrieve these burnt and disgraced bricks, which had experienced a brutal profanation, Ertl created a "somewhat unusual monument," called "1938/83." He removed the mortar from a part of the wall to form a long crevice, rendering the bricks visible below. He also attached a commemorative plaque informing the populace as to the origin and history of the bricks. In this way, Ertl created an art work which was open to various interpretations. In the catalogue "Gedenkjahr 1938" (Commemorating 1938), published by the Ministry of Education, Art, and Sport, we find the entry "In his view of the object, the artist has visually captured and expressed the magic of the stones. It is the peaceful, clear, inartificial view of two surfaces and the bricks layered between them. It is the simplicity of this image is almost unsurpassable. And yet, it achieves the tension of a work of art, in the exact recognition of the angle of light, in the precise composition, in the concentration on a single, important thought. Thus, even if the viewer knows nothing of the destruction of the temple and the building of this wall from its bricks, the

Der Neubau: Jörg und Ingrid Mayr planen ihn. (Quer: ein erster, rascher Entwurf)

Jörg and Ingrid Mayr planning the new synagogue (above: an early rough draft).

Grazer Schüler legen Ziegel frei: Sie wissen um die Last ihrer Geschichte.

Graz schoolchildren unearthing bricks: They are aware of their historical burden.

Außerdem brachte er eine Gedenktafel an, welche die Bevölkerung über die Herkunft der Ziegel und deren Geschichte informierte. Ertl schuf somit ein mehrfach interpretierbares Kunstwerk. Im Katalog „Gedenkjahr 1938", herausgegeben vom Bundesministerium für Unterricht, Kunst und Sport, heißt es: „Der Künstler hat in seiner Sicht des Gegenstandes die Magie der Steine auch bildlich erfasst und vermittelt. Die ruhige, klare, ungekünstelte Sicht auf zwei Flächen und die dazwischen geschichteten Ziegel. Dieses Bild ist an Schlichtheit kaum zu überbieten und doch ist die Spannung eines Kunstwerks erreicht, im genau erkannten Winkel des Lichtes, in der präzisen Komposition, in der Konzentration auf einen einzigen, aber wichtigen Gedanken. So drückt das Bild, selbst wenn der Betrachter nichts weiß von der Zerstörung des Tempels und dem Bau der Mauer aus seinen Steinen, die Kraft der Mitteilung aus, die Klarheit, die allemal da entsteht, wo nach Wahrheit gesucht wird."

Fedo Ertl spielt mit seiner Spurensuche auf die jüdische Tradition an, nach der in Häusern häufig ein Stück Mauer unverputzt bleibt. Dies mag man als Unvollständigkeit der Welt interpretieren oder als Erinnerung an die Westmauer („Klagemauer") des Jerusalemer Tempels.

Auf jeden Fall schuf der Künstler ein Werk, das aufzeigt, was gerne vergessen wird: „Das Heute entsteht nicht nur aus dem Geist, sondern auch auf den Steinen des Gestern und wir bauen aus beidem das Morgen." So schreibt Angelica Bäumer in der Broschüre „Bausteine des Erinnerns. Ziegel für die Synagoge" (Graz, 1999).

Nachdem Architekt Jörg Mayr († 1999) vorgeschlagen hatte, diese Ziegel beim Neubau der Synagoge wiederzuverwenden, galt es nun, diese sorgsam aus dem Garagenbau herauszulösen

work still expresses the power of the message, that clarity which always appears when the truth is sought.

In searching for traces, Fedo Ertl makes reference to Jewish tradition, in which one part of a building wall is often left unplastered. This can be interpreted as the imperfection of the world or as a remembrance of the Western Wall of the Temple in Jerusalem ("Wailing Wall"). In any case, Ertl created a work which demonstrates that which people like to forget: "What is today is built not only upon the spirit, but also on the stones of yesterday, and tomorrow will be built of both." Thus writes Angelica Bäumer in the brochure "Bausteine des Erinnerns. Ziegel für die Synagoge" (Building Blocks of Remembrance. Bricks for the Synagogue), Graz, 1999.

After architect Jörg Mayr (d. 1999) had suggested using these bricks in construction of the new synagogue, they first had to be carefully removed from the garage building and cleaned of mortar. Approximately 40,000 bricks were needed for the synagogue wall, which would surround the new building at a height of about one meter on the north side, and between two and 5.5 meters on the eastern side. About half the bricks were found when the ruins of the synagogue were uncovered, and the rest were taken from the garage in Alberstrasse.

The time-consuming job of dismantling the garage was carried out by 151 pupils from three Graz schools in spring of 1999, and took about 10,000 work hours.

These young people all shared the view that, while they were in no way responsible for the crimes of their grandparents, they did need to take responsibility for their own relationship with the past.

According to the Graz artist and curator Max Aufischer, who led the project, this manual labor offered an excellent opportunity to include pupils in the reconstruction of the synagogue.

The special pedagogical benefit: "It created a link between historical knowledge and artisan work."

Pupils from Lichtenfels High School, who had studied the topic of "Anti-Racism" in their Political Science class, offered their services, as

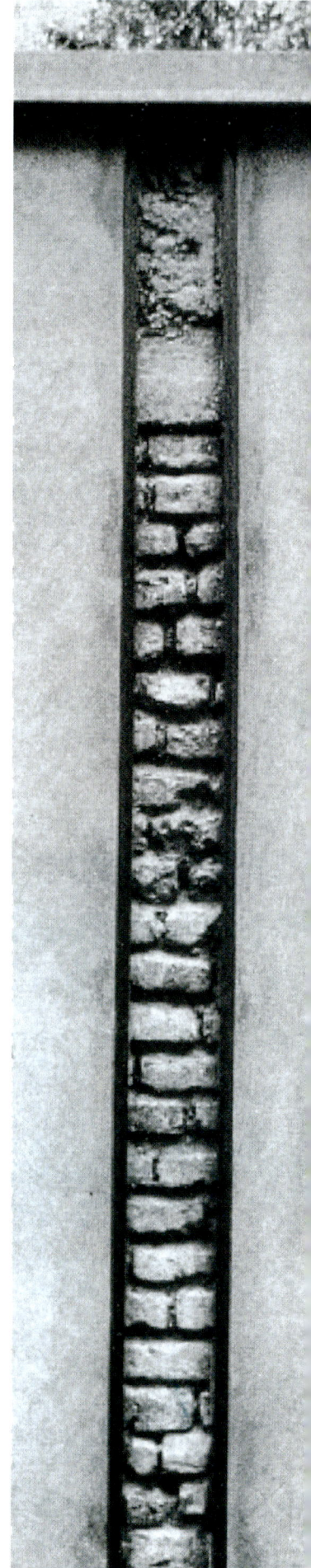

und vom Mörtel zu reinigen. Etwa 40.000 Ziegel würden für die Umfriedung der neuen Synagoge benötigt, die den Neubau im Norden und Süden etwa einen Meter, im Osten zwei bzw. 5,5 Meter umgeben sollte. Etwa die Hälfte der Ziegel fand man bei der Freilegung der niedergebrannten Synagoge, die übrigen wurden von der Garage in der Alberstraße genommen.

Die aufwendige Arbeit der Demontage der Garage besorgten im Frühjahr 1999 in rund 10.000 Arbeitsstunden 151 Schüler aus drei Grazer Schulen. Diesen jungen Menschen war die Einsicht gemeinsam, dass sie zwar keineswegs für die Verbrechen der Generation ihrer Großeltern verantwortlich seien, dass sie selbst aber sehr wohl Verantwortung für den Umgang mit ihrer Vergangenheit tragen.

Diese manuelle Arbeit, so erklärte es der Projektleiter und Kulturschaffende Mag. art. Max Aufischer, bot „eine hervorragende Gelegenheit, Schülerinnen und Schüler beim Wiederaufbau der Synagoge zu integrieren". Der besondere pädagogische Nutzen: „Es kam dabei zu einer Verknüpfung von historischem Wissen und handwerklicher Tätigkeit." Dabei stellten Schüler des Bundesrealgymnasiums Lichtenfelsgasse, die sich im Rahmen der „Politischen Bildung" mit „Antirassismus" auseinandergesetzt hatten, ihre Arbeitskraft genauso zur Verfügung wie Schülerinnen und Schüler der Bundeshandelsakademie Grazbachgasse, die sich mit „Zeitgeschichte" beschäftigt hatten. Die größte Schülergruppe kam aber von der Höheren Technischen Bundeslehranstalt Ortweingasse, deren Lehrer die fachliche Kompetenz mitbrachten, um alle am Projekt Beteiligten technisch zu beraten und zu betreuen.

Obwohl das Projekt in der Öffentlichkeit eine durchaus positive Würdigung fand, beleuchtet Aufischer dieses kritisch. In der Broschüre „Bausteine des Erinnerns" reflektiert er: „Macht es Sinn, wenn Schülerinnen und Schüler mit Mauerhämmern, Hacken und Schaufeln in einem Schutthaufen nach alten Ziegeln für die Wiedererrichtung der neuen Synagoge graben? Und dies nicht nach dem Ende des Zweiten Weltkrieges, als Baumaterial Mangelware war, sondern am Ende des zwanzigsten Jahrhun-

did pupils from the Grazbachgasse Business High School, who had been studying Recent History.

But the largest group came from the Ortweingasse Technical High School, where teachers possessed the expertise to advise and supervise all those participating.

Although the project met with thoroughly positive public resonance, Aufischer views this critically. In the brochure "Bausteine des Erinnerns" he reflects: "Does it make sense for pupils to dig for old bricks for reconstruction of the synagogue in a heap of rubble, with masonry hammers, hoes, and spades? And this, not at the end of the Second World War, when construction materials were scarce, but at the end of the twentieth century?

Bricks for the synagogue: Are we really a facing up to history in a concrete way, or is this just exploitation of the labor of children and young people?

Is it a sensible activity in our time, so strongly influenced by mass production and overproduction, in which we are so aptly characterized as a 'throw-away society?' These are basic questions which I asked myself, not just at the beginning of the project, and with which I was confronted as the project leader.

As far as content is concerned, the significance of this project surely lies in the linking of the portrayal of various factors, so that the pupils were made aware of technical, historical, and cultural contexts.

The main point was, of course, to point out the historical facts and circumstances which led to the persecution of Jews, the 'Reichskristallnacht,' and the Holocaust. It demonstrated that not only an important cultural heritage was irrevocably destroyed, but also, especially, the human suffering and the tragedies to which Jewish citizens were subjected.

And the machinery of destruction which led to the annihilation of the Jews and the drama about 'unworthy life'.

This was intended to round out the children's previous school lessons by providing them with insights into the facts and the contemporary-historical connections.

Ziegel aus der ersten Synagoge: nach 1938 zu einer Garage verbaut.

Bricks from the first synagogue: after 1938, they were used in construction of a garage.

derts? Ziegel für die Synagoge: Ist dies wirklich eine handfeste Auseinandersetzung mit der Geschichte oder nur die Ausnützung der Arbeitskraft von Kindern und Jugendlichen? Ist es eine sinnvolle Tätigkeit in unserer Zeit, die geprägt ist von Massen- und Überproduktion und in der wir nur zu leicht mit dem Titel ‚Wegwerfgesellschaft‘ ausgezeichnet sind? Dies waren grundlegende Fragen, die ich mir nicht nur zu Beginn dieses Projekts stellte und mit welchen ich als Projektleiter konfrontiert war. Die inhaltliche Bedeutung dieses Projektes liegt sicherlich in der vernetzten Darstellung verschiedenster Faktoren, sodass den Schülerinnen und Schülern technische, zeitgeschichtliche und kulturelle Zusammenhänge bewusst werden. Der zentrale Punkt war natürlich, auf die zeitgeschichtlichen Fakten und Umstände hinzuweisen, die zur Judenverfolgung, zur ‚Reichskristallnacht‘ und dem Holocaust führten. Es wurde auch darauf aufmerksam gemacht, dass nicht nur bedeutsames kulturelles Erbe unwiderruflich vernichtet wurde. Ganz besonders wurde auf das menschliche Leid und die Tragödien hingewiesen, die jüdische Bürger zu ertragen hatten. Auch auf die Vernichtungsmaschinerie, die zur Auslöschung der Juden und zum Drama des ‚unwerten Lebens‘ führte. So sollten in Ergänzung ihres bisherigen Unterrichts die Schüler neue Einblicke in diese Tatsache und in zeitgeschichtliche Zusammenhänge bekommen. Die Schülerinnen und Schüler sollten das Gefühl bekommen, dass sie durch ihre Mitarbeit mehr als ein halbes Jahrhundert nach den Geschehnissen einen kleinen Beitrag leisten, den man als den Versuch einer ‚Wiedergutmachung‘ bezeichnen könnte. Obwohl jedem bewusst sein muss, dass es diese im eigentlichen Sinn nicht gibt. Jedoch soll das Bewusstsein gestärkt werden, dass die Auseinandersetzung mit jener Zeit ein wichtiger Aspekt ist, dass solche Vorgänge in Zukunft erst gar nicht keimen können.“

Nach Freilegung der Ziegel konnte 1998 mit dem Neubau begonnen werden. Er wurde unmittelbar vor der Übergabe an die Kultusgemeinde am 9. November 2000 abgeschlossen.

Diese Synagoge ist eine von den Architekten Mayr & Mayr gestaltete Gedankenwelt aus

We wanted the pupils to have the feeling that, through their participation more than half a century later, they could make a small contribution which could be seen as an attempt at restitution. Even though they all must have been aware that this is not possible in a real sense. But it increases their awareness that facing up to that period is an important aspect of ensuring that these processes aren’t given a chance to bud in the future.” After the bricks were unearthed, construction began in 1998. It was finished shortly before the building was presented to the Jewish community on November 9, 2000.

This synagogue is a world of ideas made of bricks, concrete, and glass, that takes into account numerous elements essential to the city’s small Jewish community.

Thus the surrounding wall made from the old bricks signifies new life growing out of the old structure. The fact that the new building is smaller than the one destroyed in 1938 is also a symbol of the decimated post-war community. Before the expulsion and annihilation began, there almost 2,500 Jews in the city. Today there are fewer than 100.

Entering the sanctuary proper from the west, we enter a room which successfully combines two elements: space and a sense of security. At first our eyes are drawn to the glass almemor and the Holy Ark. There, where the Torah resides, the focus of the synagogue, is where the remembrance of the Temple in Jerusalem is kept alive.

Our glance follows the lines, takes in the significant elements, and is not distracted by decorative trivialities. The lines are clear, understated, and without flourishes. Clear, just as Judaism is in its religious practice. There is only prayer. And this spiritual devotion needs no demonstrative activity. The liturgy is sober, distinguished by the spirit, not by histrionics.

Spaces which we enter too often soon lose their suspense. The feeling of novelty wears off, and familiarity grows until it becomes that security which ends in shallow routine.

In this synagogue building, the architects succeeded in creating a place which doesn’t lose its suspense. Indeed, it continues to grow the

Ziegeln, Beton und Glas, in der zahlreiche Elemente berücksichtigt werden, die für die kleine jüdische Gemeinde der Stadt konstitutiv sind. So wird durch die Umfriedungsmauer aus den alten Ziegeln deutlich, dass aus alten Mauern neues Leben erwächst. Dass der Neubau kleiner ist als die 1938 zerstörte Synagoge, ist auch ein Zeichen für die deutlich dezimierte Gemeinde der Nachkriegszeit. Bis zu dem Zeitpunkt, als Vertreibung und Vernichtung begannen, gab es in der Stadt knapp 2500 Juden. Heute sind es in der Kultusgemeinde etwa hundert.

Betritt man nun den eigentlichen Sakralraum vom Westen her, so taucht man in einen Raum ein, der zwei Aspekte gelungen vereint: Weite und Geborgenheit. Zunächst fällt der Blick über den gläsernen Almemor hinweg auf die Heilige Lade. Dort, wo die Tora wohnt, wo das Zentrum der Synagoge ist, wird die Erinnerung an den Tempel in Jerusalem wach gehalten.

Der Blick folgt den Linien, richtet sich auf das Wesentliche und wird nicht zu dekorativen Nebensächlichkeiten entführt. Klar sind die Linien, reduziert und ohne Schnörkel. Klar, wie das Judentum in seiner religiösen Übung eben ist. Es gibt nur das Gebet. Und diese geistige Hingabe kommt ohne zeichenhafte Handlung aus. Die Liturgie ist nüchtern und nur vom Geist und nicht von Theatralik bestimmt.

Räume, die man wiederholt betritt, verlieren ihre Spannung. Das Gefühl für das Neue verschwindet, die Gewöhnung wird stärker und steigert sich hin bis zu jener Sicherheit, die oft in schaler Routine endet. Den Architekten ist es mit diesem Synagogenbau gelungen, einen Ort zu schaffen, der nicht an Spannung verliert. Sie steigert sich sogar, je öfter man ihn besucht. Dafür sorgt die Glaskuppel über dem Gebetsraum, die ihm, je nach Tageszeit, ein unterschiedliches Gepräge gibt. Das erste milde Sonnenlicht, das den Raum erhellt, unterstreicht das Morgengebet, in dem es heißt: „Mein Gott! Die Seele, die du mir gegeben hast, ist rein." Zur Mittagsstunde leuchtet die Sonne den Raum ganz aus. Die Grundfarben Blau-Weiß treten hervor und in der gläsernen Oberfläche des Almemor spiegelt sich das gleißende Licht. Am Abend aber, wenn der Vorhang vor dem Toraschrein nur noch schwach er-

more often we visit it. The glass dome over the prayer room is responsible for this, creating a different impression depending on the time of day. The first, mild light of day which brightens the room emphasizes the morning prayer, which goes "My God! The soul which you have given me is pure." At noon, the sun lights up the entire room. It brings out the basic white and blue, and the bright light is reflected in the glass surface of the almemor. But in the evening, when the curtain in front of the Torah shrine is lit dimly, the atmosphere flows into the consciousness of those who pray, reciting the evening prayer: "God Zebaoth be with us, Jacob's God is with us, a mighty fortress."

The glass arch opens the view to the heavens, God's supposed residence. At the same time, the hemisphere represents a part of the earth, suggesting Jews' ethical responsibility for this world. Fulfilling the religious commandments means first of all bearing a clear responsibility for this world. Prayer is the link between God and the person looking upward toward his Creator. It is the medium which makes the connection possible. A person must immerse himself in prayer in order to approach the essence of God, who created the world from nothing, and who made a covenant with the people of Israel. Prayer texts such as this were engraved on the glass dome using a pressurized-sand technique.

Alte und neue Ziegel: Aus den Ruinen wächst neues Leben.

Old and new bricks: From the ruins, new life emerges.

Die Kuppelkonstruktion:
Die zwölf Säulen der
zwölf Stämme Israels
bilden den Davidsstern.

The dome construction:
The twelve columns – for
the Twelve Tribes of Israel
– form the Star of David.

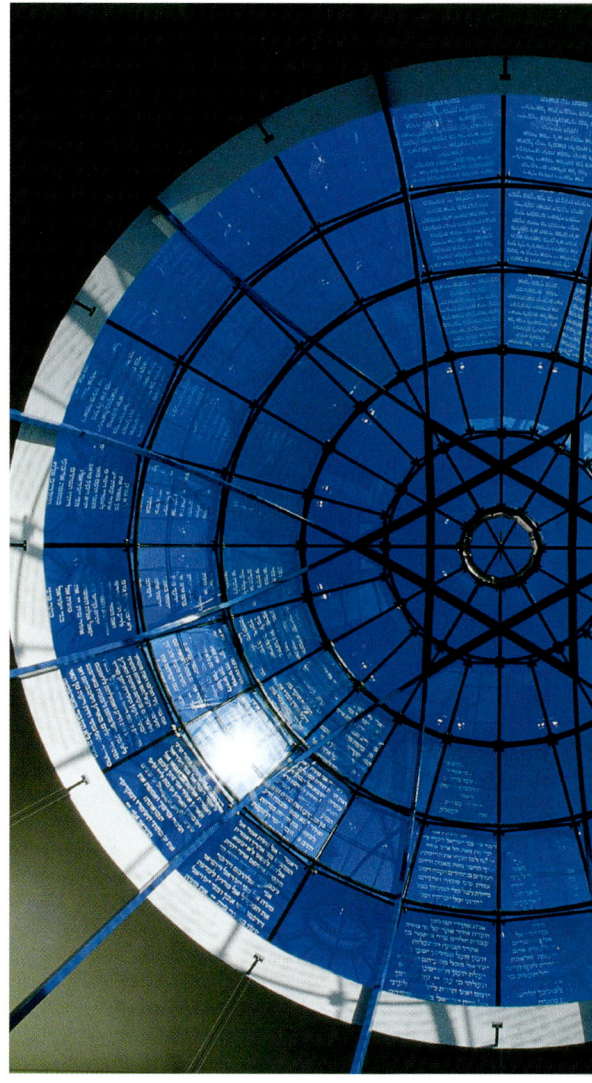

hellt wird, fügt sich die Stimmung in die Gedankenwelt des Betenden ein, der sich für die kommende Nacht seinem Gott anvertraut, wenn er rezitiert: „Gott Zebaoth sei mit uns, eine feste Burg ist Jakobs Gott mit uns."

Die gläserne Wölbung gibt den Blick auf den Himmel, den vermeintlichen Sitz Gottes, frei. Zugleich stellt die Halbkugel auch einen Teil der Erde dar, wodurch die ethische Verantwortung des Juden für diese Welt angedeutet wird. Die religiösen Gebote zu erfüllen bedeutet zunächst, eine klare Verantwortung für das Diesseits zu tragen.

Zwischen dem Menschen, der zu seinem Schöpfer emporblickt, und seinem Gott steht das Gebet. Es ist das eigentliche Medium, das die Verbindung schafft. Der Mensch soll sich in das Gebet versenken, um sich dem Wesen Gottes anzunähern, der die Welt aus dem Nichts geschaffen und der seinen Bund mit dem Volk Israel geschlossen hat. Solche Gebetstexte wurden mittels Sandstrahltechnik in die gläserne Kuppel eingeschrieben.

Die Spannung und die gläserne Durchlässigkeit des Raumes könnten bei Betenden das Gefühl einer Unruhe provozieren, die dem Zwiegespräch mit Gott hinderlich ist. Um sich Gott nahe zu fühlen, bedarf es aber auch einer gewissen Intimität. Diese Vertrautheit findet der Jude in zahlreichen Symbolen, die in die Raumgestaltung eingeflossen sind. Die Kuppelkonstruktion ruht beispielsweise auf zwölf Stützen, die an die zwölf Stämme des alten Israel erinnern. Oben in der Kuppel, wo die Bögen sich kreuzen, formen sie sich zum Davidsstern.

Dieses Hexagramm, das zum Symbol des Judentums geworden ist wie das Kreuz für das Christentum oder der Halbmond für den Islam, hat freilich nichts genuin Jüdisches an sich.

Wir finden das Sechseck oder die fünfeckige Variante schon im Altertum im gesamten Orient als magisches Schutzzeichen. Die Deutung, die in den beiden ineinander geschobenen Dreiecken ein Symbol für „Bar Kochba" sieht, lässt sich nicht belegen. Der „Sternensohn" hatte zwischen 132 und 135 den zweiten Aufstand gegen die Römer angeführt und war von Rabbi Akiba deswegen zum Messias ausgerufen worden. Dass die

The suspense and the glass permeability of the room could provoke a feeling of restlessness in those saying prayers, which would be obstructive to the dialogue with God. In order to feel close to God, there must be a certain intimacy. Jews can find this closeness in numerous symbols which went into the room's design. For example, the dome construction rests on twelve supports which remind us of the Twelve Tribes of Israel. In the dome above, where the arches cross, they form a Star of David. Although this hexagram has become a symbol of Judaism, like the cross for Christianity or the crescent moon for Islam, there is actually nothing genuinely Jewish about it.

In antiquity, we find the hexagram, as well as the five-pointed variation, used as a charm all over the middle east. The interpretation which sees the two triangles, superimposed upon one another, as a symbol for "Bar Kochba" cannot be verified. The "Son of the Stars" led a revolt against the Romans between 132 and 135, and was declared to be the Messiah by Rabbi Akiba. The fact that the symbol was not clearly associated with Judaism until much later is demonstra-

eindeutige Zuordnung zum Judentum erst spät erfolgt, zeigt die Verwendung des Sechseckes in Kirchen des 13. Jahrhunderts. Als magisches Zeichen der Abwehr beschreibt es auch Goethe in seinem „Faust".

Erst 1656 finden wir zum ersten Mal eine klare Gegenüberstellung von Kreuz und Davidsschild als Zeichen beider Religionen. Der Davidsstern hat sich in Wien auf einem Grenzstein zwischen der Judenstadt und den christlichen Vierteln erhalten. Seine allgemeine Verbreitung erfolgte mit der Emanzipation der Juden zu Beginn des 19. Jahrhunderts. Nach Ansicht des Religionsphilosophen Gershom Scholem liegt dem ein „Imitationstrieb" zu Grunde: „Die Juden suchten ein ‚Symbol des Judentums', so wie sie überall ein Symbol des Christentums vor Augen hatten. Und damit wurde der ‚Davidsstern' zu einem äußerlichen Zeichen des Judentums erhoben." Von den frühen Zionisten wurde er schließlich als jüdisches Symbol verwendet. Den Nazis diente er als Vorlage für den gelben Judenstern und als solcher wurde er zum Zeichen der Entwürdigung. Wenn der Staat Israel den „Magen David" (Betonung auf der zweiten Silbe) in seiner Nationalfahne führt, dann mag dies bedeuten, dass das „Zeichen, das in unseren eigenen Tagen durch Leid und Grauen geheiligt wurde", würdig geworden ist, „den Weg zum Leben und zum Aufbau zu erleuchten". So sieht es Gershom Scholem.

Den „Magen David" finden wir auch auf jenem Gedenkstein, der am 9. November 1988, 50 Jahre nach dem Novemberpogrom, in Graz an jener Stelle aufgestellt worden war, an der bis 1938 die Synagoge gestanden hatte. Heute befindet sich der marmorne, schwarze Monolith im Untergeschoß der neuen Synagoge, wo er so platziert wurde, dass er genau unter dem Almemor steht. Die Stele, die an das Grauen der NS-Diktatur gemahnt, weist somit auf den darüberliegenden gläsernen Almemor hin, von dem aus das Wort Gottes verkündet wird. Ein weiteres Zeichen dafür, dass die Nationalsozialisten in Graz nicht gesiegt haben.

ted by the use of the hexagram in churches of the 13th century. Goethe also describes it as a magic protective charm in his "Faust." It is not until 1656 that we find a clear comparison of the cross and the Star of David as symbols of the two religions. It is preserved in Vienna on a boundary stone between the Jewish and Christian quarters of the city. The common use of the Star of David began with the emancipation of the Jews at the beginning of the 19th century. In the opinion of the religious philosopher Gershom Scholem, this was based on the "urge to imitate."

"The Jews sought a symbol for Judaism just as they saw the symbol of Christianity everywhere they looked. And so the Star of David became an outward symbol of Judaism. It was used as a Jewish symbol by the early Zionists. The Nazis used it as a model for their yellow Jewish star, and thus as a symbol of degradation. When the State of Israel uses the "Magen David" (the second syllable is emphasized) in its flag, this may signify that the "symbol which in our own times has been made holy by suffering and horror" has become worthy to "light the way to life and to construction (of our country)." That's how Gershom Scholem sees it.

The "Magen David" is also found on the commemorative stone which was erected in Graz on November 9, 1988 on the site where the synagogue had stood until 1938. Today, the black marble monolith stands on the lower floor of the new synagogue, where it was placed directly under the almemor. Thus the stone which reminds us of the Nazi dictatorship also points to the glass almemor above it, where the word of God is proclaimed. Another indication that the Nazis did not triumph in Graz.

Der Grenzstein aus dem Jahre 1656: Erste Gegenüberstellung von Kreuz und Davidsstern als Zeichen beider Religionen.

Boundary stone from the year 1656: one of the first encounters between the cross and the Star of David as symbols of the two religions.

Ansiedlung
und Vertreibung

Biblisches Österreich

Die Wasser der Sintflut hatten sich zurückgezogen, trockenes Land kam zum Vorschein. In ihm lebten die Patriarchen, in seinen Wäldern weideten sie Schafe und Ziegen. Man nannte dieses Gebiet, das an der Donau – und nicht am Jordan – gelegen war, „Judeisapta".

Mit dieser Bezeichnung wollte ein jüdischer Chronist seinen Zeitgenossen im 14. Jahrhundert offenbar mitteilen, dass Österreich ein „terra Judaeis apta", ein „für Juden geeignetes Land" sei. Es weise ein biblisches Alter auf und in ihm fühlten sich die Juden seiner Zeit ebenso wohl wie die Patriarchen „850 Jahre nach der Sintflut".

Auch wenn sich Juden in biblischen Zeiten im mitteleuropäischen Raum nicht nachweisen lassen, so sind sie doch bald danach mit den Römern bis zum Rhein vorgedrungen. Für das Gebiet des heutigen Österreich sind sie schriftlich erstmals durch die Zollordnung von Raffelstätten an der Enns (903–906) nachweisbar. Diese enthält den Passus „legitimi mercatores, id est Judei et ceteri mercatores". Daraus wird ersichtlich, dass die Juden bereits als Kaufleute bezeichnet wurden.

Eine buchstäblich historische Spur stellen die zahlreichen Ortsnamen dar, die mit „Jude" zusammengesetzt sind, wie etwa Judenburg oder die Judendörfer bei Leoben, Murau, bei Steyr und Tulln, im Lungau oder auch nördlich von Graz.

The waters of the flood had receded, dry land appeared. In this land lived the patriarchs, and in its forests their sheep and goats grazed. This land, located on the Danube, and not on the Jordan, was called "Judeisapta".

In using this term, a Jewish chronicler apparently wanted to indicate to his contemporaries in the 14th century that Austria was "terra Judaeis apta," a country suitable for Jews. It was an old country, of biblical age, and Jews were happy there, like the patriarchs were in their land "850 years after the flood". Even if there is no proof of the presence of Jews in central Europe in biblical times, they did in fact advance with the Romans as far as the Rhine from an early date.

Within the territory which is now Austria, Jews were first documented in the customs order of Raffelstätten on the Enns (903–906). This contains the clause "legitimi mercatores, id est Judei et ceteri mercatores". From this, we can assume that Jews of that time were already being designated as merchants.

The numerous place names which include the word "Jude" provide a literal historical trail. These include Judenburg, and the various *Judendorfs* near Leoben, Murau, Steyr, Tulln, in the Lungau, and north of Graz.

However, the image which we associate with a *dorf* (village) today needs to be corrected. In most cases, these places called Judendorf

Biblical Austria

Die Bilder, die man heute mit einem Dorf verbindet, gilt es freilich zu korrigieren. Unter einem Judendorf hat man sich in den überwiegenden Fällen nämlich keine von Juden bewohnte Gemeinde vorzustellen, deren Bewohner hauptsächlich von der Landwirtschaft lebten. Vielfach werden es nur Lagerhäuser gewesen sein, die von Handelsreisenden angelegt wurden, oder bestenfalls wird es sich um eine Kaufmannssiedlung einiger jüdischer Familien gehandelt haben. Da der Ostalpenraum noch im ausgehenden ersten Jahrtausend sehr dünn besiedelt war, war es für die jüdischen Händler wichtig, eigene Stützpunkte zu besitzen, bei denen sie Rast machen, sich verpflegen und Lasttiere wechseln konnten.

Landwirtschaft, wie sie in einem Dorf eben üblich ist, dürfte in den „Judendörfern" nur in bescheidenem Ausmaß und nur zur Eigenversorgung betrieben worden sein. In größerem Umfang hat es sie nachweislich in Weinanbaugebieten gegeben. Die hohe Geistlichkeit schätzte diese Weine sehr, weil sie nach strengen rituellen Vorschriften gekeltert wurden, die auch dem kirchlichen Gebot, Messwein müsse unverfälscht rein sein, entsprachen.

Auf jeden Fall begünstigen die jüdischen Niederlassungen im Alpenraum den Aufbau nicht-jüdischer dörflicher Strukturen. Dies ist im Neuhochdeutschen zwar nicht mehr, sehr wohl aber in der lateinischen Namensgebung des 12. Jahrhunderts erkennbar. Zu dieser Zeit spricht man von dem kleinen, einige Kilometer nördlich von Graz gelegenen Ort Judendorf von „villa ad judeos", einem „Dorf bei den Juden". Auch für Judenburg ist nachweisbar, dass sich die mittelalterliche Stadt neben der Judensiedlung entwickelt hat. Den beiden jüdischen Stützpunkten ist außerdem gemeinsam, dass sie nahe einer Befestigungsanlage errichtet wurden. In Judenburg ist dies die Burg der Eppensteiner, die im 10. Jahrhundert das mächtigste Adelsgeschlecht des Landes waren, in Judendorf bei Straßengel ist es ein Wachtturm, wie dies die slawische Silbe „straza" („Straß") anzeigt.

Verzeichnet man alle jüdischen Stützpunkte ab dem neunten Jahrhundert auf einer Karte, dann wird ihr Zweck deutlich erkennbar: Sie

were not communities inhabited by Jews living from agriculture. Instead, they were often merely warehouses built by travelling merchants, or, at most, settlements of a few Jewish merchant families. Since the eastern alpine region was still very sparsely populated at the end of the first millenium, it was important for the Jewish merchants to have bases of their own, where they could stop to rest, eat, and get fresh pack animals.

Agriculture, such as is common in villages, was probably practiced in the *Judendorfs* only in scant measure, and for personal consumption. There is evidence that it was more prevalent in wine-growing areas. The Church hierarchy cherished Jewish wines, because they were pressed according to strict ritual procedures which were in accordance with the Church's rule that wine for the mass must be pure and unadulterated. In any case, the Jewish settlements in the alpine territory encouraged the development of non-Jewish village structures. This is not so evident in Modern High German, but very much so in the Latin place names of the 12th century.

In those days, modern Judendorf, the little place a few kilometers north of Graz, was known as "villa ad judeos", or something like "village at the Jews' place". The evidence shows that Judenburg also developed next to the earlier Jewish settlement. What these two Jewish bases have in common is that they were built near a fortified castle. In Judenburg, it was the castle of the Eppensteiner, the most powerful noble family in the land at the time. In Judendorf bei Strassenengel, it was a watch tower, as witnessed by the Slavic syllable "straza" ("Strass").

If we map all the Jewish bases, beginning with the 9th century, then their purpose becomes clear: they all lie along the trade routes which lead through the eastern Alps and connect upper Italy with the Danube territories.

Thus, Judenburg is located at the Roman crossing point on the Neumarkter Sattel, and Judendorf on a path along the right bank of the Mur which was also used in ancient times.

The function fulfilled by the Jews in those days was long-distance trade. They were aided

Der Grabstein von Reb Nissim aus dem Jahr 1387: eingelassen in eine Mauer der Grazer Burg.

The gravestone of Reb Nissim from the year 1387: Built into a wall in the Burg of Graz.

liegen alle an Handelswegen, welche durch die Ostalpen führen und Oberitalien mit den Donauländern verbinden. So liegt Judenburg am römischen Übergang über den Neumarkter Sattel und Judendorf an einem Weg am rechten Murufer, der ebenfalls schon in der Antike benutzt wurde.

Die Aufgabe, die den Juden in dieser Zeit gesellschaftlich zufiel, war es, Fernhandel zu betreiben. Dabei half ihnen die Tatsache, dass es beinahe an allen bedeutenden Handelsplätzen jüdische Siedlungen gab. Vorteilhaft war auch, dass sich die jüdischen Händler stets auf Hebräisch verständigen konnten. Dies erleichterte den Abschluss von Geschäften und auch die Erstellung von Kontrakten, und es hob die Juden aus ihrer Umgebung heraus, in der der Analphabetismus noch weit verbreitet war. Und die gehobene christliche Schicht, die des Lateinischen mächtig war, hatte keine Ambitionen im Handel.

Auch waren für Juden Reisen in fremde Länder weniger risikoreich als für Christen. Im Fall einer erpresserischen Festnahme konnten sie nämlich auf ihre Glaubensbrüder zählen, die sich bemühten, das geforderte Lösegeld aufzutreiben.

Der Handel, den die Juden betrieben, war weltumspannend. Zwischen Marokko und dem Ärmelkanal, bis nach Indien und China verliefen die von ihnen benutzten Wege und Schifffahrtsrouten. In Europa versorgten sie das Frankenreich mit Luxusgütern aus dem arabischen Raum und die slawischen Länder Osteuropas verbanden sie mit den Mittelmeerhäfen und Spanien. Der Weg vom Osten Europas nach Venedig führte dabei auch durch das Gebiet der heutigen Steiermark. Gehandelt wurde vor allem mit Pelzen aus dem Norden und kostbaren Stoffen sowie Gewürzen aus Südosteuropa. Naturgemäß waren die Käufer dieser Waren Adelige und hohe Geistliche, nie aber die ländliche Bevölkerung.

In einer Welt, die in zwei verfeindete Hälften gespalten war, in eine christliche und eine muslimische, hatten die Juden den Vorteil der „religiösen Neutralität". Die Juden hielten also Handelsbeziehungen zu beiden Seiten aufrecht, in einer Zeit, in der es kaum Beziehungen zwischen den beiden großen Kulturen gab. Erst als eine Auswirkung der Kreuzzüge – zum ersten ruft Papst Urban II. 1095 auf – beginnen auch die Christen

in this by the fact that there were Jewish settlements in nearly all significant trading centers. Another advantage was that Jewish traders could always communicate in Hebrew. This simplified the closing of deals, as well as the formulation of contracts, and it set the Jews apart from their surroundings, where illiteracy was still the norm.

And upper class Christians, who spoke Latin, had no desire to engage in trade.

Also, for Jews, traveling to far-away lands was less of a risk than for Christians. If they were taken for ransom, they could count on their fellow Jews to try to raise the ransom money.

The trade in which the Jews engaged was worldwide. The roads and shipping routes they used connected Morocco and the English Channel, even stretching to India and China. In Europe, they provided the Frankish Kingdom with luxury goods from Arabia, and connected the Slavic countries of eastern Europe with the Mediterraneum ports and Spain. The route from eastern Europe to Venice also passed

Strukturen über größere Distanzen hin aufzubauen. Dies ist schließlich jene Periode, in der die Juden aus dem Handel verdrängt werden und sich immer stärker auf Geldgeschäfte, auf Finanzierung und Darlehenswesen verlegen. Und gezwungenermaßen verlegen müssen.

Diskussion um den Zeitpunkt der jüdischen Ansiedlung in Graz

Auf Grund der schlechten Quellenlage sind die Historiker – die Ansiedlung von Juden in Graz betreffend – auf Hypothesen angewiesen. Es fehlt nämlich an schriftlichen Belegen; erst im Jahr 1260 werden die Juden urkundlich erwähnt. Einige Historiker sprechen sich nun dafür aus, diesen Zeitpunkt als den Beginn der jüdischen Ansiedlung in Graz zu werten. Sie vermuten, dass es keine Kontinuität zwischen den Juden in Judendorf und jenen in Graz gab. Die Bewohner von „Judendorf", an die zwar noch der Name erinnert, lebten um 1260 wahrscheinlich schon nicht mehr dort. Sie waren nämlich bereits aus dem Handel verdrängt wor-

through what is now Styria. The main objects of trade were furs from the north and precious fabrics and spices from southeastern Europe.

Naturally, the purchasers of such wares were the nobles and high clergy, never the rural populace. In a world which was divided into two hostile halves, a Christian half and a Moslem half, the Jews had the advantage of "religious neutrality."

The Jews maintained their trade relations with both sides at a time when there was hardly any contact between the two great cultures.

It was only as a result of the Crusades (Pope Urban called for the first one in 1095) that Christians began setting up trade structures over long distances. This was also the period in which Jews began to be forced out of trading, and pushed more and more into the money business, that is, financing and credit.

den und hatten die Handelsniederlassung auf-gegeben. Die Besiedelung von Graz dürfte – so die These – also unabhängig von Judendorf erfolgt sein.

Für diese späte Ansiedlung in Graz spricht auch der Vergleich mit Städten wie Wien oder Wiener Neustadt, wo Juden ebenfalls erst ab der Mitte des 13. Jahrhunderts nachweisbar sind.

Andere Historiker hingegen sprechen sich für eine frühe jüdische Besiedlung von Graz um 1160 aus. Sie vermuten, dass die Juden, die bereits aus dem Handel verdrängt waren, vorerst noch in Judendorf geblieben und später von dort aus nach Graz gezogen sind. Die Siedlung, die sich ab 1130 um die „gradec", die „kleine Befestigungsanlage" auf dem Schloßberg bildet, gewinnt zunehmend an Bedeutung. Die Juden wollen dort am Wirtschaftsleben teilhaben und ziehen deswegen um 1160 nach Graz.

Der stärkste Beleg für diese Theorie ist die „Judenmauer", die im Frühjahr des Jahres 2000 im Bereich der Buchhandlung Moser freigelegt wurde. Experten vermuten, dass sie im 12. Jahrhundert errichtet wurde. Sie diente den Juden, die vom Schloßberg ungeschützt auf freiem Feld im Süden der Stadt siedelten, als Schutzmauer gegen feindliche Übergriffe. Im 13. Jahrhundert – so die Argumentationslinie der Historiker – hätte eine gesonderte Umfriedung des Judenviertels keinen Sinn mehr gehabt, denn zu dieser Zeit wurde die erste Stadtmauer um Graz errichtet. Und dass es sich bei der Judenmauer um eine Gettobegrenzung gehandelt haben könnte, ist nicht logisch, denn Gettos kommen erst viel später auf.

Graz ist zunächst ein bescheidener Markt. Auf dem Schloßberg entsteht die Burg, auf dem Gebiet des heutigen Freiheitsplatzes und Karmeliterplatzes dürfte um 1120/30 ein Gutshof errichtet worden sein. Durch den Handel mit den umliegenden Orten, wie mit Guntarn, das sich zwischen Schloßberg und Glacis erstreckt oder Leutzendorf im Bereich der heutigen Babenbergerstraße und Tobel, das in der Nähe der heutigen Karlau lag, war es notwendig geworden, einen eigenen Handelsplatz in der Stadt zu errichten. Dieser hat sich im Bereich der unteren Sackstraße befunden.

Early Jewish Settlement in Graz

Due to the meager sources available, historians have only theories about the first Jewish settlements in Graz. There is no written evidence; it is not until 1260 that the presence of Jews is documented.

Some historians are in favor of viewing this date as the beginningof Jewish settlement in Graz. They assume that there was no continuity between the Jews in Judendorf and those in Graz.

The inhabitants of "Judendorf," who are commemorated in the name no longer lived there by 1260. They had already been pushed out of their mercantile function and given up the trading base. So, according to this theory, Jewish settlement would have taken place independently of Judendorf. A comparison with Vienna and Wiener Neustadt, where Jews were also first mentioned in the mid-13th century, supports the theory of late settlement.

However, other historians believe that Jews began settling in Graz around 1160. They believe that the Jews, having been pushed out of their trade livelihood, stayed in Judendorf at first, and later moved from there to Graz. The settlement which grew up around the "gradec," or "little fortification" on the Schlossberg, constantly gained significance. Jews wanted to participate in its business life, and thus moved to Graz around 1160.

The strongest evidence for this theory is the "Judenmauer," or Jewish wall, which was unearthed in Spring of 2000 near Moser's Bookstore (in downtown Graz). Experts believe that it was built in the 12th century. It served as a protective wall for the Jews who settled in the open areas to the south of Graz, where they were not protected by the Schlossberg against enemy attacks.

In the 13th century, according to this theory, a separate wall around the Jewish quarter would not have made sense, because the first city wall was built about this time. And is also unlikely that the Judenmauer was a ghetto wall, since ghettos first appeared much later.

At first, Graz was a rather humble market. The castle was built on the Schlossberg, and a

Judensiedlungen und Judenniederlassungen im Mittelalter in der Steiermark

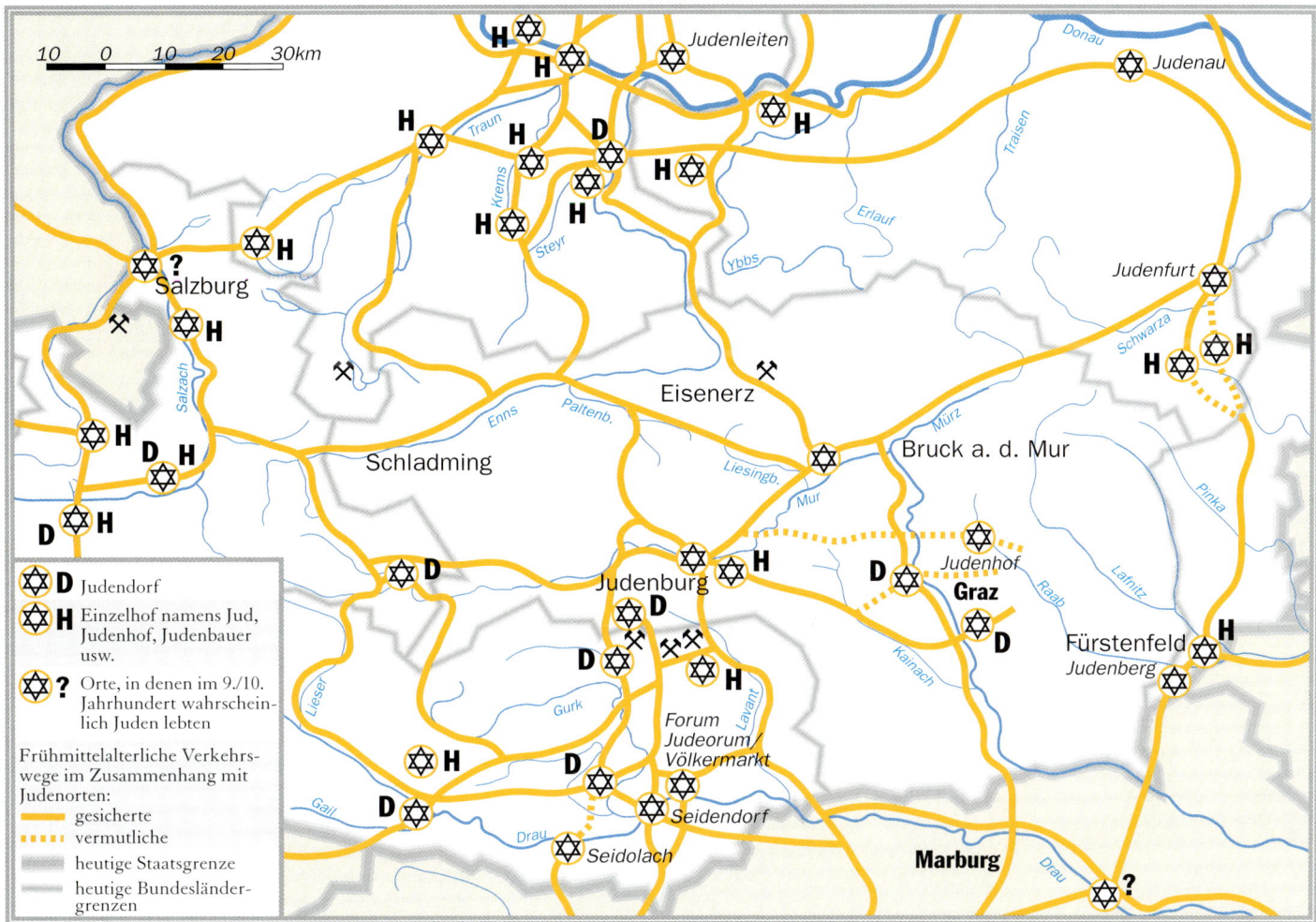

Medieval Jewish settlements in Styria

Schon damals halten sich vermutlich Juden in der Stadt auf, um ihren Geschäften nachzugehen. Sich fest in Graz niederzulassen war ihnen allerdings nicht gestattet, denn sie waren ja „kaiserliche" bzw. „landesfürstliche Kammerknechte". Niemand außer dem Landesfürsten und ihnen selbst durfte Nutzen aus ihrem Handel ziehen. Und Graz gehörte zu dieser Zeit noch nicht dem Landesfürsten, sondern dem Adelsgeschlecht der Stübinger.

Um nun den aufstrebenden Handelsplatz Graz unter seine Kontrolle zu bringen, ließ der steirische Herzog Ottokar III. (1129–1164) die Stübinger „ausschalten". Einen Vertreter aus dem Geschlecht ließ er enthaupten, einen weiteren verbannte er in ein Kloster. Damit ging Graz in seinen Hoheitsbereich über und er konnte Juden ansiedeln. Ihnen wiederum konnte er als einziger Steuern auferlegen.

Im 12. Jahrhundert hatte die Stadt eine klare West-Ost-Ausrichtung. Die Nord-Süd-Achse mit ihren bewaldeten Murauen und Wasserarmen war wegen der immer wiederkehrenden Überschwemmungen wenig besiedelt. Die Hauptverbindung durch die Stadt führte also über die Murfurt im Westen und eine Durch-

farm estate was probably built in the area of what is now the Freiheitsplatz and the Carmeliterplatz around 1120–1130. A number of settlements grew up nearby: Guntarn, which stretched between the Schlossberg and the Glacis; Leutzendorf, near today's Babenbergerstrasse; and Tobel, near what is now the Karlau. In order to facilitate trade with these settlements, it became necessary to build a central market. This was located at the lower end of Sackstrasse.

Even back then, there were presumably Jews in the city doing business. But they were not allowed to settle permanently in Graz, for they were considered imperial or *landesfürstlich* (royal) chamber servants. This meant that no one but the prince or they themselves was permitted to profit from their trade. And Graz at that time did not yet belong to the *Landesfürst*, but to the Stübinger family.

Now, in order to bring the aspiring trade center of Graz under his control, the Styrian Duke Ottokar II (1129–1164) took the Stübingers out of action. One representative of the clan was beheaded, and another was banished to a monastery. This brought Graz under his

zugsstraße (heute Murgasse und Sporgasse) hin-
auf zum Gutshof am Freiheitsplatz. Als
Handelsgasse war weiters der „Erste Sack", das
Gebiet der unteren Sackstraße, bebaut.

Mit dem aufstrebenden Handel wurde südlich der wichtigsten West-Ost-Verbindung ein
riesiger trapezförmiger Marktplatz angelegt, der
ursprünglich doppelt so groß war wie der heutige
Hauptplatz. Er reichte unverbaut bis zur heutigen Landhausgasse. Von dort führten noch zwei
Sackstraßen in Richtung Süden: der kurze, aber
breite Stumpf der Herrengasse und die parallel
dazu verlaufende, schmälere Schmiedgasse.

Die Herrengasse endete etwa dort, wo heute
die Grazer Wechselseitige Versicherung ihre
Zentrale hat. Daran schloss das jüdische Viertel
an. Im Süden reichte dieses bis zur Hans-Sachs-
Gasse und Stubenberggasse, im Westen wurde es
von der Frauen- und Jungferngasse begrenzt.
Die östliche Grenze verlief zwischen den Häusern Hans-Sachs-Gasse 12 und 14 in Richtung
Norden. In diesem Bereich wurde die bereits er-
wähnte Judenmauer freigelegt.

*Geldhandel: Der Jude als
Kreditgeber, der Bauer als
Kreditnehmer. Holzschnitt
aus dem Jahr 1531.*

*Money business: The Jew
as creditor and the
peasant as debtor. Wood
engraving from 1531.*

sovereignty, and he was able to bring Jews in. At
the same time, he was the only one who could
levy taxes against them.

In the 12th century the city had a clear east-
west alignment. Due to recurring floods, the
north-south axis, with its wooded Mur flood
plains and tributaries was scarcely settled. The
main road through the town thus led across the
Mur ford in the west and along a thoroughfare
(now Murgasse and Sporgasse) up to the estate
at Freiheitsplatz.

The "Erste Sack," the area of the lower
Sackstrasse, was also developed as a trade street.
With increasing trade, a giant marketplace was
set up in trapezoid form south of the main east-
west route. Originally, it was twice as large as
today's Hauptplatz.

It extended without obstruction all the way
to what is now Landhausgasse. From there, two
dead-end streets led south: the short, wide
stump of Herrengasse, and, parallel to it, the
narrower Schmiedgasse. Herrengasse ended
approximately where the Grazer Wechselseitige
insurance company now has its headquarters.
The Jewish quarter was adjacent to it. In the
south, the quarter stretched to Hans-Sachs-
Gasse and Stubenberggasse, and it was bordered
by the Frauengasse and the Jungferngasse in the
west. The eastern border ran between the buildings at Hans-Sachs-Gasse 12 and 14, toward
the north. In this area, the Judenmauer already
mentioned was discovered.

Mauer in der Buchhand-
lung Moser: Wann
kamen die ersten Juden
nach Graz – im 12. oder
im 13. Jahrhundert?

Wall in Moser's book-
store: When did the first
Jews come to Graz – in
the 12th or 13th century?

Die Judenmauer: Grenze nach innen, Grenze nach außen

Die Mauer, vermutlich zum Schutz gegen räuberische Banden errichtet, mag aber auch dem latent vorhandenen Konflikt zwischen Christen und Juden Berührungspunkte genommen haben. Zudem erleichterte sie den religiösen Instanzen der Juden eine gewisse Kontrolle über die Gläubigen. Im Gegensatz zu den Christen hatten und haben die Juden nämlich keine hierarchische Institution, wie einen Papst, der über die Reinheit der Lehre achtet. Und dennoch waren auch die Juden allem gegenüber wachsam, was häretisch anmutete. Die Vorsteher einer Gemeinde übten zwar nicht durch physische Repression Macht aus, wohl aber durch den „Cherem", einen alle dreißig Tage erneuerbaren Exkommunikationsbann, der den Gehorsam des einzelnen Juden sowohl gegenüber dem Zivil- und Strafrecht als auch gegenüber dem Religionsgesetz erzwang. Eine Exkommunikation hatte für die soziale und ökonomische Existenz eines Juden einschneidende Folgen. Von seiner Gemeinde ausgestoßen und somit keiner Gruppe mehr zugehörig, war es ihm unmöglich, seinen Lebensunterhalt zu verdienen. Er hätte nur noch als Christ leben können.

Das Grazer Judenviertel des Mittelalters, in dem kaum mehr als 150 Personen lebten, war eine kleine Welt für sich. Eine, die ihre Kontakte mit den übrigen 2000 Bewohnern der Stadt

The Jewish Wall: Inward Border, Outward Border

The wall, presumably intended to protect against bands of robbers, may have also had something to do with the latent conflict between Jews and Christians. In addition, it facilitated control over the faithful by Jewish religious authorities.

In contrast to the Christians, Jews do not have, and never have had, any hierarchical institution, such as a Pope, to watch over the purity of religious teachings. And yet, Jews were very diligent against anything which smacked of heresy. Even though the officials of a congregation were not able to exercise power through physical punishment, they used the "Cherem," a sort of excommunication which could be renewed every three days and forced the individual Jew to obey not only civil and criminal laws, but also religious laws.

This excommunication had drastic consequences for a Jew's social and economic existence. Cast out of his congregation, and no longer belonging to any group, he had no chance of earning a living. His only chance was to become a Christian.

The Graz Jewish quarter in the Middle Ages, which was home to scarcely more than 150 people, was a microcosm unto itself, one which had contact with the other 2,000 residents of the city only through trade relations.

Unter dem Schutz des Schloßbergs: die Grazer Altstadt.

Shielded by the Schloßberg: The old center of Graz.

wohl nur über Geschäftsbeziehungen pflegte. Sonst war man unter sich. Zu unterschiedlich waren die Rahmenbedingungen. Etwa bei den Wirtschaftsstrukturen. Breit gefächert waren sie auf der christlichen Seite, eingeengt wurden sie bei den Juden, bis schließlich nur mehr der Geldhandel und das Hausierertum übrig blieben. Getrennt war auch die Entwicklung der Gesellschaft auf soziologischer Ebene. Während Juden sich in Gemeinden organisierten, entwickelten die Christen eine Feudalherrschaft und gründeten Staaten. Und in diesen lebten Juden unter einer Sondergesetzgebung.

Auch wenn wir von der frühen Grazer Judengemeinde nur sehr wenig wissen, so ist doch sicher, dass nicht alle erwachsenen Männer Kaufleute oder Geldverleiher waren. Der Grund, warum man von diesen am häufigsten spricht, liegt darin, dass diese am meisten Außenwirkung zeigten und dass ihre Tätigkeit in Kauf- oder Leihverträgen, aber auch in Gerichtsakten dokumentiert ist. Andere Berufe, wie etwa der des Rabbiners, hatten hingegen nur eine innerjüdische Wirkung. Nachdem die Judenstadt von den christlichen Vierteln deutlich getrennt war — erst freiwillig, später gezwungenermaßen — musste man auch über all jene Einrichtungen verfügen, die für das Funktionieren der Gemeinschaft notwendig waren. Die Regeln gab die Religion vor. So brauchte jede Gemeinde einen eigenen Fleischhauer, den „Schächter", da den Juden der Genuss von nicht rituell geschlachtetem Fleisch verboten war. Sie brauchten auch einen eigenen Bäcker und sie hatten ihre eigenen Handwerker wie Schuster und Schneider. Zudem waren noch die rituellen Berufe notwendig: ein Rabbiner, der die Gemeinde führte und Recht sprach, ein „Schammes" (Synagogendiener), ein „Chazan" (Vorbeter) und ein Mann, der das rituelle Bad, die Mikwe, beaufsichtigte.

Nicht selten hatten Juden auch christliche Hausangestellte. Dies führte jüdischerseits immer wieder zu der Klage, dass boshafte Arbeiter absichtlich Wein und Speise verunreinigten, um ihre jüdische Herrschaft zu ärgern und um diese zu schädigen. So musste Wein häufig als „trefe", als „unrein", erklärt werden, nur weil

Otherwise, the Jews kept to themselves. The conditions were too different. The economic structures for example: on the Christian side, they were widely varied; for the Jews, they were constricted until nothing remained but finance and peddling. Societal development at the sociological level was also separate. Whereas Jews organized themselves in congregations, the Christians developed a feudal governance and founded states. And in these, Jews lived under special laws.

Even if we know very little about the early Jewish community in Graz, it is certain that not all adult men were merchants or moneylenders. The reason that these are mentioned most often is that this work produced the most visible results, and this activity is recorded in sales contracts and loan contracts, but also in court cases.

The effects of other professions, such as that of the rabbi, were felt only among the Jews themselves. After the Jewish quarter was completely separated from the Christian parts of town - at first voluntarily, later by force - it was necessary to have all the facilities which the community needed to function. Religion provided the rules. Thus, every community needed a butcher, the *Schächter*, since Jews were forbidden to eat meat which was not slaughtered according to ritual. It needed a baker, and it had its own tradesmen, such as cobblers and tailors. Also, there was a need for the ritual professions: a rabbi to lead the community and pass judgment; a "Schammes," (synagogue servant); a "Chazan," or prayer leader; and a man to watch over the mikveh, the ritual bath.

Often, the Jews had Christian house servants. This led to complaints on the part of Jews that mischievous servants would intentionally contaminate their food and wine, in order to cause annoyance and damage to their Jewish masters. Thus, wine often had to be declared "trefe," or impure, merely because a Christian had touched it. On the other hand, it must have been insulting to Christians to know that their mere touch was enough to contaminate food.

The focus of the Jewish quarter was the synagogue, which was also called the "Templer-

ein Christ ihn berührt hatte. Andererseits muss es für Christen kränkend gewesen sein, wenn sie wussten, dass sie durch bloßen Kontakt Speisen zu verunreinigen mochten.

Zentrum des Judenviertels war die Synagoge, die auch als „Templerhaus" bezeichnet wird. Sie lag im westlichen Teil des Grazer Judenviertels, und zwar vermutlich in dem Geviert, das sich heute zwischen Thonethof in der Herrengasse 26 und dem Haus Frauengasse 3 („Zur schiefen Laterne") erstreckt. Eine gesicherte, exakte Lokalisation ist heute jedoch nicht mehr möglich. Diese kleine jüdische Minderheit, so mag es damals die christliche Mehrheit empfunden haben, war in allem anders. Sie züchtete keine Schweine, wie

haus." It was located in the western part of the Jewish quarter, probably in the area between the Thonethof at Herrengasse 26 and the building at Frauengasse 3 ("Zur schiefen Laterne"). However, it is impossible today to ascertain its exact location. Members of this small Jewish minority were different from the Christians in every way, or at least the Christian majority probably saw it that way. They didn't raise pigs, as was popular among the Christians. They prayed, not on Sunday, but on Saturday, and even in the area of funeral customs, they set themselves apart from the majority.

Whereas the Christians buried their dead around the churches, the Jews sought out more

Graz seit 955

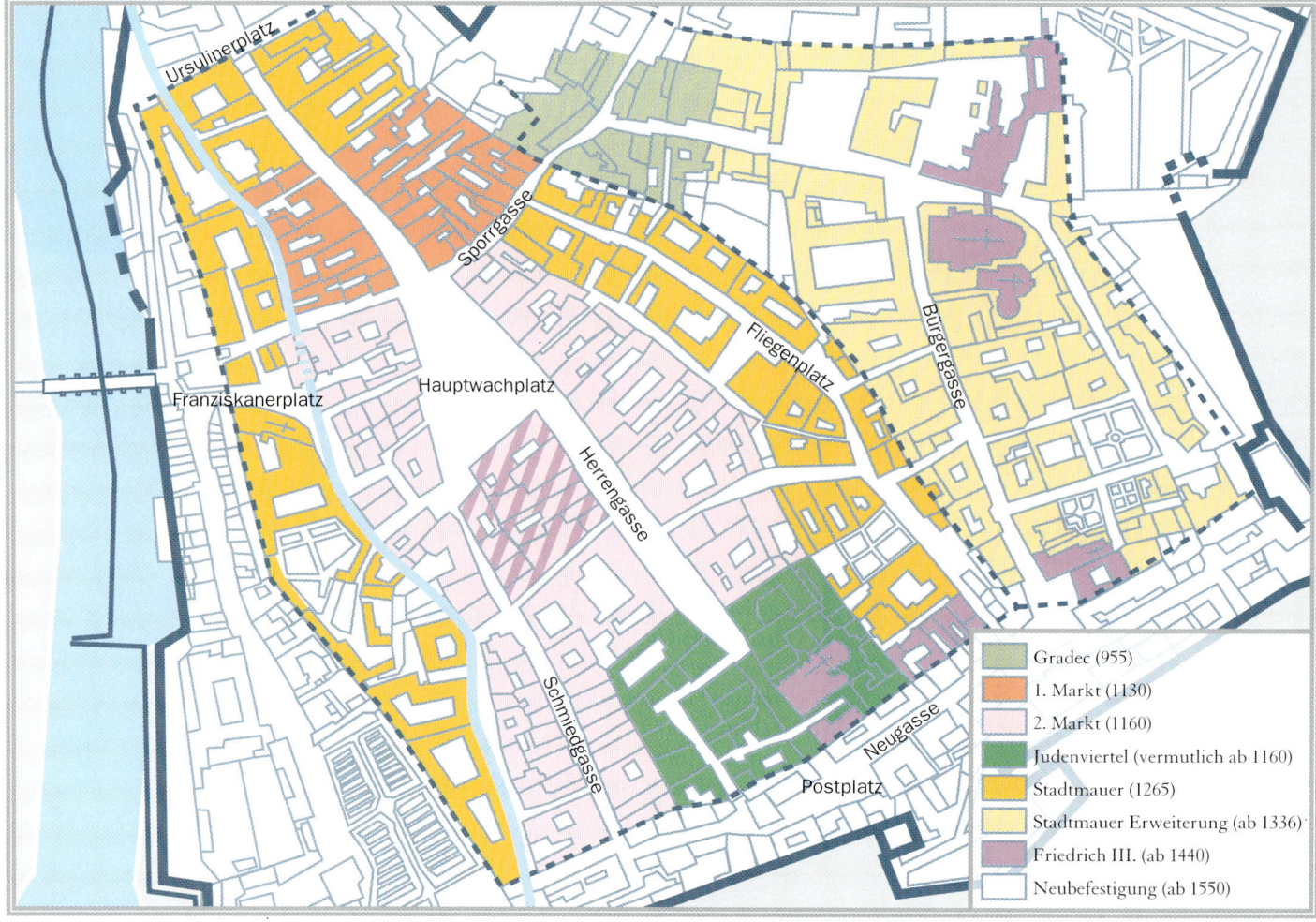

Legend:
- Gradec (955)
- 1. Markt (1130)
- 2. Markt (1160)
- Judenviertel (vermutlich ab 1160)
- Stadtmauer (1265)
- Stadtmauer Erweiterung (ab 1336)
- Friedrich III. (ab 1440)
- Neubefestigung (ab 1550)

Graz since 955

dies bei den Christen so beliebt war, sie betete nicht am Sonntag, sondern am Samstag, selbst im Bereich des Totenkults setzten sie sich von der Mehrheit ab. Während die Christen ihre Verstorbenen um die Kirchen zur ewigen Ruhe betteten, suchten die Juden einen abgelegenen Ort. In Graz lag dieser im Bereich des heutigen Joanneumrings. Erreicht hat man diesen durch das sogenannte „Judentürl", das sich am späteren „Eisernen Tor" befindet.

Von diesem Judenfriedhof, der anlässlich einer neuen Stadtbefestigung in der Renaissance profanisiert wurde, ist neben einigen Fragmenten nur ein einziger Grabstein zur Gänze erhalten: der des „Reb Nissim", der im Jahre 1387 verstorben ist. Dass dieser Stein noch unversehrt ist, verdanken wir dem kuriosen Einfall von Erzherzog Karl, der um 1570 damit den Erweiterungsbau der Grazer Burg schmücken ließ.

Auf diesem Grabstein steht zu lesen: „Zum Klagelaut ward meine Zither, zum lauten Weinen ward mein Lied, denn dahingeschieden ist mein Vater, mein Lehrer Rabbi Nissim, Sohn des Rabbi Aaron, der in seine Ewigkeit eingegangen ist am Donnerstag den 10. im Monat Tammus im Jahre 147 des 6. Jahrtausends. Möge seine Seele eingebunden sein im Bunde des Lebens."

remote sites. In Graz, this was in the area where the Joanneumring runs today. The cemetery was entered through the "Judentürl," the "Jewish Gate," located on the later site of the "Eisernes Tor."

Along with a few fragments, all that is left of this Jewish cemetery, which was profaned Renaissance efforts to fortify the city, is a single headstone preserved in its entirety. It is that of "Reb Nissim," who died in the year 1387. The fact that the stone is undamaged is due to a curious whim of Archduke Karl, who used it to decorate the new addition to the Castle of Graz (Burg) around 1570.

The gravestone reads: "My zither now plays a lament, my song is turned to weeping, for my father has passed on, my teacher Rabbi Nissim, son of Rabbi Aaron, who entered into his eternity on Thursday, the 10th, in the Month of Tammus in the year 147 of the 6th millenium. May his soul be woven into the web of life."

Mittelalterliche Darstellung Jerusalems: Die heilige Stadt rückt nach der Vertreibung der Juden aus Spanien, England, Portugal und auch aus der Steiermark erneut in den Mittelpunkt der Zionssehnsucht.

Medieval portrayal of Jerusalem: Following the expulsion of Jews from Spain, England, Portugal, and also Styria, the Holy City once again became the focus of a yearning for Zion.

Nicht ausgestoßen, sondern geschätzt: Juden im Mittelalter

Auch in den mittelalterlichen Städten im Gebiet des heutigen Österreich sind Juden stets eine Minderheit gewesen. Was sie dennoch bewegt und welche Rolle sie gesellschaftlich in der Bau- und Sozialgeschichte gespielt haben, analysiert Dr. Klaus Lohrmann, Universitätsdozent am St. Pöltener Institut für Geschichte der Juden in Österreich.

Die erste schriftliche Erwähnung von Juden in Graz erfolgt im Jahr 1260. Warum so spät?

Lohrmann: Man muss davon ausgehen, dass sich Juden immer an wirtschaftlich und politisch bedeutsamen Orten angesiedelt haben. Diese Tendenz ist seit dem Frühmittelalter deutlich nachweisbar. So auch in Deutschland, wo die frühesten Ansiedlungen im zehnten Jahrhundert im Rheingebiet erfolgen. Also in jener Region des ostfränkischen Reiches, wo sich das Städtewesen zuerst entfaltet und wo mit den rheinischen Erzbischöfen eindeutig auch der politische Schwerpunkt liegt. Die große Entwicklung setzt im 11. Jahrhundert ein, als im Jahre 1090 Heinrich IV. die ersten Judenprivilegien für Worms und Speyer erlässt. Die Ansiedlung der Juden im Gebiet des heutigen Österreich erfolgt schließlich exakt zu jenem Zeitpunkt, als die Babenberger im gesamten Heiligen Römischen Reich politischen Einfluss erlangen. Und das ist am Ende des 12. und am Beginn des 13. Jahrhunderts der Fall.

Die ersten jüdischen Kommunitäten finden wir in Wien, bald folgen Wiener Neustadt und Krems nach. Ein wenig später wird dann die Steiermark besiedelt. Die ersten namentlichen Nennungen von Judensiedlungen in Graz, Judenburg und Marburg stammen aus der zweiten Hälfte des 13. Jahrhunderts. Das wiederum deckt sich genau mit der Entfaltung der habsburgischen Macht. Das heißt, dass sich der Schwerpunkt der Reichsgewalt in den Südosten, in den Alpenraum, verschiebt. Für die Steiermark spielt zudem der Verkehr, vor allem die Eröffnung des Spitals am Semmering, eine entscheidende Rolle. Dadurch ist eine wichtige Verkehrsroute entstanden, die früher über Ungarn und den nördlichen Balkan geführt hat.

Even in the medieval towns in what is now Austria, a Jewish minority was always present. Dr. Klaus Lohrmann, Professor at the Institute for the History of Jews in Austria, located in St. Pölten, analyzes the role they played in the country's development and social history, and what motivated them.

The earliest documentaion of the presence of a Jewish community in Graz is from 1260. Why so late?

Lohrmann: We must assume that Jews settled in politically and economiclly significant places. This tendency is clearly evident from the early Middle Ages on. It's the same in Germany, where the earliest settlement took place in the Rhine region in the tenth century.

That is, in that part of the Eastern Frankish Kingdom where cities first began to develop, and where, with the Archbishops of the Rhine region, the political emphasis clearly lay.

The development begins on a large-scale in the 11 century, in 1090, when Heinrich IV

Klaus Lohrmann

Not Ostracized, but Welcomed: Jews in the Middle Ages

Zeitgleich mit der Entfaltung dieser Strukturen kommt es zur Ansiedlung der Juden.

Stimmt es, dass die Juden vor allem aus Italien einwanderten? Dass sie versuchten, die Adriahäfen mit den Donaustädten zu verbinden?

Lohrmann: Man muss genau differenzieren: In Kärnten haben wir selbstverständlich Juden aus Italien, in der Steiermark wird es aber auch ungarische gegeben haben. Auf das Gebiet des heutigen Oberösterreich wanderten sie aus Bayern ein. In Niederösterreich sind Juden aus Mähren nachweisbar. Dazu kommt eine beständige Migration. Das heißt, die Herkunft ist sehr vielfältig.

Nun war die Ansiedlung, wie Sie ausgeführt haben, ein Zuzug zu den politischen und wirtschaftlichen Zentren. Gab es darüber hinaus unter den Babenbergern nicht auch eine aktive Ansiedlungspolitik?

Lohrmann: Ja, und zwar ist in diesem Zusammenhang vor allem Friedrich der Streitbare, der letzte Babenberger, zu nennen, der am 1. Juli 1244 eine erste umfangreiche Judenordnung erlässt. Dadurch werden die bis dahin geltenden älteren Judenprivilegien abgelöst, die alle auf Heinrich IV. zurückgehen. Friedrichs Privileg ist äußerst modern, weil es bereits auf die aktuelle wirtschaftliche Situation eingeht, nämlich auf das neu entstehende Kreditgeschäft. Das heißt, die Juden sind zu diesem Zeitpunkt bereits weitgehend aus dem Handel verdrängt und fast ausschließlich mit Geldgeschäften befasst. Die Grundtendenzen des Privilegs sind: persönlicher Schutz, Schutz des Eigentums, aber auch Schutz der Einrichtungen wie Synagogen und Friedhöfe. Zudem wird eine eigene jüdische Gerichtsbarkeit anerkannt. Bei dieser gilt freilich die Einschränkung, dass der Landesfürst sich Entscheidungen vorbehält, wenn es um politisch wichtige Dinge geht. Die Tendenz, die aber deutlich wird, ist, dass man mit den Juden den Kapitalumlauf möglichst beschleunigen will. Denn der Adel soll ja finanziert werden. Es gab also bis in den sozialen Bereich hinein ein enges Zusammenwirken von Adel und Juden. Das steht auch wortwörtlich so

granted the first Jewish Privileges for the towns of Worms and Speyer.

The arrival of the Jews in what is now Austria came about precisely at the time when the Babenbergers were gaining political influence in the Holy Roman Empire.

That was at the end of the 12th and the beginning of the 13th centuries. The first Jewish communities were in Vienna, and soon after that in Wiener Neustadt and Krems. Styria follwed somewhat later.

The first actual written records of Jewish settlements in Graz, Judenburg, and Marburg date from the second half of the 13th century.

This happens to fit precisely with the period of the development of Habsburg power.

That means that the weight of imperial power is shifted to the southeast, to the alpine region.

In addition, for Styria, transit played a major role, especially the opening of the hospital (Spital) on the Semmering.

This led to the development of a major traffic route, which had previously passed through Hungary and the northern Balkans. Jewish settlement took place simultaneous with the development of these structures.

Is it true that the Jews mainly came from Italy? That they tried to connect the Adriatic ports with the cities on the Danube?

Lohrmann: We have to differentiate: In Carinthia, there were naturally Jews from Italy, but in Styria, there were presumably also many Jews from Hungary.

In what is now Upper Austria, they were immigrants from Bavaria. In Lower Austria, there is documentation of Jews from Moravia. In addition, there is a constant migration. That means the origin is actually quite varied.

Now, the settlement, as you have described, took place in political and economic centers. Beyond that, wasn't there also an active policy of attracting settlers under the Babenbergers?

Lohrmann: Yes. Friedrich the Warlike, the last of the Babenbergers, particularly noteworthy in this context. On July1, 1244, he declared the first extensive Jewish Regulations.

im Privileg Friedrichs von 1244, das im Wesentlichen dann auch in der Steiermark übernommen worden ist.

Hat diese enge Beziehung zwischen Adel und Juden bei den weniger einflussreichen Schichten, etwa bei den christlichen Handwerkern, zu einem Antijudaismus geführt?

Lohrmann: Die bürgerliche Führungsschicht dieser Zeit gehörte zum Adel und reagierte so wie der Adel. Auf dieser Ebene gab es also zunächst einmal keinen Zwist. Allerdings: Auch das Bürgertum hat sich mit dem Kreditwesen beschäftigt und ist dadurch in eine gewisse Konkurrenz zu den Juden getreten.

Und das kanonische Zinsverbot … ?

Lohrmann: Das ist sicher nie so klar durchgehalten worden, wie sich dies die Kirche gewünscht hätte. Das Zinsverbot war ein Diskussionspunkt, über den sich die christlich-bürgerliche Gesellschaft nachweislich hinweggesetzt hat. Auch wenn gemeinsame Finanzierungsgeschäfte von Juden und Christen belegt sind, so gab es doch auch eine Konkurrenz. Zu dieser kommt schließlich die theoretische Judenfeindschaft, die in Österreich vom Zisterzienserorden grundgelegt worden ist. Und zwar hängt dies mit den französischen Wurzeln dieser Gemeinschaft zusammen, die sicher über den Ausgang des 1240/42 in Paris durchgeführten „Talmud-Prozesses" unterrichtet war. Bei diesem war der Talmud als ketzerisches Werk verdammt worden. Durch das Eindringen dieser Gedanken in die bürgerliche Gesellschaft kommt zu dem wirtschaftlichen Konkurrenzverhältnis nun plötzlich die massive theologische Belastung.

Zur Baugeschichte. Was bewirkt die Ansiedlung von Juden in den mittelalterlichen Städten?

Lohrmann: Es ist so, dass Stadtgründungen und Ansiedlungen von Juden oft zeitgleich erfolgen. Dadurch wirken Juden von vornherein auch baulich bei der Stadtentwicklung mit. Allgemeinem mittelalterlichem Verständnis entsprechend haben Menschen gleichen Berufs und gleichen Glaubens ein Viertel, in dem sie massiert zusammenwohnen. In diesem Punkt unterscheiden sich die Juden überhaupt nicht von

It dissolved the older Jewish Privileges granted by Heinrich IV, which had been valid up to that time. Friedrich's privilege was extremely modern, because it already dealt with the prevailing economic situation, that is, the loan business.

This means that by this time, the Jews had already been largely pushed out of commerce and were occupied almost exclusively with the financial business.

The basic tendencies of the Privilege were: personal protection, protection of property, but also protection of facilities like synagogues and cemeteries.

Also, a separate Jewish legal jursidiction is recognized.

In this, however, there is the limitation that the Prince reserves the right decide matters of political importance.

But the tendency which becomes clear is the intention of using the Jews to accelerate the circulation of capital.

For the nobles needed financing. Thus, there was a close cooperation between the nobility and Jews, even in social areas. This is stated literally in Friedrich's Privilege of 1244, which in essence was taken over in Styria.

Did this close relationship between the nobles and the Jews lead to anti-semitism among the less influential classes, like the Christian artisans?

Lohrmann: The middle class leadership of the time was part of the nobility, and reacted like the nobility. At this level, initially, there was no great animosity. However, the middle class was also involved in the credit business, and thus entered into a certain competition with the Jews.

And the canonical prohibition of interest ...?

Lohrmann: That was certainly never as strictly observed as the Church would have liked. The ban on interest was ignored by the Christian middle class, that is well documented. Even if we have evidence of some joint financial dealings between Jews and Christians, there was also competition. To this was added the theoretical enmity, which in Austria was inititiated by the Cistercian order. This has to do with the order's French roots. The Cistercians certainly would have known about the verdict of the "Talmud Case", which was tried in Paris from 1240 to 1242. In it, the Talmud was condemned as a heretical work. Due to the permeation of such concepts into middle-class society, this massive theological strain is added to the strain of economic competition.

What about architectural history. What were the effects of Jewish settlement in medieval cities?

Lohmann: Jewish settlement often took place at the same time as the founding of the cities. So Jews frequently participated in the development and construction of the cities from the beginning. According to the usual medieval practice, people with the same profession and the same faith lived together in the same district. In this respect, the Jews were no different from the trade guilds. That is, the Jews had a right to a part of the city. The location of the Jewish district varies, and often, as in Vienna, is found

den Handwerkszünften. Das heißt, den Juden stand ein Teil der Stadt zu. Die Lage des Judenviertels ist verschieden und liegt oft, wie in Wien, in der Nähe der Burg des Stadtherrn. Betrachten wir den Wiener Platz „am Hof": Da liegt das Judenviertel unmittelbar neben der herrschaftlichen Residenz. Das hat auch mit der Besitzgeschichte zu tun. Denn das Terrain um den Hof gehörte dem Landesfürsten und er hatte das Recht, es jemandem zuzuweisen. In dieser Periode können wir aber noch nicht von einem Getto sprechen. Es wird auch meist der Ausdruck Judenstadt, Judenviertel oder Judengasse gebraucht. In diesem Viertel ist das zentrale Bauwerk die Synagoge, die nach Empfehlung der Rabbiner das deutlich höchste Gebäude innerhalb des Judenviertels sein sollte. Wenn nun eine Gemeinde nicht genug Geld hatte, um hoch hinauf zu bauen, dann behalf man sich damit, dass man eine Stange auf das Dach montierte, um wenigstens so die übrigen Gebäude zu überragen.

Mit der Synagoge verbunden war das Spital. Darunter verstand man nicht nur ein Krankenhaus, sondern auch eine Art Herberge für Durchreisende. In diesem Spital befand sich auch die Armenkasse. Aus dieser wurden Bedürftige versorgt und Gesandtschaften bezahlt. Wenn die Gemeinde eine solche zum Landesfürsten entsandte, dann wurde diese aus den Mitteln der Armenkasse bezahlt.

Weiters gehörten die rituellen Bäder zum Judenviertel, eines für Männer, eines für Frauen. Darüber hinaus gab es auch zahlreiche Bäder ohne rituellen Zweck. Darauf nimmt eine Bestimmung des vierten Laterankonzils von 1267 Bezug, in der den Christen das Baden mit Juden verboten wird.

Eine ganz wichtige Einrichtung jedes Judenviertels ist natürlich der Friedhof, dessen Besonderheit darin besteht, dass die eigentlichen „Besitzer" der Friedhofserde die Toten sind. Daher gibt es auch die Regelung, dass kein Lebender das Recht hat, an einem Friedhof etwas zu verändern. Dem liegt die Vorstellung zu Grunde, dass man mit Toten nicht über Grund und Boden verhandeln kann. Man muss aber festhalten, dass nicht jede Gemeinde ihren eigenen Friedhof hatte, weswegen es auch nur wenige jüdische Friedhöfe gab. Diese finden wir nur in sogenannten „übergeordneten Gemeinden". In der Steiermark waren dies unter anderem Graz, Marburg und Radkersburg. Dorthin brachte man die Toten zur Beisetzung. Wichtig ist in diesem Zusammenhang auch die Bestimmung, dass Leichen abgaben- und zollfrei von einem Ort zum anderen überführt werden durften.

Die Juden im Mittelalter waren Ihrer Einschätzung nach keine gesellschaftlichen Außenseiter?

Lohrmann: Die These, dass die Juden im Mittelalter am Rande der Gesellschaftsordnung gestanden seien, ist ein Vorurteil, das sich hartnäckig hält und das sich in beinahe allen Publikationen über das mittelalterliche Judentum findet. Nur ist es nicht wahr: Juden selbst haben immer einen immensen sozialen Ehrgeiz gehabt und dieser wirkt wie eine Triebfeder. Das

near the castle of the lord of the city. For instance, let's take a look at the Viennes square called „am Hof." Here, the Jewish district is directly adjacent to the royal residence. This has to do with the history of its ownership. The area around the court belonged to the Prince, and he had the right to assign it to someone. In this period, we can't really speak of a ghetto. Usually, the term Jewish city, Jewish district, or Jewish street is used. Within the district, the synagogue is the central building. According to rabbinic recommendation, it should be the tallest building in the Jewish district. If the Jewish community could not raise enough money to build it so high, a pole would be mounted on the roof. In this way, the building would still be higher than the surrounding structures.

Connected to the synagogue was a hostel for travelers. In this hostel, a fund for the poor was kept. From it, the needy were cared for, and emissaries were also paid. When the congregation sent an emissary to the ruler, he was paid from this fund.

Ritual baths were also an integral part of the Jewish district, one for men, and one for women. In addition, there were also numerous baths for non-ritual purposes. It was these which the 4th Lateran Council referred to when, in 1215, it prohibited Christians from bathing with Jews.

An important feature in the Jewish district was, of course, the cemetery. A peculiar aspect here is that the actual "owners" of the cemetery are the dead. This is the reason for the rule that no living person has the right to change anything in a cemetery. The basis for this is the idea that one cannot barter over land and property with the dead.

But it should be noted that not every congregation had its own cemetery, and that there were relatively few Jewish cemeteries. These are found only so-called "superior communities". In Styria, these included Graz, Marburg, and Radkersburg.

The dead were brought there for burial. It is also important in this connection that regulations stated that corpses could be transported from one place to another, free of taxes or duties.

Juden im Mittelalter: Die These, dass sie im Mittelalter am Rande der Gesellschaft gestanden seien, ist ein Vorurteil.

Jews in the Mittle Ages: The theory, that they where at the edge of the medieval social order is a prejudice.

In your assessment, Jews in the Middle Ages were not social outsiders?

Lohrmann: The theory that Jews were at the edge of the medieval social order is a prejudice which is hard to dispel, and which can be found in nearly all publications about medieval Judaism. But it isn't true. Jews themselves always had enormous social ambition, and this was a tremendous motivating force. This applies, first of all, to the place of the individual in his own community, where one wanted to reach as high a position as possible. The means for this were learning and successful business activity. What is true for the individual is even more true of the Jewish communities as a whole. They were always striving for a respected position in society. In the Middle Ages, they occupied the same rung as the upper middle class, and to some extent, even the nobility. That demonstrates that they were never outside of the social order. The same phenomenon can be found once again in the 19th century among ennobled Jewish families. There were Jews who made a place for themselves in middle class society, and even received titles of nobility.

The idea that Jews were always social outsiders is easily explained. The fundamental misconception is to be found with the observer: Christians have traditionally seen their own culture as the focus of all consideration, and thus assumed all those who were not part of it to be fringe groups.

betrifft zunächst einmal die Stellung des Einzelnen in seiner eigenen Gemeinde, in der er sich möglichst hochrangig positionieren möchte. Die Mittel dazu sind Gelehrsamkeit und erfolgreiche Geschäftstätigkeit. Was für das Individuum gilt, gilt aber natürlich erst recht für jüdische Gemeinden in ihrer Gesamtheit. Sie haben sich immer um eine angesehene Position in der Gesellschaft bemüht. Im Mittelalter stehen sie auf einer Stufe mit dem gehobenen Bürgertum und zum Teil auch mit dem Adel. Das ist der Beweis, dass sie nie aus der gesellschaftlichen Ordnung herausgefallen sind. Dasselbe Phänomen findet man im 19. Jahrhundert erneut bei geadelten jüdischen Familien. Da gibt es eben auch Juden, die sich in der bürgerlichen Gesellschaft ihren Platz erkämpft und die noch dazu den Adelsbrief bekommen haben.

Wobei die These, Juden seien stets gesellschaftliche Außenseiter gewesen, leicht zu erklären ist. Das grundlegende Missverständnis liegt auf Seiten der Betrachter, die als Christen gerne ihre Kultur in das Zentrum aller Betrachtungen gestellt haben und somit jene, die nicht dazugehörten, als Randgruppe betrachtet haben.

Ausbeuter und Ausgebeutete

Ich, Urban, der höchste Priester dieser Erde, komme zu euch, geliebte Brüder, als Sendbote des Herrn, um euch göttlichen Willen zu offenbaren … Es ist unabweislich, unseren Brüdern im Orient die so oft versprochene Hilfe zu bringen. Deshalb bitte und ermahne ich euch, und nicht ich, sondern der Herr bittet und ermahnt euch, als Herolde Christi, die Armen wie die Reichen, dass ihr euch beeilt, dieses gemeine Gezücht aus den von euren Brüdern bewohnten Gebieten zu verjagen und den Anbetern Christi rasche Hilfe zu bringen."

Mit diesen Worten hat Papst Urban II. am 27. November des Jahres 1095 auf dem Konzil von Clermont-Ferrand bei einer Predigt zum ersten Kreuzzug aufgerufen. Und es waren nicht nur Ritter und Edle, sondern zunächst einmal Menschen, die in ärmlichsten Verhältnissen lebten, die sich unter dem „Dieu le volt!" – „Gott will es!" aufmachten, um ins Heilige Land zu ziehen.

Die muslimischen Seldschuken aber waren weit und die Reisekosten ins Heilige Land, die jeder Ritter gegen den Lohn der Sündenvergebung selbst tragen musste, hoch. Was also lag für asketische Wanderprediger, Einödbauern, die Gescheiterten und die Ausgestoßenen näher,

Urban, the highest priest of this earth, come to you, beloved brethren as a messenger of the Lord to reveal to you the will of God... It is necessary to send our brethren in the East the help which we have so often promised. For this reason I pray and beseech of you, as heralds of Christ, rich and poor, to hasten to drive this lowly brood out of the areas occupied by your brethren, and to bring succor to those who worship Christ."

With these words, in a sermon at the Council of Clermont-Ferrand on November 27, 1095 Pope Urban III called for the First Crusade. And it wasn't just knights and nobles who set out for the Holy Land with the motto "Dieu le volt!" (It is God's will). Initially, most of them were people who lived under the poorest of conditions.

But the Moslem Selchuks were far away, and the cost of travel to the Holy Land, which each knight paid himself in the hope of forgiveness of sin, was high. So for ascetic itinerant preachers, peasants in remote areas, ne'er-do-wells and outcasts, what could have been more natural than to look for enemies of the faith, not in Bethlehem and Nazareth, but in the Rhineland. After marching for hundreds of kilometers on their way from France, they were tired. Their shoes had holes in them, their clothing was damp from the

The Exploiters and the Exploited

als die „Feinde ihres Glaubens" nicht in Betlehem und Nazaret, sondern im Rheinland zu suchen.

Nach mehreren hundert Kilometern Fußmarsch, aus Frankreich kommend, war man müde. Die Schuhe waren löchrig, die Kleidung von der Winternässe durchdrungen, dazu knurrten die leeren Mägen. Da kamen diese ausgemergelten Gestalten nun in die Städte, in denen gut gekleidete, wohlgenährte Menschen wohnten, deren Lagerschuppen gefüllt waren und die – gleich wie die noch viele Tagesreisen entfernten Seldschuken – auch keine Christen waren.

Die Stimmung dieser ungebildeten, aber höchst begeisterungsfähigen Massen wusste Pierre de Cluny zu lenken. Er rief ihnen zu: „Es ist sinnlos, die Feinde unseres Christusglaubens in der Fremde zu bekämpfen, wenn diese Juden, die schlimmer als die Muslims sind, in unseren Städten ungestraft unseren Herrn Jesus Christ beleidigen dürfen." Und so hieß es bald: „Wer einen Juden erschlägt, dem werden seine Sünden vergeben."

So kommt es, dass im Mai und Juni 1096, noch bevor sich das reguläre Kreuzfahrerheer gesammelt hat, alle wichtigen Judengemeinden des fränkisch-lothringischen Raumes nahezu vernichtet sind. In Speyer, Worms, Trier, Metz, Köln, Neuß und Xanten kommt es zu Pogromen. Nach vorsichtigen Schätzungen werden 4000 bis 5000 Juden hingeschlachtet. Und vermutlich ebenso viele werden zwangsgetauft.

Die meisten Juden, die später hingemeuchelt wurden, waren rechtlich abgesichert. Sie besaßen Schutzbriefe, die sie sich – gegen Zahlung hoher Beträge – von Bischöfen oder Territorialherren hatten ausstellen lassen. Die Juden vertrauten guten Glaubens, aber doch vergebens, auf einen Rechtsschutz. Die Schutzherren versprachen etwas, was sie tatsächlich nicht einhalten konnten.

Dazu kam für die Juden eine psychologisch schwierige Situation. Sie waren von ihren Schutzherren besonders abhängig und sie fürchteten sich stets vor einer politischen Änderung oder einer Schwächung ihres Herrn. Wenn dieser nun ein Bischof war, so beteten sie

wet winter weather, and their stomachs were growling from hunger. Then these gnarled figures came into the cities and found well-dressed, well-nourished people, who – just like the Selchuks, who were still many days' travel away – were not Christians.

Pierre de Cluny knew how to manipulate the moods of these uneducated but highly impressionable people. He called to them „It is senseless to fight the enemies of our Christian faith in foreign lands when these Jews, who are worse than the Moslems, are allowed to offend our Lord Jesus Christ without punishment." And soon the saying made the round "The Lord will forgive the sins of anyone who kills a Jew". That is how it came to be that in May and June of 1096, before the regular army of crusaders had been raised, all significant Jewish communities in the French Lorraine region had been destroyed.

In Speyer, Worms, Trier, Cologne, Neuss, and Xanten, pogroms were launched. According to conservative estimates, between 4,000 and 5,000 Jews were slaughtered. And just as many were presumably forced to convert. Most of the Jews who ended up being murdered were legal-

Judenverbrennung: Juden waren an allem Übel dieser Welt schuld; Holzschnitt aus dem Jahr 1493.

Burning of Jews: The Jews were held responsible for all the evils of this world (wood engraving from 1493).

Die Kreuzfahrer: Die muslimi-
schen Seldschuken waren weit
weg, die Juden aber nahe.

The Crusaders: The Muslim
Selchuks were far away, but Jews
were nearby.

einerseits um dessen Durchsetzungsvermögen, während sie ihn andererseits aus religiösen Gründen verabscheuten.

Wie die Geschichte zeigt, waren die Schutzbriefe eine unsichere Rechtsform. Aus diesem Grund stellte Kaiser Heinrich IV. die Juden in seinem 1103 verkündeten Reichslandfrieden unter seinen persönlichen Schutz. Das bedeutete, dass sie fortan keine Waffen mehr tragen durften und darauf angewiesen waren, sich, wie bisher nur Frauen und Mönche, von des Kaisers Truppen schützen zu lassen.

Mit dem Reichslandfrieden wird erstmals in der Gesellschaft des Deutschen Reichs die Ausnahmestellung der Juden festgeschrieben. Sie wurden durch das Verbot, Waffen zu tragen, in einer Zeit des kriegerischen Rittertums zu Menschen zweiter Klasse abgewertet. Denn sich nicht bewaffnen zu dürfen, bedeutete eine Verminderung der Ehre. Und das Vorurteil vom „feigen Juden" sollte sich bis in die Gegenwart halten. Genaugenommen bis zum Sechs-Tage-Krieg von 1967, als es Israel gelang, den Sinai, den Golan, die Westbank und Ostjerusalem zu erobern.

Während es im Deutschen Reich mit dem Reichslandfrieden von 1103 sehr früh notwendig geworden war, eine Regelung zum Schutz der Juden zu schaffen, wird in Österreich eine solche erst 1244 dringlich. Es handelt sich dabei um die Judenordnung von Friedrich II., die nicht nur eine Anhäufung von Privilegien ist, wie dies noch bei Heinrich IV. der Fall war, sondern die eine Art Grundgesetz darstellt. Sie kann auch als die humanste Judenordnung des Mittelalters bezeichnet werden.

Zweck dieses Gesetzeswerkes war, neben der Durchsetzung der Gleichheit der Menschen vor dem Gesetz und der Schaffung einer gewissen Rechtssicherheit, auch die Ansiedlung von Juden in Österreich. Denn sie waren die wichtigsten Geschäftspartner des Adels. Den Fürsten und Herzögen boten sie in einer Zeit, in der Bargeld rar war, Kredite an, sodass diese Burgen bauen, einen aufwendigen Lebensstil pflegen oder Rüstungen für den Krieg kaufen konnten.

Diese Ansiedlung war nicht immer ganz unproblematisch, wie man von Herzog Albrecht

ly in a secure position. They possessed letters of protection issued – for a high price – by bishops or territorial lords. In good faith, the Jews trusted in the law. The protectors promised something which, in reality, they were unable to guarantee. For the Jews, a psychologically difficult situation added to the problem. They were extremely dependent on their protectors, and lived in constant fear of political changes or a weakening of the ruler's power. If the protector was a bishop, they prayed on the one hand for his power, while at the same time loathing him for religious reasons.

As demonstrated above, the letters of protection did not guarantee safety. For this reason, in his *Reichslandfrieden* decree of 1103, Emperor Heinrich IV placed the Jews under his personal protection. This meant that they were henceforth not allowed to bear arms, and were thus dependent on the Emperor's troops to protect them, as women and monks already were.

With the *Reichslandfrieden,* the exceptional status of Jews in the society of the German empire was first laid down. In a time of bellicose chivalry, being forbidden to bear arms degraded the Jews to second-class citizens. For not being able to arm themselves meant a reduction of honor. And the stereotype of the "cowardly Jew" was perpetuated to the present day. Strictly speaking, right up to the Six-Day War of 1967, when Israel succeeded in conquering the Sinai, the Golan, the West Bank, and East Jerusalem. Whereas regulations for the protection of Jews (in the form of the *Reichslandfrieden*) were necessary early on in Germany, this was not the case in Austria until 1244. Friedrich II's Jewish Order is not merely a collection of privileges, as had been the case with Heinrich IV. Instead, it represented a sort of constitution. It can also be considered the most humane Jewish order of the Middle Ages. The purpose of this set of laws was, in addition to implementation of legal equality and creation of a certain legal security, the settlement of Jews in Austria. For they were the most important trading partner for the nobles. In a time in which currency was rare, they provided the princes and dukes with loans which enabled them to build castles, live in high style, or buy

III. weiß, der sich um einen Juden namens Musch bemühte, der 1365 aus unbekannter Ursache aus Marburg/Drau geflohen war. Um Musch zur Rückkehr bewegen zu können, versprach der Herzog, die von ihm konfiszierten Güter wieder zurückzuerstatten und ihm besondere steuerliche Vorteile einzuräumen.

Es ist also ersichtlich: Während die unteren gesellschaftlichen Schichten ihren Judenhass auslebten, verfolgte die weltliche und auch die geistliche Obrigkeit eine wesentlich judenfreundlichere Politik.

Diesen wirtschaftlichen Absichten trägt auch die Ordnung von 1244 Rechnung, in der sich nicht weniger als elf Paragraphen mit Darlehensgeschäften auseinandersetzen, während nur ein einziger an die frühere Stellung der Juden als Kaufleute erinnert. Abgesehen von den finanziellen Regelungen stellt das Gesetz aber auch einen allgemeinen Rechtsschutz dar. So heißt es etwa in Paragraph 11: „Item, welcher Christ einen Juden geschlagen hat, doch so, dass kein Blut geflossen, zahlt dem Herzog vier Mark Gold, dem Geschlagenen vier Mark Silber, und wenn er das Geld nicht hat, büße er die Tat mit dem Verluste seiner Hand." Auch wenn ein Christ einem Juden gewaltsam das Pfand wegnimmt oder in dessen

arms for war. This settlement was not always without problems, as illustrated by the case of Duke Albrecht III. Albrecht made overtures to a Jew named Musch, who for unknown reasons had fled from Marburg (Maribor) in 1365. In order to convince Musch to return, the duke agreed to replace the goods confiscated from him, and to grant him special tax benefits. It is also evident that, while the lower social classes practiced their anti-Semitism, the attitude of both the temporal and the spiritual authorities was much more sympathetic to the Jews. Their economic motives are also reflected in the Order of 1244, in which no fewer than eleven paragraphs deal with the loan business, whereas only one points to the earlier status of the Jews as merchants. But aside from the financial regulations, the law also represents a general guarantee of rights. For example, paragraph 11 states "Item: A Christian who has hit a Jew, but without drawing blood, shall pay four gold marks to the duke and four silver marks to the victim, and if he has no money, he shall pay with the loss of his hand". Also, if a Christian forcibly retakes a pawned object from a Jew, or beomes violent in a Jew's house, he must pay a "heavy fine." In Styria, the *Judenordnung,* or Jewish law, enacted on July 1, 1244 was presumably never formally extended to

Im Staat Israel: Juden müssen sich verteidigen. Damit widerlegen sie das aus dem 12. Jahrhundert stammende Vorurteil, sie seien feige.

In the state of Israel: Jews must defend themselves, thus disproving the myth of cowardice that dates back to the 12th century.

Haus gewalttätig ist, soll er eine „schwere Geldstrafe" bekommen.

Das in Österreich am 1. Juli 1244 verlautbarte Judenrecht wurde in der Steiermark vermutlich nie in einem formellen Akt auf das Herzogtum übertragen, doch beweisen Urkunden, dass diese Bestimmungen auch tatsächlich für die Steiermark galten.

Auch wenn die Judenordnung von jüngeren Wissenschaftlern als fortschrittlich gepriesen wird, so sollte man nicht vergessen, sie aus ihrem Umfeld heraus zu beurteilen. So war Rudolf von Habsburg noch überzeugt: „Juden gehören mit Person und Eigentum der (königlichen) Kammer."

Seit 1182 galten Juden nachweislich als Kammerknechte. Erst waren sie allein dem Kaiser oder König unterstellt, später auch jenen Reichsfürsten, denen das Recht verliehen wurde, „Juden halten zu dürfen".

the duchy. But there are documents which show that these laws were in fact valid for Styria. Even if the *Judenordnung* is praised as progressive by younger historians, we should not forget to evaluate it in its context. Thus Rudolf of Habsburg was convinced that "Jews belong with their person and their possessions to the (royal) chamber".

It is documented that, from 1182 on, Jews were considered royal servants. At first, they were placed under the emperor or the king, and later also under those imperial princes who were granted the right to "keep Jews". As royal servants, the Jews were subjects of the respective treasury. And that was expensive for them, as an example from the year 1335 demonstrates. On the occasion of the coronation of Otto of Carinthia, a special tax was levied, which required the Carinthian monasteries to pay 205.5 marks, the Jews 100, and the cities 90 marks. This list indicates that the nobles and the clergy outside of the monasteries paid no taxes at all.

Als Kammerknechte waren die Juden der jeweiligen Schatzkammer untertan. Und das war für sie teuer, wie ein Beispiel aus dem Jahre 1335 zeigt, als anlässlich der Einsetzung Ottos von Kärnten eine Sondersteuer eingehoben wurde. Demnach hatten die Klöster Kärntens 205,5 Mark zu zahlen, die Juden 100 und die Städte 90 Mark. Aus dieser Auflistung geht hervor, dass der Adel und die nicht-klösterlichen Geistlichen überhaupt keine Steuern zahlen mussten. Die Juden machten innerhalb der Städte sicher weniger als zehn Prozent der Gesamtbevölkerung aus und dennoch mussten sie mehr Geld aufbringen als eine neunzigprozentige Mehrheit.

Oder anders gerechnet: Gemessen an der gesamten Einwohnerzahl eines Landes war ihr Anteil kaum höher als ein Prozent. Und doch bestritten sie ein Viertel des Gesamtsteueraufkommens.

Die rechtliche Unterordnung unter den Landesherrn bedeutete aber auch, dass Juden an die Städte, in denen sie lebten, keine Abgaben zu leisten hatten. Denn ihre gesamte Steuerleistung ging an den Fürsten. Was in weiterer Folge bedeutete: Wenn es einigen christlichen Bürgern einer Stadt so schlecht erging, dass ihre verschuldeten Häuser an Juden fielen, dann hatte auch die Stadt Steuereinbußen hinzunehmen.

Gerade in bürgerlichen Notzeiten hatten die Juden Geld. Dies steigerte den Judenhass der kleinen Leute. Dazu kam, dass die ausbeuterische Politik, wie sie die Landesherren gegenüber den Juden betrieben haben, diese veranlasste, sich wiederum an ihren Kreditnehmern schadlos zu halten: Bauern, Handwerker und Gewerbetreibende wurden mit enormen Zinsen belastet.

Within the cities, the Jews certainly made up less than ten percent of the total population, and yet they had to pay more in tax than the ninety-percent majority. Or expressed another way, as a fraction of the total population of the province, they made up scarcely more than one percent. And yet they paid one fourth of the total tax revenue. This legal subordination to the ruler of the province also meant that the Jews paid no taxes to the cities where they lived. For all the taxes they paid went to the prince. Consequentially, this meant that if some of the Christian citizens of a city were hit by hard times and lost their houses to Jews for defaulting on loans, the city would also lose tax revenues. Just at those times when the citizens were in dire straits, the Jews had money. This fanned anti-Semitism among the ordinary people. Also, the provincial rulers' exploitative policy regarding the Jews forced the latter to make up for losses from their debtors. As a result, peasants, artisans, and tradesmen were burdened with enormous interest.

Mauer um ein Judenviertel: Nicht immer bot sie ausreichend Schutz.

Wall around a Jewish district: It did not always provide adequate protection.

Vom Grenzort zum Umschlagplatz

Über die Gründung der Markt-siedlung Graz ist wenig bekannt, auch der Zeitpunkt der jüdischen Besiedelung dieses frühen Handelsplatzes an der Mur ist umstritten. Dies bestätigt der Grazer Altstadt-experte Peter Laukhardt.

Wenn man die Literatur zur frühen Stadtge-schichte von Graz liest, dann findet man verschie-dene Hypothesen, Vermutungen und Vergleiche, kaum aber gesicherte Informationen. Warum?

Laukhardt: Der Grund ist einfach. Beim Umbau des Rathauses zu Beginn des 19. Jahr-hunderts musste man das Stadtarchiv auslagern. Untergebracht hat man die Urkunden in den Kellern der damaligen Färberkaserne. Als der Neubau schließlich abgeschlossen war und die Archivbestände zurückkommen sollten, hat man festgestellt, dass das meiste verschimmelt war. Daraufhin hat man einen Großteil der historischen Dokumente in die Mur gekippt. Das Stadtarchiv beginnt mit einer geschlossenen Urkundensammlung also erst nach 1820. Die Daten, die wir aus der Zeit davor haben, sind spärlich. Eine Ausnahme bilden die „Quartier-bücher", in denen festgelegt ist, in welchen Häusern die höfischen Beamten Quartier neh-men konnten. Sie reichen bis 1596 zurück. Aus dem Mittelalter gibt es überhaupt nur ganz we-nige Einzelurkunden.

Wie haben wir uns das mittelalterliche Graz vorzustellen?

Laukhardt: Zuerst muss man einmal an die tausend Jahre zurückblenden. Die weit ins Reich vorgedrungenen Ungarn werden in der Schlacht am Lechfeld im Jahre 955 besiegt, die deutsche Reichsgrenze wird wieder bis zur Mur vorgeschoben. Um diese Zeit entsteht am Südsporn des Schloßbergs, dem Paulsberg, eine „kleine Burg", die von der damals noch über-wiegend slawischen Bevölkerung als „gradec" bezeichnet wird. Es gibt zudem die berechtigte, aber nicht unumstrittene Annahme, dass sich im Bereich der heutigen Hofgasse/Spor-gasse/Stiegenkirche eine kleine Ansiedlung be-funden hat, die aber eher als slawisches Dorf

Little is known about the early settle-ment of the market of Graz, and the same is true of the first settle-ment by Jews at this trading post on the river Mur. This view is con-firmed by Peter Laukhardt, an expert on Graz history.

If we read the literature on the early history of Graz, then we find various hypotheses, suspicions, and comparisons, but very little certain informati-on. Why is that?

Laukhardt: The reason is simple. When the City Hall was renovated at the beginning of the 19th century, the city archives had to be re-moved. The documents were stored in cellars in the old Farberkaserne barracks. When the re-novation was finished, and it was time to return the archives, they were found to be badly mil-dewed. So most of the historical documents were simply dumped into the Mur. The city ar-chives are complete only from 1820. The infor-

Peter Laukhardt

From Border Village to Trading Center

anzusehen ist, als als Keimzelle der späteren Stadt. Aus besiedelungshistorischer Sicht wird der Platz mit der neuen Welle der deutschen Kolonisation, die Mitte des 11. Jahrhunderts vornehmlich von Bayern aus beginnt, interessant. Sie bewirkt ein Anwachsen des Ortes, bald wird die Gründung eines Marktes notwendig. Bei seiner Lokalisierung gehe ich vom Stadtgrundriss aus. Aus diesem erkennt man, dass sich ein erster gewachsener Bereich eher auf der Hochterrasse befindet. Erst in einer zweiten Phase wird der Markt in der Niederung angelegt. Um 1130 wird der untere Bereich der heutigen Sackstraße bebaut, um 1160 erfolgt die Erweiterung um den Bereich Hauptplatz, Herrengasse, Schmiedgasse. Besitzer von Graz war bereits Markgraf Ottokar aus dem Geschlecht der Traungauer. Das heißt, die Traungau'sche Pfalz ist von Hartberg, das früher gegründet wurde, auf Graz übergegangen. Und damit beginnt die erste Phase der Stadtwerdung. In dieses Gründungskonzept wurde, so bin ich überzeugt, das Judenviertel bereits mit einbezogen. Dies ist von vielen Wissenschaftern bisher bereits vermutet worden, durch den Fund der Judenmauer im Bereich der Buchhandlung Moser und dem sich daraus abzuleitenden Siedlungsgrundriss erfährt diese Theorie eine massive Stützung.

Die Bedeutung der aufstrebenden Stadt lag also im Handel?

Laukhardt: Ja, und darüber hinaus war diese „kleine Burg" wahrscheinlich der wichtigste deutsche Brückenkopf jenseits der Demarkationslinie der Mur. Rechts des Flusses war deutsches Einflussgebiet, und links der Mur jenes der Ungarn. Ein guter Beweis dafür sind die drei Ungardörfer, von denen sich eines gegenüber von Frohnleiten, eines hinter der Ries und ein weiteres in der Gegend von St. Marein und Jagerberg befindet. In ihnen dürften sich die Behausungen der ungarischen Horchposten befunden haben. Sie haben von der Ries in Richtung Westen gespäht. Ihnen gegenüber, auf der anderen Murseite, befanden sich ebenfalls Befestigungen, wie die Ortsnamen Straßengel, aber auch Spielfeld erkennen lassen.

mation which we possess from the time prior to 1820 is scant. One exception is the "Quarter Books" which record which houses the court officials could be quartered in. They go back to 1596. There are very few documents from the Middle Ages.

What was medieval Graz like?

Laukhardt: First of all, let's go back a thousand years. The Hungarians, who had penetrated deep into the empire, were defeated at the Battle of Lechfeld in 955, and the border of the German Empire was once again pushed up to the Mur. Around this time, a "little fortress" was built on the southern spur of the Schlossberg, the Paulsberg. It was given the name "gradec" by the predominantly Slavic populace of the time. There is also the justified, but not uncontroversial, assumption that there was a little settlement in the area of the current Hofgasse/Sporgasse/Stiegenkirche. But this should be viewed more as a little Slavic village than as the seed of a later city. From the standpoint of the history of the settlement, the place became more interesting with the wave of German colonization which began in Bavaria in the mid-11th century. This caused the site to grow, and soon it became necessary to establish a market. To find where its probable location, I look at the ground plan of the city. On it you can see that the first area which grew up was mostly on a high terrace. The market in the lower area wasn't built until the second phase. Around 1130, the lower part of Sackstrasse was developed, and about 1160 this was extended to include what we know as Hauptplatz, Herrengasse, and Schmiedgasse. The owner of Graz at the time was Margrave Ottokar, a member of the Traungau clan. The Traungau Palatinate was transferred from Hartberg, which was founded earlier, to Graz. And thus began the first phase of urban development. I am convinced that the Jewish quarter was already integrated in this concept. This had long been suspected by historians, but the discovery of a Jewish wall near Moser's bookstore and the ground plan of the settlement which it implies add enormous weight to the theory.

Judenviertel (virtuelle Rekonstruktion): Juden haben Graz früh geprägt.

Jewish district (virtual reconstruction): Jews influenced the early development of Graz.

Straß leitet sich vom slawischen „straza" („Wachtturm") ab, Spielfeld vom lateinischen „specula", was soviel bedeutet wie „Warte". Diese Anlagen stellten die äußerste östliche Verteidigungslinie des deutschen Gebietes westlich der Mur dar.

Wann endet die kriegerische Auseinandersetzung zwischen Ungarn und Deutschen, wann kommt es zu einer Öffnung in den Raum der heutigen Oststeiermark?

Laukhardt: Die Ungarn blieben unberechenbar, aber ab 1122 beginnt die Besiedlung der Oststeiermark. 1147 ist für die Handelsent-

So the significance of the ambitious, young city was as a trading center?

Laukhardt: Yes, and in addition, the "little castle" was probably one of the most important German bridgeheads beyond the demarcation line of the Mur. The right bank of the Mur was German-held territory, and the left bank was in Hungarian hands. The three Hungarian villages provide evidence of this. One is situated across the river from Frohnleiten, one behind Ries mountain, and the third near St. Marein and Jagerberg. They probably included the quarters of Hungarian scouts, who kept watch toward the west from Ries mountain. Across

from them, on the opposite side of the Mur, there were also fortifications, as evidenced by the place names Strassengel and Spielfeld. Strass is derived from the Slavic "straza" (watch tower), and Spielfeld comes from Latin "specula," which can be translated as "lookout post." These structures represent the extreme eastern line of defense for the German territory west of the Mur.

When did the hostilities between Hungarians and Germans end, and when was the city opened toward what is now eastern Styria?

Laukhardt: The Hungarians remained unpredictable, but settlement of eastern Styria began in 1122. The year 1147 is interesting. The "Judendorf" (Jewish village) was first documented in that year. It is also the year of the first mention of a citizen of Graz, a merchant named Witelo. This may be a coincidence, for we don't have enough information to interpret it more precisely. But it seems clear that Graz became a trading center around this time, and that, following the end of military actions, trade arose between the former German and Hungarian enemies. And this brought more life to the trading center of Graz, which would continue to hold its own up to the present day.

wicklung eine interessante Jahreszahl. Da wird erstmals das Judendorf bei Graz genannt. In diesem Jahr wird auch der erste Grazer Bürger, ein Kaufmann namens Witelo, urkundlich erwähnt. Das mag eine Zufälligkeit sein, Genaueres lässt sich auf Grund der schlechten Urkundenlage nicht sagen. Klar ist, dass Graz um diese Zeit ein Handelszentrum wird und dass nach der Beendigung der militärischen Aktionen zwischen den ehemaligen ungarischen und deutschen Kontrahenten Handelsbeziehungen aufgebaut werden. Und dies belebte den Handelsplatz Graz, der sich bis in die Gegenwart behaupten sollte.

„Damit solch Übel fortan nicht mehr geschehe…"

Bernhard von Clairvaux, Kirchenlehrer, Zisterzienser und eine der herausragendsten Persönlichkeiten des 12. Jahrhunderts, war auch sprachschöpferisch tätig. Auf ihn geht der Ausdruck „iuadizare" zurück. Der Mönch bezeichnet damit die rasch zunehmende Tätigkeit der Geldleihe, die von Juden, aber auch einigen wenigen Christen betrieben wurde.

Die Juden hatten sich dieser Tätigkeit nicht freiwillig verschrieben, sondern waren in diesen Wirtschaftsbereich gedrängt worden. Nach der Eroberung des östlichen Mittelmeers durch die Kreuzfahrer hatten sie nämlich ihre dominante Rolle im Orienthandel verloren. Christen, vor allem Italiener, waren an ihre Stelle getreten.

Eine weitere Erwerbsmöglichkeit blieb ihnen verwehrt: die handwerkliche Tätigkeit. Denn eine geschlossene christliche Gesellschaft hätte nie Andersgläubige in ihren Zünften geduldet.

Erst deutlich später sollte sich das Betreiben von Geldgeschäften auch als Vorteil erweisen. Geld konnte man im Falle einer Verfolgung mit auf die Flucht nehmen oder auch verstecken. Eine Viehherde oder ein Getreidefeld hätte man zwangsläufig zurücklassen müssen.

Bernhard von Clairvaux, Church thinker, Cistercian, and one of the most prominent personalities of the 12th century, was also active as a creator of words. He is credited with inventing the word "iuadizare". The monk used the expression to describe the rapidly spreading activity of moneylending, which was practiced by Jews, but also by a few Christians. The Jews hadn't devoted themselves to the profession voluntarily, but were instead forced into it. Following the conquest of the eastern Mediterranean by the Crusaders, they had lost their dominant role in Middle Eastern trade. Christians, mainly Italians, had taken their place. Another professional field which was closed to them was the practice of artisan trades. For a closed, Christian society would never have tolerated members of other faiths in its guilds. It was not until much later that the money business would prove to be an advantage. If one had to flee from persecution, money could be taken along or hidden. Herds of livestock and fields of grain always had to be left behind. The period of new orientation in the 12th century was favorable for the Jews because the transformation from a natural economy to one based on capital was ta-

"That such evil may no more take place…"

Die Zeit der Neuorientierung im 12. Jahrhundert war für die Juden günstig, denn zu dieser Zeit vollzog sich der Wandel von der reinen Natural- zur Kapitalwirtschaft. Der Adel brauchte Geld und das holte er sich dort, wo es eben war: bei den Juden.

Christen durften keine Zinsen verlangen. Dies war in mehreren synodalen Beschlüssen seit dem 9. Jahrhundert festgelegt worden. Dagegen erwartete man von den Juden, die man gerne als „canes" („Hunde") bezeichnete, jene Lücke im Wirtschaftssystem zu schließen, die man selbst nicht ausfüllen konnte. Das ging so weit, dass man Juden sogar zwang, Kredite zu gewähren.

Mit dieser Unterordnung der Juden unter die Christen war nach Ansicht der Kirche zudem ein biblisches Gebot erfüllt: Im Buch Genesis (25,27) heißt es nämlich im „Jakobssegen", dass der „Ältere dem Jüngeren dienen soll". Die Kirche verstand sich dabei als der jüngere Jakob und im Judentum sah sie den älteren Esau.

Die Zeit, in der die Juden und der Adel gemeinsame wirtschaftliche Interessen verfolgten, war friedlich, denn auch die Landesherren waren von ihren Financiers abhängig. Anders sollte dies im 13. Jahrhundert werden, als Theologen die feine Unterscheidung zwischen „verbotenem Wucher" und „erlaubtem Zins" trafen. Dadurch war es nun auch innerhalb der christlichen Gesellschaft möglich, Geldgeschäfte abzuwickeln. So kamen den Juden die kapitalkräftigen Kreditnehmer abhanden. Um mit ihren Geschäften dennoch erfolgreich zu sein, wandten sie sich an Handwerker und Bauern.

Das Geld war leicht zu haben und das mag so manchen gereizt haben, aufgenommenes Kapital nicht für produktionssteigernde Investitionen zu verwenden, sondern um das tägliche Leben zu finanzieren. Die Zinsen waren extrem hoch: Sie wurden mit bis zu 130 Prozent pro Jahr berechnet; im Fridericianum von 1244 werden gar bis zu 173 Prozent gestattet. 65 Prozent galten im 13. Jahrhundert bereits als günstig. Allerdings ist nicht geklärt, ob derart hohe Zinssätze nicht nur für Verzugszinsen berechnet wurden. Der „normale Tarif" dürfte vielleicht

king place. The nobles needed money, and took it where they could get it: from Jews. Christians were forbidden to charge interest. This had been set down in several synodal resolutions since the 9th century. Jews, on the other hand, who were popularly called "canes" (dogs) were expected to fill the gaps in the economy that Christians were unable to fill themselves. This went so far that Jews were even forced to give credit.

In the view of the Church, this subordination of Jews by the Christians fulfilled a biblical commandment: Jacob's Blessing in the Book of Genesis (25:27) states that "the elder shall serve the younger". The Church saw itself as the younger Jacob and Judaism as the elder Esau. The period in which Jews and nobles followed common economic goals was peaceful, for even the princes were dependent on their financers. But this would change in the 13th century, when theologians would invent a slight difference between "forbidden usury" and "legal interest". This made money lending possible within the Christian community. Thus the Jews lost their wealthy loan customers. In order to stay in business, they began lending to artisans and peasants. Money was easy to get, and this tempted many a man to use borrowed captial, not for investments to increase production, but to finance day-to-day living. Interest rates were extremely high: they were calculated at up to 130 percent per year. In the Fridericanum of 1244 rates of up to 173 percent per year were allowed. In the 13th century, 65 percent was considered a good rate. However, it is not clear whether such rates were applied only to late payments. The "normal rate" may have been set at between five percent and 100 percent.

In any case, the interest burden ruined many loan customers. This led to an increasingly virulent anti-Semitism. The reaction: an attempt was made to take the lending business away from the Jews. One indication of this is a decree from the year 1377, in which Christians in Styria succeeded in prohibiting Jews from participation at Sunday markets.

A document from the early 13th century demonstrates how strong the anti-Semitic mood

doch nur mit fünf bis hundert Prozent bemessen worden sein.

Auf jeden Fall hat die Zinsenlast in vielen Fällen Kreditnehmer ruiniert. Dies führte zu einem immer stärker anwachsenden Judenhass.

Die Reaktion darauf: Man versuchte den Erfolgreichen ihre Geschäftsbereiche streitig zu machen. Ein Beweis dafür ist eine Bestimmung aus dem Jahr 1377, in der es Christen in der Steiermark gelang, ein Handelsverbot für Juden auf den Sonntagsmärkten durchzusetzen.

Wie antijüdisch die Stimmung im Land war, belegt ein Dokument aus dem frühen 13. Jahrhundert, in dem ein Grazer Geistlicher seine jüdischen Mitbürger folgendermaßen schildert: „Diese (jüdischen) Hunde sind bekannt dafür, dass sie, solange sie unterlegen sind, unter dem Tisch essen und sich mit den kleinsten Krümeln begnügen. Aber wann immer sie sich durchgesetzt haben, schwingen sie sich (als Herren) über die Tafel auf und nehmen keine kleinen Krümel mehr an, sondern große Stücke von Fleisch und Brot; und der Gastgeber braucht sich nicht zu sorgen, ob sie auch beim Hirsch und Hasen zugreifen werden. So ist der Jude auf der Welt! Wann immer sie in die Knechtschaft irgendeines Großen kommen, so sind sie anfänglich wegen ihrer Machtlosigkeit zurückhaltend und sehr demütig. Aber wann immer es ihnen durch die Gnade Gottes glückt, sich emporzuheben, dann erinnern sie sich nicht mehr ihrer vergangenen Unterwürfigkeit, sondern besteigen den Tisch. Fürwahr, sie leben wie die Herren und dennoch leugnet man es, weil sie für diese Herren herumlaufen und Geschäfte machen und den Gewinn dann den Herren zukommen lassen. Deshalb erlaubt man ihnen zu tun, was sie wollen".

Liest man diesen Text nicht bloß als Anklage eines – möglicherweise verschuldeten – Christen, dann erkennt man die schwierige gesellschaftliche Stellung der Juden. Liest man den Text genauer, dann wird auch der Unmut des „kleinen Mannes" gegen die Obrigkeit deutlich. Gegen diese vermochte er sich nicht zu wehren, also greift er stattdessen die Juden an.

Die Zinsen waren hoch und dementsprechend vermehrte sich das jüdische Vermögen. Und doch war ihr angehäuftes Kapital oft nicht

in the province was. In it, a priest from Graz describes his Jewish fellow citizens: "These (Jewish) dogs are known for eating under the table and being content with the smallest crumbs as long as they are at a disadvantage. But whenever they are successful, they leap onto the table (as lords) and refuse to accept any more little crumbs, taking instead big pieces of meat and bread, and the host need have no doubt that they will also grab the venison and hare. Thus are the Jews of this world! Whenever they come into the servitude of the powerful, their weakness makes them reserved at first, and very humble. But whenever by the grace of God they succeed in raising themselves up, they remember no more their past humility, but climb onto the table. Verily, they live like lords, and yet no one admits it, because they go around doing business for these lords, from which the lords receive the profits. That is why they are allowed to do as they please."

If we read this text not merely as the accusation of a – possibly indebted – Christian, then we can recognize the difficult social position of the Jews. If we read more closely, the displeasure of the "little guy" with the authorities also becomes apparent. Unable to rebel against the latter, he attacks the Jews instead.

Interest rates were high, and Jewish fortunes grew accordingly. And yet, their capital reserves were often no more than a nest-egg for hard times, when they were subject to the whims of the princes. Albrecht III and Leopold III, for instance, put their Jewish subjects in prison without further ado, in order to extort money from them. For their release, the Jews of Krems were forced to raise 28,500 pounds, an unimaginably high sum if we consider that the annual budget of the court in Vienna for the same year amounted to only 17,000 pounds. But the introduction of the money business also had positive sides. For one thing, it quickly led to stabilization of farm prices. Whereas at the outset of the budding money business in the 13th century the highest price of agricultural products was 192 times the lowest price, by the 14th century, the relationship had been reduced to 25-fold.

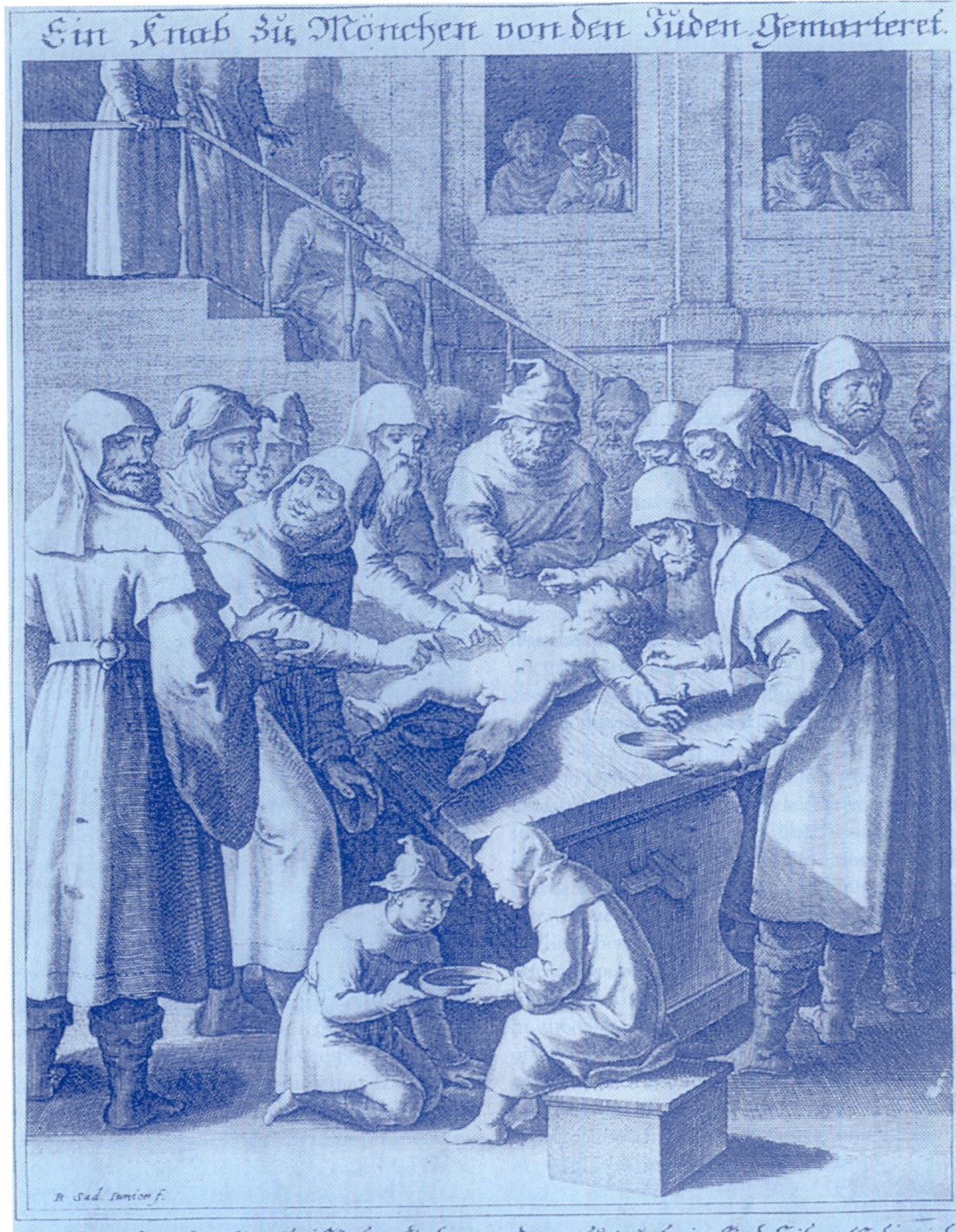

Ein Knab zu Mönchen von den Juden Gemarteret.

Was wiſſet ihr wider die Chriſtliche Kinder,
Beſchnittene Boßwicht! kein winkel der welt
Vor euch iſt mehr ſicher: Ihr blinde Leutſchinder,
Ihr werdet bald ſtürmen das Siernen Geſelt.

Was thüt euch ein Kind ſo ihr alſo hinrichte
Euch wöhret der Mäner, mit beſſerem fug:
Was von den Megæren die elſe gedichtet,
Wahr mache an Chriſten die Neidige ſünd

Ritualmord: Juden wurden beschuldigt, Christenknaben Blut abzuzapfen.

Ritual murders: Jews were accused of draining the blood of Christian children.

mehr als ein Notgroschen für schwierige Zeiten, in denen sie der Willkür der Fürsten ausgesetzt waren. Albrecht III. und Leopold III. beispielsweise setzten ihre jüdischen Untertanen 1371 kurzerhand gefangen, um von ihnen Geld zu erpressen. Für ihre Befreiung mussten die Juden in Krems 28.500 Pfund aufbringen. Eine unvorstellbar hohe Summe, wenn man bedenkt, dass das Jahresbudget des Wiener Hofes im selben Jahr nur 17.000 Pfund betragen hatte.

But in spite of a certain economic consolidation, displeasure with Jews grew, and in Graz this reached its climax after numerous town buildings had been forfeited to Jewish creditors. Around 1360, even respected citizens like "Ekl der Marstaller" and "Niclas aus der Sporerstraß" were heavily in debt. One thing which served to fan the hatred was the fact that the new owners of extensive real estate holdings didn't even have to pay city taxes on their pro-

Die von den Juden maßgeblich mitgetragene Einführung der Geldwirtschaft hatte aber auch positive Seiten. So kam es zu einer raschen Stabilisierung der Agrarpreise. Hatte mit der einsetzenden Geldwirtschaft im 13. Jahrhundert der höchste Fruchtpreis noch das 192fache des niedrigsten betragen, so sank bereits im 14. Jahrhundert das Verhältnis auf das 25fache ab.

Trotz einer gewissen wirtschaftlichen Konsolidierung wuchs der Unmut gegenüber den Juden und er erreichte in Graz seinen Höhepunkt, als zahlreiche Stadthäuser bereits an jüdische Geldverleiher gefallen waren. Um 1360 waren selbst angesehene Bürger wie „Ekl der Marstaller" und „Niclas aus der Sporerstraß" schwer verschuldet. Was den Hass noch zusätzlich schürte, war, dass die neuen Besitzer zahlreicher Immobilien für diese nicht einmal Steuern an die Stadtgemeinde zahlen mussten. Denn sie waren ja – im Gegensatz zu den Christen – nur den Landesherren abgabepflichtig. Was nichts anderes bedeutete, als dass die Juden zum urbanen Gemeinwohl nichts beitrugen, sehr wohl aber dessen Schutz in Anspruch nahmen.

Gegen diesen Missstand ging erst der steirische Herzog Wilhelm (1386–1406) vor. Am 17. März 1396 verlautbarte er eine Regelung, die besagte, dass Juden für die ihnen auf Grund des Pfandrechts zugefallenen Häuser ebenfalls Steuern zu zahlen hätten. Diese Verordnung kam aber für die Bevölkerung, in der sich ungeheure Aggression aufgestaut hatte, zu spät oder war ihr auch nicht weitreichend genug. Die Menschen forderten vielmehr eine handgreifliche Politik, die sie selbst bestimmen konnten. Um eine solche durchzusetzen, rotteten sie sich zu „Judenhauern" zusammen. In allen steirischen Märkten und Städten kam es zu Ausschreitungen; aus Graz, Radkersburg und Pettau wurden die Juden vorübergehend ganz vertrieben. Und dort, wo sich Landesherren für die schutzbedürftige Minderheit stark machten, drohten die „Judenhauer" gar die Stadt anzuzünden. Dies war allerdings ein taktischer Fehler, denn nichts fürchteten die Bewohner mittelalterlicher Städte mehr als das Feuer. Und so verloren die „Judenhauer" den Rückhalt in der Bevölkerung. Dadurch entspannte sich die Situation.

perty. For, in contrast to the Christians, they had tax obligations only to the *Landesfürst*, or prince of the province. This meant that the Jews made no contribution to the urban public interest, but still demanded its protection.

The Styrian Duke Wilhelm (1386–1406) was the first to try to change this. On March 17, 1396, he decreed that Jews must pay taxes for those buildings forfeited to them for bad loans. But this law either came too late for city residents, who had built up enormous anger, or perhaps it didn't go far enough. The people wanted a brutal policy that they could choose themselves. In order to achieve this, they formed bands of *Judenhauer*, or "Jewbeaters". In all Styrian markets and towns, there was violence. In Graz, Radkersburg, and Pettau, the Jews were driven out altogether for a time. And wherever the rulers took sides with the vulnerable minority, the "Jewbeaters" threatened to burn the cities.

However, this was a tactical error, for there was nothing which residents of medieval towns feared more than fire. The "Jewbeaters" lost their popular support, and the situation calmed

*Ob Dürre, Überschwem-
mung oder Missernte:
An allem, so sagt man im
Mittelalter, seien die
Juden schuld.*

**Whether drought, flood
or poor harvest: In the
Middle Ages, Jews were
said to be responsible.**

Diese Volksaufläufe hatten aber nicht nur einen wirtschaftlichen, sondern auch einen religiösen Hintergrund. Denn diejenigen, die „unseren Herren Jesu Christe" ans Kreuz geschlagen hatten, wurden im 14. Jahrhundert für alle Übel dieser Welt verantwortlich gemacht: für Hunger, Krieg und Pest. Letztere bricht in der Steiermark 1348 aus.

Nun ging der Schwarze Tod um, von dem schon fahrende Scholaren und Gaukler seit geraumer Zeit berichtet hatten, dass er in Italien und Frankreich wütete. Immer wieder konnte man beobachten, dass Menschen, die eben noch auf dem Markt gewesen waren, taumelten und unverständlich lallten. Niemand half aus Angst, mit dem Tod in Berührung zu kommen, niemand konnte helfen. Kranke sanken in sich zusammen und blieben in der Gosse in Blut und Erbrochenem liegen. Andere wiederum siechten in ihren Häusern dahin, und unter ihren Achselhöhlen und in den Leistenbeugen wuchsen faustgroße Geschwulste, aus denen Eiter und Blut auf das Stroh quoll, auf dem die ganze Familie schlief. Manche brachen plötzlich zusammen und waren auf der Stelle tot, andere

down for a time. These mass demonstrations resulted not only from economic factors; they also had religious causes. Because those who had nailed "our Lord Jesus Christ" to the cross were held responsible for all the ills of this world: hunger, war, and plague. The latter broke out in Styria in 1348. The Black Death had arrived. For some time, traveling scholars and jesters had reported of the devastation it was wreaking in France and Italy. Time and again it was noticed that people who had just been to the market began to stumble and babble. No one helped, for fear of contact with Death. People collapsed and lay dead in the gutter, in pools of blood and vomit. Others wasted away in their homes. In their armpits and groin areas grew fist-sized swellings from which pus and blood ran onto the straw which served as a bed for the whole family. Some collapsed suddenly, falling dead in their tracks, while others suffered for weeks before death finally released them.

The survivors wondered about the cause of the scourge. They suspected that it might be a wrathful judgment of God. In order to appease

Judenviertel (virtuelle Rekonstruktion): Nicht nur in Graz, in ganz Europa werden Juden im 15. Jahrhundert aus ihren Städten vertrieben.

wiederum siechten wochenlang, bis der Tod sie erlöste.

Die Überlebenden fragten nach der Ursache des Übels. Sie vermuteten, dass es sich um ein Zorngericht Gottes handeln könnte. Um den Herrn zu besänftigen, sammelten sich die verängstigten Menschen zu Prozessionen. In ihrer Verzweiflung zogen sie durch die Dörfer und beschworen laut klagend und schreiend die Gottesmutter Maria, Jesus und alle Heiligen, das Unheil zu beenden. Während der Litaneien geißelten sich einige gar selbst. Die offizielle Kirche verbot diese Bewegung aber bald als häretisch. Gegen die abergläubischen Massen konnte aber auch sie nichts ausrichten. So bleibt die Bulle „Plagam die et nil aliud" von Papst Clemens VI., in der er festschreibt, dass die Pest keine Strafe Gottes sei, weitgehend unbeachtet. Zu sehr waren die Menschen schon von irrationalen Vorstellungen verblendet.

Der Zorn Gottes musste sich – so glaubte der mittelalterliche Mensch – an einer wie immer gearteten Schuld entzündet haben. Die einen glaubten, ihre eigene Sündhaftigkeit sei dafür verantwortlich. Andere wiederum sahen in den Juden die Ursache für Beulen- und Lungenpest.

Die Juden seien seit jeher „Handlanger des Teufels" gewesen. Die spätmittelalterliche Volksfrömmigkeit sah diese Auffassung durch zahlreiche bildliche Darstellungen und Geschichten bestätigt. So erzählte man sich, dass Juden Christenkinder töteten und Hostien schändeten. Dabei übersah man nur allzu gerne, dass die Christen selbst die Geschichten erfunden hatten.

Damit wollte man beweisen: So wie die Juden einst den Gottessohn getötet hatten, trachteten sie nun allen Christen nach dem Leben. Sie hätten die Brunnen vergiftet, dies habe zur Pestepidemie geführt. Tatsächlich starb zwischen 1347 und 1350 beinahe die Hälfte der europäischen Bevölkerung.

Massive Judenverfolgungen setzten ein. Und mit jedem erschlagenen Juden hatten die Mörder die Genugtuung, einen Widersacher ihres Glaubens ausgeschaltet zu haben. Sie hatten aber auch die Gewissheit, fortan schuldenfrei zu sein.

the Lord, the frightened people gathered for processions. In their desperation, they marched through the villages, screaming and lamenting and begging Mary the mother of God, Jesus, and all the saints to end the pestilence. During these litanies, some even flagellated. Officially, the Church prohibited this movement as heretical. But it was powerless against the superstitious masses. Thus Clemens VI's papal bull "Plagam die et nil aliud" was largely ignored. The people were too strongly driven by irrational concepts.

The wrath of God – so people thought in the Middle Ages – must have been caused by some kind of sin. Some believed it was their own sin which was responsible. Others saw the Jews as the source of the plague. To them, the Jews had always been "the Devil's servants". Late medieval folk piety considered this view to be confirmed by numerous paintings and stories. It was said that Jews killed Christian children and violated the communion host. The fact that Christians had made the stories up was ignored.

The theory was, that just as the Jews had once killed the Son of God, they were now try-

Die Verfolgung der Juden ging vom Volk aus; von den landesfürstlichen Regenten wurde sie meist nicht unterstützt. Dies sollte sich 1438 ändern, als der hochbetagte Herzog Friedrich von Tirol, der die Steiermark interimistisch verwaltete, dem Drängen der Steirer nachgab und die Juden auswies. Kaum war das Judenviertel von seinen Bewohnern geräumt, begannen die Grazer Bürger die Judenstadt niederzureißen. Die Herrengasse, die nur die Hälfte ihrer heutigen Länge besaß, wurde durch das von Juden verlassene Viertel nach Süden verlängert. Etliche Häuser wurden geschleift und am frei gewordenen Platz wurde eine Kapelle errichtet, die 1440 zum „Heiligen Gottesleichnam" geweiht wurde. Diese wurde wenige Jahre danach um ein Dominikanerkloster erweitert und zur heutigen Stadtpfarrkirche „Zum heiligen Blut" ausgebaut. An dem Ort, an dem Juden gelebt hatten, sollten nun fromme Mönche „immerwährende Sühne für die Sünden der Juden" leisten.

Um nun nicht den Eindruck zu vermitteln, die Steiermark sei besonders judenfeindlich gewesen, sei nur auf die Austreibungen von Juden ing to kill off all Christians. They had poisoned the wells, and this had led to the plague epidemic. In fact, nearly half the population of Europe died between 1347 and 1350. Massive persecution of Jews began. And with each murdered Jew, the murderers had the satisfaction of having eliminated an enemy of their religion. They could also be sure of being debt-free forever. The persecution of the Jews was initiated by the populace; it usually was not supported by the princely regents. This changed in 1438, when the aged Duke Friedrich of Tirol, who was interim administrator of Styria, gave in to the pressure of the Styrians and expelled the Jews. The Jewish quarter had scarcely been vacated when the citizens of Graz began to tear it down. Herrengasse street, which was only half as long as it is today, was extended southward by the demolition of the area the Jews left behind. Many buildings were razed, and a chapel was erected on the site. It was dedicated as the "Chapel of the Holy Body of Christ" in 1440. This was expanded with a Dominican monastery a few years later, and the chapel became the parish church "Of the Holy Blood"

Jewish district (virtual reconstruction): Not just in Graz, but all over Europe – Jews were driven out of the cities in the 15th century.

aus anderen Städten und Ländern im 15. Jahrhundert hingewiesen: 1439 aus Augsburg, 1450 aus Bayern, 1455 aus Schlesien, 1492 aus Mecklenburg und auch aus Spanien.

Graz war „judenfrei". Die Bürger waren zufrieden, nicht aber der neue Herrscher Herzog Friedrich V., der spätere Kaiser Friedrich III. Was ihm fehlte, waren die beträchtlichen Einkünfte aus der Judensteuer. Und so besann sich Friedrich 1447 – nur neun Jahre nach der Vertreibung der Juden –, diese wieder in die Stadt zu holen. Als Anreiz wurde den Rückwanderern, die sich zum Großteil in Niederösterreich niedergelassen hatten, eine mehrjährige Steuerermäßigung gewährt. Den Adel und die Bürger überzeugte er mit Versprechungen. So sollten Juden fortan nicht mehr in einem geschlossenen Teil der Stadt wohnen, sondern überall verstreut siedeln. Auch sollten die ehemaligen Judengerichte, die rechtliche Streitfälle zwischen Juden und Christen geregelt hatten, künftig nicht mehr für den Adel zuständig sein.

Vor adeligen Standesgerichten wollten die Juden aber wieder nicht erscheinen, weil sie dort angeblich geschlagen wurden. Der Adel bestritt die Vorwürfe, wie eine Urkunde von 1468 belegt. In ihr heißt es: „Man spricht in (Anm.: den Juden) recht, als vil ain yeder versteet. So khomen sy mit solher ungestumkait und wellen lernen die laundleut (Anm.: Landstände) das recht sprechen nach irem gevallen …"

Wie intensiv die Zwistigkeiten in der Stadt Graz auch immer waren – Friedrich, der oft mit dem wenig schmückenden Beinamen der „Judenkönig" versehen wurde, hatte ein starkes Argument, die zurückgeholten Juden in der Stadt zu behalten: nämlich die von diesen zu leistende Steuerabgabe. Und diese, die oft nur von wenigen hundert Personen eingehoben wurde, überstieg oft die Gesamtsteuerleistung aller Bürger in allen steirischen Städten und Märkten.

Auch wenn die Überschuldung der Grazer Bürger im 15. Jahrhundert bei weitem nicht mehr so dramatische Ausmaße annahm, wie dies früher einmal der Fall war, waren die Juden in der Stadt nicht gerne gesehen. Mit dem Tod Kaiser Friedrichs III. am 19. August 1493

which still stands there today. At the place where Jews had once lived, pious monks were to provide "everlasting atonement for the sins of the Jews."

Now, just so that we don't get the impression that Styria was especially anti-Semitic, we should remember the expulsion of Jews from other cities and countries in the 15th century: 1439 from Augsburg, 1450 from Bavaria, 1455 from Silesia, 1492 from Mecklenburg and from Spain. Graz was "Jew-free". The citizens were satisfied, but not the ruler, Duke Friedrich V, (later Emperor Friedrich III). He missed the considerable revenue from the Jewish tax. And so in 1447, just nine years after the expulsion of Jews, Friedrich decided to bring them back into the city. As an incentive to return, the Jews, who had mostly settled in Lower Austria, were offered exemption from taxes for a period of several years. The nobles and citizens were kept at bay with promises. For example, Jews would no longer to live in one closed area of the city, but should instead settle, widely strewn, all over the city. Also, the Jewish Courts, which had previously had jurisdiction over disputes between Jews and Christians, would no longer be competent for the nobles. But Jews, for their part, didn't like to appear before the *Standesgericht*, or Court for Nobility Cases, claiming that they were phsyically beaten there. The nobles denied the accusations, as evidence by a document from the year 1468: "The (Jewish) cases are judged fairly, as everyone is aware. Then they come here with such brashness and try to tell the noble judges how to make judgements their way".

However intense the disputes in the city of Graz may have been, Friedrich, who was often given the not very flattering title of "King of the Jews", had a strong argument for keeping the returning Jews in the city: the taxes which could be received from them.

And these, which sometimes were paid by only a few hundred people, surpassed the total tax revenues from all the citizens of Styrian cities and markets.

Even if the citizens of Graz were not nearly so much in debt as in earlier times, Jews were

in Linz brach erwartungsgemäß erneut ein Sturm der Entrüstung los. Um ein Exempel zu statuieren, wurde ein reicher Jude namens Jonas (auch: Jonah) verhaftet, gefoltert und der Urkundenfälschung bezichtigt. Diese Ausschreitungen lehnte der neue Herrscher Maximilian I., der Sohn Friedrichs, entschieden ab und mahnte zur Mäßigung.

Die Grazer Bürger mussten also erkennen, dass sie den Juden weder mit Gewalt noch mit ungerechtfertigten Anschuldigungen beikamen. Deswegen beschritten sie den sichersten, für sie zugleich aber kostspieligsten Weg: Sie boten Maximilian I. an, eine „Judenablöse" zu bezahlen. Um die Notwendigkeit dieser Maßnahme zu unterstreichen, schrieb der Grazer Stadtrat flehentliche Briefe an den Regenten. In jenem vom 10. August 1495 heißt es, dass die Stadt zugrunde gehen müsse, wenn nicht „die austreibung der juden, als wir Gott teglich da(ru)mb pitten, zu ennde gebracht wirdet."

Für Maximilian war dieses Angebot der Judensteuer eine willkommene Möglichkeit, sich finanziell zu sanieren. Ihm wurden von der Stadt Graz 38.000 Gulden in drei Raten bezahlt. Geschäftstüchtig siedelte er die Vertriebenen in seinen Erblanden wieder an – um dort erneut von ihnen die Judensteuer einzuheben. Und zu guter Letzt hatte er auch noch die Gewissheit, ein politisch seit langem virulentes Problem gelöst zu haben.

Am 18. März 1496 war es schließlich so weit: Maximilian unterfertigte den schriftlichen Ausweisungsbefehl für alle Juden aus Innerösterreich. Dazu zählten neben der Steiermark auch Kärnten und Krain. Als Begründung gab er an, „dass die Jüdischheit dem heiligen Sakrament zu vielen Malen schwere Unehre gezeigt, und dass sie auch junge christliche Kinder gemartert, getötet, vertilgt, ihr Blut genommen und zu ihrem verstockten verderblichen Wesen gebraucht... Damit fortan solch Übel nicht mehr geschehe, (Anm.: haben Wir) unsere Jüdischheit aus unserem Lande Steyr in ewige Zeit beurlaubt."

not welcome in the city. As expected, with the death of Emperor Friedrich III in Linz on August 19, 1493 a new storm of outrage broke loose. To set an example, a rich Jew named Jonas (or Jonah) was arrested, tortured, and accused of falsifying documents. The new ruler, Friedrich's son Emperor Maximilian I, strongly disapproved of the rioting, and urged moderation. The citizens of Graz were forced to recognize that neither violence nor unjust accusations would work against the Jews. They therefore tried the surest method, even though it was the most expense for them: they offered pay Maximilian to make up for the Jewish taxes. In order to emphasize the necessity of the measure, the Graz city council wrote letters pleading with the regent. In the one written on August 10, 1495 it is claimed that the city will be ruined if "the expulsion of the Jews is not carried out, as we pray to God daily".

For Maximilian, this was a chance to balance his budget. The City of Graz paid him 38,000 guilders in three payments. Efficient as he was, Maximilian settled the refugees in his hereditary lands, where he could continue to collect the Jewish taxes. And he could be sure of having solved a virulent political problem which had bothered him for a long time. On March 18, 1496 the time came. Maximilian signed a written order of deportation for all Jews from Inner Austria. This included Carinthia and the Krain region.

As justification, he claimed that "the Jews had too often shown serious disrespect of the sacraments, and had tortured, martyred, and killed Christian children and taken their blood and used it for their obstinate, malignant nature... In order that such evil may no more take place (we have) furloughed Jewishness from our land of Styria forever."

Judenviertel (virtuelle Rekonstruktion): Die mittelalterliche Judenstadt von Graz wird im 15. Jahrhundert zerstört.

Jewish district (virtual reconstruction): The medieval Jewish quarter of Graz was destroyed in the 15th century.

Wiederkehr
und Katastrophe

Die Kultusgemeinde wird gegründet

ie Bewohner der Steiermark hatten im 15. Jahrhundert mit der von Maximilian I. unterzeichneten Judenausweisung erreicht, was Generationen ihrer Vorväter nicht gelungen war: Die Steiermark war judenfrei. Dementsprechend selbstsicher nutzten sie das Dekret und warfen jüdische Hausierer, die sich trotz des Verweises ins Land gewagt hatten, ins Gefängnis.

Bis 1678 blieben solche Übergriffe auch ohne Folgen. In diesem Jahr aber beschlagnahmten Grazer Bürger einen Juwelentransport im Wert von 50.000 Gulden, der von Juden persönlich begleitet worden war. Zwar konnten diese immerhin eine Erlaubnis der landesfürstlichen Regierung vorweisen, eine von den Ständen unterfertigte hatten sie allerdings nicht. Deswegen wurden auch sie inhaftiert.

Dieser Vorfall führte dazu, dass sich fortan der Kaiser das Recht vorbehielt, Juden in die Steiermark zu lassen. Dies bewirkte eine Liberalisierung der bis dahin absolut geltenden Judensperre für einige wenige privilegierte Hofjuden. So kommen unter Maria Theresia schließlich „Münzjuden", aber auch Lieferanten der Armee nach Graz.

Wenn Juden selbst bei der Landesregierung in Graz versuchten, eine Aufenthaltsgenehmigung zu erwirken, dann wurde dies mit der Begründung abgelehnt, dass der „Betrug bei den Juden" allgemein üblich sei. Zudem beeinträchtigten sie bekanntermaßen die öffentliche Sicherheit, weil sie Christenkinder stehlen und

ith the signing of the Jewish expulsion order in the 15th century, the residents of Styria had succeeded in doing something which generations before them had not achieved: driving out the Jews. They accordingly felt very sure of themselves, and Jewish peddlers who dared to defy the order were thrown in prison.

Until 1678, such abuses were without consequences. In that year, however, the citizens of Graz confiscated a transport of jewelry worth 50,000 gilders, which was being personally escorted by Jews. The merchants had a letter of permission from the princely government of the province, but none from the nobles. That was the reason for their arrest.

The result of the incident was that afterward the emperor reserved the sole right to allow Jews into Styria. This led to a liberalization of the Jewish ban for a few privileged Jews at court. For example, under Maria Theresia, it was possible for not only "Münzjuden" ("coin Jews") but also suppliers for the army to come to Graz.

Applications from Jews for residence permits from the provincial government in Graz were denied on the grounds that "among Jews, deceit and fraud" were considered normal. In addition, it was said, they were a public danger, because they stole Christian children and drank their blood. The last affidavit containing such defamation of Jews is from the year 1762, and is

The Founding
of the Jewish Community

deren Blut abzapfen würden. Das letzte Gutachten, in dem solche Diffamierungen unterstellt wurden, stammt aus dem Jahr 1762 und beruft sich auf alte Ritualmordlegenden aus dem 13. Jahrhundert. Diese waren in der Zwischenzeit aber bereits mehrfach von unabhängigen Gerichten zu Legenden erklärt worden.

Erst Joseph II. brach die starren Fronten der Judenfrage auf, weil er „die zahlreichen Glieder der jüdischen Nation dem Staate nützlicher" machen wollte. So bestimmte er in einem Hofdekret von 1783, dass sowohl In- als auch Ausländer „christlicher oder anderer Religion" die Jahrmärkte zu Graz, Klagenfurt und Laibach aufsuchen dürften.

Auch wenn sich die Stände gegen diese neue Regelung aussprachen, so gab es doch auch positive Reaktionen. So schreibt ein Grazer Bürger im Jahr 1780: „Die Geschichtsschreiber der meisten europäischen Völker erzählen von den Juden gräuliche Schandtaten, weil sie nicht den Mut haben zu bekennen, dass wir selbst dumm und grausam waren, dass Verleumdung und Eigennutz diese Schandtaten erdichtet haben."

Derartige Zeugnisse einer aufgeklärten Gesinnung blieben in der Steiermark eher die Ausnahme. Zu tief war die Ablehnung der Juden, und so beeilten sich die Stände auch unmittelbar nach dem Tod Josephs II., dessen Nachfolger, Kaiser Leopold II., in einer Denkschrift davon zu überzeugen, dass es besser wäre, die zugunsten der Juden erlassenen Rechte wieder zurückzunehmen. Begründet wurde das Ansuchen mit der schlechten Erfahrung, die man angeblich mit Juden gemacht habe. Der Vorstoß der Stände blieb allerdings erfolglos. Dies bedeutete, dass Juden zu den Jahrmärkten einreisen, sich außerhalb der Markttage aber nicht länger als 24 Stunden in Graz aufhalten durften. Das galt noch zu Beginn des 19. Jahrhunderts.

Der erste Jude, dem ein längerer Aufenthalt gewährt worden war, ohne dass man ihn gezwungen hätte, den christlichen Glauben anzunehmen, war Abraham Wasservogel. Der Kaufmannssohn kam 1841 zu chirurgisch-medizinischen Studien nach Graz. Nach einem Jahr reiste er allerdings wieder ab. Die Gründe dafür sind nicht bekannt.

based on the legends of ritual murders from the 13th century. The stories, meanwhile, had been declared fiction by independent courts several times. It was Emperor Josef II who finally broke the rigid fronts of the Jewish issue, because he wanted to make "the numerous members of the Jewish nation more useful to the state." Thus in a court decree of 1783, he determined that both citizens and foreigners, whether "Christians or of other religions" could visit the fairs in Graz, Klagenfurt, and Ljublana (Laibach). Even if the nobles spoke out against this new rule, there were also positive reactions. A citizen of Graz wrote in 1780 "The historians of most European nations tell horrible stories of Jewish crimes, because they do not have the courage to admit that we ourselves were stupid and cruel, and that these crimes were invented by slander and self-interest."

Such testimonials of enlightened attitudes remained something of a rarity in Styria. Too deeply ingrained was anti-Semitism. Immediately following the death of Joseph II, the nobles wrote a treatise to convince his successor, Emperor Leopold II, that it would be better to rescind the new rights granted to Jews. The reason cited in their application was the negative experience which they had supposedly had with Jews. However, the attempt was unsuccessful. This meant that Jews could enter the province for the fairs, but on non-fair days could not stay in Graz for more than 24 hours. This regulation was still in effect at the beginning of the 19th century.

The first Jew who was granted the right to stay longer without converting to Christianity was Abraham Wasservogel. The son of a merchant came to Graz in 1841 for medical and surgical studies. However, he left again after one year for unknown reasons. 1848, the year in which the German National Assembly met in Frankfurt am Main and the first Austrian parliament met in Vienna, was a year of hope for the Jews. Indeed, the "Basic Rights of the German Nation", declared in 1849, included the statement that no one was obligated to "reveal his religious convictions." This implied a secularization of society, which was still strongly

1848, das Jahr, in dem in Frankfurt/Main die deutsche Nationalversammlung und in Wien der konstituierende österreichische Reichstag tagten, sollte für die Juden in deutschen Landen das Jahr der Hoffnung werden. Tatsächlich sprachen die 1849 verlautbarten „Grundrechte des deutschen Volkes" davon, dass niemand verpflichtet sei, „seine religiöse Überzeugung zu offenbaren". Dies ließ auf eine Säkularisation der stark von den Kirchen geprägten Gesellschaft und gleichzeitig auf eine verstärkte Aufklärung hoffen. Die Juden erwarteten, fortan in ihren Heimatländern als gleichberechtigte Bürger leben zu können. Ihr Religionsbekenntnis sollte vom Staat als Privatangelegenheit betrachtet und als solche auch geschützt werden.

Die Erwartungen wurden aber nur zum Teil erfüllt. So wurde die Judensteuer zwar aufgehoben und es wurde den Juden in Österreich auch „Freiheit und Freizügigkeit im Staatsgebiet" zugestanden. Nur durchzusetzen waren diese Grundrechte nicht. Der Erste, der die neuen Rechte in Graz für sich in Anspruch nahm, war Ludwig Kadisch. Er war somit der erste Jude seit der Vertreibung seiner Glaubensbrüder im 15. Jahrhundert, der seinen dauerhaften Wohnsitz in Graz nahm. Dies provozierte offenbar die Behörden so sehr, dass sie sein Ansuchen um die Eröffnung einer „koscheren Speisewirtschaft" elf Jahre lang ablehnten. Zugleich wurden die in Graz lebenden 20 bis 30 jüdischen Familien aber geduldet, auch wenn sie beständig genötigt waren, zu betonen, „dass sie sich nur vorübergehend in der Stadt aufhielten". Erst 1861 wird ihnen über Antrag des Gemeinderatsabgeordneten Dr. Rechbauer ein dauerhaftes Wohnrecht eingeräumt.

Dies bewirkte einen Zuzug von etwa 1200 Juden in knapp zwanzig Jahren. Einer der Gründe dafür lag im Ausbau der Südbahnstrecke Graz–Triest, der einen industriellen Aufschwung bewirkte.

Die wachsende jüdische Gemeinde, deren Mitglieder sich übrigens mehrheitlich in den Bezirken Gries und Lend niederließen, bedurfte bald einer organisatorischen Struktur. Und so kommt es am 9. Oktober 1863 zur Gründung der „Israelitischen Korporation". Ihr oblag es,

influenced by the Church, as well as more intense enlightenment. Jews expected to be able to live in their home countries as citizens with equal rights. Their religion affiliation would be viewed by the state as a private matter, and protected as such. These expectations were only partially fulfilled. For instance, the "Jew tax" was repealed, and Jews in Austria were granted "liberty and freedom within the national territory." Unfortunately, these civil rights were not enforceable. The first person to demand recognition of his new rights was Ludwig Kadisch. He was the first Jew since the expulsion of his brethren in the faith in the 15th century to take up permanent residence in Graz. This apparently provoked the authorities to such an extent that they denied his application to open a "kosher grocery shop" for eleven years. At the same time, the 20 or 30 Jewish families living in Graz were tolerated, even if they were constantly obliged to emphasize that they were in the city only "temporarily." It was not until 1861, in reaction to a petition of the city council member Dr. Rechbauer, that a permanent resident status was allowed.

This led to an influx of about 1,200 Jews in scarcely 20 years. One of the reasons was the expansion of the southern rail line from Graz to Trieste, which had the effect of increasing economic growth.

The growing Jewish community, whose members settled mainly in the districts of Gries and Lend, soon needed an organizational structure. And so on October 9, 1863 the "Israelitische Korporation" was founded. It had the duty of setting up facilities for the Jewish community. In its first first year, it succeeded in finding a prayer leader and a Schächter, or kosher butcher, to provide religious education for the children, and to buy land for a cemetery in Wetzelsdorf. A makeshift prayer house was set up in "Withalm's Coliseum on Zimmerplatzgasse" (today the site of the GKK social security insurance building). On September 12, 1865 the Jewish New Year's Day, the room was dedicated by the Viennese rabbi Dr. Jellinek and the Viennese cantor Salomon Sulzer.

jüdische Gemeindeeinrichtungen zu schaffen. Noch im ersten Jahr gelang es, einen Vorbeter und einen Schächter zu organisieren, Religionsunterricht abzuhalten und in Wetzelsdorf einen Platz für einen Friedhof anzukaufen. Ein Bethaus richtete man behelfsmäßig in „Withalms Coliseum in der Zimmerplatzgasse" (heute Gebietskrankenkasse) ein. Am 12. September 1865, dem jüdischen Neujahr, wurde der Saal vom Wiener Rabbiner Dr. Jellinek und dem Wiener Oberkantor Salomon Sulzer eingeweiht.

Die „Israelitische Korporation" hatte einen guten organisatorischen Grundstein für eine florierende Gemeinde in Graz gelegt. Die volle Gleichberechtigung der Juden in religiöser Hinsicht sollte aber erst am 21. April 1869 mit der Gründung der „Grazer Israelitischen Kultusgemeinde" (IKG) erfolgen. Der Unterschied zwischen der „Korporation" und der „Kultusgemeinde" lag im Wesentlichen darin, dass erstere auf den freiwilligen Beitritt und die freiwillig zu leistende Kultussteuer Wert legte, während die IKG eine Pflichtmitgliedschaft vorschrieb.

Bis zum Ersten Weltkrieg verzeichnete die IKG einen stetigen Zuwachs. Zwischen 1869 und 1910 stieg die Anzahl der Gemeindemitglieder von etwa 250 auf 1971 Personen an. Das war bis dahin die höchste Zahl an Juden in Graz. Trotzdem betrug der Anteil an der Grazer Gesamtbevölkerung nicht mehr als 1,3 Prozent.

The "Israelitische Korporation" had laid a good foundation for a flourishing community in Graz. But full religious equality for Jews was first achieved with the founding of the "Graz Israelite Religious Community" (Kultusgemeinde) or IKG on April 21, 1869. The difference between the "Korporation" and the "Kultusgemeinde" was that the former was based on voluntary membership and a voluntary religious tax, whereas membership in the IKG was mandatory.

Until world war I, the IKG enjoyed constant growth. between 1869 and 1910, membership in the congregation grew from around 250 to 1,971. At the time, that was a record number for Jews in Graz. However, Jews made up no more than 1.3 percent of the total population.

Graz im 19. Jahrhundert: Der Zuzug der Juden kam mit dem industriellen Aufschwung der Stadt.

Graz in the 19th century: The influx of Jews accompanied industrialization.

Der Weg in die Katastrophe

Graz war ein fruchtbarer Boden für Antisemitismus. Dieser wurde in der Zwischenkriegszeit von der geistigen Elite der Hochschulen geschürt und von der breiten Bevölkerung bereitwillig übernommen, weiß Univ.-Prof. Dr. Dieter A. Binder vom Institut für Geschichte an der Karl-Franzens-Universität Graz.

Ab wann wird jener Antisemitismus, der in weiterer Folge zum Holocaust führt, in Graz spürbar?
Binder: Mit 1917/18, als die Zensur gelockert wird. Von diesem Zeitpunkt an explodieren die antisemitischen Wortmeldungen in den Grazer Tageszeitungen. Massiv finden wir ihn in der deutsch-nationalen „Tagespost", in seiner typisch christlich-sozialen Variante ist er aber auch im Umfeld von „Grazer Volksblatt" und „Kleiner Zeitung" vertreten. Dabei wird deutlich, dass Graz ein fruchtbarer Boden für einen politisch instrumentalisierten Antisemitismus ist, der alle Traumata der Zeit auf einen einzigen Sündenbock zurückführt: die Juden. Ein Beispiel: Die Schuld an der Wohnungsnot von 1918/19 wird permanent jenen jüdischen Flüchtlingen aus Osteuropa angelastet, die Graz nach Ausbruch des Ersten Weltkriegs als Zufluchtsstätte gewählt haben. Zwischen 1914 und 1916 hat es diese Flüchtlinge auch tatsächlich in einem sehr starken Ausmaß gegeben, 1918 waren sie aber fast alle wieder weg.

Ein weiteres Beispiel: Der Verlust der sogenannten „Untersteiermark" ist für die deutschnationale Bevölkerung ein ungeheures Trauma. Physisch nicht in der Lage, diesen Verlust wettzumachen, wendet man sich einem Feindbild zu, das man ungestraft prügeln kann: den Juden. Daher gibt es in Graz schon sehr früh ein organisiertes antisemitisches Potential an Universität und Technischer Hochschule. Dort waren etwa zwei Drittel der Studenten deutschnational geprägt. Die haben ihre Judenfeindschaft bei so manchem „Antisemitenbummel" gepflegt, bei dem sie nachmittags durch die Stadt flanierten und ihre Gesinnung deutlich zur Schau stellten.

Graz was fertile ground for anti-Semitism. During the period between the world wars, intolerance of Jews was fanned by the intellectual elite of the universities, and willingly accepted by the wider population, says Dr. Dieter A. Binder of the Institute of History at the University of Graz.

When did the kind of anti-semitism which eventually led to the holocaust become palpable in Graz?
Binder: In 1917–1918, when censorship was loosened. From this point on, anti-semitic pronouncements in the Graz daily newspapers exploded. We find massive anti-Semitism in the pan-Germanic nationalist "Tagespost". But in a typical Christian-socialist form, it is well represented in the periphery of the "Grazer Volksblatt" and the "Kleine Zeitung". This made it clear that Graz was fertile ground for a politically instrumentalized anti-Semitism, which placed the blame for all the traumatic elements of the period on one scapegoat: the Jews. An example: Jewish refugees from eastern Europe

Dieter A. Binder

The Road to Catastrophe

Gab es auch judenfeindliche Äußerungen im katholischen Milieu?

Binder: Ja, auch hier ist der Antisemitismus durchaus virulent. So haben sich etwa die „Carolina" und die „Traungau", die beiden alten, katholischen, farbentragenden Verbindungen in Graz, 1919 mit dem Vorschlag an das Rektorat der Universität und der Technischen Hochschule gewandt, in Zukunft bei der Besetzung von Ordinariaten und akademischen Ehrenposten auf die deutsch-arische Abstammung des jeweiligen Bewerbers zu achten. Das ist der klassische Fall einer antisemitischen Aktion ohne realen Sitz im Leben, denn der Anteil jüdischer Bewerbungen in Graz war ohnehin sehr gering. Es kann also überhaupt keine Rede davon sein, dass man konkret auf eine spezifische Situation reagiert hat. Das ist ein Antisemitismus, der bereits ohne Juden agiert.

Ein anderes Beispiel: In den Landtagsreden und in jenen vor dem Grazer Gemeinderat kommt häufig das sogenannte „jüdische Kriegsgewinnlertum" zur Sprache. Das Interessante dabei ist, dass die wirklichen Kriegsgewinnler in der Steiermark durchwegs Drahtzieher des deutsch-nationalen Lagers und des Antisemitismus sind.

In diesem Zusammenhang taucht anscheinend das Feindbild vom „reichen Juden" auf.

Binder: Stimmt. Und es ist nicht mehr als ein übernommenes Feindbild, denn man muss feststellen, dass die Grazer Kultusgemeinde eine Unterschichtsgemeinde mit einer ganz schmalen Oberschicht gewesen ist. Die Masse der Mitglieder lebt sehr bescheiden, was man auch an den Wohnsitzen in den wenig begehrten Bezirken Gries, Lend, Jakomini ersehen kann. Von der Sozialstruktur her betrachtet, gibt es keine Gründe für dieses Feindbild und dennoch ist es virulent. Interessant ist in diesem Zusammenhang der drastische Rückgang von Mischehen. Vor 1914 war dies ein Phänomen, das statistisch erfassbar war. Nach 1918 sind die Eheschließungen zwischen Juden und Nicht-Juden auf nahezu null zurückgegangen.

Ganz stark im Ansteigen ist der Antisemitismus erneut ab 1930 mit der Zunahme der wirt-

who had fled to Graz after the outbreak of World War I were constantly blamed for the housing shortage of 1918–19. Between 1914 and 1916, these refugees actually were present in large numbers, but by 1918 nearly all of them had left.

Another example: the loss of so-called "Lower Styria" was an enormous trauma for pan-Germanic Austrians. Being physically incapable of retrieving this loss, they turned to an enemy they could attack without fear of punishment: the Jews. So at a very early stage, there was an organized, anti-Semitic potential at the university and the technical college. About two-thirds of the students there had pan-Germanic sentiments. These students often practiced their hatred of Jews on "anti-semitic walks", on which they would roam around town in the afternoons and give clear expression to their attitudes.

Were there anti-Semitic pronouncements in the Catholic environment?

Binder: Yes, here, too, anti-Semitism was quite virulent. For example, the "Carolina" and the "Traungau", are two old, Catholic, color-bearing fraternities. In 1919, they recommended to the administration of the university and the technical college that, in the future, when filling professorships and academic honor positions, the schools should pay attention to the candidates' German-Aryan descent. This is a classic case of anti-Semitic action without any basis in reality, since the percentage of Jewish professors was negligible anyway. So it was in no way a concrete reaction to any sort of specific situation. This was active anti-Semitism which thrived even in the absence of Jews.

Another example: In the speeches in the provincial government and the city council, the term "Jewish war profiteering" was frequently used. The interesting thing is that the real war profiteers in Styria were all leading members of the pan-Germanic movement and anti-Semites.

In this context, the negative stereotype of the "rich Jew" emerges.

Binder: That's right. And it's purely a borrowed concept, because the Jewish community in

schaftlichen Schwierigkeiten. Das führt bei den jüdischen Grazern dazu, dass vielfach eine bewusste, vielfach aber auch eine unbewusste Gettoisierung eintritt. Dadurch wird die jüdische Gemeinde immer stärker auf sich selbst zurückgeworfen. Die Betroffenen haben diese Form des Antisemitismus mit einer erstaunlichen Nonchalance als eben „üblich" interpretiert. Nur die jungen Gemeindemitglieder sind sensibilisiert worden. Da beobachten wir seit Ende der zwanziger Jahre ein ganz langsames Ansteigen der zionistischen Idee. Den älteren Gemeindemitgliedern ist hingegen primär an der Abwehr der ungerechten Vorwürfe gelegen. Klassisches Beispiel dafür ist die sehr frühe Gründung des jüdischen Frontkämpferverbandes in der Steiermark. Die jüdischen Soldaten der k. u. k. Armee wollten demonstrativ durch das Tragen von Abzeichen oder Uniformen zur Schau stellen, wie sehr sie für das gemeinsame Vaterland geblutet und gekämpft haben.

Gab es auch theoretische antisemitische Schriften, die in Graz verbreitet waren?

Binder: Für Graz ist charakteristisch, dass es neben dieser Instrumentalisierung des Antisemitismus in der politischen Alltagswelt mit dem

Graz was a working class community with a very small upper crust. Most of its members lived in very humble conditions, a fact demonstrated by the fact that they lived in the less than desirable districts of Gries, Lend, and Jakomini. With regard to the social structure, there was no basis for this stereotype, and yet it was very malignant. In this context, the dramatic decrease in mixed marriages is also interesting. Until 1914, these were a statistically relevant phenomenon. After 1918, marriages between Jews and non-Jews declined to virtually zero. Starting in 1930, with the worsening economic difficulties, anti-Semitism increased greatly. Among Jews in Graz, this led to a ghettoization, both consciously and sub-consciously. This meant that the Jewish community had to rely on itself more and more. With astonishing nonchalance, those affected interpreted this form of anti-Semitism as simply "normal". Only the younger members of the community were sensitized. Here, beginning in the late 20's, we can see a gradual ascent of the Zionist movement. Older members of the community, on the other hand, were primarily concerned with refuting the unjust accusations. A classical example is the very early founding of the Legion of Jewish Front Fighters in Styria. By wearing their uniforms or medals, the Jewish

Stocker-Verlag ein publizistisches Medium gab, in dem man in primitivster Form versucht hat, den Judenhass theoretisch zu untermauern. Man tat dies mit einer reichen Publikationsflut. Diese unrühmliche Vergangenheit wurde vom Verlag nach dem Zweiten Weltkrieg verschwiegen. So werden diese Publikationen in der zu Beginn der fünfziger Jahre erschienenen Verlagsgeschichte einfach nicht mehr angeführt.

Sie haben vom Antisemitismus in universitären Kreisen gesprochen. Wie aber stand es um die übrigen Bevölkerungsschichten?

Binder: Ausgehend von den Universitäten kommt es zu einer Desensibilisierung der Bevölkerung. Das heißt, dass antijüdische Feindbilder so selbstverständlich sind, dass die menschenverachtenden Maßnahmen der Nazis als gegeben hingenommen und nicht als massiver Einschnitt empfunden werden. Sie sind die logische Konsequenz der tradierten Feindbilder. Interessant ist die Reaktion der bäuerlichen Bevölkerung, sofern sie zu jüdischen Vieh- und Getreidehändlern Kontakt hatte. Das Verschwinden dieser Vertrauten wird oft kritisiert. Das stellen auch die Nazis fest. Häufig waren diese Familien – hier der Bauer, dort der Händler – über Generationen hinweg verbunden. Hier greifen auch die

soldiers from the Royal-Imperial Army wanted to demonstrate how much they had bled and fought for the Fatherland.

Did theoretical anti-Semitic writings also circulate in Graz?

Binder: It is characteristic of Graz that, alongside the instrumentalization of anti-Semitism in day-to-day politics, there was also a medium, the publishing house Ulrich Stocker Verlag, which attempted in the most primitive way to provide a theoretical foundation for anti-Semitism. This was done with a deluge of publications. After World War II, the company covered up its infamous past. These publications are simply not mentioned in the official history of the company which appeared in the early 50's.

You mentioned anti-Semitism in university circles. But what about the other segments of the population?

Binder: The universities were the source of a desensitization of the populace. That means that anti-Jewish stereotyping was taken as a matter of course, to the extent that the cruel and inhuman measures of the Nazis were seen as simply as fact, and not as a massive violation. They were the logical consequence of the tradi-

Feindbilder nicht, denn wenn man über viele Jahre Geschäfte macht, dann schätzt man sich gegenseitig. Sonst hätte man sich wohl schon früher andere Geschäftspartner gesucht.

Von der Grazer Bevölkerung heißt es, sie sei besonders fanatisch nationalsozialistisch gewesen. Ist dieser Ruf gerechtfertigt?

Binder: Ich könnte mir vorstellen, dass das Bewusstsein, Repräsentanten des Deutschtums am Grenzzaun des deutschen Sprachraums zu sein, zu einem Elitedenken geführt hat und dass man deswegen besonders antisemitisch gewesen und auch so aufgetreten ist. Exzesse, wie sie in Wien 1938 stattgefunden haben, sind – auch in Proportion gesehen – in Graz dennoch nicht bekannt geworden. Insgesamt gesehen war der Antisemitismus in Österreich aber von einer derartigen Heftigkeit, wie er selbst den Deutschen bis dahin unbekannt war. Für mich ist der März 1938, dieser spontan-aggressive Judenhass der Straße, überhaupt erst die Voraussetzung dafür, dass die Nazis den Novemberpogrom (Anm.: „Reichskristallnacht") in dieser Form organisieren konnten.

Kommen wir zur Zeit nach dem Zweiten Weltkrieg. Ist die Judenfeindschaft nach all dem, was über die Konzentrationslager bekannt wurde, verschwunden?

Binder: Nein, denn noch in den späten vierziger und auch in den frühen fünfziger Jahren kommt es durchaus noch zu offenen antisemitischen Äußerungen – bevorzugt im universitären Umfeld. Interessant ist auch zu sehen, dass der Antisemitismus in der veröffentlichten Meinung durchaus akzeptiert wird. Ein Beispiel dafür sind die Bücher von Bruno Brehm. Titel wie „Der Trommler", „Wenn Throne stürzen" oder „Weder Kaiser noch König" wurden zum literarischen Denkmal des Antisemitismus an Stammtischen. In diesen Schriften ist von „Emigranten" die Rede. So schreibt Brehm in Zusammenhang mit rassisch Verfolgten, die in die USA flüchten konnten, hämisch von „Neuamerikanern". Sie seien in fremden Uniformen wiedergekommen, um sich als Richter aufzuspielen. Die Botschaft war: Ein Emigrant ist letztlich ein Verräter.

tional stereotyping of Jews as the enemy. The reaction of the rural population is interesting, to the extent that it had contact with Jewish livestock and grain traders. The disappearance of these trusted partners was often criticized. The Nazis took note of this, too. Frequently, these families - on the one hand the farmer, on the other hand, the trader - had been in contact for generations. In this case, the enmity did not catch on, for when one has done business with someone for years, there is a mutual respect. Otherwise, one would have found other trading partners long ago.

It is said that the residents of Graz were particularly fanatical Nazis. Is this reputation justified?

Binder: I can imagine that the awareness of being representatives of the German nation on the frontier of the German-speaking world led to a sort of elitist way of thinking, and that this made people feel and act especially anti-Semitic. But excesses like those in Vienna - even when viewed proportionally - were not reported in Graz. Altogether, however, anti-Semitism in Austria was more violent than anything even the Germans had seen before. To me, March 1938, with its spontaneous, aggressive anti-Semitism of the street was the requisite step which enabled the Nazis to organize the November pogrom ("Reichskristallnacht").

Let's look at the period following the Second World War. Did anti-Semitism disappear in the face of everything that became known about the concentration camps?

Binder: No, for even in the late forties and early fifties, there were still plenty of open anti-Semitic pronouncements, especially in and around the universities. It is also interesting to see that anti-Semitism was quite well accepted in published forums. One example of this is the work of Bruno Brehm. Titles like "The Drummer," "When Thrones are Toppled," and "Neither Kaiser nor King" became literary monuments to anti-Semitism in the pubs. In these works, the word is "emigrants". Thus, in connection with racially persecuted persons who were able to flee to the US, Brehm writes

Latenten Antisemitismus zeigt auch eine bekannte Grazer Hochschullehrerin, die einige Jahre nach dem Krieg eine ehemalige Schülerin wiedertrifft, die 1939 über England nach Palästina geflüchtet ist. Als sie erfährt, dass diese jetzt in Israel lebt, kommentiert sie dies mit: „Gut, dass Sie und Ihresgleichen nun auch Ihr eigenes Land haben." Was ich damit verdeutlichen will, ist, dass jemand, der ein jüdisches Religionsbekenntnis hat, nicht als Österreicher akzeptiert wird. Man wird nicht müde zu betonen: Der ist Jude, die ist Jüdin. Aber niemals käme es einem in den Sinn, von einem Katholiken zu sagen: Der ist Katholik.

Auch in den fünfziger und sechziger Jahren sind antisemitische Äußerungen durchaus an den Universitäten noch nachweisbar. In dem Ausmaß in dem Deutschnationalismus im Zuge der sechziger Jahre verschwindet, nimmt auch der Antisemitismus ab. Antisemitische Klischees haben sich aber bis heute in wirtschaftlichen Belangen erhalten. Ein Beispiel dafür ist das Entstehen von Großmärkten, das zum Greißlersterben führt. Anstatt dafür eine logische ökonomische Erklärung zu suchen, vermutet man wieder Juden als Drahtzieher im Hintergrund. Anonymes Kapital wird auch heute wieder jüdisch personifiziert. Zudem taucht die Behauptung auf, der Staat hätte den Juden als eine Art Wiedergutmachung Steuerfreiheit eingeräumt. An diesem Argument wird hartnäckig festgehalten, obwohl weder in der Bundesrepublik Deutschland noch in Österreich dergleichen je geschehen ist. Vor allem seit der Wende, seit dem Ende der bipolaren Welt, tauchen wieder Feindbilder auf, von denen man geglaubt hat, sie seien längst überwunden.

derisively of "new Americans." In his books, they come back wearing foreign uniforms to play judge. The message was: An emigrant is a traitor. Latent anti-Semitism is also demonstrated by a well-known female university professor from Graz, who, several years after the war met a former pupil who had fled via England to Palestine. When she heard that the woman now lived in Israel, she said, "It's good that you and your kind now have a country of your own". What I want to point out here is that a person who professes the Jewish religion is not accepted as an Austrian. People never tire of emphasizing, "He's a Jew" or "She's Jewish". But no one would ever think of saying of a Catholic "He's Catholic". Even in the 50's and 60's, anti-Semitic statements are verifiable at the universities. To the same extent that pan-Germanism recedes during the 1960's, anti-Semitism also decreases.

But anti-Semitic clichés are still present in economic matters. One example is the emergence of large store chains, which are pushing small, local grocers out of existence. Instead of looking for logical, economic explanations, people suspect the Jews of pulling the strings in the background.

Anonymous capital is once again personified as Jewish. In addition, it is often claimed that, as a sort of compensation, the state grants Jews freedom from taxes. This myth endures tenaciously, even though nothing of the sort ever happened in Germany or Austria. These stereotypes of "enemy Jews" were thought to have been long overcome. But since the fall of the "Iron Curtain" in particular, the end of the bipolar world, they have begun to reappear.

Es waren Grazer, es waren Mitbürger, die ins Gas gingen

Die Juden Österreichs waren den Habsburgern dankbar. Auch wenn sich Kaiserin Maria Theresia hinter einem Paravent versteckte, wenn sie Juden in Audienz empfing, um von deren ungläubigen Blicken nicht befleckt zu werden, so war es doch sie, die eine erste Liberalisierung in der erstarrten Judengesetzgebung bewirkte. Ihr Sohn Joseph II. setzte diese Politik fort und weitete sie deutlich aus, und unter Franz Joseph I. war die Stellung der Juden in Österreich so abgesichert wie nie zuvor. Dies dankten sie ihm auch, indem sie bei jedem Gottesdienst für seine Gesundheit beteten.

Mit dem Ersten Weltkrieg kam die große Zäsur. Die bis dahin von Zuversicht, Optimismus und Vertrauen in die Schirmherrschaft des Kaisers bestimmten Zukunftshoffnungen fanden nun ein jähes Ende. Was folgte, war der Zusammenbruch eines Weltbildes; was notwendig wurde, war eine Neuorientierung.

Der Erste Weltkrieg sollte sich bald nach 1914 deutlich auf die Grazer Israelitische Kultusgemeinde (IKG) auswirken. Denn kurz nach Ausbruch des Krieges strömten knapp 2000 Juden aus Galizien und der Bukowina in die Stadt. Sie hatten ihre Heimatländer verlassen, nachdem diese von den Russen besetzt worden

Austria's Jews were grateful to the Habsburgs. Even if Empress Maria Theresia did hide behind a screen when they came for an audience, so as not to contaminated by their unbelieving glances, she was the one who first brought some liberalization to the rigid laws regarding Jews. Her son, Josef II, continued this policy, and under Franz Josef I the position of Jews in Austria was secure as never before. They showed their appreciation for this by praying for his health at every worship service.

With the first world war came the great turning point. Hopes for the future, which had been based on confidence, optimism and trust in the Kaiser's patronance, now came to a sudden end. What followed was the collapse of a world view; what was necessary was a new orientation.

Soon after 1914. the first world war would have a significant effect on the Graz Jewish Congregation (IKG). For soon after the outbreak of the war, just under 2,000 Jews from Galizia and Bukowina poured into the city. They had left their homelands behind after these were occupied by the Russians. Along with the chaos of war, the Jews feared the Russians' brutal anti-Semitism. Together with the Styrian authorities, the IKG, which was led by *Kommerzialrat*

The people who went to the gas chambers were citizens of Graz, our fellow citizens

waren. Neben den Kriegswirren fürchteten die Juden den handgreiflichen Antisemitismus der Russen.

Die IKG, die in dieser schwierigen Zeit von Kommerzialrat Simon Rendi geführt wurde, meisterte die neue Situation in Zusammenarbeit mit den steirischen Behörden vorbildlich. So konnten die Flüchtlinge, die meist nur wenige Habseligkeiten besaßen, mit Nahrung und Bekleidung versorgt werden. So erinnert sich Otto Rendi, der Sohn von Simon Rendi, dass „vier bis fünf arme Flüchtlinge während des ganzen Krieges bei meinen Eltern täglich ein Mittagessen erhielten“. Ähnliches sei auch bei anderen wohlhabenden jüdischen Familien in Graz der Fall gewesen. Auch das Problem der Unterbringung war rasch gelöst.

Diese Solidarität – vermutlich ein Erbe aus der Gettozeit – war in Graz aber auch stark institutionalisiert. So gab es innerhalb der Kultusgemeinde zahlreiche Vereine, die sich in drei Gruppen einteilen lassen:

Religiös-soziale Vereine:

Der älteste Verein, der vermutlich bereits 1864 seine Aktivitäten aufgenommen hatte, war die „Chewra Kadischa“, die das Sterbe- und Bestattungswesen regelte.

Wohltätigen Zwecken widmeten sich der „Israelitische Frauenverein“ (gegründet 1879) und der „Armenbeteiligungsverein Matanath Anijim“ (1882). Zudem gab es mit „Zedokoh“ die reguläre Armenkasse der Kultusgemeinde.

Studentenverbindungen: 1875 wurde der erste Studentenverein „Humanitas“ gegründet. Zwei Jahrzehnte stellte er das Rückgrat der jüdischen Studenten dar, dann löste er sich allerdings auf. Zu zotig waren die „Herrenwitze“ in einer Silvesternummer der Kneippzeitung „Kikeriki“ gewesen. Aus der „Humanitas“ erwuchs die 1897 gegründete „Charitas“. Die zionistische Jugend gründete 1898 die „Jüdisch-akademische Vereinigung Ivria“, 1904 folgte die schulgesetzlich nicht erlaubte zionistische Mittelschulverbindung „Makkabea“.

Die Anzahl der Studentenverbindungen zeigt auch den beruflichen Aufstiegswillen, der sich wiederum in einem relativ hohen Aka-

Simon Rendi during this difficult time, mastered the situation in an exemplary manner. Thus the refugees, who generally carried few possessions, were provided with food and clothing. Otto Rendi, son of Simon Rendi, recalls that "four or five poor refugees had lunch at my parents house every day for the duration of the war".

The same was true in many Jewish households in Graz. The problem of shelter was also quickly solved. But this solidarity – perhaps handed down from ghetto times – was strongly institutionalized in Graz. Thus the congregation was home to numerous clubs which can be divided into three types:

Religious and social clubs:

The oldest club, which probably began its activities in 1864, was the "Chewra Kadischa", which took care of death and burial matters.

The "Israelite Women's Club" (founded in 1879) and the "Matanah Anijim Charity" (1882) were dedicated to charity. In addition, there was the "Zedokah", the regular charity fund of the Jewish congregation. In 1875, the first student organization, the "Humanitas" was founded. For two decades, it was the main organization for Jewish students, but then disbanded: the stag jokes in a New Year's edition of its newspaper "Kikeriki", read by students in bars, were too racy. "Charitas", founded in 1897, grew out of "Humanitas". The Zionist Youth group founded the "Jewish Academic Union Ivria" in 1898. This was followed in 1904 by "Makkabe", an organization of high school students which was illegal according to Austrian education laws.

The number of student organizations also demonstrates the hunger for upward mobility in the professional world, which is also illustrated in the high proportion of university graduates. In 1910, 6.5 percent of all Jews in Graz were university graduates, compared with 1.4 percent of non-Jews. And even though the Jewish students in Graz at the end of the 19th century were not subjected to quite the same vehement anti-Semitism as their peers in Vienna, the "Charitas" song includes the verse "We stand deep in enemy territory, where the weapons

Hebräische Bücher: Das Judentum wird zur Unkultur erklärt.

Hebrew books: Judaism is declared a "non-culture."

mikeranteil widerspiegelt. So waren im Jahr 1910 6,5 Prozent alle Grazer Juden Akademiker, während nur 1,4 Prozent der nicht-jüdischen Grazer einen universitären Abschluss vorweisen konnten. Und obwohl die jüdische akademische Jugend in Graz im ausgehenden 19. Jahrhundert keinen so vehementen Antisemitismus wie ihre Kommilitonen in Wien erfährt, formuliert die „Charitas" in ihrem Bundeslied: „Wir stehen tief im Feindesland, wo nie die Waffen rosten, mit dem viel gold und roten Band, auf uns'rem schweren Posten. In wetterwilder Golutnacht (Anm: Golut = Exil), des Feindes rüder Übermacht, die freie Stirn zu bieten, das ist das Los der kämpfenden Chariten…"

Im Jahr 1881 haben die katholischen und deutsch-nationalen Korporationen in Graz begonnen, den Arierparagraphen einzuführen. Und seit dieser Zeit steigt auch der Judenhass in den Verbindungen. Dass es dennoch zu manch skurriler Begegnung zwischen Juden und Deutsch-Nationalen kommt, beschreibt Harald Seewann in „Zirkel und Zionstern", dem fünfbändigen Standardwerk (1990–1996, 2400 Seiten) über die versunkene Welt des jüdisch-nationalen Korporationswesens. Seewann schreibt: „Die Irrationalität der Verhältnisse wird in dem Umstand erkennbar, dass 1936 Vertreter der damals längst verbotenen und aufgelösten deutschen Studentenschaft dem Juden Otto Löwi im geschmückten Hörsaal öffentlich, und sich selbst als Vertreter der aufgelösten und verbotenen Organisation deklarierend, feierlich zum Nobelpreis gratuliert haben."

Allgemeine Vereine:

Dazu zählten der „Lesezirkel jüdischer Frauen und Mädchen" (ab 1909), die Loge „B'nai Brith", der „Bund jüdischer Frontsoldaten" und der Sportklub „Hakoah".

Zionistische Vereine:

War die Kultusgemeinde in Graz bis 1914 – und das galt auch für ihre Zweigstellen in Klagenfurt und Laibach – stark von jüdischen Assimilationsbestrebungen geprägt, so unterlag sie durch die Zuwanderer aus Osteuropa nun verstärkt einem national-zionistischen Einfluss. Dementsprechend reserviert stand auch die Lei-

never rust, with our sashes of violet, red, and gold , and our position is hard to hold. In wild and stormy golut night (note: *golut* = exile) to brave the enemy's brutal, superior numbers, that is the fighting Charites' fate..."

In 1881, student organizations began adopting "Aryan rules". And from this point on, anti-Semitism intensified in the Catholic and pan-German fraternities. Still, some curious encounters between Jews and pan-Germanists took place. In his 2,400-page definitive work on the vanished world of Jewish nationalist student fraternities, "Zirkel and Zionstern" (Compass and Star of Zion, published 1990-1996), Harald Seewann writes "The irrationaly of the relations is illustrated by the fact that in 1936 representatives of the *Deutsche Studentschaft* (German Fraternity), which by that time had long been prohibited and dissolved, appeared in the festively decorated auditorium, and declaring themselves members of the prohibited organization, ceremoniously congratulated Otto Loewi on his winning the Nobel Prize."

General Organizations:

These included the "Jewish Ladies' and Girls' Reading Circle" (from 1909), the B'nai Brith lodge, the "Union of Jewish Front Soldiers", and the "Hakoah" sport club.

Zionist Organizations:

Whereas, before 1914, the Jewish congregation – along with its its branches in Ljublana and Klagenfurt – had been strongly characteri-

tung der IKG der Besiedelung Palästinas gegenüber. Auch wenn der erste Verein namens „Zion" zur „Colonisation Palästinas durch arme, beschäftigungslose Juden" bereits 1898 gegründet wird, so geht von ihm nie ein bedeutender Impuls aus.

1933 übernahm Hitler in Deutschland die Macht. Der Umgang mit den dortigen Glaubensbrüdern hätte den österreichischen Juden eine Warnung sein müssen. War es aber nicht. Offenbar hatte wirklich niemand „Mein Kampf" gelesen, in dem Hitler nur allzu genau beschrieb, was er mit den Juden zu tun gedenke, wenn er nur erst einmal an der Macht wäre. Nun war er es, was die Juden in Graz aber wenig beeindruckte. Anstatt Vorkehrungen zu treffen, verkündeten sie: „Wir lassen uns nicht verdrängen und einschüchtern! Von niemandem!" Eine tragische Verkennung der Situation.

Viele Juden in Graz ließen sich taufen – gemäß dem Motto: Wenn ich kein Jude mehr bin, können mich die Nazis auch nicht verfolgen. Dies war eine weitere Fehleinschätzung, denn der Taufschein erwies sich keineswegs als Schutz vor Verfolgung.

In der Nacht zum 12. März 1938 marschieren die deutschen Truppen in Österreich ein. Bald danach wurde die Kultusgemeinde unter die Aufsicht der Gestapo gestellt. In den Schaufenstern der meisten Geschäfte sah man das Hakenkreuz und Schilder „Arisches Geschäft" und

zed by assimilationist efforts, it now experienced a strong Zionist influence due to the immigrants from eastern Europe. Accordingly, the stance of the IKG regarding settlement of Palestine was reserved. Even if "Zion", the first organization for the "colonization of Palestine by poor, unemployed Jews", was founded in 1898, it never provided any strong impulses. In 1933, Hitler came to power in Germany. His dealings with Jews there should have been a warning to Austrian Jews, but they paid no heed. Apparently, no one had read "*Mein Kampf*", in which Hitler had described all too graphically what he would do with Jews if he came to power. Now he was in power, but the Jews in Graz were not impressed. Instead of making preparations, they declared "We will not let ourselves be pushed out or intimidated! Not by anyone!" It was a tragic misjudgment of the situation. Many Jews in Graz were baptized – under the assumption that "If I'm not a Jew any more, the Nazis can't persecute me." This was another miscalculation, for a baptism certicate proved to be useless as a protection from persecution. On the night of March 11, 1938 German troops marched into Austria. Soon after, the congregation was placed under Gestapo supervision. In the windows of most shops, there were swastikas and signs reading "Aryan shop". Nazi guards stood in front of Jewish shops keep customers out. By the end of March, the chairman of the congregation, Chief Rabbi David Herzog, the owners of large businesses, and the chairmen of individual Jewish clubs were arrested. Many of them were sent to the concentration camps at Dachau or Buchenwald, from whence they returned broken or not at all. Ludwig Biró describes this in his book "Die erste Hälfte meines Lebens" (Droschl-Verlag, page 202): "From time to time, some would disappear into freedom or to Dachau, others returned. In the morning, washing up, someone would be missing, or new faces would pop up. But sometimes we would notice a new delivery in other ways, like when Frankl, an old banker was brought in. We suddenly heard piercing, desperate screams, the jingling of keys, and the familiar banging of the cell door. For hours, the man screamed with a voice that

Mit erhobener Hand

Binnen einer Nacht ändert sich die Welt, im Siegestaumel flattern die Hakenkreuzfahnen auf den Gebäuden. Neue Flugzeuge, mit Hakenkreuzen markiert, zersägen den Himmel. Das Stampfen der jugendlichen Soldateska, Kompanien, Kompanien, lässt die Erde erzittern. Ihre Gesichter glühen vor Begeisterung und ihr Lied hört nicht auf: Heute gehört uns Deutschland, morgen die ganze Welt!

Das jüdische Kind, der fünfzehnjährige Jakob Eisler, ging vom Hebräischunterricht nach Hause und trug die Bibel im Arm. Mit der rechten Hand presste er sie an sein Herz. So sehr er auch seinen Weg überlegt, Umwege geht, durch Seitengassen, die marschierenden Truppen kamen ihm nahe. Von allen Seiten kamen sie, von allen Seiten. Als er sich dem Bahnhof nähert, sieht er sich plötzlich umringt und eingeschlossen inmitten des schlimmsten Pöbels, und er kann weder nach links noch nach rechts ausweichen. Zu seinem fürchterlichen Schrecken versteht er sofort die Ursache: Der „Führer" persönlich kommt in die Stadt. Schon sieht er ihn im Fond seines Wagens stehen, mit ausgestrecktem Arm, ho, ho, mit gestrecktem Arm, das Zeichen des Nazigrußes. Vor ihm brüllt die außer Kontrolle geratene Menge: „Heil, Heil!" Voller Entsetzen und Angst hebt auch das Kind den Arm, die Bibel fällt auf den Boden, sie schlägt auf, offen liegt sie da ...

Von allen Seiten prasseln Schläge auf den Knaben nieder, er fällt auf die Erde, er wird zertreten. Aber wegen der großen Schande vor sich selbst spürt er den Schmerz nicht. Wegen der großen Schande, den Arm ausgestreckt zu haben.

Gershon Schoffmann

---

vor den jüdischen Geschäften standen Posten der Nazis, um Kunden am Betreten zu hindern.

Noch im März wurden der Vorstand der Kultusgemeinde, Oberrabbiner David Herzog, die Besitzer größerer Geschäfte sowie die Vorsitzenden der einzelnen jüdischen Vereine verhaftet. Viele von ihnen wurden in die Konzentrationslager nach Dachau oder Buchenwald geschickt, von wo viele nicht mehr oder gebrochen zurückkamen.

Die brutal geführten Verhöre nach der Festsetzung im Grazer Gefangenenhaus in der Paulustorgasse schildert Ludwig Biró in seinem Buch „Die erste Hälfte meines Lebens" (Droschl-Verlag, Seite 202): „Einige verschwanden von Zeit zu Zeit in die Freiheit oder nach Dachau, andere kamen wieder hinzu. Morgens beim Waschen fehlte plötzlich der eine oder andere und neue Gesichter tauchten auf. Manchmal merkte man eine ‚Einlieferung' aber auch auf andere Weise: etwa als der alte Bankier Frankl zu uns gebracht wurde. Wir hörten plötzlich gellendes, verzweifeltes Geschrei, Schlüsselgeklirr und das bekannte Zuschlagen der Zellentür. Der Mann schrie stundenlang mit einer Stimme, die nichts Menschliches mehr an sich hatte; wir hielten uns die Ohren zu, konnten uns aber vor diesen grauenvollen Tönen nicht retten. Endlich hörten wir einen Wächter die Zelle aufschließen: Was ist mit Ihnen, was schreien Sie so! – Darauf ein ersticktes Röcheln: Ich sterbe, ich sterbe! Immer wieder dieser Schrei. Darauf die Antwort: Dann sterben Sie halt! – und die Türe krachte wieder zu. Das Geschrei ging bis zur Erschöpfung des alten Mannes weiter. Er wurde übrigens wenig später enthaftet, in der Folge nochmals unter Betrugsanklage eingesperrt und verließ nach vielen Monaten gänzlich gebrochen und ruiniert das Gefängnis."

Diese Repressalien hatten nur einen Zweck: Nämlich möglichst viele Juden möglichst rasch zum Verlassen des Landes zu bewegen. Um ihnen das Leben in der „Ostmark" zusätzlich zu erschweren, erließ man eine Reihe von Verordnungen:

15. März 1938: Dienstenthebung aller jüdischen Beamten.

April 1938: Ausschulung aller jüdischen Schüler aus den öffentlichen Lehranstalten.

---

had nothing human about it any more. We held our ears, but couldn't get away from that horrible sound. Finally, we heard a guard open the door, saying What's wrong with you, what are you screaming for? Then a choked gasping I'm dying, I'm dying. Again and again that scream. Then the answer Well, die then! – and the door banged shut again. The screaming went on until the man was exhausted. He was released shortly thereafter, but arrested again on charges of fraud, and left the prison several months later completely broken and ruined."

This brutal treatment had only one purpose: to persuade as many Jews as possible to leave the country as quickly as possible. Several measures were introduced to make life in the "Ostmark" as difficult as possible:

March 15, 1938: All Jewish civil servants dismissed.

April, 1938: All Jewish pupils expelled from public schools.

1938–1939: At the end of the school year teaching of Jewish children was prohibited.

April 26, 1938: Erection of an "Asset Office" for the Aryanization of Jewish businesses.

June 14, 1938: Jewish businesses are required to register.

July 15, 1938: Jewish doctors are prohibited from practicing medicine.

January, 1939: Jewish veterinarians, druggists, and dentists are prohibited from practicing their professions.

February 21, 1939: Jews required to give up all valuables.

March, 1939: All Jews required to adopt the first name "Israel" or "Sarah".

April 17, 1939: Most Jews forced out of their homes.

April 10, 1939: Law prohibits Jews from taking valuables with them when emigrating.

October, 1939: "Resettlement to Poland" begins. That means Auschwitz, concentration camps, ovens.

September, 1939: In Vienna, Jews must interrupt celebration of Yom Kippur, the highest Jewish holy day, to turn in their radios.

November 15, 1939: No Jew may withdraw more than 4,000 reichsmarks from his account.

Judentransporte: Die wenigen Habseligkeiten, die Flüchtende mitnehmen konnten, wurden diesen später auch noch abgenommen.

Transport of Jews: Often, the few belongings that refugees managed to take along were later confiscated.

1938/39: Nach Beendigung des Schuljahres galt ein generelles Unterrichtsverbot für jüdische Kinder.

26. April 1938: Errichtung der Vermögensverkehrsstelle zur Arisierung jüdischer Betriebe.

14. Juni 1938: Anmeldepflicht für alle jüdischen Betriebe.

15. Juli 1938: Praxisverbot für jüdische Ärzte

27. September 1938: Berufsverbot für jüdische Rechtsanwälte.

17. Jänner 1939: Berufsverbot für jüdische Tierärzte, Zahnärzte und Apotheker.

21. Februar 1939: Verordnung über die Zwangsablieferung von Wertgegenständen.

März 1939: Gesetz, das alle Juden zwingt, den Vornamen Israel oder Sara anzunehmen.

17. April 1939: Vertreibung der meisten Juden aus ihren Wohnungen.

30. April 1939: Verbot der Mitnahme von Wertgegenständen bei der Auswanderung.

Oktober 1939: Beginn der „Umsiedelungsaktion nach Polen". Das bedeutete Auschwitz, KZ, Verbrennungsöfen.

September 1939: Juden müssen in Wien den Gottesdienst, den sie anlässlich des Yom Kippur, des höchsten jüdischen Feiertages, begehen, unterbrechen, um ihre Radioapparate abzuliefern.

December 3, 1939: By decree, all Jews are forced to relinquish their securities; land must be sold, as well as automobiles. Jews are also forbidden to attend cultural events and entertainment establishments.

December 8, 1939: Even Jews who had actively served in the first world war are dismissed from laboratories and libraries. Jews may not use sleeping cars or restaurant cars on trains; the monuments to famous Austrian Jews are removed from public parks; the "Hakoah" sports club is dissolved.

During these turbulent months, the Graz congregation was mainly occupied with organizing its emigration. This included teaching new agricultural, business, and technical skills to those wanting to emigrate. One Graz resident who was especially active during this period was Johann Schleich, also called the "Oskar Schindler of Graz". All along the southern border between Styria and Slovenia, he smuggled Jews from the "Ostmark" and all corners of the former Habsburg empire to Zagreb (German: Agram). In his memoirs, written after the war, he writes of 120,000 people. This number appears to be too high, but even cautious historians confirm that it may have been "many tens of thousands". In any case, Schleich, whose name many people assumed to be a cover (it translates as "sneak"), was a colorful character. "He had a reputation of being a currupt business man of murky dealings, an adventurer, and a playboy", wrote his biological daughter Hannelore Fröhlich in her book "Spurensuche" (Looking for Traces, Steirische Verlagsgesellschaft, 1999). Even Fröhlich doesn't know how many lives he saved, but she quotes the motto on the Israeli holocaust memorial Yad Vashem in Jerusalem: "Whoever saves one life saves the whole world."

As repressive measures intensified, the number of emigrants rose quickly. And the Nazis were pleased. As horrifyingly accurate burocrats, they wanted to control and keep records on everything, so they set up a central office for Jewish emigration. SS Oberstummbannführer Adolf Eichmann was its chief. His office was responsible not only for the exodus,

With handheld high

In the course of one night, the world changes, the swastika flags wave triumphantly over the buildings. New aircraft, emblazoned with swastikas, cut the sky to pieces. The stamping of the youthful soldateska, company upon company, makes the earth tremble. Their faces glow with enthusiasm, and their song will not stop: Heute gehört uns Deutschland, morgen die ganze Welt! The Jewish child, fifteen-year old Jakob Eisler, makes his way homeward from his Hebrew lesson, carrying his Bible under his arm. With his right hand, he presses it against his heart. However he considers his path, takes detours, through sidestreets, the marching troops close in on him. They come from all directions, from all directions.
As he approaches the station, he suddenly finds himself surrounded and penned in by the worst riff-raff, and sees no way out in any direction. With terror he realizes the reason: The "Führer" is coming to town. Now he sees him standing in his car, with outstreched arm, ho, ho, with outstreched arm, the Nazi greeting sign. Before him, the crowd, out of control, screams "Heil, Heil!"
Full of loathing and fear, the child also raises his arm, the Bible falls to the ground, it falls open, and lies there open…
Blows rain on the boy from all sides, he falls to the ground, and is trampled.
But he feels no pain, because his personal shame is too great. The shame of having stretched his arm.

Gershon Schoffmann

15. November 1939: Kein Jude darf mehr als 4000 RM von seinem Konto beheben.

3. Dezember 1939: Per Dekret werden alle Juden gezwungen, ihre Wertpapiere abzuliefern; Land musste verkauft werden, ebenso die Automobile. Zudem wurde es Juden verboten, Kulturveranstaltungen und Unterhaltungslokale zu besuchen.

8. Dezember 1939: Auch Juden, die am Ersten Weltkrieg aktiv teilgenommen hatten, werden aus Laboratorien und Bibliotheken entfernt; Juden dürfen keine Schlaf- und Speisewagen mehr benutzen; die Standbilder berühmter österreichischer Juden werden aus öffentlichen Parks entfernt; der Sportklub „Hakoah" wird aufgelöst.

In diesen turbulenten Monaten war die Grazer Kultusgemeinde vornehmlich damit beschäftigt, die Auswanderung zu organisieren. Dazu gehörte auch die Umschulung der Auswanderungswilligen in gewerbliche, technische und landwirtschaftliche Berufe.

Ein Grazer, der diesbezüglich besonders aktiv war, war Johann Schleich, der auch als der „Grazer Oskar Schindler" bezeichnet wird. Er hat auswanderungswillige Juden aus der damaligen Ostmark und aus dem Altreich entlang der gesamten südsteirisch-slowenischen Grenze nach Agram/Zagreb geschmuggelt. In seinen nach dem Krieg verfassten Erinnerungen spricht er von 120.000 Menschen. Dies scheint in jedem Fall zu viel, aber selbst vorsichtige Historiker bestätigen, dass es „etliche Zehntausend"

but also for making sure that the people actually left and that their assets remained behind.

Of the approximately 2,500 Jews who lived in Graz in March of 1938, by November 4th, 417 had emigrated to Palestine. Of these, 132 were children. In general, however, Styrian Jews had great difficulty in emigrating, for Yugoslavia and Czechoslovakia soon closed their borders. Thus Jewish girls even entered into fictitious marriages with residents of these countries – as well as with Italians – in order to procure visas for these countries.

But not all of those who had the chance to flee actually left the country. Thus the leadership board of the IKG under it president, Robert Sonnewald, stayed in Graz in order to assist the congregation. Some members of the board paid for this selfless behaviour with deportation to the Buchenwald concentration camp – and with their lives. In 1939, Graz Jews succeeded in organizing two transports to Palestine. Those Jews who remained in Graz until 1940 were forced to move to Vienna. Thus, the fate of Graz Jews is identical to that of those in Vienna. But the Nazis had achieved their goal, and Graz was the first city in the Ostmark (Austria) to be declared "free of Jews". The first large transports sent east had already left Vienna in 1939, and these were resumed in February of 1941.

But the Jews who initially remained in Vienna also had a bad time. Men between the ages of 16 and 60 and women between 17 and 45 were assigned to work duty. But since Jews had no rights any more, children, pregnant women, and men over 70 were also forced to shovel snow. In addition, all typewriters and cameras were taken from them, as was all warm winter clothing. At the Wannsee Conference in June of 1941, the "Final Solution" was approved. In November, several transports left Vienna for the east; in September 1942, the last trains left Vienna. The dissolution of the Viennese Jewish community was complete. From October 20th, 1939 to 1944, a total of 43,421 Jewish men, women, and children were deported to Nosko, Opole, Kielce, Modliboryce, Agow-Opatow, Lodz, Riga, Minsk, Izbica, Wlodawo, Theresienstadt, and Auschwitz. Only 1,747 of them survived. In the

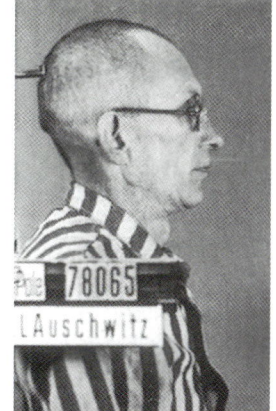

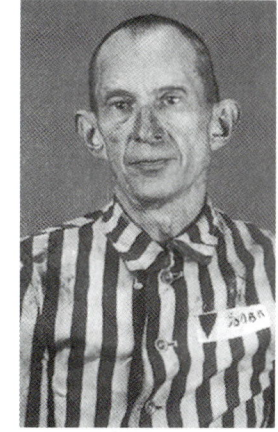

gewesen sein könnten. Schleich, dessen Namen viele für einen Decknamen hielten, war auf jeden Fall eine schillernde Persönlichkeit. „Er hatte den Ruf eines undurchsichtigen, korrupten Geschäftsmannes, eines Abenteurers und Lebemanns", schreibt seine leibliche Tochter Hannelore Fröhlich in ihrem Buch „Spurensuche" (Steirische Verlagsgesellschaft, 1999). Wie viele Leben er tatsächlich gerettet hat, weiß auch Fröhlich nicht zu sagen, sie zitiert aber den Leitspruch der israelischen Holocaust-Gedenkstätte Yad Vashem in Jerusalem: „Wer nur ein einziges Leben gerettet hat, der hat die ganze Welt gerettet."

Mit Zunahme der Repressalien stieg die Zahl der Auswanderer rasch an. Und das war den Nazis recht. Weil sie als erschreckend akkurate Bürokraten des Todes alles kontrollieren wollten, errichteten sie in Wien die Zentralstelle für jüdische Auswanderung. Deren Leiter war SS-Obersturmbannführer Adolf Eichmann. Seine Stelle war nicht nur für den Exodus, sondern auch dafür verantwortlich, dass die Menschen das Land verließen, dass deren Vermögen aber zurückblieb.

Von den zirka 2500 Juden, welche im März 1938 in Graz lebten, waren 417 bis zum 4. November nach Palästina ausgewandert. Darunter befanden sich 132 Kinder. Im Allgemeinen hatten die steirischen Juden aber große Schwierigkeiten auszuwandern, denn Jugoslawien und die Tschechoslowakei schlossen bald ihre Grenzen. So gingen jüdische Mädchen sogar Scheinehen mit Bürgern aus diesen Ländern – aber auch mit Italienern – ein, um so zu Ein- bzw. Durchreisebewilligungen zu kommen.

Aber nicht alle, die Möglichkeit zur Flucht gehabt hätten, verließen auch tatsächlich das Land. So blieb die Führung der IKG unter ihrem Präsidenten Dr. Robert Sonnenwald in Graz, um der Gemeinde beizustehen. Diese Aufopferung bezahlten einige Kultusräte mit der Deportation ins KZ Buchenwald – und mit ihrem Leben.

Im April 1939 gelang es noch, zwei Transporte nach Palästina zu organisieren. Die bis Mai 1940 in Graz verbliebenen Juden mussten schließlich nach Wien übersiedeln. Damit ist

summer of 1944, the large-scale deportation of Hungarian Jews began. Thousands were marched by special SS units across the Austrian border. In columns of 5,000 people each, they made their way across Burgenland, via Graz and Leoben, over the Präbichl to Eisenerz, and from there to the concentration camp at Mauthausen. Anyone who was unable to continue due to fatigue or illness was shot by guards. According to estimates, around 20,000 people died during these marches. In any case, 10,000 victims were exhumed after the end of the war, and their remains were taken back to Hungary. In 1969 and 1970, the Black Cross (an organization which takes care of military cemeteries) exhumed more victims of the death march in Burgenland, and presented the remains to the Jewish congregation of Graz, which laid them to eternal rest in its cemetery. Help from the Austrian population was rare. Often, the tortured victims were also spit on and mocked. "But helping", says Otto Rendi "was very, very dangerous".

In her book "Zu wenig Gerechte" (Too Few Righteous People, Styria Verlag, revised 1997) the historian Erika Weinzierl cites three instances of direct aid in Graz. "In Spring of 1945, Johanna Scherling of Graz hid five young Jews who had managed to escape during an air raid from a transport headed for Upper Austria." Styrian Josef Wesely, an officer of the German Wehrmacht, was court-martialed in Riga, Latvia in 1943 for collecting food for Jews. He told the court "I have never asked a starving person whether he was a Christian or a Jew." The judge agreed – Wesely was pronounced innocent. On one of the death marches from Hungary to Austria, eight prisoners were able to escape in Graz-Thondorf. They cautiously made their way to the local mayor, Fritz Edelmann (he was later member of the Styrian Chamber of Agriculture), and asked him for assistance. Edelmann hid the eight men in his attic and fed them for eight weeks until the German retreat. Johanna Scherling, Josef Wesely, and Fritz Edelmann were awarded the Yad Veshem Medal "Righteous Among the Nations" by the State of Israel for their courageous behaviour.

auch das Schicksal der steirischen Juden mit dem der Wiener ident. Die Nazis hatten aber ihr Ziel erreicht, und Graz wurde als erste Großstadt der Ostmark „judenrein" erklärt.

Die ersten großen Transporte nach Osten waren von Wien aus bereits im Oktober 1939 abgegangen, im Februar 1941 wurden sie wieder aufgenommen.

Aber auch den vorerst in Wien verbliebenen Juden erging es schlecht. Männer zwischen 16 und 60 Jahren und Frauen zwischen 17 und 45 wurden zum Arbeitsdienst eingezogen. Weil die Juden aber keine Rechte mehr hatten, wurden auch Kinder, schwangere Frauen und Männer über 70 Jahre zum Schaufeln von Schnee abkommandiert. Außerdem wurden ihnen alle Schreibmaschinen und Fotoapparate, aber auch warme Winterbekleidung weggenommen.

Im Juni 1941 wird auf der Wannsee-Konferenz schließlich die „Endlösung" beschlossen. Im November gehen mehrere Transporte aus Wien nach Osten ab; im September 1942 verlassen die letzten Züge Wien. Die Auflösung der Kultusgemeinde in Wien ist abgeschlossen.

Vom 20. Oktober 1939 bis 1944 wurden von Wien aus 43.421 jüdische Kinder, Frauen und Männer nach Nosko, Opole, Kielce, Modliboryce, Agow-Opatow, Lodz, Riga, Minsk, Izbica, Wlodawo, Theresienstadt und Auschwitz deportiert. Nur 1747 davon überlebten.

Im Sommer 1944 begannen die großen Deportationen der ungarischen Juden. Tausende wurden in Fußmärschen von SS-Sondereinsatzkommandos über die österreichische Grenze getrieben. In Kolonnen zu je 5000 Personen führte ihr Weg vom Burgenland über Graz, Leoben, über den Präbichl nach Eisenerz und von dort weiter ins KZ Mauthausen. Wer am Weg schwach, krank oder entkräftet liegen blieb, wurde von der Begleitmannschaft erschossen. Schätzungen zufolge kamen etwa 20.000 Menschen auf diesen Märschen zu Tode. 10.000 Opfer wurden jedenfalls nach Kriegsende exhumiert und die Leichenreste nach Ungarn zurückgebracht. 1969 und 1970 exhumierte das Schwarze Kreuz weitere Opfer des Todesmarsches im Burgenland und übergab die sterblichen Überreste der Kultusgemeinde

Beim Tempeltor

Das Gebäude ragt in seiner Rötlichkeit empor – bloße Ziegel, ohne Verputz und Anstrich. Ein „Magen David" (Anm.: Davidsstern) auf seinem Haupt. An der Außenmauer hängt eine große schwarze Tafel mit einer Liste junger jüdischer Männer, eingraviert in Goldbuchstaben. Es sind die Söhne dieser Stadt, die im Weltkrieg „für das Vaterland" gefallen sind. Herren des Landes, schaut her ...!
Im Hof, unter einem Dach mit dem Gotteshaus, befindet sich auch eine jüdische Volksschule, wo man neben dem Allgemeinwissen auch ein bisschen Hebräisch in der „Tempelaussprache" lernt. Die Lehrer sind keine großen Spezialisten auf diesem Gebiet, sie unterstehen dem Gemeinderabbiner, der auch Professor für semitische Sprachen an der lokalen Universität ist. Wenn jemand an seine Wohnungstür klopft und fragt: „Ist der Herr Rabbiner zu Hause?", korrigiert man ihn dort oft: „Der Herr Professor?".
Zu Mittag, wenn die kleinen Schüler und Schülerinnen aus der Schule kommen, versammeln sich ihre Mütter und ihre Kindermädchen und warten hier auf sie. Von den Kindermädchen sind die meisten Christinnen und – siehe da – manchmal werfen sie einen freundlichen Blick auf die christlichen Kinder, Schüler der Hauptschule, die gleich daneben liegt. Plötzlich strömen diese mit großem Lärm auf die Straße, gehen vulgär am Tempeltor vorüber und werfen spöttische Blicke. Und sie zeichnen sofort Hakenkreuze auf die Umzäunung. In diesem Moment kommen auch die jüdischen Knaben in Begleitung ihrer Lehrer aus ihrer Schule und der Straßenkrieg zwischen den beiden Parteien ist voll im Gange. Mit Steinen, mit Fäusten, mit Schultaschen.
Eines Tages in der Früh stellte sich dort beim Tor eine alte, christliche Frau hin – sie war schon über achtzig Jahre alt – und wartete zögernd. Als sie schließlich sah, dass ein junger „westlicher" Jude von der anderen Seite des Hofes kam, trat sie, wie es ihre Kraft erlaubte, auf ihn zu und sagte mit zitternder Stimme: „Ich möchte etwas von Ihnen, mein Herr. Sagen Sie mir, wann predigt der Rabbiner im Tempel? Ich möchte zuhören. Wird man mich hineinlassen? Ich bin eine gottesfürchtige Frau, eine fromme Protestantin, es gibt kein Gotteshaus, in dem ich nicht gebetet habe, und keinen Priester, dessen Predigt ich nicht gehört habe. Vor einigen Nächten flüsterte mir eine Stimme ins Ohr: ‚Geh einmal in den israelitischen Tempel und höre die Predigt des Rabbiners, bevor du stirbst.'"

Gershon Schoffmann

Graz, die sie auf ihrem Friedhof zu ewiger Ruhe bettete.

Hilfe seitens der österreichischen Bevölkerung gab es nur in Ausnahmefällen. Vielfach wurden die gemarterten Gestalten noch verhöhnt und angespuckt. „Die Hilfe war aber", so erinnert sich Otto Rendi, „sehr, sehr gefährlich".

Die Zeithistorikerin Erika Weinzierl zitiert in ihrem Buch „Zu wenig Gerechte" (Styria-Verlag; überarbeitete Neuauflage 1997) drei Fälle unmittelbarer Hilfeleistung in Graz: „Die Grazerin Johanna Scherling versteckte im Frühjahr 1945 fünf junge Juden, die während eines Luftangriffs aus einem Transport nach Oberösterreich entkommen waren."

Der Steirer Josef Wesely wurde 1943 als Offizier der deutschen Wehrmacht in Riga beim Kriegsgericht wegen einer Lebensmittelsammlung für Juden angeklagt. Er erklärte dem Gericht: „Ich habe noch nie einen Menschen, der hungert, gefragt, ob er Jude oder Christ ist." Der Vorsitzende des Gerichts war derselben Meinung – Wesely wurde freigesprochen.

Von einem dieser Todesmärsche, die von Ungarn nach Österreich führten, gelang es in Graz-Thondorf acht Häftlingen zu fliehen. Sie schlichen sich zum örtlichen Bürgermeister Fritz Edelmann (dem späteren Landeskammerrat der steirischen Landwirtschaftskammer) und baten ihn um Hilfe. Er versteckte und verpflegte die acht Männer sechs Wochen lang, bis zum Rückzug der Deutschen, auf seinem Dachboden.

Johanna Scherling, Josef Wesely und Fritz Edelmann wurden für ihr couragiertes Verhalten vom Staat Israel mit der Yad-Vashem-Medaille „Gerechte der Völker" ausgezeichnet.

At the Temple Gate

The building rises in its redness: bare bricks, without plaster or whitewash. A "magen David" (Star of David) on its head. On the outer wall, there is a large, black plaque with a list of young Jewish men, engraved in gold. These are the sons of this city who died "for the fatherland" in the Great War. Lords of the Land, behold!

In the courtyard, under the same roof as the temple, is the Jewish primary school, where, along with general knowledge, the children learn a little Hebrew, in the "temple pronunciation."

The teachers are not great specialists in this field. They are under the supervision of the congregational rabbi, who is also a professor of Semitic languages at the local university. When someone knocks on his door and asks, "Is the Rabbi here?" he is often corrected with "You mean the Professor?"

At noon, when the little pupils come out of the school, their mothers and nannies gather here to wait. Most of the nannies are Christians, and sometimes they cast friendly glances at the Christian children at the Junior High School next door.

Suddenly, these children pour noisily out into the street, vulgarly pass by the temple gate, and glare inside with mocking looks. And immediately begin drawing swastikas on the fence.

At this moment, the Jewish boys, accompanied by their teachers come out of the school, and a street fight between the two groups ensues.

With stones, with fists, with book satchels. One day, early in the morning, an elderly Christian woman sits down by the gate. She is over eighty years old, and waits hesitantly. Finally seeing a young, "western" Jew approach from the other side of the courtyard, she rushes toward him as quickly as her strength allows, and says with quavering voice, "I have a request for you, sir. Tell me when the rabbi will preach in the temple. I want to listen. Will they let me in? I am a God-fearing woman, a devout Protestant, and there is no house of God I haven't prayed in, and no priest whose sermon I haven't listened to. A few nights ago, a voice whispered in my ear, "Go to the Israelite temple and hear the sermon of the rabbi before you die".

Gershon Schoffmann

Arisierung sagt viel über die Täter aus. Mehr als über die Opfer.

Die Arisierung jüdischen Vermögens lässt erkennen, dass auch viele „anständige Österreicher" von der NS-Diktatur profitiert haben. Dies belegt Dr. Eduard Staudinger, Historiker an der Karl-Franzens-Universität in Graz.

Im Gegensatz zu anderen Verbrechen der Nationalsozialisten scheint die historische Aufarbeitung der Arisierung jüdischen Vermögens besonders schwierig zu sein. Warum?

Staudinger: Die Schwierigkeit liegt in der detaillierten Rekonstruktion der damaligen Verhältnisse. Zwar sind uns die Quellen zugänglich, diffiziler wird die Sache aber, wenn es um die Evaluierung von entzogenem Vermögen geht. Die Umrechnung vom damaligen Geldkurs auf den heutigen ist nicht einfach und zudem muss man bedenken, dass Geschäfte und Gewerbebetriebe zum Zeitpunkt der Arisierung durch vorangegangene Boykottaufrufe schon erheblich entwertet sind. Somit ist klar, dass der in den Akten aufscheinende Kaufpreis oft weit unter dem eigentlichen Sachwert liegt. Erschwerend kommt noch hinzu, dass eine Vielzahl von Institutionen innerhalb der NS-Verwaltung mit der Arisierung beschäftigt war. Die Recherche ist besonders dann aufwendig, wenn beispielsweise in Graz eine Geschäftsfiliale ihrem Besitzer entzogen wird, deren Hauptsitz in Wien liegt. Und viele Wertgegenstände wie Bücher, Gemälde, Schmuck sind überhaupt nur schwer erfassbar. Man muss auch die Dimension des Vorhabens bedenken: Allein im Steiermärkischen Landesarchiv finden wir 1306 Akten zu dem Thema. Um sich ein umfassendes Urteil bilden zu können, sollten auch die Akten des Gauwirtschaftsamtes, die Grundbücher bei den Bezirksgerichten, die Matrikelbücher der Israelitischen Kultusgemeinde, die Archive des Handelsgerichts, jene der Finanzlandesdirektion, die des Dorotheums sowie verschiedener Banken, Versicherungen usw. durchgearbeitet werden. Man sollte auch die „Tagespost" und die „Grazer Zeitung" auswerten, in denen Arisierungen und vollzogene Liquidationen angezeigt wurden.

The „Aryanization" of Jewish assets indicates that many „decent Austrians" profited from the Nazi dictatorship, as Dr. Eduard Staudinger, historian at the University of Graz verifies.

In contrast to other Nazi crimes, dealing with the historical reality of the confiscation of Jewish assets and trying to seek redress seems to be particularly difficult. Why is that?

Staudinger: The difficulty lies in in the detailed reconstruction of the conditions at that time. Although we do have access to the sources, it's more difficult to evaluate confiscated assets. Converting currency values from that period into their present value is not easy, and we also have to remember that shops and businesses at the time of Aryanization had already been devalued significantly by the calls for boycotts. Thus it is clear that the sale price in the files is often far below the actual value. What makes it even more difficult is the fact that a number of institutions within the Nazi administration were oc-

Eduard Staudinger

Aryanization says a lot about the perpetrators – more than it does about the victims.

Was sind Arisierungen, was versteht man unter Liquidationen?

Staudinger: Arisierung im engen Wortsinn bedeutet den Entzug jüdischen Eigentums und dessen Übertragung in den Besitz von Ariern. In ganz Österreich waren etwa 5000 Betriebe betroffen. Studien gehen davon aus, dass von den circa 33.000 als „jüdisch" qualifizierten Unternehmen, die es 1938 gegeben hat, ein Fünftel bereits im Verlauf des „Anschlusses" von sogenannten „wilden Ariseuren" zerstört oder übernommen worden ist. Mehr als 80 Prozent der verbliebenen rund 26.000 Betriebe und Geschäfte, die Juden gehörten, wurden liquidiert und die übrigen 5000 eben arisiert. Liquidiert heißt: entweder zerstört oder aufgelöst. So wurden bei einem Sägewerk die Holzvorräte und die Maschinen von einem „kommissarischen Verwalter" verkauft und das Geschäft aus dem Handelsregister gelöscht. Die Nazis bezeichneten diese Liquidierung als Strukturbereinigung. Es ging ihnen unter anderem darum, Konkurrenzunternehmen auszuschalten. Der Ertrag aus dem Verkauf wurde dem Staat überwiesen. Dass diese „Verwalter" auch in die eigene Tasche gewirtschaftet haben, lässt sich in so manchem Fall klar nachweisen.

Sie haben den Ausdruck „wilde Ariseure" gebraucht. Wer waren diese?

Staudinger: Unmittelbar nach dem „Anschluss" beginnen vor allem in Wien Privatpersonen, meist Nazis, aber auch Nicht-Parteimitglieder, sich jüdisches Vermögen anzueignen oder zu zerstören. Sie ernennen sich ganz einfach selbst und ohne jede Rechtsgrundlage zu „kommissarischen Verwaltern". Betroffen waren in erster Linie kleine Geschäfte, aber auch gewerbliche Betriebe.

Gab es das in Graz auch?

Staudinger: Ja, das konkrete Ausmaß muss im Einzelnen aber noch erforscht werden.

Welche Rolle spielte der NS-Staat bei den Arisierungen?

Staudinger: Eine bedeutende, denn das politische Ziel war es, den jüdischen Besitz zu ent-

cupied with Aryanization. The research is especially time-consuming when, for example, the Graz branch of a business with its seat in Vienna is taken over. And many objects of value, such as books, paintings, and jewelry are difficult to follow. We also need to remember the scale of this undertaking: in the Styrian Provincial Archives alone there are 1,306 files on this subject. In order to make a comprehensive evaluation, we would need to go through the files of the Gau Business Office, the property deeds in the district courts, the registration books of the Israelite Congregation, the archives of the Business Court, the Provincial Tax Office, the Dorotheum, and various banks, insurance companies, etc.

We should also look through the newspapers "Tagespost" and "Grazer Zeitung", in which Aryanizations and liquidations were published.

What is Aryanization, and what do we mean by liquidation?

Staudinger: Aryanization in the strict sense was the confiscation of Jewish property and its transfer to ownership by Aryans. Altogether in Austria, about 5,000 businesses were affected. We assume that of the 33,000 businesses classified as "Jewish" which existed in 1938, a fifth were taken over by so-called "wild" aryanizers or destroyed during the period of the "Anschluss."

More than eighty percent of the remaining 26,000 businesses and shops which belonged to Jews were liquidated, and the rest were Aryanized. Liquidated means either destroyed or dissolved. For example the wood inventory and machines at a sawmill were sold by a "commissary administrator", and the business was deleted from the business registry.

The Nazis called this liquidation a structural adjustment. Among other things, they were interested in eliminating competing firms. The proceeds from the sale went to the state.

The fact that some of the "administrators" were putting the money in their own pockets is, in some cases, clearly proven.

You used the term "wild aryanizers". Who were they?

eignen und diese Werte für den Staat und die eigene Wirtschaft zu sichern. Vor allem Hermann Göring war diesbezüglich sehr aktiv. Er wollte nicht, dass jüdische Vermögenswerte in private Hände gelangen oder zerstört werden. Es gab also durchaus ein Staatsinteresse – und dieses war von ganz pragmatischen Überlegungen mitbestimmt. So gab es in Wien einen deutlichen Wohnungsbedarf, da es nach dem „Anschluss" zu einem enormen Zuzug von Verwaltungsbeamten und Funktionären aus Deutschland kam. Um diese Nachfrage zu befriedigen, nahm man Juden ihre Wohnungen weg. Das gilt auch für Graz, wo mehrere Familien in einer Wohnung zusammengepfercht wurden. Später werden sie dann zur Auswanderung gezwungen. Diejenigen, die das nicht schaffen, kommen in vielen Fällen via Wien und Theresienstadt in eines der Vernichtungslager. Das „Totenbuch von Theresienstadt" gibt darüber Auskunft. Das sind im Prinzip die beiden Hauptwege der Vertreibung der Juden aus Graz.

Wie vollzieht nun der NS-Staat die Arisierungen?

Staudinger: Das geht schrittweise. So wird die jüdische Bevölkerung per Verordnung vom 26. April 1938 gezwungen, ihr Vermögen den Behörden bekannt zu geben. Am 12. November folgt die „Ausschaltung der Juden aus dem deutschen Wirtschaftsleben"; der „Einsatz des jüdischen Vermögens" wird am 2. Dezember 1938 verordnet. Als staatliche Zentralstelle für die Enteignungspolitik wird am 18. Mai 1938 in Wien im Ministerium für Wirtschaft und Arbeit die sogenannte Vermögensverkehrsstelle eingerichtet, deren steirische Filiale im Grazer Amtshaus, in der Schmiedgasse 34, untergebracht ist. Der Entzug jüdischen Vermögens wird also „scheinlegalisiert". Dafür werden auch entsprechende Formulare entworfen, in denen es heißt: „Der jüdische Besitzer sucht um den Verkauf seines Eigentums an." Der Erlös aus dem Verkauf muss von den Juden schließlich auf Konten bei bestimmten Banken überwiesen werden. Über diese Beträge dürfen die Enteigneten aber nicht frei verfügen. Das ist

Staudinger: Immediately following the "Anschluss", private persons, usually Nazis, but also non-party-members, began taking over or destroying Jewish property, especially in Vienna. They simply proclaimed themselves "commissary administrators" without any legal basis. This affected mainly small shops, but also larger commercial enterprises.

Did this happen in Graz, too?
Staudinger: Yes, but the concrete extent of it needs to be studied further.

What role did the Nazi state play in Aryanization?

Staudinger: A significant one, for their political goal was to expropriate Jewish property, and securities these assets for the state and for their own business. Hermann Göring was especially active in this regard. He didn't want Jewish assets to fall into private hands or be destroyed. Thus the state had quite an interest—determined by pragmatic concerns.

For instance, in Vienna there was a significant lack of housing, owing to the enormous influx of administrative bureaucrats and officials

einer der Punkte, bei dem auch die österreichischen Banken in die Frage der Restitution involviert sind. Eine besondere Rolle spielte die österreichische „Kontrollbank für Industrie und Handel", die 102 industrielle Großunternehmen und Großhandelsfirmen zum Liquidationswert übernommen und weiterverkauft hat, wie Roman Sandgruber in seinem 1995 erschienenen Buch „Ökonomie und Politik. Österreichische Wirtschaftsgeschichte vom Mittelalter bis zur Gegenwart" nachweist.

Welchen Wert stellt das arisierte Vermögen dar?
Staudinger: Ich habe schon von den Schwierigkeiten der diesbezüglichen Evaluierung gesprochen. Um Ihnen dennoch Zahlen zu nennen, möchte ich noch einmal auf die Untersuchung von Sandgruber verweisen, der schreibt: „Das von der Anmeldepflicht betroffene jüdische Vermögen betrug in ganz Österreich im Bereich der industriell-gewerblichen Unternehmungen 320 Millionen Reichsmark. Mehr als 500 Millionen machten die Realitäten aus. Die Wertpapiere beliefen sich auf 266 Millionen und der sonstige Besitz betrug etwa 900 Millionen Reichsmark." Für die Steiermark finden die

from Germany following the "Anschluss." In order to satisfy this demand, apartments were taken away from Jews. This is true of Graz as well, where several families were crowded into an apartment. Later, they were forced to emigrate. Many of those who were unable to emigrate went via Vienna or Theresienstadt to the concentration camps. The "Theresienstadt Book of the Dead" provides information on this. These were the two main ways that Jews were driven out of Graz.

How did the Nazi state implement the Aryanization?
Staudinger: It happened step by step. With the decree of April 26, 1938 the Jewish population was required to register its assets with the authorities. On November 12, the "Elimination of Jews from the German Economy" followed, and the EINSATZ of Jewish assets was decreed on December 2, 1938. On May 18, 1938 the ministry of business and labor opened the so-called Asset Office, the central state office. It Styrian office was located in the Graz Amtshaus at Schmiedgasse 34. The expropriation of Jewish property was thus given an apparent legal basis.

Historiker Heimo Halbrainer und Joachim Hainzl in ihrem Buch „Ersuche um Mitteilung, wie ich zu einem jüdischen Geschäft komme" (In: Korso, 2 Jg., Nr.9, S 4.) heraus, dass die Liquidierungen und Arisierungen „mehr als 200 Betriebe und Betriebsbeteiligungen sowie über 1000 Häuser und landwirtschaftliche Objekte betrafen, wobei die beiden letzteren allein einen Wert von etwa 30 Millionen RM repräsentierten". Zusätzlich, so errechnet es Otto Rendi in dem Aufsatz „Wiedergutmachung" (In: Zeitschrift des historischen Vereins für Steiermark, LXIV. Jg., S. 229 ff), haben die knapp 2500 in der Steiermark lebenden Juden in den Jahren 1938 und 1939 „etwa 40 Millionen Reichsmark an Judenabgabe und Reichsfluchtsteuer" bezahlt.

Wer waren nun die Nutznießer der Arisierung?
Staudinger: Dies ist eine wichtige Frage. In diesem Bereich lassen sich die Täterschaft und die Verantwortung nämlich nicht auf Organisationen wie die SS oder die SA delegieren oder in Konzentrationslager abschieben. Bei den Arisierungen waren es ganz normale, biedere Bürger, oft Nachbarn oder Bekannte von Juden, die sich beteiligt und bereichert haben. Häufig bilden sich auch Interessensgruppen. So tun sich beispielsweise ein Rechtsanwalt, ein alter NSDAP-Parteigenosse und vielleicht noch ein Mitarbeiter in einem zu arisierenden Betrieb zusammen und eignen sich ganz gezielt jüdisches Vermögen an. Manchmal ist es auch ein ganz erheblicher Teil einer Ortsbevölkerung, der sich mit der Frage an die Partei wendet: „Bei uns gibt es ein Sägewerk in jüdischem Besitz. Wann wird es endlich arisiert?"

Ein wesentliches Merkmal der Arisierung ist es auch, dass man sie in der „Tagespost", aber auch in anderen Medien publik macht. Man konnte sich öffentlich um einen zu arisierenden Betrieb bewerben. Oder der neue Besitzer inseriert nach erfolgter Übernahme: „Geschäft XY endlich wieder arisch".

Gerade die Arisierung, die 1940 weitgehend abgeschlossen ist, zeigt, wie stark ein beträchtlicher Teil der Bevölkerung in Aktivitäten des NS-Regimes involviert war und diese auch mit-

Appropriate forms were printed, which said "The Jewish owner is applying for sale of his property". The proceeds from the sale had to be paid into accounts at certain banks. But the former owners did not have free access to their funds. This is one of the points in which the Austrian banks are involved in the issue of restitution. A special role was played by the Austrian "Kontrollbank für Industrie und Handel", which bought 102 major industrial and commercial firms at liquidation prices and resold them, as documented by Roman Sandgruber in his 1995 book "Ökonomie und Politik. Österreichische Wirtschaftsgeschichte vom Mitteralter bis zur Gegenwart".

What is value of Aryanized assets.
Staudinger: I have already mentioned the difficulty of this evaluating them. But just to give you some figures, let me once again refer to Sandgruber, who writes "In Austria, the Jewish assets in industrial and commercial enterprises which were affected by the obligation to register were 320 million reichsmarks. Real estate amounted to more than 500 million. Securities were 266 million, and other assets were worth about 900 million reichsmarks". Regarding Styria, in their book "Ersuche um Mitteilung, wie ich zu einem jüdischen Geschäft komme" (Would like to know how to get a Jewish Business) the historians Heimo Halbrainer and Joachim Hainzl (quoted in Korso, Year 2, No. 9, page 4) discovered that the liquidations and Aryanizations "affected more than 200 businesses and partnerships, and more than 1,000 buildings and agricultural objects, of which the latter alone represented a value of around 30 million RM". In addition, Otto Rendi calculates in his essay "Wiedergutmachung" (Restitution) (in the Zeitschrift des historischen Vereins für Steiermark, Year LXIV, page 229ff), the 2,500 Jews living in Styria paid "about 40 million reichsmarks for Jew taxes and emigration taxes" in the 1938 and 1939.

Who benefited from the Aryanization?
Staudinger: This is an important question. In this area, it's not possible to push responsibility and guilt off on organizations like the SS or

betrieben hat. Manchmal haben sich Juden, die zum Verkauf ihres Vermögens gezwungen waren, ihre Ariseure auch selbst gesucht. Und zwar in der Hoffnung, dass sie nach dem Ende der NS-Diktatur mit ihrem Ariseur ein Rückarrangement treffen können. In einzelnen Fällen ist dies auch wirklich gelungen.

Es gilt also das Bild des Österreichers, der sich gerne als Opfer Hitler-Deutschlands sieht, zu revidieren?

Staudinger: Tatsächlich sagt die Thematik der Arisierung sehr viel über die Täter aus. Oft viel mehr als über die Opfer. So erfahren wir einiges über die Denkstrukturen, über die Moral- und Wertvorstellungen, die die Täter vertreten haben, und auch über deren Ideologie und lokale Egoismen. So ist in Dörfern häufig zu beobachten, dass der Ariseur nicht von außen kam, sondern einer der „Ihrigen" war. Neben den politischen, moralischen und rechtlichen Aspekten und auch jenen der Rückstellung von arisiertem Vermögen ist die Erforschung der jüdischen Zwangsenteignung deshalb so wichtig, weil sie die Alltagsgeschichte der NS-Zeit selbst in kleinsten Dörfern erhellt.

SA or on the concentration camps. With Aryanization, we're talking about plain, normal citizens, often neighbors or acquaintances of Jews who participated and profited. Often, interest groups were formed. For instance, a lawyer, an old Nazi party member, and perhaps one more employee would get together in a company that was about to be Aryanized, and make a specific effort to take over Jewish property. Sometimes it was a major portion of the town's population which asked the Party "We have a sawmill owned by Jews. When is it finally going to be Aryanized". Another important characteristic of Aryanization is that it was published in the "Tagespost", as well as in other media. It was possible to publicly apply for ownership of a company that was to be Aryanized. Or the new owner would advertise in newspapers after taking over a company "Company XY is finally in Aryan hands". Aryanization, which was largely complete by 1940, is a good example of just how strongly a significant portion of the population was involved in the activities of the Nazi regime, and helped to implement them. Sometimes, Jews who were forced to sell their property chose their aryanizers themselves. They did this in the hope that after the end of the Nazi dictatorship they might be able to reach an agreement with the aryan owner. In individual cases, this even worked.

Then we need to revise the self-image of Austrians, who like to see themselves as victims of Hitler's Germany?

Staudinger: Indeed, the topic of Aryanization says a lot about the perpetrators, often much more than about the victims. So we can learn a lot about the thought patterns, the morals and values which the perpetrators held, and also about their ideology and local egotism. Thus, in small villages, we often find that the aryanizers were not outsiders but local residents. Along with the political, moral, and legal aspects, and also the aspects of returning Aryanized property to its rightful owners, its important to study the expropriation Jewish assets because it sheds light on everyday life in the Nazi period, even in the smallest villages.

Triumph und Verlust

**Gemälde von
Mela Spira-Hartwig.**

*Painting by
Mela Spira-Hartwig.*

Die meisten Juden, denen die Worte Hitlers vom „blutsaugenden Gesindel, das vernichtet gehört", sehr wohl bekannt waren, wollten und konnten nicht glauben, dass man sie ihres Vermögens bestehlen, ihres Ansehens und ihres Lebens berauben wollte. Sie, die die deutsche Kultur so sehr geliebt hatten, sollten plötzlich nicht mehr Teil dieser Nation sein? Das war für sie unvorstellbar. Sie versuchten sich zu beruhigen und sich selbst etwas vorzumachen: Es würde schon nicht so schlimm werden.

Selbst weltgewandte Menschen wie der damals 65-jährige Chemie-Nobelpreisträger Otto Löwi, der sich selbst als „Großdeutschen" bezeichnet hat, hatte die dramatische Lage verkannt: „Das Äußerste, was mir passieren kann, ist, dass man mich vorzeitig in Pension schickt." Wenige Monate danach war er froh, das Land mit armseligen zehn Reichsmark verlassen zu können.

Although most Jews were certainly aware of Hitler's diatribes against them as "blood-sucking vermin who should be exterminated", they were simply unable or unwilling to believe that the Nazis really wanted to rob them of their possessions, their respect, and their lives. How could it be that they, who loved German culture so well, should suddenly cease to be a part of this nation? It was inconceivable to them. They tried to calm themselves, to fool themselves: It wouldn't be so bad after all. Even worldly people like the 65-year-old Nobel Prize winner Otto Loewi, who considered himself a pan-Germanist, underestimated the seriousness of the situation. "The worst thing that can happen to me is that they would force me to retire early." A few months later, he was lucky to be able to leave the country with a mere ten reichsmarks in his pocket. Others proudly showed the Nazis their decorations and medals received for courage in

Triumph and Loss

Andere wiesen den Nazis ihre Auszeichnungen und Tapferkeitsmedaillen aus dem Ersten Weltkrieg vor, um zu beweisen: Wir haben für dieses Land gekämpft und waren bereit, unser Leben dafür zu geben. Auch sie mussten bald bemerken, dass dies die neuen Machthaber wenig kümmerte. Andere wiederum wollten nicht wahrhaben, dass sie ihre gutbürgerliche Existenz aufgeben und nach Palästina auswandern sollten. Ein heute in Israel lebender Jude erinnert sich an die irrationale Argumentation seines Vaters, der es abgelehnt hatte, rechtzeitig nach Palästina auszuwandern, weil es „dort Moskitos und keine zentrale Gasanlage" gäbe.

Es waren über 2200 Juden, die aus Graz vertrieben wurden. Fünf von ihnen – drei prominenten und zwei nicht in der Öffentlichkeit stehenden Grazer Juden – seien die folgenden biografischen Notizen gewidmet. Am Beispiel dieser fünf Lebensläufe lässt sich ermessen, welches Leid diesen Menschen zugefügt wurde und welchen Verlust dies für die Stadt Graz bedeutete. Es hat freilich Jahre gedauert, ehe der ursprüngliche Triumph, die erste judenfreie Großstadt der Ostmark zu sein, als Verlust empfunden wurde. Und schon lassen sich wieder vereinzelt Belege dafür finden, dass der Judenhass noch nicht überwunden ist. Die Gesellschaft des beginnenden 21. Jahrhunderts wird beweisen müssen, dass ihre Demokratie gefestigter und ihre Zivilcourage größer ist, als dies 60 Jahre zuvor der Fall war.

the first world war, as if to say "We fought for this country, and were prepared to give our lives for it." But they too were soon forced to recognize that the new government cared precious little about their contributions. Others refused to believe that they would have to give up their middle-class existence and emigrate to Palestine. One Jewish man who lives in Israel today remembers the irrational arguments of his father, who had refused to leave for Palestine while there was still time because there were "mosquitos and no central gas facilities." More than 2,200 Jews were expelled from Graz. The following biographical notes are dedicated to five of them. Three are prominent, but two are not well known. Their life stories give us an idea of the suffering inflicted upon these people and of the loss to the city of Graz which it represents. Never mind that it took years before the original triumph of being the first "Jew-free" city in Austria came to be recognized as an irrevocable loss. Sporadic incidents show that anti-Semitism has not yet been overcome. At the beginning of the 21st century, society here will have to prove that its democracy is firmer and its civic courage greater than it was 60 years ago.

Palästina: Für viele Juden war es nach der Machtübernahme durch die Nazis ein sicherer Hafen.

Palestine: For many Jews, it was a safe haven after the Nazis took over.

Otto Löwi: Nobelpreisträger für Medizin

Am 12. März, dem Tag des Einmarsches der Nationalsozialisten, an dem ganz Österreich – sei es aus Freude oder Furcht – in heller Aufregung war, saß Otto Löwi zu Hause und spielte Bridge. „Mir und dem Radetzky werden die Nazis nichts anhaben", meinte er beiläufig. Seine Zuversicht bezog er aus der Überzeugung, dass er für die Nazis als Großdeutscher keine Bedrohung darstelle. Zudem hatte er sich von seinem Judentum längst distanziert. Löwi sollte sich irren.

1873 in Frankfurt am Main geboren, zieht Löwi 1904 zunächst nach Wien; nach Graz kommt er 1909, als er der Berufung zum Ordinarius des Pharmakologischen Instituts an der Karl-Franzens-Universität folgt. In Graz will Löwi auch bleiben. Er baut sich in der Johann-Fux-Gasse 35, unweit der Universität, inmitten eines großen Gartens eine Stadtvilla. In ihr werden vier Kinder geboren, in ihr gibt seine Frau große Gesellschaften mit bis zu 150 Gästen. An diesen Abenden, an denen seine Mitarbeiter und Assistenten Gäste seiner Frau sind, zieht er sich häufig ins Institut zurück. Dort kann er alleine und ungestört arbeiten.

Worin bestand nun die wissenschaftliche Leistung Löwis? Univ.-Prof. Dr. Fred Lembeck, einer seiner Nachfolger am Pharmakologischen Institut in Graz, fasst zusammen: „Die große Frage, die sich Forscher zu Beginn des vorigen Jahrhunderts stellten, war, wie eine Nervenzelle ein Signal an die nächste weitergibt. Ein chemischer Vorgang schien wahrscheinlich, doch fehlten dazu die Beweise. Und diesen Beweis erbrachte Otto Löwi mit einer erstaunlich einfachen Versuchsanordnung. Er entnahm einem Frosch das Herz. Dieses ist noch über viele Stunden regelmäßig aktiv. Das heißt: Es pumpt im Körper. In dieser Präparation des ‚isolierten Herzens' sind auch noch die zum Herzen führenden, seine Tätigkeit regulierenden Nerven enthalten. Einer der zuführenden Nerven erhöht die Leistung, der andere reduziert sie. Jeder dieser beiden Nerven gibt an seinem Nervenende im Herzen einen speziellen Stoff, einen sogenannten Neurotransmitter, ab. Die Natur dieser beiden Stoffe und ihre Wirkung entdeckte Löwi. Diese am

On March 12, the day the Nazis marched into Austria, when the whole country was in a state of excitement – out of joy or out of fear – Otto Loewi sat at home playing bridge. "The Nazis can't do anything to me or to Radetzky" he said casually. His confidence came from the belief that, as a pan-Germanist, he was not a threat to the Nazis. Also, he had long since distanced himself from his Jewish heritage. But Loewi was mistaken.

Born in Frankfurt am Main in 1873, he moved to Vienna in 1904, and came to Graz to take a position as a full professor at the Pharmacological Institute at the University in 1909. Loewi wanted to stay in Graz. He built a villa with a big garden near the university at No. 35, Johann-Fux-Gasse. Here, four children were born, and here his wife gave parties with up to 150 guests. On these evenings, when his colleagues and assistants were his wife's guests, he frequently retreated to the university. There he could be alone and work in peace.

What was Loewi's contribution to science? Univ.-Prof. Dr. Fred Lembeck, one of his successors at the Pharmacological Institute in Graz, summarizes. „The big question which researchers were asking at the beginning of the 20th century was how one nerve cell could relay a signal to another. A chemical process seemed likely, but the proof had not been found. And Otto Loewi found the proof with an amazingly simple experiment. He removed a frog's heart, which is still active many hours later. That is to say, it is still pumping in the body. In this preparation of the 'isolated heart' the nerves which lead to it and regulate its function are still attached. One of the tributary nerves increases the function, another reduces it. Each of the two nerves releases a special substance, a so-called neurotransmitter. Loewi discovered the nature of these substances and their effects. This discovery, made on frog hearts, also holds true for the hearts of higher animals and humans. However, this release of neurotransmitters takes place in billions of other nerve cells in the brain, in the spinal cord, and in peripheral organs. This discovery was enormously important for the fields of biology and

Otto Loewi, Nobel Prize Winner in Medicine

Froschherzen gemachte Entdeckung gilt auch für die Steuerung des Herzens höherer Tiere und des Menschen. Die Abgabe von Neurotransmittern findet aber auch an Milliarden anderen Nervenzellen im Gehirn, im Rückenmark und in peripheren Organen statt. Diese Entdeckung war für die Biologie und Medizin ungeheuer entscheidend und hatte weitreichende pharmakologische Auswirkungen. So beruht heute die Behandlung von Asthma, Muskelerkrankungen, Erkrankungen des Verdauungstraktes, aber auch von Parkinson und psychischen Defekten größtenteils auf der Verwendung von Arzneimitteln, welche die chemische Transmission beeinflussen."

Löwi wird aber nicht nur als herausragender Wissenschaftler, sondern auch als humorvoller Mensch beschrieben. Einem Studenten, der an einem späten Nachmittag an der Institutstür klingelt, um sich zu einer Prüfung anzumelden, öffnet Löwi – mit einem grauen Arbeitsmantel bekleidet – persönlich die Tür. „Wo ist der alte Jud?", fragt der Student und bekommt prompt, keinesfalls aber beleidigt, zur Antwort: „Der alte Jud, das bin ich!"

Seine Assistenten schildern ihn auch liebenswert hypochondrisch. Eines Tages, so erzählt man sich, sei er vor dem Spiegel gestanden, die Krawatte gelockert, das Hemd geöffnet. Leicht betastet er seinen Hals, wobei er die Befürchtung äußert, einen Kropf zu bekommen. „Kaufen Sie sich doch einen Steireranzug dazu, Herr Professor!", war der gut gemeinte Rat eines Mitarbeiters.

Im Freundeskreis erzählt man sich auch die Anekdote, dass Löwi einem verwandten Bankier voll Stolz seinen Versuch mit einem pulsierenden Froschherzen vorführte, worauf dieser ein wenig despektierlich fragte: „Sag' Otto, ist das eine sinnvolle Beschäftigung für einen erwachsenen Mann?"

Es war eine sinnvolle. Im Jahre 1936 wird dem international renommierten Wissenschaftler gemeinsam mit seinem englischen Freund Sir Henry Dale der Nobelpreis für Medizin verliehen.

„Weil aber der Schilling als Währung sehr instabil war, hat mein Vater sein Preisgeld mit

medicine, and had far-reaching effects on pharmacology. Thus the treatment of asthma, muscular diseases, afflictions of the digestive tract, but also of Parkinson's Disease and psychic defects is largely based on the use of medicines which influence the chemical transmission."

Loewi is described not only as an outstanding scientist, but also as a person with a sense of humor. Late one afternoon, the doorbell rang. Loewi, dressed in a gray work coat, opened the door for a student who wanted to register for an exam.

"Where's the old Jew?" the student asked, and received the prompt, but by no means offended reply "The old Jew, that's me!"

His assistants also portray him as a lovable hypochondriac. One day, it is said, he was standing in front of a mirror with his tie loosened, shirt open. Carefully, he felt his neck, and expressed the fear that he was developing a goiter. A colleague cheerfully suggested "Buy yourself *Steireranzug* to go with it, Professor!" (note: the goiter, a thyroid disorder often caused by iodine deficiency, was once common in Styria).

Among his friends the story was told that Loewi once enthusiastically told a banker friend about his experiments with throbbing frog hearts, whereupon the banker asked, with noticeable lack of respect, "Otto, is that a sensible way for a grown man to spend his time?"

It was sensible. In 1936, the internationally renowned scientist received the Nobel Prize for Medicine, together with his English friend, Sir Henry Dale. "Because the shilling was very unstable, my father deposited his prize money in a bank in Stockholm, with permission from the Austrian government. He brought only 4,000 schillings back to Graz, and gave each of us children 1,000. I bought myself a Puch motorcycle" reminisces his son Guido, now 85 years old.

The Nazis cared neither about the Nobel prize nor about the fact that Loewi was apolitical. In 1938, he was barred from entering university grounds, and his contract was dissolved. When he had to leave Austria, he had no

Genehmigung der österreichischen Regierung in einer Bank in Stockholm deponiert. Nur 4000 Schilling hat er mit nach Graz gebracht, für jedes von uns vier Kindern je 1000. Ich habe mir dafür ein Puch-Motorrad gekauft", erinnert sich sein Sohn, der heute 85-jährige Guido.

Die Nazis kümmern sich aber weder um die hohe Auszeichnung, noch darum, dass Löwi unpolitisch war. 1938 wurde ihm das Betreten der Universität verboten und sein Dienstverhältnis gelöst. Als er Österreich verlassen musste, hatte er nicht mehr als zehn Reichsmark in der Tasche. Der Preis für seine Flucht war hoch: „Er musste die gesamte Summe, die mit der Auszeichnung verbunden war, auf die Krentschker-Bank in Graz überweisen. Zu diesem Konto hatten die Nazis, nicht aber mein Vater Zugriff", erzählt Guido Löwi.

Die Villa wird von der deutschen Armee konfisziert, die Löwis hingegen finden in einer billigen Gegend in London in einer unmöblierten Einzimmerwohnung Zuflucht. Die Möbel erbitten sie von der Heilsarmee.

Ein Zuhause wird Löwi nicht mehr finden, denn er muss als 65-Jähriger überall dort heimisch werden, wo sich ihm eine Arbeitsmöglichkeit bietet: in Brüssel, in England, in New York.

In einem Alter, in dem die meisten Menschen an ihren Ruhestand denken, bleibt Löwi von der Wissenschaft gefangen. Anerkennung dafür erfährt er durch die Aufnahme in den elitären Kreis der Royal Society London. Dies habe ihn mehr gefreut als der Nobelpreis, weiß sein Sohn zu berichten.

Löwi hat in Graz alles verloren. War er verbittert darüber?, fragen wir. „Nein, und es ist kaum vorstellbar. Weder mein Vater noch meine Mutter, die auch Besitzungen in Triest verloren hat, haben auch nur ein einziges Mal in Gram zurückgeblickt."

Nach Graz sind sie nicht mehr gekommen. Otto Löwi stirbt am 25. Dezember 1961 in England.

more than ten reichsmarks in his pocket. The price for his escape was high. "He had to sign over the entire sum from the Nobel Prize to the Krentschker Bank in Graz. The Nazis had access to the account, but not my father", recounts Guido Loewi.

The villa was confiscated by the German army, and the Loewis found refuge in an unfurnished, one-room flat in a cheap part of London. They begged furniture from the Salvation Army. Loewi was not to find a permanent home, for he was forced to go where he could get work at age 65: in Brussels, in England and in New York. At an age when most people think about retirement, Loewi remained bound by science. He received recognition in the form of membership in the elite Royal Society in London. This meant more to him than winning the Nobel Prize. Loewi lost everything in Graz. "Was he bitter about it?" we asked his son. "No, and it's hard to believe. Neither my father nor my mother, who also lost properties in Trieste, ever once looked back in anger." They never returned to Graz. Otto Loewi died on December 25, 1961 in England.

Das Haus, das sich
Otto Löwi erbaute: Nach
seiner Flucht aus Graz,
war er froh, ein winziges
Appartement in London
zu haben.

*The house that Otto
Loewi built: After fleeing
Graz he was glad to find
a tiny flat in London.*

Mela Spira-Hartwig: Eine frühe Kämpferin für die Frauen

„Es waren die Nazis." So werden Untaten und Verbrechen gegenüber „rassisch Minderwertigen" gerne entschuldigt. Dies stimmt und deckt doch viel zu: etwa, dass bereits deutlich vor 1938 in Österreich Künstler totgeschwiegen wurden und dass sich diese Praxis auch nach 1945 fortgesetzt hat. Dies belegt die Lebensgeschichte von Mela Spira-Hartwig.

Melanie wird am 10. Oktober 1893 in Wien als Tochter des jüdischen Soziologen und Politikers Theodor Hartwig geboren. Früh fördert der Vater das künstlerische Talent seiner Tochter und lässt sie zur Schauspielerin ausbilden. Rollen in Henrik Ibsens „Hedda", in Frank Wedekinds „Lulu", aber auch in Franz Grillparzers „Jüdin von Toledo" am Schiller-Theater in Berlin zeugen von einer erfolgreichen Bühnenkarriere. Diese bricht Mela ab, als sie 1921 den jüdischen Rechtsanwalt Robert Spira, einen entfernten Verwandten Bruno Kreiskys, heiratet und mit diesem nach Graz zieht. Sie wohnen in Gösting in der Schulgasse 17 (heute Aspachgasse 6).

In ihrer neuen Heimat wendet sich Mela Spira der Literatur zu. Durch ihre Novelle „Das Verbrechen" wird Alfred Döblin auf sie aufmerksam. Er zeichnet das Werk bei einem Literaturwettbewerb aus und empfiehlt den Abdruck in einem Verlag, der auf Psychoanalyse spezialisiert ist. Denn die Bewunderin, aber auch Kritikerin von Sigmund Freud, schildert im „Verbrechen" die Liebe einer Tochter zu ihrem seelisch kranken und sadistischen Vater. Wenn sie dabei sexuelle Wunschträume, aber auch ödipale Konflikte beschreibt, bedient sie sich einer ausdrucksvollen Sprache: „Ich liege auf dem Seziertisch: Du schneidest mir die Bauchdecke auf und wühlst mit blutigen Händen in meinen Gedärmen, du schneidest mir das Herz aus der Brust, stopfst es mir in den Mund wie einen Knebel, damit ich nicht schreien kann [...]. Du kratzt mir das Gehirn aus dem Schädel wie eine Frühgeburt und füllst den Hohlraum mit deinem Samen an." Für die Nazis galt diese Literatur als abartig. Kenner von Spiras Werk hingegen interpretieren die Stelle folgendermaßen: „Die Hauptperson der Novelle sieht sich als Hohl-

"It was the Nazis." That's how the crimes and misdeeds against "racially inferior" groups are often excused. This is true, but it also covers up a lot, such as the fact that long before 1938, many artists were "ignored to death" and that this practice continued after 1945. This is illustrated by the biography of Mela Spira-Hartwig. Melanie was born on October 10, 1893 as the daughter of the Jewish sociologist and politician Theodor Hartwig. Hartwig promoted his daughter's artistic talents early, and supported her acting studies. Her stage success is demonstrated by roles in Henrik Ibsen's "Hedda Gabler", Frank Wedekind's "Lulu", as well as in Franz Grillparzer's "The Jewess of Toledo" at Berlin's Schiller Theater. But Mela ended her career in 1921 when she married the Jewish lawyer Robert Spira, a distant relative of Bruno Kreisky, and moved with him to Graz. They lived in Gösting at No. 17, Schulgasse (now No. 6, Aspachgasse). In her new home Mela Spira dedicated herself to literature. With her novel "Das Verbrechen" (The Crime), she attracted the attention of Alfred Döblin. He honored the work at a literature contest and recommended it to a publishing house which specialized in psychoanalysis. For in the book, Spira, who was both an admirer and a critic of Sigmund Freud, describes the love daughter's love of her mentally ill and sadistic father. In describing sexual fantasies as well as Oedipus conflicts, she uses an expressive language. "I am lying on the dissection table: you cut open my abdomen and dig with bloody hands in my guts, you cut my heart out of my breast, stuff it into my mouth like a gag, so that I can't scream [...]. You scrape my brain out of my skull like a premature baby and fill the hollow space with your semen." The Nazis considered this literature perverse. Those who know Spira's work, on the other hand, interpret it thus: "The main character feels like an empty vessel, like an object to be filled and formed at will by her all-powerful father."

In 1929, Spira-Hartwig was awarded the Julius Reich Prize for Poetry by the City of Vienna for her novels "Extasen" (Ecstasies) and "Das Weib ist ein Nichts" (The Woman is a

Mela Spira-Hartwig: An Early Feminist

raum, als ein von ihrem übermächtigen Vater beliebig zu füllendes und zu formendes Gebilde."

1929 wird Spira-Hartwig für ihren Novellenband „Ekstasen" und den im selben Jahr erscheinenden Roman „Das Weib ist ein Nichts" mit dem Julius-Reich-Dichter-Preis der Stadt Wien ausgezeichnet. Teilweise werden die Werke ins Italienische und auch ins Englische übersetzt. Es gibt auch konkrete Pläne, „Das Weib ist ein Nichts" zu verfilmen. Sogar die Darstellerin für die weibliche Hauptrolle steht bereits fest: Greta Garbo. Im letzten Moment scheitert das Filmvorhaben allerdings.

Die Novellen, in einer ekstatisch-expressionistischen Sprache verfasst, haben Frauen in Extremsituationen zum Thema und beklagen die Situation der Frau als Opfer in einer patriarchalischen Gesellschaft. Mela Spira-Hartwig wird somit zu einer Vorläuferin der Frauenliteratur, auch wenn sie in der Gleichsetzung des Weiblichen mit der Natur und des Männlichen mit der Vernunft in ihren Grundmustern noch sehr konservativ ist.

Stefan Zweig verwendet sich für die Literatin beim Wiener Zsolnay-Verlag. Dieser findet ihr 1931 fertig gestelltes Buch „Bin ich ein überflüssiger Mensch?" als zu „abseitig". Auch ihre nächste Arbeit, der 1933 beendete Novellenband „Quer durch die Krise", in dem es um die männliche Angst vor Entlassung und Arbeitslosigkeit geht, scheint Zsolnay zu gewagt. Diesmal ist man in der Begründung der Absage an die Literatin direkter und offener: „Wir können nur soviel andeuten, daß wir für einige Zeit mit unserer Produktion äußerst vorsichtig sein müssen".

Die Autorin, der von der zeitgenössischen Kritik „Hellsichtigkeit" und ein „tiefer Blick für verborgene Hintergründe" attestiert werden, verliert mit den Verlagen, die bereits Anfang der dreißiger Jahre auf die Nazis Rücksicht nehmen, die Möglichkeit zu veröffentlichen. Sie schreibt, aber sie erreicht ihr Publikum nicht. Deswegen sucht Spira-Hartwig eine nonverbale Ausdrucksform: „Die künstlerische Frustration sucht sich ein von der deutschen Sprache unabhängiges Ventil": die

Nothing) which appeared the same year. Some of her works were translated into Italian and English. There were concrete plans to film "Das Weib ist ein Nichts". The female lead role had even been cast: Greta Garbo. But the film project was called off at the last moment. The novels, written in an ecstatic-expressionistic style, deal with women in extreme situations, and decry the situation of women as the victim of a patriarchal society. Mela Spira-Hartwig was thus a forerunner of women's literature, even though in equating the feminine with nature and the masculine with reason she was very conservative in her thought patterns. Stefan Zweig intervened on her behalf at the Zsolnay publishing house in Vienna. But Zsolnay found her book "Bin ich ein überflüssiger Mensch?" (Am I a Superfluous Person?), which was finished in 1931, to be too esoteric. Her next work, "Quer durch die Krise" (Straight Through the Crisis) which she finished in 1933, dealt with male anxiety about unemployment and being fired. It, too was too risqué for Zsolnay. This time, the publisher was more direct in justifying the negative decision. "We can only imply so much as to say that, for the time being, we must be very careful about what we produce." Critics attest to the writer's "ability to read minds" and "sharp eye for hidden relationships". But because even at the beginning of the 30's the publishing houses were were being careful not to offend the Nazis, she never had an opportunity to publish her new work.

She wrote, but she was unable to reach her audience. For this reason, Mela Spira-Hartwig began to look for a non-verbal form of expression. "Artistic frustration seeks a vent independent of the German language." Spira-Hartwig found it in the form of painting. She took lessons from Alfred Wickenburg, who taught at the art school in Graz. Only one painting still exists from this early period. For the Nazis, she was a thrice-guilty woman: a Jew, a political leftist, and an abstract painter to boot. They destroyed every trace of her work. She took nothing with her into exile, because her husband, Dr. Robert Spira insisted on fleeing without

Malerei. Sie nimmt Unterricht bei Alfred Wickenburg, der an der Landeskunstschule in Graz unterrichtet.

Aus dieser frühen Periode ist nur ein einziges Bild erhalten, denn die Nazis haben von der dreifach verfemten Frau, die jüdisch, politisch linksorientiert und noch dazu abstrakte Malerin war, alles vernichtet. Ins Exil hat die Künstlerin nichts mitgenommen, da ihr Mann, Rechtsanwalt Dr. Robert Spira, darauf bestanden hatte, die Flucht ohne Gepäck anzutreten. Koffer wären zu auffällig gewesen. Und so reisen die Spiras – der von den Nazis gehasste Rechtsanwalt und seine geächtete Frau – nur mit dem, was sie am Leib haben, über Brünn nach Spanien und von dort nach Paris und schließlich nach England.

Obwohl Spira im Exil erst recht keine Rezeption erfährt, beginnt sie wieder zu schreiben. Möglicherweise ist dieser literarische Neuanfang auch auf die enge Freundschaft mit Virginia Woolf zurückzuführen. Ein Forum, in dem sie ihre drei im Exil verfassten Romane hätte veröffentlichen können, soll sich aber auch nach dem Krieg nicht finden. Und so sind es nur magere sechs Seiten, die von Spira-Hartwig unmittelbar nach 1945 in Österreich publiziert werden.

Damit ist klar: Nicht nur die Nazis, sondern die vorauseilend Gehorsamen in den frühen dreißiger Jahren und die Macht der ewig Gestrigen nach dem Zweiten Weltkrieg haben so manchen Künstler mundtot gemacht.

Was bei der Literatin gelang, schaffte man bei der Malerin nicht. Ihre Werke hängen heute in zahlreichen Galerien in England und Israel und finden sich in angesehenen Privatsammlungen, wie in jener des britischen Dramatikers John Osborne.

Drei Jahre nach dem Krieg kommen die Spiras erstmals wieder in ihre alte Heimat, wo sie sich bemühen, ihre beiden Häuser in Graz und in Tauplitz sowie ihre zwangsarisierten Gemälde wiederzubekommen, die sie 1938 zurücklassen mussten. „Die Leute in der Steiermark haben sich geschreckt, wie sie uns gesehen haben", erinnert sich Robert Spira.

baggage. Suitcases would have been obvious. So the Spiras traveled – the lawyer and his wife both considered enemies of the Nazi state – with only the clothes on their backs. They went first to Brno (Brünn) and from there to Spain, and on to Paris and finally to England. Although Spira's work had even less audience exposure due to her exile, she once again began to write. This new literary beginning may also have been spurred by her friendship with Virginia Woolf. But even after the war, she never found a forum in which she could publish the three novels written in exile. And thus only six short pages of Spira-Hartwig's work were published shortly after 1945. This demonstrates that it was not only the Nazis themselves, but also the overeagerness to pander to them in the early 30s and the power of the unrepentant after the war which helped to silence many an artist. But what the Nazis managed to do to the writer, they could not do with the painter. Her works hang in numerous

Zurück nach Graz wollen sie ohnedies nicht mehr – vergessen wollen sie die Heimat aber auch nicht. Und deswegen nehmen sie drei Tannenbäume mit nach England, die sie im Garten ihres Reihenhauses in London pflanzen.

Am 24. April 1967 stirbt Mela Spira-Hartwig 74-jährig in London. Kurz darauf folgt ihr ihr Mann nach.

Was die Künstlerin, die nicht verlegt worden ist, leider nicht mehr erlebt hat: die Neuauflage ihres Romans „Ekstasen" 1992 im Ullstein-Verlag.

galleries in England and Israel, and are found in respected private collections like that of the British dramatist John Osborne. Three years after the war, the Spiras first returned to their former home, where they made efforts to reclaim their houses in Graz and Tauplitz, as well as the paintings left behind in 1938, which had been Aryanized. "People in Styria were shocked to see us" Robert Spira remembers. They didn't want to live in Graz anyway – but they don't want to forget their home, either. And for this reason, they took three native fir trees with them to England and planted them in the garden of their townhouse in London. Mela Spira-Hartwig died in London on April 24, 1967 at the age of 74. Her husband followed soon after. What the author who wasn't published unfortunately didn't live to see: her novel "Extasen" was reprinted by Ullstein Verlag in 1992.

Gershon Schoffmann – der „hebräische Peter Altenberg"

Alfred Polgar und Peter Altenberg – sie schufen aus flüchtigen Begegnungen, aus kurzen Eindrücken und zufällig belauschten Gesprächen erzählerische Skizzen von höchster literarischer Qualität. Man erinnert sich ihrer ehrfurchtsvoll und vergisst doch bei der Aufzählung der Wiener Literaten zu Beginn des zwanzigsten Jahrhunderts einen der ihren. Einen, der aber doch nie ganz zu ihnen gehört hat: Gershon Schoffmann.

In Graz, wo Schoffmann – später auch Shofman – zwischen 1921 und 1938 gelebt hat, ist er heute nahezu unbekannt. Auf sein Werk wurde man erst kürzlich wieder aufmerksam, als Texte des „hebräischen Peter Altenberg" aus Israel nach Graz gelangten. Einige wenige Kurzgeschichten werden in diesem Buch erstmals seit 1938 veröffentlicht. Sie wurden ausgewählt, weil sie ohne dramatische Übersteigerung illustrieren, wie ein Grazer Jude den zunehmend aggressiver werdenden Antisemitismus empfunden hat.

Geboren wird Schoffmann 1880 in Orascha (Russland), wo er als Sohn religiöser Juden zunächst in einer Jeschiwa studiert. Während des russisch-japanischen Kriegs (1904) desertiert er und kommt 1913 über Warschau und Lemberg nach Wien. Bereits nach einem Jahr in der Stadt sagt er: „Ich bin ein Wiener und werde nicht so schnell von hier weggehen". Tatsächlich bleibt er in Wien, wenngleich er mit zwei seiner drei Sprachen, dem Hebräischen und dem Jiddischen, in dieser Stadt ein Fremder bleibt. Die innere Asylsituation ist schwierig, die äußere nicht minder. Ohne Papiere, in großen Geldnöten, geplagt von Selbstmordgedanken, hält er sich über den Kontakt zu jiddischen Schriftstellern und die Großzügigkeit einer jüdischen Armenküche am Leben.

Die Wende tritt ein, als Schoffmann Anni Plank kennen lernt, eine Büroangestellte in einer jüdischen Wäscherei. Mit ihr zieht er nach Graz. Sie mieten sich in der Krottendorfstraße 72 ein, später übersiedeln sie in die Schillerstraße (heute: Fontaneweg). 1922 wird ihr Sohn geboren, den sie Peter nennen – nach Schoffmanns literarischem Vorbild Peter Altenberg, den er während seiner Wiener Zeit ins Hebräische übersetzte. Von ihm wird er später sagen: „Er ist kleiner als ich."

Während er sich in Wien sozialkritisch engagierte, hat Schoffmann in Graz zunächst eine unpolitische Schaffensperiode. Er schildert das dörfliche Leben in Wetzelsdorf, begeistert sich an der

Alfred Polgar und Peter Altenberg created literary sketches of high quality from casual encounters, brief impressions, and conversations overheard by chance. They are remembered reverently, and yet, when we list Viennese men of letters at the beginning of the 20th century, we often forget one of the group. One of the group, and yet one who never truly belonged: Gershon Schoffmann.

In Graz, where Schoffmann – later also Shofman – lived between 1921 and 1938, he is practically unknown today. His works were recently rediscovered when texts by the "Hebrew Peter Altenberg" reached Graz from Israel. In this book, a few short stories were published for the first time since 1938. They were chosen because they illustrate, without dramatic exaggeration, how a Graz Jew perceived the increasingly aggressive anti-Semitism of the period. Schoffmann was born in 1880 in Orascha, Russia where, as the son of religious Jews, he first studied in a yeshiva. During the Russo-Japanese war (1904) he deserted and reached Vienna by way of Warsaw and Lemberg. After just one year he remarked "I am Viennese, and I am not going to leave this place any time soon". Indeed, he remained in Vienna, even though in two of his three languages, Hebrew and Yiddish, he remained a foreigner in the city. His emigration was difficult both spiritually and phsyically. Without documents, in major financial difficulty, and haunted by suicidal thoughts, he survived through his contact with Yiddish authors and the generosity of a Jewish soup kitchen. Schoffmann's break came when he met Anni Plank, a clerk at a Jewish laundry. With her he moved to Graz. At first they rented a flat at 72 Krottendorfstrasse before moving to Schillerstrasse (today called Fontaneweg). In 1922 their son was born. He was named Peter, after Schoffmann's literary idol, Peter Altenberg, whose works he had translated into Hebrew during his years in Vienna. Later Schoffmann would say "He is not as big as I am".

Although he was a social activist in Vienna, in Graz Schoffmann's initial period was one of apolitical creativity. He wrote of village life in

Gershon Schoffmann – the "Hebrew Peter Altenberg"

Erdverbundenheit der ländlichen Bevölkerung und beschreibt die Gespräche von Bauern und Knechten in den Landwirtshäusern.

Mit dem Aufstieg des Nationalsozialismus wird Schoffmann wieder politisiert. Er schreibt nicht agitatorisch gegen die Nazis an, sondern er *be*schreibt. Und dies ist dramatisch genug, wie die Kurzerzählungen „Mit erhobener Hand" oder „Vertrau dir selbst nicht" belegen.

Bereits 1929, dem Jahr, in dem seine Frau Anni zum Judentum konvertiert und sich fortan Esther nennt, erhält er eine Einladung aus Palästina. Aber selbst 1935, als die Nazis in Deutschland bereits an der Macht sind, sagt er noch: „Momentan ist mein Leben nicht schlecht, aber ich überlege die Zukunft meiner Kinder in Österreich." Wenige Wochen nach dem Anschluss, am 11. Juli 1938, ist es schließlich so weit. Er schifft sich mit seiner Familie in Triest in Richtung Haifa ein. Auf demselben Schiff befindet sich auch die spätere Ministerpräsidentin Israels Golda Meir.

Am Hafen in Haifa wird Schoffmann ein unerwarteter Empfang zuteil. Ein Schriftstellerkomitee hat sich eingefunden, um ihn willkommen zu heißen. „Davar", eine der großen hebräischsprachigen Zeitungen des Landes, widmet ihm sogar einen Leitartikel.

Warum wird der Literat, der von Graz aus nur eine beschränkte Wirkungsgeschichte hatte, derart begeistert aufgenommen? Vor allem wohl deshalb, weil er hebräisch schrieb. Und das nur wenige Jahre nachdem Eliezar Ben Yehuda das Hebräische aus der Versenkung einer toten Sprache in die Lebendigkeit der Alltags geholt hat. Damit zählt Schoffmann bereits zu den Literaten des Judenstaates, als es diesen noch gar nicht gegeben hat. Der später gegründete Staat wird ihn mit dem „Bialikpreis" und mit dem „Israelpreis für Literatur" auszeichnen.

Beliebt ist Schoffmann aber auch, weil sein Werk ein Leben spiegelt, in dem sich zahlreiche Ostjuden wiederfinden: Es reicht vom Zusammenbruch der jüdischen Tradition in Russland, dem geistig eine Zeit der Orientierungslosigkeit folgt. Verlust der Heimat, Wanderschaft und Depression waren oft die Folge. Viele suchten ihren Lebenssinn in sozialistischen Idealen, die sie vor antisemitischen Übergriffen aber auch nicht zu schützen vermochten. Was ihnen blieb,

Wetzelsdorf, was enthusiastic about the rural residents' attachment to the earth, and described the conversations between farmers and hired hands at country inns.

With the rise of the National Socialists, Schoffmann once again became politically active. He didn't write agitation against the Nazis, he merely described them. And that was dramatic enough, as demonstrated by the short pieces "With Hand Held High" and "Don't Even Trust Yourself". As early as 1929, the year that his wife Anni converted to Judaism, henceforth going by the name of Esther, he received an invitation to go to Palestine.

But even in 1935, when the Nazis were already in power in Germany, he said "At the moment my life is not bad, although I have to think about the future of my children in Austria".

A few weeks after the "Anschluss," on July 11, 1938 he was ready. In Trieste, he and his family boarded a ship for Haifa. Also on board was Golda Meir, who would later become prime minister of Israel.

At the port of Haifa, Schoffmann received an unexpected welcome. A committee of writers had come to welcome him. "Davar", one of the largest Hebrew-language newspapers in the country, even wrote an article about him. Why was the author received with such enthusiasm, even though his work in Graz was known only to a limited audience? Mainly because he wrote in Hebrew. And this only a few years after Eliezar Ben Yehuda had retrieved Hebrew, considered a dead language, from its grave, and propelled it back into the vividness of everyday life. Thus Schoffmann was already a writer of the Jewish state, at a time when it didn't even exist yet. Israel would eventually award him its "Bialik Prize" and "Israel Prize for Literature".

But Schoffmann was also popular because his work reflected a life experienced by many east European Jews. It began with the collapse of the Jewish tradition in Russia, followed by a period of intellectual disorientation. Loss of

Land in Sicht: Europäische Flüchtlinge freuen sich, als sie von ihrem Fluchtschiff aus erstmals Palästina sehen.

Land ho: European refugees aboard a crowded ship rejoice at their first sight of Palestine.

war der Auszug nach Palästina, wo viele – auch Schoffmann – zunächst nicht hinwollten. Als der 75-Jährige gefragt wird, ob er Wien noch einmal besuchen wolle, winkt er ab. Er habe kein Verlangen danach. 1972 stirbt Schoffmann. Nach Graz ist er nie mehr gekommen.

homeland, aimless wandering, and depression were often the result. Many sought meaning for their lives in socialist ideals, but these didn't protect them from anti-Semitic attacks. All that was left for them was to emigrate to Palestine, where many—including Schoffmann—didn't originally want to go. When he was asked at age 75 whether he would like to visit Vienna again, he declined, saying he had no desire to go. Schoffmann died in 1972. He never returned to Graz.

Fremde

Zwei Volksschulen gibt es am Kai gegenüber des Flusses, eine neben der anderen. Die jüdische und die christliche. Die erste befindet sich im Hof des roten Tempels mit den bloßen roten Ziegeln, mit dem Davidsstern auf seiner Kuppel.
Die zweite im Nebenhaus, ein einfacher großer Ziegelbau mit vielen Gängen. Aus den oberen offenen Fenstern dringen die Stimmen der Schüler mit ihrem Gesang. Ein kraftvoller Klang bei ihnen, zaghafte Stimmen bei uns.
Während der Pause drängen die Kinder der christlichen Schule lärmend ins Freie. Sie überfluten die ganze Straße und erfüllen die Luft mit ihrem jungen Leben. Jedoch die Schüler der jüdischen Schule, sie bleiben im Hof und kauen heimlich ihre Jausenbrote.
Während des Sommers machen die Lehrer der christlichen Schule mit ihren Schülern weite Ausflüge außerhalb der Stadt, in die Berge, Täler der Umgebung. Und das mit Festlichkeit, Tanz und Geschrei, wie es sich für die Herren des Landes gehört.
Die jüdische Schule macht selten sehr weite Ausflüge. Die Kinder schreiten verzagt, ohne Sicherheit, als ob sich unter ihren Füßen kein fester Boden befände. Sie kommen bis zu dem Bezirk, in dem der jüdische Friedhof liegt, sie verweilen dort eine Stunde – und kommen zurück.
Wenn christliche Schüler beim Tempeltor vorbeigehen, schauen sie spöttisch hinein und zeichnen mit Kreide Hakenkreuze auf die Mauer.
Manchmal, wenn die Kinder aus beiden Schulen gleichzeitig hinausgehen, kommt es zu einem unvermeidlichen Treffen. Ein Kampf mit Fäusten und Steinen beginnt mitten auf der Straße, ein sturer Krieg, eine Feindschaft auf Leben und Tod seit Generationen.
Plötzlich trennen sich während des Kampfes zwei Jugendliche von jeder Gruppe, stehen beiseite und kämpfen nicht …
Sie stehen beiseite, nicht Schwarze und nicht Weiße, nicht Semiten und nicht Arier. Mit fremder Traurigkeit in ihren Augen, fremd zu den einen und zu den anderen, als ob sie von einem anderen Planeten kämen.
Das sind die Kinder aus Mischehen.

Gershon Schoffmann

Strangers

There are two primary schools next to each other on the quay across from the river.
The Jewish one and the Christian one.
The former is in the courtyard of the red temple with the bare, red bricks, with the Star of David on its dome.
The latter is in the building next-door, a large, simple brick building with many corridors.
From the open windows, the voices of the pupils, are heard, raised in song.
Theirs is a robust sound; our voices are timid.
During recess, the children at the Christian school pour noisily out of the building. They flood over the whole street and fill the air with young life.
Yet the children at the Jewish school, they stay in the courtyard, furtively nibbling their sandwiches.
During the summer, the teachers from the Christian school go on long excursions outside of town, to the nearby mountains and valleys.
They do it with a festive spirit, with dancing and shouting, as befits the Lords of the Land.
The Jewish school seldom goes on long excursions. The children shout timidly, without conviction, as if they have no solid ground under their feet.
They go as far as the district where the Jewish cemetery lies, rest there an hour, and return.
When Christian pupils pass by the temple gates, they stare in with mocking eyes, and draw swastikas on the walls.
Sometimes, when the children from both schools leave at the same time, there are inevitable encounters. In the middle of the street, a fight with fists and stones begins, a stubborn war, an enmity to the death for generations.
Suddenly, two boys on each side separate, stand aside, and don't fight…
They stand aside, not black and not white, not Semites and not Aryans. With foreign sadness in their eyes, foreign on one side, and foreign on the other, as though they were from another planet.
These are the children of mixed marriages.

Gershon Schoffmann

Laura Cohn, geb. Schwarz
Laura Cohn, née Schwarz

Laura Schwarz wurde 1924 in Graz geboren und lebt heute in New York (Brooklyn). Ihr Vater war Kaufmann für Textilien, ihr Vetter, der bekannte Rechtsanwalt Dr. Berthold Fleissig, leitete die zionistische Jugendgruppe Betar. (Er organisierte später in Tel Aviv deutsche Sprachgruppen.) „Wir waren assimilierte, aber doch bewusste Juden", erinnert sich Laura Cohn. Sie wohnte in der Mariahilferstraße 11 und besuchte die jüdische Volksschule, danach das Franz-Ferdinand-Oberlyzeum in der Sackstraße 8. „Den Antisemitismus habe ich schon in meiner Kindheit zu spüren bekommen, aber wir Juden haben eine eigene Gesellschaft gehabt, in der wurde darüber nicht gesprochen." In Erinnerung ist ihr noch, dass sie in der Schule im Turnunterricht nie eine Partnerin fand und dass Studenten bei einer Feier einmal ihren Cousin Berthold beim Fenster hinauswerfen wollten.

Kurz nach dem Einmarsch Hitlers in Österreich durchsuchten SS-Männer zwei Mal die Wohnung der Eltern: „Beim zweiten Mal hat uns ein Nachbar, ein Sozialdemokrat, gewarnt: ‚Geht's nicht hinauf, die sind schon wieder da.'" Auch die Hausgehilfin Theresia aus Hartberg erwies sich als sehr anständig: Obwohl ihr verboten wurde, in einem jüdischen Haushalt zu arbeiten, wollte sie die Familie nicht verlassen. Für vier Tage kam Lauras Vater in das Gefängnis am Paulustor.

Zwei Wochen vor der „Kristallnacht" floh der um vier Jahre ältere Bruder mit einem illegalen Transport nach Palästina. In der „Kristallnacht" wurden Laura und ihre Eltern mit einem Lastwagen abgeholt. „Wir wurden außerhalb von Graz der Reihe nach aufgestellt, die Maschinengewehre waren auf uns gerichtet und wir wurden angebrüllt: ‚Ihr Saujuden, geht's nach Osten, oder Süden, aber untersteht's euch, nach Graz zurückzugehen'." Der Vizepräsident der Grazer Kultusgemeinde, Karl Schwarz, führte die Gruppe bis zum nächsten Gasthaus an. Dort erwies sich ein Obersturmbannführer als „gnädig" und schickte die Frauen und Kinder und auch Lauras Vater wieder nach Hause. Am 1. April 1939 verließ Laura Schwarz endgültig Graz, um von Triest aus auf dem Schiff Galieri nach Palästina zu flüchten. Die Eltern folgten ihr im Sommer desselben Jahres: „Meine

Laura Schwarz was born in Graz in 1924, and now lives in Brooklyn, New York. Her father was a textile merchant. Her cousin, the well-known lawyer Dr. Berthold Fleissig, led the Zionist youth group Betar (he later also organized German language groups in Tel Aviv). "We were assimilated, but practicing, Jews", Ms. Cohn remembers. Laura lived on Mariahilferstrasse and attended the Jewish primary school, and later the Franz Ferdinand Oberlyzeum (High School) at No. 8, Sackstrasse. "I experienced anti-Semitism in my childhood, but we Jews had a society of our own, and we never talked about it." She still remembers that, at school, no one wanted to be her partner in Physical Education, and that a group of university students once wanted to throw her cousin Berthold out a window.

Shortly after Hitler marched into Austria, SS men twice searched her parents' apartment. "The second time, a neighbour who was a Social Democrat warned us: 'Don't go up there, they're back'." The family's housemaid from Hartberg, Theresia, was also a very decent person: even though she was forbidden to work in a Jewish household, she didn't want to leave the family. Laura's father was jailed at Paulustor for four days. Two weeks before the "Kristallnacht," Laura's brother, who was four years her senior, fled in an illegal transport to Palestine.

In the "Kristallnacht" Laura and her parents were picked up by a truck. "We were taken outside of town and lined up. The men pointed machine guns at us and screamed "You Saujuden go east, or south, but don't you dare go back to Graz!" The vice president of the Jewish congregation, Karl Schwarz, led the group to the nearest inn.

There, an Obersturmbannführer "graciously" sent the women and children and Laura's father home.

On April 1, 1939 Laura Schwarz left Graz for good. In Trieste, she boarded a ship, the Galieri, which took her to Palestine. Her parents followed in summer of the same year. "My parents had lost everything they owned, and had to resort to door-to-door sales

Eltern hatten gesamtes Hab und Gut verloren, sie begannen in Tel Aviv zu hausieren." Laura wurde in Jerusalem zur Schneiderin ausgebildet und litt furchtbar unter Heimweh, „auch, wenn ich glücklich war, dass ich der Hölle entkommen war".

1945 heiratete sie den Leiter einer amerikanischen Versandgesellschaft in Tel Aviv. 1961 zog das Paar mit seinen drei Söhnen nach New York. Eine Motivation für die neuerliche Emigration war der enge Familienzusammenhalt: Ihr Bruder lebte bereits in den USA. 1968 kam Laura Cohn wieder nach Graz, um ihrem Mann ihre ursprüngliche Heimatstadt zu zeigen: „Wenn ich noch einmal jung wäre und es nicht die Rassenfrage gäbe, dann würde ich Graz New York vorziehen. Ich wäre gern zur Sommerfrische in Mariatrost oder in Tobelbad."

Elisabeth Welzig

in Tel Aviv." In Jerusalem, Laura came be a seamstress, and she suffered terribly from homesickness, "even if I was happy to have escaped from Hell".

In 1945, she married the manager of an American mail order company in Tel Aviv. In 1961, the couple moved to New York with their three sons. One motive for this second emigration was to keep the family together, since her brother already lived in the US. In 1968 Laura Cohn made a trip to Graz to show her husband her hometown. "If I were young again, and this race issue didn't exist, I would prefer Graz to New York. I would like to spend a summer vacation in Mariatrost or Tobelbad."

Elisabeth Welzig

Lothar (Josef) Neurath

Lothar Neurath wurde am 12. April 1915 in Graz geboren und lebt heute in Haifa. Sein Vater hatte ein Möbelgeschäft in der Annenstraße, war aber zur Zeit der Geburt seines Sohnes im Ersten Weltkrieg eingerückt. Nach Kriegsende machte der Vater ein Tuchversandhaus am Grieskai auf und stand somit in Konkurrenz zu seinem Schwager, dem bekannten Grazer Tuchhändler Rendi. Neurath war es als Kind nicht bewusst, dass er Jude war, wurde dann aber doch in die jüdische Volksschule geschickt: Er sollte von dem latent schwelenden Antisemitismus abgeschottet werden. Er ging dann wie die meisten jüdischen Kinder in das Oeversee-Gymnasium und nach der 4. Klasse in die Handelsakademie, weil er den Betrieb seines Vaters übernehmen sollte. Er war aktiv in der zionistischen Bewegung. Nach der Matura arbeitete er im Geschäft seines Vaters. Er fühlte sich in Graz als Jude nicht wirklich akzeptiert. Nach dem Anschluss an Nazi-Deutschland bekam das Geschäft einen kommissarischen Verwalter, später wurde es aufgelöst.

Zu der Zeit wollten Hunderttausende nach Palästina, das Land gab aber nur 12.000 Zertifikate für Einreisewillige aus. Neurath wollte einen Verwandten in Udine aufsuchen: Zwischen Österreich und Italien war kein Visum vorgeschrieben. Aus Sicherheitsgründen ist er von Graz über Klagenfurt nach Triest geflogen. Italien war aber nur eine kurze Bleibe, bald schon gab es auch dort die Rassengesetze. Neurath bekam ein Touristenvisum für Palästina. Er landete mit einem Wasserflugzeug im September 1938 in Haifa. Ein Teil seiner in Graz verbliebenen Verwandten floh nach der „Kristallnacht" und kam bald darauf mit einem illegalen Transport auf dem Schiff „Liesl" nach Palästina. Dort wurden die Flüchtlinge vorerst in ein Lager gesteckt, dann aber freigelassen, wobei die wehrfähigen Männer nach Zypern geschickt wurden.

Neuraths Eltern bekamen ein „Kapitalistenzertifikat": Um das Land weiter zu entwickeln, gab die englische Mandatsregierung in Palästina noch weitere 2000 Zertifikate für wohlhabende Leute aus. Sie mussten beweisen, dass sie ein Vermögen von mehr als 1000 Pfund Sterling ins Land bringen. Die Familie Neurath hatte das Geld nicht, aber einer ihrer Verwandten war Bankier in den USA und eröffnete für sie ein fingier-

Lothar Neurath was born in Graz on April 12, 1915 and now lives in Haifa. His father owned a furniture store on Annenstrasse, but at the time of his son's birth, he was serving in the first world war. After the war, he opened a mail order cloth business at Grieskai, thus becoming a competitor of his own brother-in-law, the well-known Graz cloth merchant Rendi. As a child, Neurath was not aware of being a Jew until his parents sent him to a Jewish primary school in order to shelter him from the latent, growing anti-Semitism. Like most Jewish children, he attended the Oeversee Gymnasium High School, but changed to the Business High School after the 8th grade to prepare him to take over his father's business. He was active in the Zionist movement. After graduation, he worked in his father's business. As a Jew, he did not feel accepted in Graz. After the "Anschluss" (the unification of Austria with Nazi Germany), the family business was placed under a commissary adminstrator, and eventually dissolved.

In those days, there were hundreds of thousands of people who wanted to go to Palestine, but the country issued only 12,000 immigration certificates. Neurath decided to visit a relative in Udine, since no visa was necessary for travel between Austria and Italy. To be safe, he fled from Graz to Klagenfurt, and then to Trieste. But he stayed only briefly in Italy, for race laws were soon enacted there, as well. Neurath received a tourist visa for Palestine. He landed by seaplane in Haifa in September, 1938. Some of the relatives who had stayed behind followed him after the "Kristallnacht" and arrived illegally in Palestine on the ship "Liesl". There they were initially detained in a camp. They were soon released, but the men of military age were sent to Cyprus. Neurath's parents received a "capitalist certificate". To promote development of the country, the British mandate government of Palestine issued 2,000 certificates for wealthy immigrants. These persons had to prove that they could bring assets of more than 1,000 pounds sterling into the country. The Neurath family did not have the money, but a relative was a banker in the

tes Konto mit 1000 Pfund in Palästina. Sobald der Krieg ausbrach, folgten die Eltern ihrem Sohn nach Palästina. „Sie erlebten den Kriegsausbruch auf hoher See." Der schwerkranke Vater machte mit einem Grazer Freund in Tel Aviv ein kleines Konfektionsgeschäft auf. Lothar Neurath hat vorerst in der Landwirtschaft gearbeitet. Später jobbte er als Chauffeur und studierte an der Universität in Jerusalem. 1942 ging er zum englischen Militär, um gegen Hitler zu kämpfen.

Nach dem Krieg wurde er Taxifahrer. „In der Funktion habe ich auch für die jüdische Untergrundbewegung gearbeitet." Er heiratete die Tochter eines ostpreußischen Rabbiners. Als Taxifahrer hatte er viel mit Touristen zu tun und kam so auf die Idee, ein Reisebüro aufzumachen. Er absolvierte die Prüfung zum Reiseleiter und wurde zum Guide für Touristenbusse.

Als die AUA in den fünfziger Jahren die Fluglinie Wien–Tel Aviv eröffnete, lud sie aus PR-Gründen Neurath als Reiseleiter zu ihrem ersten Flug ein. Er hatte Wien in sehr schöner Erinnerung und war enttäuscht über die dunklen Häuser und ärmlich gekleideten Menschen. Er besuchte damals auch kurz Graz: „Ich fuhr mit der Straßenbahn durch die Annenstraße, die war fast unverändert, aber es gab keine jüdischen Geschäfte mehr." Seitdem hat er oft in Österreich Urlaub gemacht. Bitterkeit kennt er keine: „Ich bin von Natur aus nicht sehr nachtragend und außerdem mache ich doch einen Unterschied zwischen Österreich im Allgemeinen und den Nazis im Besonderen."

Neurath hat die israelische und die österreichische Staatsbürgerschaft: „Nicht aus sentimentalen, sondern aus praktischen Gründen: Damit ich einen europäischen Pass habe." Er wollte bei den letzten Nationalratswahlen auch wählen, scheute dann aber doch davor zurück: „Ich weiß nicht, wen ich als Jude zur Zeit wählen soll." Er liebe Österreich, betont Neurath einige Male, macht aber auch den Zwiespalt seiner Gefühle deutlich: „In Israel fühle ich mich als Österreicher, aber sobald ich in Österreich bin, fühle ich mich als Israeli." Neurath ist in der deutschsprachigen Loge von B'nai Brith aktiv. Seine beiden Söhne haben keine Beziehung zu Österreich, verstehen aber die deutsche Sprache: „Weil die Großeltern mit ihnen deutsch gesprochen haben." Heute wird in der Familie abwechselnd deutsch, hebräisch und englisch gesprochen. Elisabeth Welzig

US, and opened a false account containing 1,000 pounds in their name in Palestine.

Neurath's parents joined him just as the war began. "They were at sea when the war broke out." His father, who was seriously ill, opened a small clothing shop in Tel Aviv.

At first, Lothar Neurath worked in agriculture. Later, he worked as a driver and studied at the University of Jerusalem. In 1942, he joined the British Army to fight against Hitler.

After the war he became a taxi driver. "In that capacity I also worked for the Jewish underground." He married the daughter of a rabbi from Eastern Prussia.

As a taxi driver, he had extensive contact with tourists, and decided to open a tourist agency. He certified as a tour conductor and became a guide for tourist buses.

Austrian Airlines opened its Vienna-Tel Aviv route in the 50s, and for PR reasons, invited Neurath to be the tour conductor for the first flight.

He had fond memories of Vienna, and was disappointed by the darkened buildings and poorly-dressed people he saw. He visited Graz shortly after. "I took the tram up Annenstrasse. It looked nearly the same, but there were no Jewish shops any more. Since then, he has often vacationed in Austria. He is not bitter." "It's not my nature to be vindictive, and besides, I do differentiate between Austria as a whole and the Nazis." Neuroth has dual Austrian and Israeli citizenship. "Not for sentimental reasons, but for a practical one: so I'll have a European passport." He wanted to vote in the last parliamentary elections, but then decide against it. "As a Jew, I just don't know who to vote for right now." Neurath emphasizes repeatedly that he loves Austria, but he also makes clear the dilemma of his feelings. In Israel I feel like an Austrian, but as soon as I get to Austria, I feel like an Israeli." Neurath is active in the German-language chapter of B'nai Brith. Neither of his sons has any attachment to Austria, but they understand German. "Because their grandparents spoke German with them." Today the family switches fluently between German, Hebrew, and English.

Elisabeth Welzig

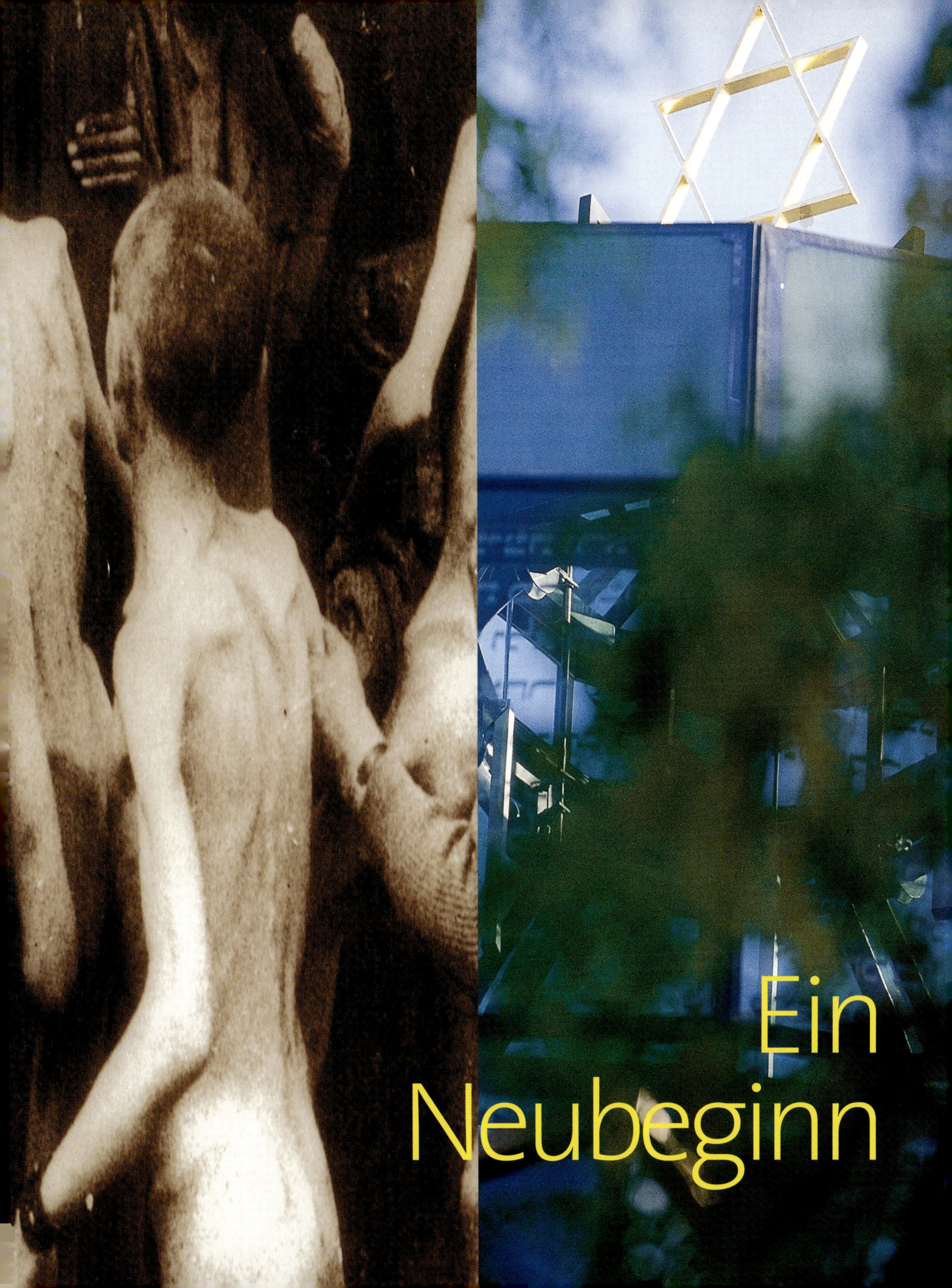

Ein
Neubeginn

Die Zeit nach 1945

Wir wurden ignoriert oder geduldet, aber von einem Wohlwollen war nichts zu spüren"[1], beschreibt Konsul Kurt David Brühl, seit 1980 Präsident der Israelitischen Kultusgemeinde (IKG), die Atmosphäre in den ersten Jahrzehnten nach dem Krieg. Der noble Geschäftsmann, der lange Jahre in England verbracht hat, spricht mit britischem Understatement von der Judenfeindlichkeit, die nach dem Holocaust keineswegs verstummt war. „Es ist eine Hypothek, noch da zu sein", sagt der Träger des hohen britischen Ordens O.B.E. (Officer of the Most Excellent Order of the British Empire) knapp. Der vulgäre Antisemitismus, der ihm in Graz in verschiedenen Facetten immer wieder begegnet ist, hat auf die alten Wunden der Schoah immer wieder Salz gestreut. Sein Vater, Wolf Brühl, wurde 1943 in Auschwitz ermordet.

Nachdem Österreich von den Alliierten nach Kriegsende als Opfer der deutschen Okkupation betrachtet worden war, sah sich kaum jemand veranlasst, die eigene Schuld zu reflektieren. Brühl: „Die Vertriebenen wurden nie zurückgeholt, was mich sehr verwundert hat. Es waren ja auch sehr bedeutende Leute dabei, die viel für ihre Heimat getan haben. Es hat keine Entschuldigung gegeben." Die wenigen Juden aber, die nach Graz zurückkamen, waren stumm vor Angst. Sie wollten möglichst

We were ignored or tolerated, but there was no sign of goodwill."[1] That's how Consul Kurt David Brühl, who has been the president of the Israelite Community (IKG) since 1980, describes the atmosphere during the first decades after the war. The elegant businessman, who spent many years in England, speaks with British understatement about anti-Semitism, which by no means disappeared after the holocaust. "It's a burden to be here," says the bearer of the Order of the British Empire tersely. In Graz, the common anti-Semitism which he has encountered again and again often served to rub salt in the wounds of the Shoah. His father, Wolf Brühl, was murdered in Auschwitz in 1943. Since Austria was viewed as a victim of Nazi Germany by the allies after the war, hardly anyone felt a need to reflect on Austrian guilt. "Those who were expelled were never invited to return, a fact which really amazed me. Some of them were very important people who contributed a lot to their home country. There's no excuse for that." But the few Jews who did return to Graz were mute with fear. They wanted to remain anonymous, and not be constantly reminded of the horrors. The first Jewish worship service after the war was celebrated in Graz by the British military rabbi at the end of 1945. However, that had less to do with a "new beginning" than with the fact that, at the time,

[1] Alle nicht näher gekennzeichneten Zitate stammen aus Interviews, die die Autorin mit den betreffenden Personen im September/ Oktober 2000 geführt hat.

[1] Unless otherwise noted, all direct quotes are taken from interviews between the author and the persons in question in September-October 2000.

After 1945

anonym untertauchen und nicht ständig an das Grauen erinnert werden. Zwar wurde bereits Ende 1945 der erste jüdische Gottesdienst nach Kriegsende unter Leitung des britischen Militärrabbiners in Graz gefeiert. Das hatte aber weniger mit einem „Neubeginn" zu tun als mit der Tatsache, dass sich zu der Zeit jüdische Besatzungssoldaten und etwa 2500 jüdische Flüchtlinge aus Osteuropa in den Lagern in und um Graz aufhielten.

„Das Jahr 1945 ist keine Stunde Null", schreibt der Grazer Historiker Dieter Binder, „die Steiermark kehrte gleichsam in einen antisemitischen Bewusstseinszustand vor Auschwitz zurück. Die jüdischen Steirer, die die Vernichtungsmaschinerie überlebt hatten und daran gingen, die dritte Kultusgemeinde aufzubauen, mussten erneut den larvierten Antisemitismus ihrer Heimat, der sich in unterschiedlichster Form manifestierte, erdulden."[2]

Der Versicherungsmakler Gerard Sonnenschein, im Juli 1945 in Casablanca geboren, hat den „larvierten Antisemitismus" hautnah kennengelernt. Sein Vater, ein gebürtiger Grazer und überzeugter Österreicher, ist vor den Nazis nach Algerien und von dort weiter nach Marokko geflüchtet. Er heiratete eine sefardische Jüdin aus Spanien. 1949 kam er mit seiner Familie zurück nach Graz. Zuvor besorgte er sich als „Staatenloser" in der österreichischen Botschaft in Paris die Staatsbürgerschaft. In der Volksschule gab es für Gerard Sonnenschein persönlich keine Probleme, er erinnert sich aber mit Schaudern an eine Nachricht, die sein Vater in den frühen fünfziger Jahren nach Hause brachte: Mitglieder der IKG hatten in Eile sämtliche RIF-Seifen, die in den Grazer Parfümerien lagerten, aufgekauft. Der Name RIF soll für „reines jüdisches Fett" gestanden haben. Es bestand der Verdacht, dass Leichenreste von Juden[3] zu diesen Seifen verarbeitet worden waren. Die Seifen wurden am jüdischen Friedhof begraben.

Im Lichtenfels-Gymnasium bekam Sonnenschein dann die Ablehnung am eigenen Leib zu spüren: Seinen Freund musste er heimlich treffen, weil dessen Mutter ihrem Sohn den Kontakt mit einem Juden verboten hatte, und auch

Die Präsidenten und Vizepräsidenten der IKG Graz seit 1945

Tag des Amtsantrittes	Präsidenten/Vizepräsidenten
2. 1. 1946	Isidor Preminger / nicht feststellbar
18. 12. 1948	Dir. Paul Wolf / Dr. Friedrich Strassmann
1. 10. 1952	Dr. Friedrich Strassmann / Alfred Klein
25. 9. 1980	Dr. Friedrich Strassmann / Konsul Kurt D. Brühl
15. 10. 1980	Konsul Kurt D. Brühl / Alfred Klein; Vize ab 14. 10. 1984 Prof. Otto Günther Klein
15. 12. 2000	Gerard Sonnenschein / Anthony Scholz

there were Jewish soldiers among the occupation troops, as well as about 2,500 Jewish refugees from eastern Europe in camps in and around Graz.

"The year 1945 was not the Year Zero" says the Graz historian Dieter Binder. "Styria returned to its pre-Auschwitz, anti-Semitic state of consciousness. In their home city, those Jewish Styrians who had survived the annihilation machinery and tried to build the third Jewish community in Graz were once again forced to put up with this mutated anti-Semitism, which manifested itself in a variety of ways."[2]

Real estate broker Gerard Sonnenschein, born in Casablanca in 1945, experienced the transformed anti-Semitism at close quarters. His father, a native of Graz and staunch Styrian, fled to Algeria to escape the Nazis, and from there to Morocco. He married a Sephardic Jew from Spain. In 1949, he returned to Graz with his family (as a stateless person, he had first gone to the Austrian embassy in Paris and received Austrian citizenship). In primary school, young

[2] Dieter A. Binder: Spurensuche zur steirisch-jüdischen Geschichte 1945–1955. In: Die britische Steiermark. Hg.: Siegfried Beer, Graz 1998, S. 443.

[3] Der sprachlichen Form wegen werden in dem Beitrag die Plurale auch dann nur männlich gebildet, wenn es sich dabei um Männer und Frauen handelt.

[2] Dieter A. Binder, Spurensuche zur steirischen-jüdischen Geschichte 1945-1955. In: Die britische Steiermark. Siegfried Beer, Editor, Graz, 1988, P. 443.

The Presidents and Vice Presidents of the Graz IKG Since 1945

Date of Inauguration	President/Vice President
1/2/1946	Isidor Preminger/unknown
12/18/1948	Paul Wolf/Friedrich Strassmann
10/1/1952	Friedrich Strassmann/Alfred Klein
9/25/1980	Friedrich Strassmann/Consul Kurt D. Brühl
10/15/1980	Consul Kurt D. Brühl/Alfred Klein; VP since 10/14/1984: Prof. Otto Günther Klein
12/15/2000	Gerard Sonnenschein/Anthony Scholz

Konsul Kurt David Brühl, langjähriger Präsident der IKG Graz: „Die wenigen Juden, die nach 1945 nach Graz zurückkamen, waren stumm vor Angst."

der Klassenvorstand machte aus seiner Antipathie gegen ihn kein Hehl. Er legte Frau Sonnenschein schon bald nach Schulbeginn nahe, ihren Sohn von der Schule zu nehmen, was diese aber nicht tat.

Scheinbar emotionslos erinnert sich Sonnenschein schließlich an einschneidende Erfahrungen beim Bundesheer. Er war 1966 der erste jüdische Präsenzdiener nach dem Krieg in der Kaserne Graz-Wetzelsdorf. Offenbar hat es vor ihm noch keinen Soldaten gestört, mit Maschinengewehren zu hantieren, die überall mit Hakenkreuzen punziert waren. Sonnenschein hat sich geweigert, mit diesen Gewehren zu schießen. „Ihr Juden gehört's alle vergast, mein Vater war auch bei der SS", war der Ausspruch, den er daraufhin von einem Ausbildner zu hören bekam. Sonnenschein, der von seinem Vater gelernt hat, sich zu wehren und sich nicht einschüchtern zu lassen, beschwerte sich über den Ausbildner beim Kommandanten. Dieser beschwichtigte ihn: wenn er die Sache nicht breit trete, werde er den Kameraden strafversetzen. Später stellte sich heraus, dass die Strafversetzung in eine Privilegierung umgemünzt wurde: Der Ausbildner avancierte zum persönlichen Chauffeur des Chefs. Die Bemerkung des Ausbildners wurde von dessen Freunden und Vorgesetzten – heute zum Großteil honorige Grazer in gehobenen Positionen – durchaus goutiert.

Auf Anraten von Simon Wiesenthal reichte Sonnenschein daraufhin eine Klage beim Europäischen Gerichtshof in Straßburg ein. Österreich war dort durch den FPÖ-Politiker Wilfried Gredler vertreten. Sonnenschein wurde von den Panzerschützen in die Verwaltung versetzt, aus Straßburg hat er nie eine Antwort erhalten.

Als er dann auch noch zu Weihnachten die Kaserne putzen musste, weil er sich weder den Katholiken noch den Protestanten beim Kirchgang anschließen wollte, forderte er aus Protest koscheres Essen, das er „natürlich" nie bekam. Lange Zeit wollte Sonnenschein von Graz wegziehen. Inzwischen fühlt er sich integriert in die Grazer Gesellschaft, er bedauert allerdings, dass seine jüdischen Freunde alle in Wien leben.

[3] For reasons of style, the masculine plural forms are used in this (German) text when both men and women are included.

Gerard Sonnenschein had no problems. But he remembers with revulsion the news his father brought home one day in the early 50's: members of the IKG had hurriedly bought up all the RIF soap from Graz boutiques. The name RIF supposedly stood for "reines jüdisches Fett" or "pure Jewish grease," and it was suspected that the soap contained the remains of Jewish corpses.[3] The soap was buried in the Jewish cemetery. In high school at Lichtenfels Gymnasium, Sonnenschein personally experienced rejection: He had to meet secretly with his friend, whose mother had forbidden her son to have contact with Jews. His homeroom teacher also made no secret about his antipathy toward the boy. Soon after the beginning of the school year, he urged Mrs. Sonnenschein to take her son out of school, but she refused.

Seemingly without emotion, Sonnenschein recalls a key experience he had in the army. In 1966, he was the first Jew to do military service in the Graz-Wetzelsdorf barracks after the war. Apparently, he was also the first person to take offense at using machine guns engraved with swastikas. Sonnenschein refused to drill with such weapons. "You Jews should all be gased, my father was in the SS" was the response of a drill instructor. Sonnenschein, who had learned from his father to fight back and not be bullied, complained about the instructor to his commandant. The commandant tried to calm him down: if he wouldn't make a big deal of it, the instructor would be transferred as punishment. It later turned out that the punishment had been turned into a privilege: the drill instructor became the

Consul Kurt David Brühl,
long-time president of
the Graz IKG: "The few
Jews who returned to
Graz after 1945 were
mute with fear."

Die Kultusgemeinde[4]

Sonnenschein ist eines von etwa 120 Mitglie-dern der „Israelitischen Kultusgemeinde für Steiermark, Kärnten und die politischen Bezir-ke des Burgenlandes Oberwart, Güssing und Jennersdorf", wie die IKG seit 1950 offiziell heißt, und er ist zur Zeit einer der vier Kultus-räte, die gemeinsam mit dem Präsidenten und dem Vizepräsident alle drei Jahre gewählt werden. IKG-Präsident Brühl ist seit 40 Jahren im Vorstand der Grazer Kultusgemeinde tätig und langjähriger Vizepräsident des Bundesver-bandes der österreichischen Kultusgemeinden. Er engagiert sich außerdem in den jüdischen Hilfsorganisationen Keren Kajemet und Keren Hajesod. Seit 1984 wird Brühl von Vizepräsi-dent Otto Günther Klein unterstützt. Als Kul-tusräte fungieren neben Sonnenschein noch Anthony Scholz, der Kaufmann Dani Deutsch und Richard Ames, der eine erfolgreiche Opernkarriere hinter sich hat und daher auch das Amt des Kantors ausübt. Die Aufgaben des Vorbeters hat der gebürtige Israeli Avschalom Eliassi übernommen. Im südlichen Burgenland, das zur Grazer IKG gehört, ist zur Zeit kein einziges Mitglied verzeichnet, 1934 lebten dort 629 Juden, in Kärnten sind zwei Mitglieder re-gistriert. Zwölf Kinder erhalten zur Zeit einen mosaischen Religionsunterricht.

Die IKG ist keine homogene Gruppe, die sich klar und lautstark artikuliert. Der Pragma-tiker Sonnenschein zum Beispiel verbirgt seine Zugehörigkeit zum Judentum nicht, stellt sie aber auch nicht zur Schau. Viele von ihnen, vor allem die Älteren, halten sich jedoch aufgrund der bösen Erfahrungen im vergangenen Jahr-hundert bedeckt. Einigen IKG-Mitgliedern ist es sogar wichtig, dass ihnen Mitteilungen der Gemeinde in neutralen Kuverts zugeschickt werden.

Die Vorsicht der Überlebenden

„Die Zeit ist vorbei, in der man unbesorgt aus der Vergangenheit erzählen konnte", meint Otto Günther Klein. Bis vor einem Jahr habe er sich bedenkenlos als Jude bekannt: „Ich habe ge-dacht, dass sich alles normalisiert hat, aber jetzt fühle ich mich unbehaglich."

boss's personal chauffeur. And the instructor's remark was approved by his friends and super-visors, most of whom are respected citizens of Graz in high positions today. On the advice of Simon Wiesenthal, Sonnenschein then filed a lawsuit with the European Court in Stras-sbourg. Austria was represented there by the Freedom Party politician Wilfried Gredler. Sonnenschein was transferred from his armored marksman's unit to an administrative job, and never got an answer from Strassbourg. At Christmas he had no interest in joining either the Catholics or the Protestants for church services, and was placed on barracks cleaning duty. In protest, he demanded kosher food, which, of course, he never got. For a long time, Sonnenschein wanted to leave Graz. In the me-antime, he feels integrated in Graz, but he does regret the fact that his Jewish friends all live in Vienna.

The Jewish Community[4]

Sonnenschein is one of about 120 members of the "Israelite Community of Styria, Ca-rinthia, and the Burgenland Political Districts of Oberwart, Güssing and Jennersdorf," as the IKG has officially been called since 1950. He is currently one of four members of the communi-ty council, who are elected every three years, along with the president and the vice-president. IKG president Kurt Brühl has been a member of the leadership board of the the Graz Jewish community for 40 years, and is the long-time vice-president of the Association of Austrian Jewish Communities. He is active in the Jewish charity organizations Keren Kajemet and Keren Hajesod. Since 1984, Brühl has been sup-ported by vice-president Otto Günther Klein. Other members of the council are Anthony Scholz, the businessman Dani Deutsch, and Richard Ames, who, now retired from a success-ful career as an opera singer, serves as cantor. The duties of prayer leader are carried out by Israeli-born Avschalom Eliassi. In southern Burgenland, which also belongs to the Graz IKG, not a single member is listed. In 1934, there were 629 Jews living there. Two members are registered in Carinthia. Twelve children cur-

[4] Während der Herstellung dieses Buches – am 15. De-zember 2000 – wurde der Vorstand der IKG neu ge-wählt, wobei Konsul Brühl nicht mehr kandidierte. Zum Präsidenten wurde Gerard Sonnenschein ge-wählt, ihm steht Anthony Scholz als Vize zur Seite. Dem Kultusrat gehören weiters an: Karen Engel, Richard Ames, Daniel Deutsch und Albert Kauf-mann.

[4] While this book was being written – on December 15, 2000 – the IKG elected a new governing board. Consul Brühl did not run for re-election. Gerard Sonnenschein was elected president, with Anthony Scholz at his side as vice-president. Other members of the board are: Karen Engel, Richard Ames, Daniel Deutsch, and Albert Kaufmann.

Sein Vater, Alfred Klein, war Dentist in Graz. Ab Februar 1939 leitete er im Rahmen der IKG Wien das sogenannte „Provinzreferat" der IKG Graz, wobei ihn sein Sohn unterstützte. Es ging dabei darum, den Juden Einreisemöglichkeiten in andere Länder zu verschaffen. Bis zu ihrer eigenen Flucht nach Palästina am 13. November 1939 beschleunigten Vater und Sohn Klein die Auswanderung zahlreicher steirischer Juden.

Es war Alfred Klein, der 1948 darauf gedrängt hat, nach Österreich zurückzukehren. Seine Ordination war „arisiert" worden, er hat sie nicht zurückerhalten und auch keinen Ausgleich dafür bekommen. Knapp 30 Jahre lang, bis zu seinem Tod 1984, wirkte er als Vizepräsident der IKG.

Otto Günther Klein verkehrte als Pianist in erster Linie in Künstlerkreisen: „Da gab es keine Diskussionen über das Judentum, Künstler sind toleranter." Der britische Chef der Sendergruppe Alpenland beauftragte ihn mit der Gründung einer Big Band, so hat es ihn endgültig nach Graz verschlagen. Als die Briten im Mai 1951 den Sender an Österreich zurückgaben, sollte Klein fristlos entlassen werden. Er erinnert sich an ein Vier-Augen-Gespräch mit dem damaligen Leiter des Funkhauses, in dem dieser zugab, die fristlose Entlassung verfügt zu haben, weil man am Sender keinen Juden haben wollte. Erst auf Protest von Klein hin wurde die fristlose Entlassung zurückgenommen und in eine Vertragslösung im gegenseitigen Einverständnis umgewandelt. Sein Bestreben war es immer, „in Ruhe zu leben", wie er oft betonte, dennoch engagiert er sich bis heute stark in der IKG und bemüht sich, die Kontakte mit den gebürtigen Steirern in Israel aufrecht zu halten.

In Ruhe leben möchte auch ein Grazer Ehepaar, das die Gräuel von Auschwitz-Birkenau – wenn auch mit bösen körperlichen und seelischen Folgen – überlebt hat. Das Paar meidet neue Kontakte und will nicht angesprochen werden.

Gertrude Scholz, geb. Neumann, ist gebürtige Wienerin. Ihren Wunsch, Romanistik und reine Philosophie zu studieren, musste sie 1938 als 19-jährige aufgeben. Nach dem ersten Studi-

rently receive school instruction in the Mosaic religion. The IKG is not a homogeneous group, or one which articulates its views loudly and clearly. For example, Sonnenschein is pragmatic, and doesn't hide his Jewishness, but he doesn't flaunt it, either. Because of their experience in the past century many members, especially the older ones, try to keep a low profile. Some IKG-members even require that mail from the Jewish community be sent to them in neutral envelopes.

The Wariness of the Survivors

"The time when we could talk about the past without fear is over" says Otto Günther Klein. Up until one year ago, he readily admitted being Jewish. "I thought everything had become normal. But now I have an uneasy feeling." His father, Alfred Klein, was a dentist in Graz. In 1939, under the auspices of the Vienna IKG, he directed the so-called "Province Office" of the Graz IKG. In this, he was assisted by his son. The organization's purpose was to arrange travel for Jews to other countries. Until their own emigration to Israel on November 13, 1939, father and son were able to accelerate the emigration of many Styrian Jews. It was Alfred Klein who, in 1948, urged his family to return to Austria. His dental practice had been Aryanized, and he was unsuccessful in his attempts to reclaim it. He never received any compensation. For 30 years, until his death in 1984, he served as vice-president of the IKG. As a pianist, Otto Günther Klein mainly had contact with artists. "No one asked whether I was Jewish. Artists are simply more tolerant." The British head of the Alpenland radio group gave Klein the assignment of organizing a big band, and that was what finally brought him back to Graz. When the British returned the broadcasting company to Austria in 1954, Klein was to be fired immediately. He recalls a private conversation with the manager of the radio station, in which he was told that he was being fired because no one wanted a Jew in the station. But after Klein protested, his dismissal was changed to a mutual agreement dissolving his contract. He often emphasizes that he has always tried to "live in

enjahr wurde ihr das Studium an der Universität Wien verboten, ein paar Monate später, im Februar 1939, floh sie nach England, ihre Eltern und ihre Schwester gingen nach Palästina: „Ich habe mir geschworen, dass ich nie einen Juden heirate, ich wollte nicht, dass meine Kinder einmal das erleben, was ich erlebt habe." Ein Großteil ihrer Familie, unter anderem auch ihre 82-jährige Großmutter, wurde von den Nazis ermordet.

Tatsächlich verliebte sich Gertrude Neumann in London in einen Grazer, der seine Heimat nicht aus „rassischen" Gründen, sondern wegen seiner politischen Einstellung verlassen musste: Wilhelm Scholz war überzeugter Kommunist. Er kehrte bereits 1945 nach Graz zurück, um hier die KPÖ mitaufzubauen. Gertrude Scholz folgte ihm ein Jahr später – mit einem Baby im Arm und einem Kleinkind an der Hand.

Zu der Zeit machten mehrere tausend „displaced persons" aus Osteuropa, die meist illegal nach Palästina einwandern wollten, in den steirischen Lagern (Eisenerz, Admont, Hafendorf, St. Marein, Köflach, Trofaiach, Kobenz bei Knittelfeld) Zwischenstation. Die beiden Grazer Lager mit jüdischen Flüchtlingen, im Kloster der Ursulinen und im Hotel Weitzer, mussten bereits im Oktober 1945 wieder geschlossen werden, weil es zu Übergriffen der Polizei und der britischen Besatzungssoldaten gekommen war.

Nur wenige Grazer Juden sind zu jener Zeit zurückgekehrt, unter ihnen die Rechtsanwälte Ludwig Biró und Fritz Straßmann, der Malermeister Harald Salzmann sowie der in Voitsberg gebürtige Ernst Knöpfelmacher, der als Gemeindesekretär bald die Agenden der neugegründeten IKG übernahm.

Frau Scholz arbeitete zuerst als Sekretärin beim „Modenmüller" und dann von 1958 bis 1981 als Beamtin im Magistrat. Offener Antisemitismus ist ihr in ihrer Berufslaufbahn nicht begegnet, über die Vergangenheit ist sie aber bis heute nicht hinweg gekommen: „Man kann es nicht verarbeiten, nur zudecken." Heimisch ist sie in Graz nie geworden, sie ist aber dennoch nach dem Tod ihres Mannes 1979 hier geblieben

peace," but he has always been active in the IKG, and works to maintain contact with native Styrians in Israel.

A Graz couple who survived the horrors of Auschwitz-Birkenau – with severe physical and emotional scars – would also like nothing better than to live in peace. They avoid new contacts, and do not like to be spoken to.

Gertrude Scholz, née Neumann, is a native of Vienna. In 1938, she was forced to abandon her dream of studying Romance Languages and Philosophy. After her first year of studies, she was prohibited from attending the University of Vienna. A few months later, in February of 1939, she fled to England; her parents and sister went to Palestine. "I swore to myself that I would never marry a Jew. I didn't want my children to have to go through what I had endured." Most of her relatives, including her 82-year-old grandmother, were murdered by the Nazis. In London, as it turned out, Gertrude Neumann fell in love with a man from Graz who had fled, not for "racial" reasons, but because of his political views. Wilhelm Scholz was a confirmed communist. He returned to Graz in 1945 to help build the Austrian Communist Party (KPÖ). Gertrude Scholz followed a year later – with a baby in her arms and leading a toddler by the hand.

At that time, there were several thousand "displaced persons" from eastern Europe staying temporarily in Styrian camps (at Eisenerz, Admont, Hafendorf, St. Marein, Köflach, Trofaiach, and Kobenz bei Knittelfeld), most of whom wanted to emigrate illegally to Palestine. The two refugee camps in Graz where Jews were housed were at the Ursuline convent and in the Hotel Weitzer. Both had to be closed following violent abuses by the Graz police and British soldiers. Only a few Graz Jews returned during that phase. These included the lawyers Ludwig Biró and Fritz Strassmann, the master painter Harald Salzmann, and Voitsberg native Ernst Knöpfelmacher, who soon took over the duties of secretary for the newly-founded IKG. At first, Mrs. Scholz worked as a secretary at "Modenmüller," and later, from 1958 to 1981, as a civil servant for the city. She never encountered open

– wegen ihres Sohnes. Seinetwegen hat sie oft Angst, vor allem, weil er als leitender Angestellter bei den Grazer Stadtwerken in einer exponierten Position ist.

Die Identität der später Gekommenen

Anthony Scholz ist 1945 in London geboren, seine Mutter hat das Judentum von ihm weitgehend ferngehalten, damit ihm die Erfahrungen, die sie machen musste, erspart blieben. Er wuchs ohne religiöses Bekenntnis auf, mit antisemitischen Bemerkungen wurde er aber, vor allem in seiner Gymnasialzeit, dennoch konfrontiert. Als Student engagierte er sich im Verband Sozialistischer Studenten und war mit dem Antizionismus seiner arabischen „Genossen" konfrontiert. Erst allmählich interessierte er sich für die jüdische Religion und Kultur: „Die Wende war der Waldheim-Wahlkampf". Scholz wollte sich nicht länger neutral verhalten. Er begann Hebräisch zu lernen und mit seinen Verwandten in Israel Kontakt aufzunehmen. Er weiß freilich: „Ich wäre ein Fremdkörper in Israel." Aber auch in Graz fühlt er sich manchmal ausgegrenzt. Als vor einiger Zeit die Fußballmannschaften Hapoel Tel Aviv und Sturm Graz gegeneinander spielten, wollte ein Bekannter wissen, zu wem er halte. Scholz parierte die Frage mit Humor: „Zum Schiedsrichter", war seine trockene Antwort. Er fühlt sich intellektuell und kulturell mit dem Jüdischen verbunden, seine Identifikation mit der jüdischen Religion bezeichnet er als „mäßig". Inzwischen ist er Kultusrat in der IKG.

Als Jude in Graz zu leben ist nach wie vor nicht selbstverständlich. „Ich habe hier zum ersten Mal darüber nachgedacht, was es bedeutet, jüdisch zu sein. In New York war es für mich selbstverständlich, es war eine private Sache, die Assimilation war überhaupt kein Thema, hier ist jeder ein Experte in Sachen Assimilation. Die Frage der Definition, die immer wieder gestellt wird, verstehe ich bis heute nicht", analysiert Warren Rosenzweig das für ihn zum Teil Befremdliche in Graz. Er ist wegen seiner österreichischen Frau vor einigen Jahren von New York nach Graz gezogen und möchte mit dem

anti-Semitism in her professional life, but she has never fully overcome the events of the past. "You can't get over it, you can only cover it up." She has never felt at home in Graz, but after the death of her husband, she stayed in Graz because of her son. She is often afraid for his sake, because, as a manager for the Graz public transport authority, he works in an exposed position.

The Identity of the Latecomers

Anthony Scholz was born in London in 1945. His mother generally kept him away from Jewishness, in order to spare him the negative experiences she had suffered. He grew up without religious affiliation, but he was confronted with anti-Semitic remarks, especially in high school. As a university student, he was active in the Socialist Students' Association, and was confronted with the anti-Zionism of his Arab "comrades." Only gradually did he begin to develop an interest in Jewish religion and culture. "The Waldheim election campaign was the turning point." Scholz no longer wanted to remain neutral. He began learning Hebrew, and made contact with his relatives in Israel. He realizes, however, that "I would be a foreign body in Israel." But in Graz, too, he sometimes feels excluded. When the soccer teams Sturm Graz and Hapoel Tel Aviv played against each other a while back, an acquaintance asked who he was rooting for. He countered humorously. "For the referee," was his dry retort. Intellectually and culturally, he feels a bond to Judaism; he characterizes his identification with the Jewish religion as "moderate." He is currently a member of the IKG council.

Living as a Jew in Graz is still not a matter of course. Warren Rosenzweig, analyzing Jewish life in Graz, points to some elements he finds disconcerting. "Here, I considered for the first time what it means to be Jewish. In New York, it was natural for me, it was a private matter, and assimilation was not an issue. Here, everyone is an expert on assimilation. To this day, I still don't understand the question people always pose, the question of the definition."

He moved to Graz from New York with his Austrian wife several years ago. With the "Jew-

*November 2000:
Viele der 1938 aus Graz
vertriebenen Juden
folgen der Einladung von
Bürgermeister Alfred
Stingl, anlässlich der
Einweihung der Syna-
goge ihre alte Heimat
wieder zu besuchen.*

von ihm initiierten „Jüdischen Theater Austria" an die rege jüdische Theaterszene in Österreich vor 1938 anknüpfen. Die erste Produktion des Wandertheaters („Zwischenfall in Vichy" von Arthur Miller) ist im Frühjahr 2001 geplant.

Auffallend ist, dass die wenigen Juden, die in den letzten Jahrzehnten aus dem Ausland nach Graz gezogen sind, mit ihrem Jüdisch-Sein wesentlich unbefangener umgehen als die Juden, die in Graz geboren sind bzw. deren Familien aus Graz stammen.

Die Psychotherapeutin und Kinderärztin Marguerite Dunitz-Scheer ist in Schottland geboren, in der Schweiz aufgewachsen und lebt seit 1978 in Graz. Sie hat das „Anderssein" zu einem deklarierten und aktiven Teil ihres Lebens gemacht und ist stolz darauf, „anders" – als Jüdin und Ausländerin – beruflich Erfolg zu haben. Die Stadt Graz sei bisher gut zu ihr gewesen, sagt sie. Eine unsichtbare Grenze zwischen den Juden und allen anderen gäbe es aber nach wie vor. Es stört sie, dass „die Christen immer an dir schnuppern wollen, um die Absolution zu bekommen." Dabei fühle sie sich manchmal missbraucht: „Die Christen sollten ihr Trauma in Selbsthilfegruppen aufarbeiten, aber nicht die Juden dazu benutzen."

Der Psychotherapeut und Musiker Aron Saltiel ist 1983 aus der Türkei nach Graz gekommen. „Ich fühle mich in diesem Land wohl", sagt er, fügt aber hinzu: „Ich wüsste oft gern, was sich die Leute denken." Offenbar sei das Jüdisch-Sein für die meisten Menschen nichts Neutrales, zumindest werde er nie direkt danach gefragt. Wenn er in Österreich manchmal das Gefühl habe, nicht dazu zu gehören, dann sei es als Ausländer und nicht als Jude, betont er.

Ähnliches berichtet der aus dem Iran stammende Händler Ferry Davjd, der seit 1972 in Graz lebt. Allerdings wissen nur wenige in seiner Umgebung, dass er Jude ist. Dabei nimmt Davjd die Mühe auf sich, zu Hause ausschließlich koscher zu essen. Um die entsprechenden Nahrungsmittel einzukaufen, fährt er einmal im Monat nach Wien.

Rosenzweig, Saltiel und Davjd haben vom Holocaust nur aus Büchern erfahren und sie

ish Theater of Austria," which he initiated, he would like to revive the Jewish theater tradition in Austria, which flourished prior to 1938. The traveling company's first production, Arthur Miller's "Incident at Vichy" is planned for Spring 2001.

It is striking that the few Jews who have come to Graz from abroad are much more open about their Jewishness than those born in Graz or whose families came from Graz. Psychotherapist and pediatrician Marguerite Dunitz-Scheer was born in Scotland, grew up in Switzerland, and has lived in Graz since 1978. She has made "being different" a declared and active aspect of her life, and is also proud, as a Jew and a foreigner, of being successful in her profession. Graz has been good to her, she says. But there is still an invisible border between Jews and everyone else. It bothers her that "Christians always want to come to you, sniffling, to receive absolution." This sometimes makes her feel used. "Christians should deal with their trauma in self-help groups, instead of using Jews."

Psychotherapist and musician Aron Saltiel came to Graz from Turkey in 1983. "I feel at home in this country" he says, but adds that "Sometimes, I wish I knew what people are thinking." He thinks that, apparently, most people can't see Jewishness as being neutral, but he is never asked about it directly. He emphasizes that if he sometimes has the feeling in Austria of not belonging, then it is as a foreigner, and not as Jew.

November 2000: Mayor Alfred Stingl invited Jews who had fled in 1938 to visit their former home for the the dedication of the new synagogue, and many accepted the invitation.

[5] Elisabeth Welzig: Literatur und journalistische Literaturkritik. Untersucht an den steirischen Tageszeitungen 1945–1955, Stuttgart 1970, S. 35.

[6] Die Autorin besuchte das BG und BRG Stainach und wurde von Frau Dr. Rose Eller, die während der NS-Zeit in führender Position tätig war, unterrichtet.

[7] Oskar Pollak: Versuch über mich selbst. In: Dieter A. Binder, Peter Heller. Otto Pollak: Memory is for us our only hope. Erinnerungen an die Vertreibung des jüdischen Österreichs, Graz 2000, S. 33.

[5] Elisabeth Welzig, Literatur und journalistische Literaturkritik. Untersucht an den steirischen Tageszeitungen 1945–1955. Stuttgart, 1970, p. 35.

[6] The author attended the Bundesgymnasium and Bundesrealgymnasium in Stainach and was taught by Dr. Rose Eller, who held a leading position during the period of Nazi rule.

[7] Oskar Pollak, Versuch über mich selbst (Essay on Myself). In: Dieter A. Binder, Peter Heller, Oskar Pollak: Memory is for us our only hope. Erinnerungen an die Vertreibung des jüdischen Österreichs. Graz 2000, p. 33.

haben auch nicht das judenfeindliche Klima in den fünfziger und sechziger Jahren erlebt, als es weniger darum ging, der Opfer zu gedenken als die Täter zu rehabilitieren.

Die offizielle Politik und die Juden

Der Steirer Franz Murer, der Kommandant des Ghettos in Wilna, wurde 1963 in einem Geschworenenprozess in Graz von der Anklage des Massenmordes freigesprochen. Dabei handelt es sich nur um die Spitze des Eisberges. Die Rekonstruktion von „Täterkarrieren" in der Steiermark nach 1945 bleibt den Zeithistorikern noch vorbehalten. Jedenfalls wurden die ehemaligen Nationalsozialisten sowohl von der ÖVP als auch von der SPÖ mit offenen Armen aufgenommen. Ihrer Stärke entsprechend war es in der Steiermark vor allem die ÖVP, die den „Ehemaligen" Unterschlupf bot. An einer Aufarbeitung dessen, was passiert war, war niemand interessiert, die Opfer wurden vergessen, wenn nicht diskreditiert. Die Versöhnungspolitik galt den Tätern. Der Geschichtsunterricht in den Schulen endete zumeist mit dem Ersten Weltkrieg. Gerhart Hauptmann wurde im ersten Nachkriegsjahrzehnt in Graz als Dichterfürst gefeiert, während die Namen Alfred Döblin, Friedrich Torberg, Erich Fried, Elias Canetti oder Theodor Kramer – um nur einige zu nennen – in den steirischen Feuilletons derselben Zeit nicht einmal erwähnt werden.[5] Die Schreiberin dieser Zeilen erhielt noch in den sechziger Jahren im Deutschunterricht eine Auflistung von „jüdischen" und „nichtjüdischen" Autoren.[6]

Es erstaunt nicht, dass es die relativ große Zahl jüdischer Studenten, die es in den fünfziger Jahren, vor allem aus Israel und den USA, nach Graz zog (1950/51 ca. 100 Inskribenten) nicht lange in der dumpfen Atmosphäre hielt. Sie hatten damals sogar ein eigenes Studentenheim (Herdergasse 12) und wieder eine eigene Studentenorganisation. Der Kinderarzt Otto Pollak schildert in seinen Erinnerungen aber auch die Stumpfheit an der Universität[7]: „An der ‚Uni' hatte sich nichts geändert. Die Vorlesungen zur gleichen Zeit. In gleicher Reihenfolge, in der Garderobe derselbe Garderobenemp-

Businessman Ferry Davjd, who hails from Iran, tells a similar story. He has lived in Graz since 1972. However, only a few people around him know that he is Jewish. This is interesting, because Davjd takes the trouble of eating only kosher food at home. In order to procure kosher groceries, he travels to Vienna once a month. Rosenzweig, Saltiel, and Davjd learned about the Holocaust from books, and never experienced the anti-Semitic climate of the 50's and 60's, when there was less interest in commemorating the victims than in rehabilitating the perpetrators.

Jews and Official Policy

In 1963, Styrian Franz Murer, the commandant of the ghetto in Vilna, was pronounced not guilty of genocide in a trial by jury. This was only the tip of the iceberg. It will still be up to historians to reconstruct "criminal careers" in Styria after 1945. In any case, the former Nazis were welcomed with open arms by both the People's Party (ÖVP) and the Socialists (SPÖ). In particular, due to its greater strength, it was the ÖVP that provided a refuge for former Nazis in Styria. No one was interested in dealing with what had happened. The victims were forgotten, and sometimes even discredited. Reconciliation policy was aimed at the perpetrators. History lessons in schools usually ended with the First World War. In the first postwar decade, Gerhart Hauptmann was celebrated as the Prince of Poets, while the names of Alfred Döblin, Elias Canetti, and Theodor Kramer, to name only a few, were not even mentioned in the cultural pages of Styrian newspapers.[5] Even in the 60's, this author received a list of "Jewish" and "non-Jewish" writers in German class.[6]

It is not surprising that the relatively large number of Jewish students who came to Graz, primarily from Israel and the US (approx. 100 enrolled in 1950-51) didn't last long in this dull atmosphere. At the time, they had their own dormitory (Herdergasse 12) and, once again, their own student organization. In his memoirs, pediatrician Otto Pollak describes the ignorance at the university.[7] "At the university, nothing

fänger [...]. Die Laboratorien waren genauso, wie ich sie in Erinnerung hatte. Es hatte sich praktisch nichts geändert! Waren die zehn Jahre ‚ausradiert'?" Erst als Pollak zum Platz der zerstörten Synagoge kam und am jüdischen Friedhof die zerstörte Zeremonienhalle sah und anstelle des Grabes seiner Großeltern einen Bombenkrater vorfand, wurde ihm bewusst, dass der Alptraum Wirklichkeit war. Pollak stammte aus einer angesehenen Grazer Familie, seinen Maturaaufsatz schrieb er zu dem Thema „Meine Vaterstadt Graz". 1938 verlor er zuerst seinen Studienplatz, dann seine Heimat und schließlich seine Eltern. Er überlebte die Nazizeit in Palästina und kam 1948 nach Graz zurück, um hier sein Medizinstudium zu beenden. Nach seiner Promotion und der Turnuszeit entschloss er sich, sein weiteres Leben in Israel zu verbringen.

Auch die ungarische Flüchtlingswelle 1956, die 340 Juden nach Graz brachte, führte längerfristig zu keinem Anstieg der Mitgliederzahlen der IKG.

Bezeichnend für die von Ignoranz und Ressentiments geprägte Stimmung der fünfziger Jahre ist der Ausspruch der Historikerin Mathilde Uhlirz gegenüber ihrer ehemaligen Schülerin Trude Philippsohn-Lang: „Jetzt ist ja alles gut. Sie und die Ihren haben nun endlich einen eigenen Staat" sagte sie 1950 bei einer zufälligen Begegnung im Grazer Stadtpark. Philippsohn ist gebürtige Grazerin und hat die Volksschule, das Grazer Lycée und die Universität Graz absolviert. Als Jüdin musste sie 1939 vor den Nazis nach England fliehen.[8]

Dem offenen Antisemitismus folgte das große Schweigen. Die Opfer des Nationalsozialismus wurden ein zweites Mal getötet: Sie wurden totgeschwiegen, während die Täter ihre selbst verursachten Wunden leckten.

Das Schweigen führte zu einer Geschichtslosigkeit, die Äußerungen zuließ, wie jene von Peter Klaudy im Rahmen seiner Inaugurationsrede als Rektor der Technischen Hochschule Graz am 26. November 1965: „Wenn man daher der Ansicht ist, dass es so wie bisher auch in Zukunft die Mission des Abendlandes sein soll, die jeweils neu gewonnenen naturwissenschaftlich-

had changed. The lectures were held at the same times as before. In the same order. In the cloakroom, there was the same coat man [...]. The labs were just like I remembered them. Hardly anything had changed! Had those years simply been erased?"

It wasn't until Pollak saw the ruins of the synagogue and of the ceremonial hall at the Jewish cemetery, and found a bomb crater where his grandparents' graves had been, that he had to accept that the nightmare was reality. Pollak came from a respected Graz family. His essay for his Matura school-leaving exam was entitled "My Home City of Graz." In 1938, he lost first his right to attend the university, then his homeland, and finally, his parents. He survived the Nazi period in Palestine, and returned to Graz in 1948 to finish his medical studies. After receiving his doctorate and serving as an intern, he decided to spend the rest of his life in Israel.

Even the wave of Hungarian refugees in 1956, which brought 340 Jews to Graz, did not lead to any long-term growth in the membership of the IKG.

The historian Mathilde Uhrlirz typified the ignorant, resentful mood of the 50's when she told a former pupil, Trude Philippsohn-Lang, whom she met by chance in the Stadtpark, "Everything's fine now. You and your kind have your own state."

Philippsohn is a native of Graz, and finished primary school here, as well as the Graz Lycée and the university. As a Jew, she fled to London in 1939 to escape the Nazis.[8] Open anti-Semitism was followed by silence. The victims of National Socialism were killed a second time: They were "ignored to death" while the guilty licked their own self-inflicted wounds. This silence led to the loss of a sense of history, which made possible utterances like that of Peter Klaudy in his inaugural speech at the Technical University of Graz on November 26, 1965: "Therefore, if one is of the opinion that the mission of the Western world is to be in the future, as heretofore, to pass on the respective newly-won scientific and technological advances to the developing world [...] then it follows logically that we have an obli-

[8] Dieter A. Binder, a.a.O., S. 443.

[8] Dieter A. Binder, ibid, p. 443.

9 Hans-Peter Weingand: Die Technische Hochschule Graz im Dritten Reich. Vorgeschichte, Geschichte und Nachgeschichte des Nationalsozialismus an einer Institution, Graz 1995, S. 97.

10 Dieter A. Binder: Provinz ohne Juden oder das dumpfe Schweigen der Provinz. In: Graz 1945. Historisches Jahrbuch der Stadt Graz, S. 555.

9 Hans-Peter Weingand, Die Technische Hochschule Graz im Dritten Reich. Vorgeschichte, Geschichte und Nachgeschichte des Nationalsozialismus an einer Institution. Graz, 1995, p. 97.

10 Dieter A. Binder, Provinz ohne Juden oder das dumpfe Schweigen der Provinz. In: Graz 1945. Historisches Jahrbuch der Stadt Graz, p. 555.

technischen Errungenschaften den Entwicklungsländern zu schenken [...], so folgt allein schon daraus die Verpflichtung, die Substanz der Menschen des Abendlandes, an der das deutsche Volk und damit auch Österreich wesentlichen Anteil hat, so wie bisher auch weiterhin aufrecht zu erhalten und Vorsorge zu treffen, dass der Vorsprung des Abendlandes auf naturwissenschaftlich-technischem Gebiet auch in Zukunft erhalten bleibt." [9]

Zur Symbolfigur für das reaktionäre Klima an den Universitäten wurde in Wien Taras Borodajkewycz, Professor für Sozialgeschichte an der Hochschule für Welthandel, der mit seinen antisemitischen Äußerungen heftige Demonstrationen ausgelöst hat. Im Zuge der Tumulte wurde der 67-jährige ehemalige KZ-Häftling Ernst Kirchweger von dem aus Graz stammenden Neonazi Günter Kümel zu Tode geprügelt.

Auch wenn im Zuge der 68er-Bewegung bis dahin tabuisierte Fragen nach der Vergangenheit gestellt wurden, die Grazer Öffentlichkeit bekam davon nicht allzu viel mit. Noch im Jahre 1981 leistete sich die Grazer Kommunalpolitik eine ganz besondere Instinktlosigkeit: Der Magistrat Graz stellte das Ansuchen an die Kultusgemeinde, der Stadt 800 m² Grünfläche vor dem Amtsgebäude der IKG und den darin befindlichen Betsaal für eine neue Verkehrsgestaltung zu überlassen. Der Antrag wurde abgelehnt. Von 1988 bis zum Neubau der Synagoge erinnerten freigelegte Grundmauern und ein Gedenkstein auf der Grünfläche an die Synagoge, die hier im Zuge des Novemberpogroms in Brand gesetzt worden war.[10] Wie wenig die Dinge bis zum heutigen Tage beim Namen genannt werden, beweist eine Gedenktafel am früheren Merkur-Sanatorium in Graz-Eggenberg. Es soll an den Gründer des Sanatoriums, den Arzt Artur Bader erinnern. Dieser wurde als Jude in das KZ Theresienstadt deportiert. Er überlebte, kam aber schwerkrank nach Graz zurück und ordinierte noch bis zu seinem Tod 1950. Von Nationalsozialismus und Konzentrationslagern ist auf der Gedenktafel aus dem Jahre 1997 nichts zu lesen. Statt dessen steht geschrieben: „Als aufopferungsvollem Arzt, der

gation to maintain, as we have in the past, the human substance of the Western world, of which the German people, and thus Austria, represent a significant part. We must ensure that the West's competitive edge in the field of science and technology is preserved."[9]

The symbol of the reactionary climate at the universities was Tara Borodajkewycz, a professor of Social History at the University of World Trade in Vienna. His anti-Semitic utterances led to violent demonstrations. During the rioting, Ernst Kirchweger, a 67-year-old concentration camp survivor was beaten to death by Günter Kümel, a neo-Nazi.

The movement of 1968 led to the posing of questions about the past which had hitherto been tabu. Even so, the public in Graz remained relatively immune to the new impulses. As late as 1981, Graz city politicians were capable of an incredible lack of sensitivity: the city administration submitted a request to the Jewish community, asking it to give the city 800 m² of green area in front of the IKG's office building, and the prayer room inside, for traffic purposes. The request was denied. From 1988 until the new building was built, the uncovered foundation and a commemorative stone in the green area served as reminders of the synagogue which had been burnt down during the November pogroms.[10]

The general reluctance to speak openly about these issues, right up to the present day, is demonstrated by a commemorative plaque at the former Merkur private hospital in Graz-Eggenberg. It is intended to honor the memory of the hospital's founder, Dr. Artur Bader. As a Jew, Bader was sent to Theresienstadt concentration camp. He survived, and returned, seriously ill, to Graz and practiced medicine until his death in 1950. The plaque, from the year 1997, bears no mention of National Socialism or concentration camps. Instead, it reads: "As a dedicated doctor who gave for others and who encountered the horrors of the Second World War with great personal commitment, and who practiced his profession with the utmost humanity and charity, in spite of political persecution in the most difficult of times, he deserves our honor and remembrance."

den Grauen des Zweiten Weltkrieges mit persönlichem Engagement gegenübertrat und der seinen Beruf trotz politischer Verfolgung in schwerster Zeit voller Humanität und Nächstenliebe ausübte, gebührt ihm unser ehrendes Gedenken."

Traditionell haben die österreichischen Juden, wenn überhaupt, dann eher in der SPÖ als in der ÖVP eine politische Heimat gefunden. Das gilt nicht für die Steiermark nach 1945.

Harry Bradi ist einer der wenigen steirischen Juden, die zeit ihres Lebens von der sozialistischen Idee begeistert waren und deshalb auch der SPÖ beitraten.[11] Seine Großeltern Weiss besaßen vor 1938 in Voitsberg ein Geschäft für Stoff und Kurzwaren. Als die Familie 1945 aus Palästina nach Voitsberg zurückkam, war das Geschäft „arisiert" und in der Wohnung lebte ein „Blutordensträger"[12] mit seiner Familie. Der sozialistische Bürgermeister der Stadt rührte keinen Finger, um den Heimkehrern zu helfen. Erst in den späten fünfziger Jahren bekam die Familie ihr Geschäft zurückerstattet, das Bradi nach dem Tod seines Großvaters übernahm. In den achtziger Jahren musste er, der im Volksmund der „Jud' Weiss" genannt wurde, das Geschäft schließen: der Umsatz war zu gering, um es aufrecht zu erhalten. Bradi fehlten noch zwei Versicherungsjahre bis zu seiner Pensionierung. Er bat den sozialistischen Bürgermeister um Hilfe, dieser gewährte ihm jedoch keinerlei Unterstützung. So pendelte Bradi seine letzten zwei Berufsjahre nach Wien aus, um dort an einer jüdischen Schule als Schulwart zu arbeiten. Jetzt lebt er im Bezirksaltenheim des Landes Steiermark in Voitsberg und scheint dort erstmals ein Zuhause gefunden zu haben.

Herzlich aufgenommen wurde hingegen Alfred Gerstl von der ÖVP-Spitze in der Steiermark, trug er doch einiges dazu bei, dass die „steirische Breite" der Partei glaubwürdig vertreten werden konnte. Gerstl bezeichnet sich selbst als „Judenstämmling": Seine Eltern haben 1920 im israelitischen Tempel in Graz geheiratet, sind aber 1923, im Geburtsjahr ihres Sohnes, zum Katholizismus konvertiert. Dennoch half der Vater, der sich als „katholischer Jude" be-

Traditionally, Austrian Jews have tended to find their political home, if at all, in the SPÖ rather than the ÖVP. But that is not true of postwar Styria.

Harry Bradi is one of the few Styrian Jews who have been lifelong supporters of socialist ideals, and members of the SPÖ.[11] Before 1938, his grandparents, who were named Weiss, owned a cloth and sewing supplies store in Voitsberg. In 1945, when the family returned to Voitsberg from Palestine, the store had been "Aryanized" and their apartment was occupied by a bearer of the "Blutorden"[12] and his family. The socialist mayor of the city didn't lift a finger to help the returning refugees. It wasn't until the late 50's that the family was able to get the store back. After his grandfather's death, Bradi took over the business. In the 80's Bradi, who was known locally as "Weiss the Jew," had to close the shop because sales were too low to cover costs. Bradi still needed two years of employment to reach eligibility for retirement. He asked the socialist mayor for assistance, but received none. Bradi was forced to commute to Vienna for the last two years of his career, to work there as a janitor in a Jewish school. Now he lives in the district retirement home of the Province of Styria, and seems to have found his first true home there.

In contrast, Alfred Gerstl was welcomed by the Styrian ÖVP leadership, as he did much to help the party's credibility in proclaiming its broad appeal. Gerstl refers to himself as a "descendant of Jews." His parents were married in the Israelite Temple in Graz in 1920, but converted to Catholicism in 1923, the year of their son's birth. However, his father, who called himself a "Catholic Jew" assisted in Jewish worship services after 1945; he was the only person in Graz who spoke Hebrew. Alfred Gerstl served in the Wehrmacht from 1942 to 1943, but was discharged due to his lack of a certificate of Aryan descent and sent to a "work camp." With the help of German Wehrmacht officers, Gerstl escaped. He survived the war in hiding with help from the resistance, and served the movement as a liaison to the partisans. Gerstl understands how importance it is to help, and also sees

[11] Nach einem Bericht von Hannah Seitz.

[12] Blutorden: nationalsozialistisches Ehrenzeichen des 9.11.1923 (Marsch zur Münchner Feldherrnhalle im Zuge des – fehlgeschlagenen – Hitlerputsches).

[11] Reported by Hannah Seitz.

[12] Blutorden: Nazi medal commemorating Nov. 9th 1923 (the march to the Feldherrnhalle in Munich during the course of Hitler's unsuccessful putsch).

Wer ist Jude?

zeichnete, nach 1945 bei den jüdischen Gottesdiensten aus, er konnte nämlich als einziger in Graz Hebräisch.

Alfred Gerstl diente 1942–1943 in der Deutschen Wehrmacht, wurde dann aber wegen des nicht vorhandenen Arierpasses entlassen und in ein „Arbeitslager" eingewiesen. Mit Unterstützung deutscher Wehrmachtsoffiziere gelang Gerstl die Flucht. Er überlebte den Krieg im Untergrund mit Hilfe der Widerstandsbewegung, für die er auch als Verbindungsmann zu den Partisanen tätig war. Gerstl weiß, wie wichtig Hilfe ist, sieht aber auch in der Zugehörigkeit zum Judentum den Auftrag, sich schützend vor verfolgte Minderheiten zu stellen. Unmittelbar nach dem Krieg unterstützte ihn der Gemeindesekretär der IKG, Ernst Knöpfelmacher, einer der ersten Zurückgekehrten, und ließ ihn an der Hilfe des „American Joint Distribution Committee" (A.J.D.C.) partizipieren. In den darauffolgenden Jahren wiederum wurde Gerstls kleiner Lebensmittelstand am Kaiser-Josef-Markt zum Treffpunkt der „displaced persons".

1938, als 15-jähriger, hatte er eine Rauferei mit Burschen aus der HJ (Hitlerjugend), die ihm drei Tage Arrest einbrachte. Gerstl hat also am eigenen Leib erlebt, wie wichtig es ist, sich körperlich wehren zu können. Zu seinen beruflichen Aktivitäten nach 1945 gehörte dann auch der Aufbau von Sport- und Fitnesszentren, wobei seine besondere Leidenschaft den Kampfsportarten galt. Im Zuge dieses Engagements wurde Gerstl zum Mentor von Arnold Schwarzenegger.

Seine politische Laufbahn begann er 1946 als Gründungs- und Vorstandsmitglied der ÖVP-Kameradschaft der ehemals politisch Verfolgten. Die Liste der Funktionen, die Gerstl seitdem innehat(te), ist lang. Seit 1987 ist er Abgeordneter zum Bundesrat, dessen Präsident er 1994 bis 1998 war. Für ihn waren nach dem Krieg die Kriegsinvaliden die besten Verbündeten. Schließlich wurde er von den Trafikanten, einer Berufsgruppe, in der in den ersten Nachkriegsjahrzehnten zu 80 Prozent Kriegsversehrte waren, 1957 in ihren Landesgremialausschuss in der Handelskammer gewählt.

his Jewish roots as a obligation to defend persecuted minorities. Immediately following the war, Ernst Knöppelmacher, who was the secretary of the IKG and one of the first returnees, supported Gerstl and allowed him to participate in the charitable program of the "American Joint Distribution Committee" (AJDC). In the following years, Gerstl's small grocery stand at Kaiser Josef Platz became a meeting place for "displaced persons." In 1938, at the age of 15, he had been involved in a fight with boys from the Hitler Youth (HJ), and spent three days in jail. Thus Gerstl experienced for himself just how important it was to be able to defend himself physically. His professional activities after 1945 included the construction of sports and fitness centers, with special attention to martial arts. It was this commitment which led him to become Arnold Schwarzenegger's mentor. His political career began in 1946, when he became a co-founder and board member of the ÖVP Fraternity of the Former Victims of Persecution. The list of offices which Gerstl has held since then is long. Since 1987, he has been a member of the Bundesrat, the upper house of parliament, and he served as its president from 1994 to 1998. After the war, the disabled veterans were his most faithful constituency. The tobacconists, an occupational group of whom 80 percent were disabled veterans in the post-war decades, elected him to their governing board in the Styrian chamber of commerce. On November 12, 1998, for the 80th anniversary of the founding of the Austrian Republic, Gerstl held a widely-acclaimed speech at a ceremonial joint session of the Nationalrat and the Bundesrat. He addressed several topics that had been swept under the rug for decades. "For far too long, the portrayal of Austria as a victim, occupied in 1938, made possible a post-1945 policy which withheld from the victims of murder, plundering, and merciless persecution that which human rights demand: justice!"

Dank eines 1938 aus Graz Vertriebenen an Bürgermeister Stingl: „In dieser Stadt hat sich vieles verändert.“

Am 12. November 1998, am 80. Jahrestag der Gründung der Republik, hielt Gerstl bei der gemeinsamen Festsitzung des Nationalrates und des Bundesrates eine vielbeachtete Rede, bei der er manches ansprach, was jahrzehntelang unter den Teppich gekehrt worden war. So sagte er u. a.: „Viel zu lange hat die Opferthese, im Jahre 1938 besetzt worden zu sein, nach 1945 eine Politik ermöglicht, die den Ermordeten, den Ausgeplünderten und gnadenlos Verfolgten das vorenthalten hat, was das Menschenrecht verlangt: Gerechtigkeit!“

Grenzgänger

Der Medizinstudent Gustav Pollak wurde wie Gerstl von der deutschen Wehrmacht eingezogen. Zuvor besuchte er die Jesuitenschule in der Hans-Sachs-Gasse. Die Sanitätsoffizierslaufbahn, die seiner Ausbildung entsprochen hätte, wurde ihm verwehrt, weil er keinen Ariernachweis vorlegen konnte. Seine Großeltern haben sich jüdisch trauen lassen, nach den „Nürnberger Gesetzen“ war das Grund genug, um ihn zu diskreditieren, auch, wenn sein Großvater de facto konfessionslos und seine Großmutter zum Katholizismus konvertiert war. Er wurde an eine besonders harte Front, nach Murmansk in Russland, geschickt und litt dort Höllenqualen: „Ich dachte immer: die Russen sind mir sympathischer als die Nazis rund um mich, die sind ja eigentlich meine Gegner.“ Wegen „jüdischer Versippung und Spionagegefahr“ wurde er 1944 aus der Wehrmacht entlassen. Als „einsamer Student“ setzte er daraufhin unter vielen weiblichen Studierenden sein Medizinstudium in Graz fort.

Unverdächtig, jemals dem Nationalsozialismus nahe gestanden zu sein, wurde Pollak nach Kriegsende mit einer Reihe von Ämtern beauftragt. Plötzlich war er „jedermanns Freund“, erzählt er, konnte der Kontakt mit ihm doch jetzt durchaus von Vorteil sein. Schließlich war er, obwohl parteilos, Listenführer der kommunistischen Studenten in der Österreichischen Hochschülerschaft (ÖH) und stellvertretender Vorsitzender der ÖH. Er stand außerdem dem „Komitee politisch geschädigter Hochschüler“ vor, das Studenten unterstützte, die in der NS-

Border-Crossing

Like Gerstl, Gustav Pollak, a medical student, was drafted by the German Wehrmacht. He had attended the Jesuit school on Hans-Sachs-Gasse. He was denied the career as a medical officer which his training would have indicated because he had no certificate of Aryan descent. His grandparents were married as Jews, and this was enough to discredit him under the "Nuremberg laws," even though his grandfather was actually without religious affiliation and his grandmother had converted to Catholicism. He was sent to a particularly difficult front, Murmansk, and suffered dreadfully. "I always thought, 'I like the Russians better than these Nazis all around me'."

In 1944 he was dismissed from the Wehrmacht because of "Jewish relations and danger of espionage." As the sole male student among many female colleagues, he continued his medical studies in Graz. Since he could not be suspected of having been close to the Nazis, after the war Pollak was assigned a number of offices. Suddenly, he was "everybody's darling," he recounts, and people hoped to profit from his acquaintance. Although he was not a member of any party, he was the leading candidate of the communist student group in the Austrian student union (ÖH) and also vice-chairman of the ÖH. In addition, he chaired the "Committee of Politically Discriminated Students," which

A former citizen who fled in 1938 thanks Mayor Alfred Stingl: "A llot of things have changed in this city."

[13] David Herzog: Erinnerungen eines Rabbiners 1932–1940. Auf Grundlage einer Diplomarbeit von Andreas Schweiger, Hg.: Walter Höflechner. Graz 1995, S. 51f.

[13] David Herzog, Erinnerungen eines Rabbiners 1932–1940. Based on a thesis paper by Andreas Schweiger, Editor, Walter Höflechner. Graz 1995, p. 51f.

Zeit aus rassischen oder politischen Gründen nicht studieren durften. Als Inskriptionsreferent hatte er aber auch darüber zu entscheiden, wer studieren durfte und wer zuvor noch einen Arbeitsdienst (meist als Heizer) leisten musste.

Pollak ist konfessionslos, steht aber der IKG innerlich nahe. Er bezeichnet sich selbst als „Grenzgänger".

Ähnlich geht es dem „Stiefelkönig"-Chef Manfred Herzl, der aufgrund einer jüdischen Großmutter ein Nahverhältnis zum Judentum hat, sich von der IKG aber nie akzeptiert gefühlt hat. Er wurde zwar katholisch erzogen, identifiziert sich aber mit der jüdischen Schicksalsgemeinschaft. Auch wenn ihn die Juden nie zu den Ihren gezählt haben, für die Antisemiten hat er allemal zu ihnen gehört. So gab ihm der Grazer Turnverein ATG, bei dem Herzl 1957 als 13-jähriger aufgenommen werden wollte, zu verstehen, dass er in ihren Reihen nicht willkommen sei.

Auch der Möbelhändler Robert Pichler fühlt sich zur jüdischen Schicksalsgemeinschaft gehörig, obwohl er nach der rabbinischen Definition kein Jude ist, weil zwar sein Vater jüdisch war, seine Mutter aber Katholikin ist. Wie die Nazis mit seinem Großvater Oskar Pichler und seinem Vater Helmut Pichler 1938 verfahren sind, beschreibt David Herzog in seinen Erinnerungen.[13] Oskar Pichler wurde derart geschlagen, dass Gefahr bestand, er werde beide Augen verlieren. Dessen damals zehnjährigen Sohn wollten zwei SS-Männer auseinander reißen, eine christliche Bedienerin warf sich dazwischen und rettete ihn, indem sie ihn als ihr Kind ausgab. Die Familie ist nach Palästina geflüchtet und kam in den späten vierziger Jahren wieder nach Graz. Nach einem Prozess erhielt sie das inzwischen „arisierte" Geschäft zurück. Für den Vater, so Robert Pichler, sei es ein Triumph gewesen, die alten Nazis besiegt zu haben und geschäftlich erfolgreich zu sein. Dennoch habe er immer gewusst, wo die Koffer stehen – die Angst, es könnte sich wiederholen, was einmal geschehen ist, hat er nie abgelegt. Diese Angst war wohl auch der Grund dafür, dass er seinen Sohn vom Eintritt in das Judentum abhielt.

helped students who had not been allowed to study during the Nazi period for racial or political reasons. As registrar, he also decided who would be allowed to attend the university and who would first be required to do work service, usually as an oven stoker. Pollak is without religious affiliation, but feels close to the IKG. He considers himself a border-crosser.

Manfred Herzl, boss of "Stiefelkönig," sees himself in a similar light. Because his grandmother was Jewish, he has always had a close relationship with Judaism, but has never felt accepted by the IKG. Although he was raised as a Catholic, he identifies with the Jewish "community of fate." If the Jews never considered him Jewish enough, anti-Semites did. In 1957, when he was 13, Herzl wanted to join the ATG gymnastic club, but was given to understand that he was not welcome.

Furniture dealer Robert Pichler also feels a strong affinity with the brotherhood of Jewish suffering, although he doesn't meet rabbinical requirements for Jewishness, since his father was a Jew, but his mother is a Catholic. The treatment of his grandfather, Oskar Pichler, and his father, Helmut Pichler, is described by David Herzog in his memoirs.[13]

Oskar Pichler was beaten so badly that he nearly lost both eyes. Two SS men wanted to tear his ten-year-old son apart, but a Christian maid saved the boy by claiming him as her son. The family fled to Palestine and returned to Graz in the late 40's. After a court case, they were able to get their "Aryanized" business back. For his father, says Robert Pichler, it was a great triumph to beat the old Nazis and be successful in business. But he always made sure he knew where his suitcases were; he never shook off the fear that what had happened before could happen again. And it was probably this fear which caused him to keep his son away from Judaism.

Franz Stranz literally lived at the edge of Jewish life for almost 20 years. After the attack on the synagogue in Vienna in 1982, all Jewish events in Graz were also given federal police protection. But as the federal police officer in charge, Stranz, who was Catholic, did much

Im wahrsten Sinn des Wortes an der Grenze zum jüdischen Leben stand fast 20 Jahre lang Franz Stranz. Seit dem Überfall auf die Synagoge in Wien 1982 wurden auch in Graz sämtliche jüdische Feiern staatspolizeilich bewacht. Der dafür zuständige Staatspolizist Stranz tat aber weit mehr als nur seine Pflicht: Der Katholik setzte sich mit der jüdischen Religion intensiv auseinander: „Ich wollte der Sache auf den Grund gehen", sagte er wenige Tage vor seinem Tod.[14] Als profunder Kenner der jüdischen Riten und Symbole war er oft Beschützer und Helfer in einer Person. Wenn für den vorgeschriebenen Minjan, also die mindestens zehn Männer, die zur Abhaltung eines Gottesdienstes notwendig sind, ein Mann fehlte, dann sprang er ein. Auch bei dem Kaddisch, dem Totengebet, sorgte nicht selten Stranz dafür, dass der obligate Minjan zustande kam. Und wenn der Wiener Rabbiner Hermann Landau, der bis in die frühen neunziger Jahre nach Graz pendelte, um mit der hiesigen Kultusgemeinde die Gottesdienste zu feiern, wegen der Sabbatgebote keinen Lichtschalter betätigte, tat Stranz es für ihn. Der Staatspolizist war zwar stets nur im Steireranzug zu sehen, wurde aber aufgrund seiner starken Affinität zur IKG gelegentlich selbst für einen Juden gehalten.

Überschreitung der Grenze

Friederike Habsburg ist eines der beiden IKG-Mitglieder, die in Kärnten leben. Ihr Mann ist Forstmeister in Wolfsberg. Sie ist 1992 in Israel zum Judentum übergetreten. Lange Zeit engagierte sie sich in der katholischen Kirche. Als dann im Zuge der Waldheim-Affäre in ihrer katholischen Familienrunde Ressentiments gegenüber den Juden auftauchten, wurde sie hellhörig. „Ich dachte mir, die Christen tappen wieder in die Falle", erinnert sich Frau Habsburg. Als dann auch noch der Pfarrer in einer Predigt von den Rachegesetzen der Juden gesprochen hat und sie im Kirchenchor von den Juden, die Christus an das Kreuz geschlagen haben, singen sollte, war das Maß voll. „Ich wollte an die jüdischen Quellen gehen und mir das Judentum nicht länger von den Christen erklären lassen."

more than just his duty. He studied the Jewish religion closely. "I wanted to get to the bottom of it," he said a few days before his death.[14] With his profound knowledge, he was a protector and helper in one. If one more man was needed to fulfill the minyan, the quorum of ten men required in order to hold a worship service, he participated. In the Kaddish, or Prayer of the Dead, as well, he often helped to fulfill the minyan. And when Vienna rabbi Hermann Landau, who commuted to Graz until the early 90's to hold worship services, was unable to turn on lights due to the Sabbath laws, Stranz did it for him. Although the federal policeman always wore a *Steireranzug*, it was often assumed that he was Jewish.

Across the Border

Friederike Habsburg is one of two IKG members who live in Carinthia. Her husband is a forester in Wolfsberg. She converted to Judaism in Israel in 1992. For a long time, she was very active in the Catholic Church. But when, in the course of the Waldheim affair, resentment against Jews surfaced in her Catholic family, she woke up. "I thought to myself, the Christians are stumbling into the trap again," she remembers. When the local priest spoke of the Jewish laws of revenge, and she was supposed to sing a piece in the church choir about the Jews who had nailed Christ to the cross, she had had enough. "I wanted to go back to the Jewish source, and not have Judaism explained to me by Christians any more." Today, Mrs. Habsburg leads a strictly Jewish life; she eats kosher food, keeps the Sabbath, and travels to Vienna on holy days in order to participate in the religious celebrations. She says she has distanced herself from the aristocracy, but not from her family, which has accepted her decision with tolerance.

Approaches

For almost 40 years, the topic of "Jews" was almost completely avoided in the public consciousness. People didn't want to be reminded of their own guilt or that of their parents. Styrian Diocese Bishop Johann Weber remembers that "for a while, it was acceptable to talk about Jews

[14] Franz Stranz ist am 3. November 2000 im 58. Lebensjahr verstorben.
[14] Franz Stranz died on Nov. 3, 2000 at the age of 57.

Inzwischen führt Frau Habsburg ein konsequent jüdisches Leben, sie ernährt sich koscher, hält streng den Sabbat ein und fährt zu den hohen Feiertagen nach Wien, um dort an den religiösen Festen teilzunehmen. Von der Aristokratie habe sie sich distanziert, berichtet sie, nicht aber von ihrer Familie, die ihre Entwicklung mit Toleranz akzeptiert habe.

Annäherungen

Fast 40 Jahre lang wurde das Thema „Juden" aus dem öffentlichen Bewusstsein fast gänzlich ausgeklammert. Man wollte nicht an die eigene Schuld oder die der Eltern erinnert werden. Der steirische Diözesanbischof Johann Weber weiß, dass es „eine Zeit lang so salonfähig war, über die Juden zu reden wie über die Pest". Er, der als elf-jähriger Schüler selbst gesehen hat, wie die Grazer Synagoge 1938 lichterloh brannte, gesteht ein, dass die katholische Kirche „im Umgang mit diesen Ereignissen etwas unbeholfen war". Ein Bild hat sich ihm eingeprägt: Wie er als Soldat in den letzten Kriegswochen in Gratwein einen Zug von etwa 6000 ausgemergelten ungarischen Juden sah, die nach Eisenerz getrieben wurden. „Wir haben das alles weggeschoben, die Bereitschaft, sich damit zu beschäftigen, war zu gering", meint der Bischof heute. Die Einladung, bei der Übergabe der neuen Synagoge zu sprechen, nahm er „sehr bewegt" an, „auch als Grazer".

Ernst-Christian Gerhold, von 1987 bis 1999 evangelischer Superintendent, sieht seine Kirche als Bindeglied zwischen den Religionsgemeinschaften: In den kleinen Kirchen sei die Aufarbeitung rascher voran gegangen als in der großen katholischen Kirche. Eine neue Theologengeneration habe in den achtziger Jahren damit begonnen, die jüdischen Wurzeln, die in den Protestantismus hinein reichen, zu suchen.

Die christlich-jüdischen Bibelwochen, die seit 1982 gemeinsam von der IKG sowie der katholischen und der evangelischen Kirche im Katholischen Bildungshaus Mariatrost veranstaltet werden, wurden von Erika Horn initiiert. Frau Horn war eine glühende Anhängerin des Nationalsozialismus, geht aber mit ihrer Vergangenheit anders um als die meisten, die dem Hitler-

like they were the plague." Weber, who witnessed the burning of the Graz synagogue in 1938 as an eleven-year-old, admits that the Catholic Church "was awkward in dealing with these events." One image stuck in his mind: as a soldier in the last weeks of the war, he saw a group of about 6,000 emaciated Hungarian Jews who were being marched to Eisenerz. "We pushed all that out of our minds. We just weren't ready to deal with it" the bishop says today. He accepted the invitation to speak at the dedication of the new synagogue "with great emotion" and "not least of all as a citizen of Graz."

Ernst-Christian Gerhold, Lutheran superintendent from 1987 to 1999, sees his church as a liaison between the religious communities: The smaller churches were able to come to terms with the Nazi period more quickly than the larger Catholic Church. In the 80's, a new generation of theologians began to search for the Jewish roots that reach into protestantism. The Christian-Jewish Bible Week, which has been

wahnsinn verfallen waren: Sie setzte sich mit ihr so intensiv auseinander, dass sie dabei zu einer deklarierten Philosemitin wurde.

Ein Jahr vor dem „Bedenkjahr" 1988 statteten zum ersten Mal zwei Stadtpolitiker der IKG einen offiziellen Besuch ab: Bürgermeister Alfred Stingl und Kulturstadtrat Helmut Strobl besuchten 1987 kurz nacheinander die IKG. Stingl wollte damit „einen Beitrag zu einem neuen Klima des Vertrauens zwischen Rathaus und IKG setzen". Kein selbstverständliches Zeichen in einer Stadt, die es erst 1962 für notwendig befunden hat, schriftlich festzuhalten, dass die Ehrenbürgerschaft von Hitler und Himmler mit deren Tod erloschen ist. Bei Strobls Überlegungen hat der Bruch mit der Vätergeneration eine treibende Rolle gespielt: „Ich wünsche mir eine lebende jüdische Gemeinde, in der sich die Gemeindemitglieder nicht fürchten." Beide, Stingl und Strobl, sind überzeugt, „dass wir nicht dort sind, wo wir hin sollten, aber wir sind in der richtigen Richtung unterwegs". In diesem Sinne hält auch Altlandeshauptmann Josef Krainer „das Element der Vielfalt" für unverzichtbar. Es sei selbstverständlich, betont er, dass die Juden, die in Graz leben, sich dazugehörig fühlen.

Dieses Gefühl ist bei manchen jüdischen Bürgern auch in jüngster Zeit gelegentlich auf eine harte Probe gestellt worden. So gibt es etwa Geschäftsleute in Graz, die tatsächlich mit Stolz 1988 das 50-jährige Bestehen ihrer Niederlassung feierten. Wahrscheinlich war ihnen gar nicht bewusst, dass sie oder ihre Vorgänger 1938 nur deshalb zu den Geschäften gekommen sind, weil sie zuvor den rechtmäßigen jüdischen Eigentümern weggenommen worden waren.

1988 war aber auch jenes Jahr, in dem - zum ersten Mal seit 1945 – Initiativen gesetzt wurden, die dazu beitrugen, den Mantel des Schweigens, der um die Vergangenheit gehüllt wurde, ein wenig zu lüften. Sogar die steirische Kulturpolitik, die bis dahin ihren Blick gezielt nach vorne gerichtet hatte, nahm sich in diesem Jahr des Themas „1938" an: Peter Vujica, Intendant des „Steirischen Herbstes", wählte für das 20-jährige Jubiläum des Festivals das Motto „Schuld und Unschuld der Kunst". 16 Künstler

jointly organized each year since 1982 by the IKG, the Catholic and Lutheran Churches at the Catholic education center in Graz-Mariatrost, was initiated by Erika Horn. Mrs. Horn was an enthusiastic supporter of the Nazis, but deals with her past differently than most people who were subject to the Hitler mania: She studied it so intensively that she developed a great love of Judaism.

One year before the 1988 "Year of Reflection," two Graz politicians paid an official visit to the IKG for the first time. In 1987, Mayor Alfred Stingl and Helmut Strobl, the City Council Member for Cultural Affairs, each visited the IKG. Stingl wanted to "contribute to the new climate of trust between City Hall and the IKG." This was an unusual symbol in a city which didn't bother until 1962 to declare in writing that the "honorary citizen" status of Hitler and Himmler had ended with their deaths. The breach with the previous generation was a driving force in Stingl's thinking. "I wished for a vital Jewish community in which the members could live without fear." Both Stingl and Strobl are convinced "that we are not where we should be, but we are headed in the right direction." Former Governor Josef Krainer also considers "the element of variety" to be indispensable. He emphasizes that it goes without saying that the Jews who live in Graz should feel that they belong here.

For Jewish residents, this feeling has been sorely tested of late. For instance, there are business people in Graz who in 1988 proudly celebrated the 50th anniversary of their businesses. They were probably not even aware that they or their predecessors had only acquired those businesses because they were taken away from the rightful owners. 1988 was also the year in which – for the first time since 1945 – initiatives were started which served to raise the cloak of silence that had covered the past. Even Styrian cultural policy, which had steadily turned its gaze to the future, dedicated itself to the topic of "1938." Peter Vujica, director of the "Steirischer Herbst" festival, chose "Guilt and Innocence of Art" as the theme for the festival's 20th anniversary season. 16 artists from eight

Das Judentum stellt eine der wichtigsten Wurzeln unserer kulturellen Identität dar. In Graz wurde es seiner lebendigen Form weitestgehend beraubt.

Fünfzig Jahre nach 1938 soll mit diesem Fonds versucht werden, durch ein Stipendienprogramm interkulturelles Lernen in Bezug auf jüdische Kultur anzuregen, israelische und jüdische Studenten aus anderen Ländern zum Studium an die Karl-Franzens-Universität einzuladen sowie entsprechende Veranstaltungen zu initiieren und mitzutragen.

Insgesamt sollen die Universität und die Stadt Graz lernen, dass auch heute Judentum existiert; dass es in Graz eine kleine, aber lebendige Israelitische Kultusgemeinde gibt, dass wir dieses Pflänzchen, welches den Holocaust überlebt hat, ansprechen, integrieren, fördern, unterstützen und kennenlernen wollen und müssen.

Christof Pertl und Thomas Pieber 1987

1988 konnte das Kuratorium des David-Herzog-Fonds erstmals rund 150.000 Schilling an Studierende vergeben. Seit 1999 ist die Grazer Universität Partneruniversität der Ben-Gurion-Universität in Be-er Sheva, weshalb das Budget auf 340.000 Schilling aufgestockt wurde. Der Fonds wird vom Land Steiermark, der Stadt Graz und Privaten gesponsert.

aus acht Ländern installierten „Bezugspunkte" zu der Zeit, in der Graz den Titel „Stadt der Volkserhebung" erhielt. Unter anderem war auch der Platz der Mariensäule am Südende der Herrengasse ein solcher „Bezugspunkt": Die Situation von 1938, als die Mariensäule, von roten Stoffbahnen mit dem Nazi-Adler darauf umgeben, zur Nazi-Siegessäule umfunktioniert worden war, wurde rekonstruiert und sorgte für heftige Diskussionen. Schließlich verübte ein Neonazi einen Brandanschlag auf die Säule. Die Künstler organisierten daraufhin spontan einen Schweigemarsch zum Synagogenplatz.

Das Bedenkjahr 1988 ging aber auch an den Schulen und an der Universität nicht spurlos vorbei. In den Lehrplänen wurde für alle österreichischen Schulen die Auseinandersetzung mit dem Thema Nationalsozialismus in der 8. Schulstufe verbindlich vorgeschrieben. Die Lehrer wurden aufgefordert, Zeitzeugen und Experten zu Gesprächen an den Schulen einzuladen. An der Karl-Franzens-Universität kam im Wintersemester 1988/89 im Rahmen einer Ringvorlesung wöchentlich eine andere Fachdisziplin zum Thema „Universität und 1938" zu Wort. Die Stadt Graz beauftragte den Historiker Stefan Karner, im Stadtmuseum die Ausstellung „1938: Illusionen – Ängste – Wirklichkeiten" zu organisieren.

Im Senatssaal der Universität gab es im März 1988 ein koscheres Buffet: Die 50 Jahre zuvor vertriebenen Mitglieder der Uni waren eingeladen und wurden bewusst in den Senatssaal und in die Aula, die sie zu ihrer Promotion nicht mehr betreten durften, geholt.

Ohne zu wissen, dass der damalige Rektor der Grazer Universität, Christian Brünner, und der Wissenschaftshistoriker Walter Höflechner ähnliche Pläne schmiedeten, schlugen die beiden jungen Mediziner Christof Pertl und Thomas Pieber dem damaligen Landeshauptmann Josef Krainer vor, einen „David-Herzog-Fonds" zu gründen. Damit werden bis heute Stipendien im Sinne von interkulturellem Lernen vergeben: Israelische Studierende, die in Graz studieren oder forschen wollen, werden damit ebenso gefördert wie Österreicher, die sich mit jüdischen Themen beschäftigen. Für Pertl hat der

countries installed "points of reference" to the time in which Graz received the title of "Stadt der Volkserhebung" or "City of the People's Rising." Among these "points of reference" was the Column of St. Mary at the south end of Herrengasse. The column was decorated, as in 1938, with red banners bearing the Nazi eagle, sparking intense debate. Eventually, a neo-Nazi set the column on fire. The artists then spontaneously staged a march of silence to the site of the synagogue.

But the "Year of Reflection, 1988" also left its mark on the schools and the university. Study of the Nazi period was made mandatory in the curriculum of the 8th form in all Austrian schools. The teachers were urged to invite eye-witnesses and experts to speak in schools. In the winter semester of 1988/89, under the auspices of a lecture cycle at the University of Graz, the topic of "The University in 1938" was approached from a different discipline each week. The City of Graz commissioned the historian Stefan Karner to organize the exhibition "1938: Illusions – Fears – Realities." On March 6, 1988, a kosher buffet was held at the Senate Hall of the university: the members of the university who had been driven out 50 years earlier were invited to participate, and a point was made of leading them into the auditorium and the Senate Hall, which they had not been allowed to enter for graduation. Unaware that then-rector Christian Brünner and the science historian Walter Höflechner already had similar plans, two young medical students, Christof Pertl and Thomas Pieber suggested to then-governor Josef Krainer that a "David Herzog Fund" should be started. To the present day, it provides scholarships in the spirit of intercultural learning: it supports Israeli students who want to study or do research in Graz, as well as Austrians who are interested in Jewish topics. For Pertl, the fund has "along with the many positive impulses which it produced, a certain fig leaf function", due to which its financing has never been a problem. Pieber speaks of an "obvious debt" which should have been repaid much earlier. A "David Herzog Center" which has the function of inviting guest professors who lecture on Jewish topics, was set up

Fonds „neben den vielen positiven Impulsen, die von ihm bisher ausgingen, auch eine Feigenblattfunktion", weshalb seine Finanzierung nie ein Problem gewesen sei. Pieber spricht von einer „offensichtlichen Bringschuld", die viel früher eingelöst hätte werden müssen. Ein „David-Herzog-Zentrum", in dessen Rahmen Gastprofessoren, die jüdische Themen behandeln, eingeladen werden sollen, wurde im Jahr 2000 an der Grazer Universität eingerichtet. Kurt Brühl, der diese universitären Aktivitäten wesentlich unterstützt, ist 1999 von der Karl-Franzens-Universität der Titel „Ehrenbürger" verliehen worden.

Dienten all diese Aktivitäten primär der Aufarbeitung der eigenen Geschichte, so setzten Stadt und Land 1988 doch auch eine erste Geste der Reue gegenüber den Juden: Sie beschlossen, die am 10. November 1938 von den Nazis zerstörte Zeremonienhalle am Israelitischen Friedhof neu aufzubauen: 1991 wurde sie der IKG feierlich übergeben. Für die Wiedererrichtung der Synagoge war die Zeit noch nicht gekommen. Zumindest wurde aber 1988 ihr Standort durch den bereits erwähnten Gedenkstein markiert.

„Leider spät, aber nicht zu spät", kommentiert Bürgermeister Stingl selbst seine Initiative, gebürtige Grazer, die 1938 vor den Nazis fliehen mussten und heute in Israel leben, einzuladen: Mit Freude, aber auch mit zwiespältigen Gefühlen besuchten 1991 und 1993 zwei Gruppen von Emigranten ihre einstige Heimatstadt – manche zum ersten Mal seit ihrer Flucht. Ein erfreuliches Zeichen setzte auch der steirische Militärkommandant Arno Manner: Seit 1995 ist das Bundesheer zuständig für die Pflege des Denkmals und der Gräber, die an die jüdischen Gefallenen des Ersten Weltkriegs erinnern.

Nach und nach findet das Gedenken an die jüdischen Bürger auch in den Benennungen der Grazer Verkehrsflächen seinen Niederschlag, in denen die Spuren des Nationalsozialismus leider immer noch nicht ganz getilgt sind. (Der „Freiheitsplatz" heißt seit 1939 so, erinnert also an einen nationalsozialistischen Freiheitsbegriff.) Immerhin trägt seit 22. September 2000 ein Weg in Waltendorf den Namen des Holo-

at the University of Graz in 2000. Kurt Brühl, who provides significant support for these activities, received the title of "Honorary Citizen" from the university in 1999. Whereas all these activities primarily served to increase public awareness of local history, in 1988 the city and the province also made a first gesture of remorse toward Jews: they decided to rebuild the funeral hall at the Jewish cemetery, which had been destroyed by the Nazis on November 10th, 1938. In 1991, it was ceremoniously presented to the IKG. The time for reconstruction of the synagogue had not yet come. But at least its site was marked in 1988 with the commemorative stone mentioned above.

"Late, unfortunately, but not too late" is how Mayor Stingl characterized his initiative for inviting native of Graz who fled the Nazis in 1938 and now live in Israel. With joy, but also with mixed feelings, two groups of emigrants visited their former home in 1991 and 1993, some of them for the first time since their flight. The Styrian military commandant Arno Manner also made a postive gesture: Since 1995, the army has taken responsibility for the care of the monument and the graves of Jewish soldiers who fell in the First World War.

Gradually, commemoration of Jewish citizens is finding its way into the naming of public places and roads in Graz, where traces of Nazism unfortunately have not yet been erased. (The "Freiheitsplatz" or "Freedom Square" was so named in 1939 and thus honors the Nazi concept of freedom). Since September 22, 2000 a street in Waltendorf has borne the name of Berthold Linder, a holocaust survivor who died tragically during the presentation of his book. And on November 11, 2000 the square in front of the rebuilt synagogue was renamed "David-Herzog-Platz." With this synagogue, the Graz Jewish community got back something that had been taken from it in 1938. Ultimately, however, it is also a gift from the city to itself: as EU Cultural Capital 2003, Graz has chosen the themes of religion, art, and science. Among other events, an interreligious conference is being planned. The synagogue can not wash Graz clean of the dirt of the past, but it offers a chance for the future.[15]

Excerpts from the Outline of the "David Herzog Fund" 1987

Judaism represents one of the most important roots of our cultural identity. In Graz, it was for the most part robbed of all living expression. Now, 50 years after 1938, this fund is intended, by means of a scholarship program, to provide impulses for intercultural learning with regard to Jewish culture, as well as to invite Israeli and Jewish students to University of Graz, and to initiate and sponsor related events.
In sum, it is hoped that the university and Graz will learn that Judaism still exists today and that there is a small but vital Jewish community in Graz. This tiny plant survived the Holocaust, and we want to, and must, address it, integrate it, promote it, support it, and get to know it better.

Christof Pertl and Thomas Pieber, 1987

In 1988, the Board of the David Herzog Fund awarded its first scholarships, worth a total of approximately ATS 150,000 to students. Since 1999, the University of Graz has been a partner of Ben-Gurion University in Be-er Sheva, which has led to an increase in funding to ATS 340,000. The fund is sponsored by the Province of Styria, the City of Graz, and private donors.

15 This text is not intended as a scholarly work, but instead is meant to capture the atmosphere of Jewish life in Graz since 1945.

15 Die Autorin erhebt keinen wissenschaftlichen Anspruch. Der Beitrag soll eine atmosphärische Darstellung des jüdischen Lebens in Graz seit 1945 sein.

caust-Überlebenden Berthold Linder, der vor drei Jahren bei der Präsentation seines Buches tragisch verstorben ist. Und am 8. 11. 2000 wurde der Platz vor der wieder errichteten Synagoge in „David-Herzog-Platz" umbenannt.

Mit dieser Synagoge wurde der Grazer jüdischen Gemeinde etwas zurückgegeben, was ihr 1938 genommen wurde. Sie ist freilich auch ein Geschenk, das die Stadt nicht zuletzt sich selbst gemacht hat: Als Kulturhauptstadt im Jahr 2003 hat sich Graz die Themen Religion, Kunst und Wissenschaft an die Fahnen geheftet, u.a. ist eine interreligiöse Konferenz geplant. Von dem Schmutz der Vergangenheit kann die Synagoge Graz nicht reinwaschen, sie ist aber eine Chance für Zukunft.[15]

Jüdisches Leben in Österreich

Fragen an Oberrabbiner Paul Chaim Eisenberg (Wien) und die IKG-Präsidenten Ariel Muzicant (Wien), Marko Feingold (Salzburg) und Esther Fritsch (Innsbruck)

Wie beurteilen Sie die Zukunft des Jüdischen in Österreich heute?

MUZICANT: Vor zehn Jahren habe ich noch geglaubt, für Juden ist ein normales Leben in Österreich möglich. Jetzt glaube ich nicht mehr daran. Seit der Waldheim-Affäre kommen immer häufiger unterschwellige Antisemitismen hoch. Meine Kinder sind bereits weggezogen, weil sie sagen: „Warum müssen wir uns ständig mit dem Antisemitismus auseinander setzen?" Um hier leben zu wollen, bedarf es einer anderen Stimmung.

EISENBERG: Wenn wir aus Ängstlichkeit nicht aktiv sein wollen, dann können wir es gleich sein lassen. Wir dürfen nicht zusperren.

FRITSCH: Persönlich habe ich keine Probleme, aber ich glaube nicht, dass es in Innsbruck viel Zukunft für Juden gibt.

FEINGOLD: Wir sind österreichische Staatsbürger, aber ich werde drei Mal in der Woche nach Israel geschickt. Ich habe noch nie einen Katholiken nach Rom geschickt oder einen Protestanten für den Konflikt in Nordirland verantwortlich gemacht. Wahrscheinlich werden die Juden mit Ausnahme von Wien in ganz Österreich langsam aussterben.

Jewish Life in Austria

A discussion with Chief Rabbi Paul Chaim Eisenberg (Vienna) and the IKG Presidents Ariel Muzicant (Vienna), Marko Feingold (Salzburg), and Esther Fritsch (Innsbruck)

How do you see the future of Jewishness in Austria?

MUZICANT: Ten years ago, I still believed that a normal life was possible for Jews in Austria. Now I don't believe it any more. Ever since the Waldheim affair, hidden anti-Semitism has surfaced more and more often. My children have already moved away. They say "Why should we have to deal constantly with anti-Semitism?" To want to live here, we need a different atmosphere.

EISENBERG: If we are afraid to be active, then we might as well give it up. We can't just close up shop.

FRITSCH: Personally, I have no problems, but I don't think there is much future for Jews in Innsbruck.

FEINGOLD: We are Austrian citizens, but about three times a week someone tells me to "go to Israel." I've never told a Catholic to go to Rome, or blamed a Protestant for the conflict in Northern Ireland. With the exception of Vienna, Jews in Austria will probably slowly die out.

In Germany, immigration of Russian-speaking Jews has been especially promoted. Could that be a chance for Austria to preserve Jewish life?

EISENBERG: There's no question that, for a small community like Graz, an influx of Jewish immigrants would be a great enrichment. But I don't believe that we are now going to see Orthodox Jews moving to Graz in droves, because in spite of the new synagogue, the rest of the necessary infrastructure is still missing. I am by no means trying to cast aspersions on the contributions of the long-time Graz IKG president, Kurt Brühl. It is thanks to his tireless efforts that the Graz community enjoys a high standing in Austria.

MUZICANT: In Germany, there are now 30 Jewish communities, and we need to start

In Deutschland hat man die Zuwanderung vor allem russischsprachiger Juden gezielt gefördert. Könnte das auch für Österreich eine Möglichkeit sein, jüdisches Leben zu erhalten?

EISENBERG: Es ist keine Frage, dass für kleine Gemeinden, wie z. B. Graz, eine Anzahl neuzuwandernder Juden eine Bereicherung wäre. Ich glaube aber nicht, dass jetzt orthodoxe Juden in Scharen nach Graz übersiedeln werden, weil trotz der neuen Synagoge die sonstige Infrastruktur noch nicht vorhanden ist. Damit möchte ich keineswegs die Leistungen des langjährigen Grazer IKG-Präsidenten Brühl schmälern. Seiner unermüdlichen Arbeit verdanken wir, dass die Grazer Gemeinde in Österreich ein hohes Ansehen genießt.

MUZICANT: In Deutschland gibt es inzwischen 30 jüdische Gemeinden. Wir hingegen müssen uns langsam fragen: Wer soll die Synagogen mit Leben erfüllen? Seit 1992 ist die Zuwanderung aus Osteuropa gestoppt, dabei könnten jederzeit 1000 Juden zu uns kommen, auch Graz könnte 40, 50 aufnehmen. Jede Gemeinschaft braucht eine gewisse Anzahl von Menschen.

FEINGOLD: Wir haben vor einigen Jahren versucht, rund zehn russische Familien durch die IKG in Salzburg zu integrieren, aber die sind mit der Zeit alle nach Wien gegangen.

FRITSCH: Wir sind in Innsbruck durch die Berge etwas eingesperrt, die Leute sind nicht so offen. Ich glaube nicht, dass sich Juden aus Osteuropa hier wohl fühlen würden.

Halten Sie die verstärkte Auseinandersetzung von Nichtjuden mit dem Judentum für erfreulich oder ist sie bloß eine Modeerscheinung?

EISENBERG: Sie kann positive Ergebnisse bringen: Wenn jemand aus der Thora lernt, wenn auch aus nichtreligiösen Gründen, wird er durch das Lernen allein zu richtigen Einsichten kommen.

MUZICANT: Momentan ist es modern, sich mit dem Jüdischen zu beschäftigen. Die Historiker haben viel zu tun. Ich würde mich freuen, wenn die Beschäftigung nicht nur die Geschichte, sondern auch die Gegenwart beträfe.

asking "Who's going to fill the synagogues with life?" Immigration from Eastern Europe was stopped in 1992. A thousand Jews could come here at a moment's notice. Graz could take 40 or 50. Every community needs a certain minimum number of people.

FEINGOLD: Several years ago, we tried through the IKG to integrate ten Russian families in Salzburg, but after a while, they all moved to Vienna.

FRITSCH: In Innsbruck, we are somewhat locked in by the mountains, and people are not as open. I don't think Jews from Eastern Europe would feel comfortable here.

Do you think the increased attention to Judaism on the part of non-Jews is a good thing, or is it just a fad?

EISENBERG: It can have positive results. If someone studies the Torah, even for non-religious reasons, this study alone will help him to find positive insights.

Der Gedenkstein: 1988 aufgestellt, wurde er in den Neubau integrierrt.

The monument: Erected in 1988, it was integrated into the new synagogue.

FRITSCH: Ich finde es gut, wenn sich die Christen mit den Juden beschäftigen: Je mehr man voneinander weiß, desto weniger Vorurteile gibt es.

Funktioniert der christlich-jüdische Dialog in Österreich?

MUZICANT: Es stimmt mich traurig, dass man das Gefühl hat, dass der Dialog immer dann am besten funktioniert, wenn es keine Juden mehr gibt.

FRITSCH: Basierend auf Altbischof Reinhold Stecher haben wir einen sehr regen Dialog. Es gibt auch gemeinsame Veranstaltungen.

FEINGOLD: Der christlich-jüdische Dialog ist gut in Salzburg.

Wie beurteilen Sie die Tatsache, dass Graz nun eine neue Synagoge hat?

EISENBERG: Sie ist sicher ein erfreuliches Zeichen. Wobei es sich bei dem Synagogenbau – bei der Anzahl der Juden in Graz – eher um eine Wiedergutmachung gehandelt hat als um eine Notwendigkeit, ohne die wir nicht leben könnten. Ich hoffe, dass sie ein Anstoß ist für mehr Aktivität und dass die Identität der Gemeinde dadurch zunimmt.

MUZICANT: Es ist großartig, dass es die Synagoge gibt, aber warum erst jetzt? Für wen und wer wird sie nutzen? Die Synagoge im Jahr 2000 kommt um 55 Jahre zu spät. Wo sind die Juden, die das Land zurückgeholt hat? Ich übe nicht Kritik an denen, die sie gebaut haben, sondern an denen, die sie nicht gebaut haben.

FEINGOLD: Ich halte unseren Politikern immer wieder die Stadt Graz und das Land Steiermark vor. In Salzburg ist der Antisemitismus eben stärker als in Graz, dabei ahnen die Salzburger gar nicht, wie viele Gäste sie damit von der Stadt fernhalten.

FRITSCH: Wir haben bereits seit einigen Jahren eine, wenn auch kleine Synagoge. In unserem religiösen Leben hat damit eine neue Ära begonnen.

Elisabeth Welzig

MUZICANT: At the moment, it is "cool" to be interested in Judaism. The historians have a lot to do. I would be pleased if this interest were aimed not only at the past, but also at the present.

FRITSCH: I think it's good when Christians take an interest in Jews. The more we know about each other, the less prejudice we have.

Is the Christian-Jewish dialogue in Austria working?

MUZICANT: It makes me sad to have the feeling that the dialogue always works best when there are no Jews left.

FRITSCH: Due to the commitment of former bishop Reinhold Stecher, we have a very lively diaolgue. We even have joint events.

FEINGOLD: The Christian-Jewish dialogue in Salzburg is good.

How do you view the fact that Graz now has a new synagogue?

EISENBERG: It is a very positive sign. Although, with the small number of Jews in Graz, the synagogue is more of a redress than a vital necessity. I hope that it will be an impulse for more activity, and that the identity of the community will be strengthened.

MUZICANT: It's great that there's a synagogue, but why not before now? Who is it for, and who will use it? In the year 2000 the synagogue comes 55 years too late. Where are the Jews who were brought back by this country? I'm not criticizing those who built it, but those who didn't build it.

FEINGOLD: I always hold up the City of Graz and the Province of Styria as an example to our politicians. In Salzburg, anti-Semitism is even stronger than in Graz. But the people have no idea how many tourists it scares away.

FEINGOLD: We have had a synagogue for several years, even if it is small. It was the beginning of a new era in our religious life.

Elisabeth Welzig

Die Übergabe der Synagoge

Erinnern, nicht vergessen

Grußworte zur Einweihung der wiedererrichteten Synagoge

Tränen. Tränen standen vielen Gästen, die der feierlichen Einweihung der neuen Synagoge beiwohnten, in den Augen. Besonders jenen jüdischen Grazern, die 1938 gezwungen worden waren, ihre Heimat zu verlassen und die nun über Einladung von Bürgermeister Alfred Stingl an dem Festakt teilnahmen. Es waren sicher sehr oft Tränen der Freude über das, was sie an diesem sonnigen 9. November 2000 erleben durften, es waren aber auch oft solche der traurigen Erinnerung an das, was sie am 9. November 1938 erleben mussten. Schlussendlich aber siegt die Freude des Neubeginns über den Schmerz der Vergangenheit. „Diese Synagoge gibt uns einen Teil unserer Würde wieder", bemerkt einer der Vertriebenen. Höhepunkt des Festaktes, der vom Chor der Großen Synagoge Jerusalem unter der Leitung von Eli Jaffe umrahmt wurde, war neben dem Anschlagen der Mesusa an der Eingangstür der Einzug der Thorarollen. Dazu sang der Chor das Lied „Ki Lekach Tov". In ihm heißt es: „Eine gute Lehre habe ich euch gegeben, verlasst meine Weisung nicht. Ein Baum des Lebens ist sie denen, die an ihr festhalten; wer sich auf sie stützt, ist beglückt. Ihre Wege sind Wege der Anmut, alle ihre Pfade führen zum Frieden. Bring uns zurück, Ewiger, denn wir wollen umkehren, erneuere unsere Tage wie einst."

Johann Weber, Bischof der Diözese Graz-Seckau:

Dem religiösen und historischen Gewicht dieser Stunde angemessen, möchte ich Sie mit Worten begrüßen, die aus der jüdischen und aus der christlichen Tradition vertraut sind und in allen Sprachen der Welt eine tiefe Sehnsucht und Hoffnung ausdrücken: Der Friede sei mit euch!

Ich möchte in diesem Gotteshaus, das den Grazer Juden bis zur Reichspogromnacht 1938 Heimat und Zuflucht war und das viele von den hier Anwesenden brennen sehen mussten als Beginn unermesslichen Leidens, meiner Bestürzung, meiner Verantwortung und meiner Hoffnung mit Worten Johannes Pauls II. Ausdruck geben. In seiner Rede beim Besuch der Holocaust-Gedenkstätte Yad Vashem versicherte der Papst dem ganzen jüdischen Volk, dass die katholische Kirche „zutiefst betrübt ist über den Hass, die Verfolgung und alle antisemitischen Akte, die jemals irgendwo gegen Juden von Christen verübt wurden." Und wie Papst Johannes Paul II. in Yad Vashem bete ich „eindringlich dafür, dass unser Bedauern über die Tragödie, die das jüdische Volk im 20. Jahrhundert erlitten hat, zu einer neuen Beziehung zwischen Christen und Juden führen möge."

Johann Weber, Bishop of the Diocese of Graz-Seckau:

In keeping with the religious and historic significance of this hour, I would like to greet you with words which are familiar to us from the Jewish and the Christian traditions and which in all languages of the world express a deep longing: Peace be with you!

In this house of God, which was a home and a refuge to Graz Jews until the pogrom night of 1938, and which many of those present today saw burning in what turned out to be the beginning of unfathomable suffering, I would like to express my feelings of responsiblity and my hope with words of John Paul II. In his speech at the Yad Veshem Holocaust Memorial, the Pope assured the entire Jewish people that the Catholic Church "is deeply troubled over the hatred, the persecution, and all the anti-Semitic acts which have ever been committed anywhere by Christians against Jews." And, like Pope John Paul II in Yad Veshem, I pray "urgently that our sorrow over the tragedy which the Jewish people suffered in the 20th century may lead to a new relationship between Christians and Jews."

Remembering, Not Forgetting

Words of Greeting for the Consecration of the New Synagogue

Tears. Tears were in the eyes of many guests who attended the consecration ceremony for the new synagogue. Especially those Jewish citizens of Graz who had been forced to leave their home city in 1938, and were now participating in the ceremony at the invitation of Mayor Alfred Stingl. Many of the tears were tears of joy at the chance to experience that sunny 9th of November, 2000. But many were tears of sadness at the memory of what they had experienced on November 9, 1938. Ultimately the joy of a new beginning triumphed. "This synagogue restores a part of our dignity" said one emigré. The ceremony included music by the Choir of the Great Synagogue in Jerusalem, conducted by Eli Jaffe. Along with the hanging of the mesusa on the door of the synagogue, the climax of the event was the procession of the Torah scrolls. The choir sang "Ki Lekach Tov." The text of the song goes "I have taught you well, do not abandon my teaching. It is a tree of life to those who cling to it; those who lean on it are blessed. Their ways are ways of beauty, and all their paths lead to peace. Eternal one, bring us back, for we want to turn back; renew our days as before."

Hermann Miklas,
evangelischer Superintendent

In letzter Zeit ist (Anm.: von Juden) gelegentlich die Frage gestellt worden: „Ja brauchen wir denn diese Synagoge wirklich? Sind wir nicht viel zu wenige für solch ein Bauwerk?"

Lassen Sie mich darauf antworten und sagen: Nicht nur Sie brauchen die Synagoge in Graz – auch wir brauchen sie! Wir alle! Wir brauchen sie als Zeichen der öffentlichen Wahrnehmung! Der leere Platz neben der Mur war im Grunde bloß der Ausdruck der Nicht-Wahrnehmung. Die neue Synagoge hingegen ist das sichtbare Symbol dafür, dass die jüdische Kultusgemeinde ein integraler Bestandteil des Zusammenlebens in der Steiermark ist. Darum darf der Anblick der Synagoge im Stadtbild der Landeshauptstadt einfach nicht fehlen.

Hermann Miklas,
Protestant Superintendent

Recently, the question has been asked (editor's note: by Jews): "Do we really need this synagogue? Aren't there too few of us for such a building?" Let me answer the question and say: Not only do you need the synagogue in Graz – we need it too! All of us! We need it as a symbol of public perception. The empty lot next to the Mur river was an expression of non-perception. The new synagogue, on the other hand, is a visible symbol that the Jewish community is an integral part of life in Styria. Therefore, it is imperative that the sight of the synagogue be part of the skyline of the capital.

Ariel Muzicant, Präsident der Israelitischen Kultusgemeinden Österreichs

Es gibt nichts Vergleichbares in Österreich. Gleichzeitig muss ich aber Fragen stellen, die ich schon immer gestellt habe: Warum erst jetzt? Und: Wenn diese Synagoge einen Sinn haben soll und nicht nur ein Mahnmal sein will, dann frage ich Sie erneut: Wo wird diese Gemeinde in 20 Jahren sein? Wo sind die Menschen, die in ihr beten werden? Glauben Sie mir, es gibt genug Juden aus dem Osten, die hier etwas aufbauen wollen. Aber man lässt sie nicht herein. Wenn all diese Reden, die wir heute gehört haben und die mir das Herz warm machen, ehrlich gemeint sind, dann tragen Sie Sorge, dass dieses Haus auch mit Leben erfüllt werden kann.

There is nothing comparable to this in Austria. At the same time, I must ask the question that I have always asked: "Why not before now?" And if this synagogue is to have a purpose and not merely to serve as a monument, then I ask once again: Where will this congregation be in 20 years? Where are the people who will pray in the synagogue? Believe me, there are plenty of Jews from Eastern Europe who would like to live constructively here. But they are kept out. If all these speeches we are hearing today – and which warm my heart – are meant sincerely, then you must see to it that this house is filled with life.

Josef Krainer, Altlandeshauptmann und Vorsitzender des Kuratoriums zur Wiedererrichtung der Synagoge

Integration statt Antisemitismus muss unser Ziel sein.

Integration instead of anti-Semitism must be our goal.

Oberrabbiner
Paul Chaim Eisenberg, Wien

In der Vergangenheit, in der Welt der Shoa, waren wir Opfer – Objekte der Politik. In der Gegenwart sind wir Partner, in der Zukunft werden wir beweisen müssen, dass wir auf eigenen Beinen stehen können.

In the past, in the world of the Shoa, we were victims – political objects. In the present we must demonstrate that we can stand on our own feet.

Thomas Klestil, Bundespräsident
der Republik Österreich

Wir müssen Mitschuld bekennen und wir müssen wachsam sein. Es darf kein Verständnis und auch kein Zugeständnis gegenüber Fremdenhass, Antisemitismus und Intoleranz geben.

We must confess our guilt and we must be vigilant. There must be no acceptance of, nor any concessions to, xenophobia, anti-Semitism, or intolerance.

Alfred Stingl, Bürgermeister der Stadt Graz

Der 9. November 1938 war einer der dunkelsten Tage in der Geschichte unserer Stadt. Er ließ ahnen, was kommt. Nämlich das, was wir heute wissen, was wir nie vergessen und nie verdrängen dürfen! Das Leid, das Menschen in einer auch heute noch nicht fassbaren Weise zugefügt wurde, kann und darf nicht vergessen werden. Der heutige Tag ist in diesem Sinne ein Tag gegen das Vergessen. Der heutige Tag ist aber vor allem ein Tag der Bitte um Verzeihung. Menschliche Größe kann verzeihen. Anlässlich der heutigen Übergabe der neuen Synagoge und im Wissen um die Geschichte unserer Stadt bittet unsere Stadt die Mitglieder der Grazer Kultusgemeinde um diese menschliche Größe des Verzeihens. Der 9. November 2000 soll einer der guten Tage in der Geschichte unserer Stadt sein. Es ist zugegeben: Dieser Tag kommt spät – 62 Jahre danach; aber er ist, noch in diesem Jahrhundert, heute erlebbar; dieser Tag, an dem wir die auf den alten Fundamenten neu gebaute Synagoge unserer Kultusgemeinde zurückgeben, soll, knapp an der Wende vom 20. ins 21. Jahrhundert, ein Tag sein, der eine Sehnsucht für die Zukunft anspricht: Wir wollen in Zukunft in menschlichem Respekt, in religiöser Toleranz und in einem friedlichen Miteinander in dieser Stadt leben.

Alfred Stingl, Mayor of the City of Graz

November 9, 1938 was one of the darkest days in the history of our city. It provided a glimpse of what was to come. Namely, what we know today, and what we must never forget and never push out of our minds! The suffering which was inflicted on people in manner incomprehensible to us today cannot and must not be forgotten. This day is a day against forgetting. But above all, this day is a day for asking for forgiveness. Human magnanimity can forgive. On this day, when we dedicate the new synagogue, knowing the history of our city, our city asks the members of the Graz Jewish community for this human magnanimity of forgiveness. May the 9th of November 2000 be one of the good days in the history of our city. We must admit it: this day comes too late – 62 years after the fact. But today, shortly before the close of the century, the day can be experienced. At the turn of the 20th to the 21st century, this day when we return the new synagogue, built on the foundation of the old, to our Jewish community, must be a day which expresses a hope for the future: In the future, we want to live together in this city in mutual respect, religious tolerance, and peaceful cooperation.

Fred Herzog,
Sohn des letzten Grazer Rabbiners David Herzog, in einem Brief an Bürgermeister Alfred Stingl

Ich spreche der Stadt Graz meinen aufrichtigen Dank für die Wiedererrichtung der neuen Synagoge aus. Dieses Ereignis hat gemischte Gefühle in mir erweckt. Ich erinnere mich mit Freude an jene glücklichen Tage, die ich mit meinen geliebten Eltern in Graz verbracht habe, an meine Schulausbildung am Akademischen Gymnasium und die Studienzeit an der Universität Graz. Die schönen Stunden, die ich im Opernhaus, im Stephaniensaal, im schönen Stadtpark und auf dem Schloßberg verbracht habe, werden wieder wach. Und dennoch werden diese fröhlichen Gedanken von den tragischen Ereignissen von 1938 überschattet, besonders was meinen lieben Vater betrifft, einen Mann, der Graz, die Steiermark und Österreich so innig liebte und der mit Ausdauer so vieles unternahm, um die Lebensumstände für alle Menschen, unabhängig von Abstammung, Geschlecht oder politischer Gesinnung zu verbessern. Das furchtbare Schicksal, das er erlitt, als er plötzlich ins Gefängnis gesteckt wurde und dann, am 9. November 1938, im Alter von 70 Jahren von Naziverbrechern in die Mur geworfen wurde, nachdem es ihnen nicht gelungen war, ihn in die Flammen der brennenden Synagoge zu stoßen, wird unauslöschlich in meiner Erinnerung haften bleiben, ebenso wie der Tod meines einzigen Bruders in den Gaskammern von Auschwitz. Wie mein Vater schon in seiner letzten Predigt in der alten Synagoge, bevor sie in Flammen aufging, betont hat: „Niemals wurde in dieser Synagoge ein Wort des Hasses oder der Ablehnung gegenüber Menschen mit anderen Werten eines anderen Glaubens ausgestoßen. Unser Gebetshaus stand allen gut gesinnten Menschen offen, allen Gläubigen, unabhängig von ihrer Religion." Im Geiste dieser Worte grüße ich die Stadt Graz aus Anlass der feierlichen Eröffnung der neuen Synagoge.

Fred Herzog, Son of David Herzog, the Last Rabbi in Graz, in a Letter to Mayor Alfred Stingl

I would like to express my sincere thanks to the City of Graz for the reconstruction of the synagogue. This event evokes mixed feelings within me. I remember with joy the happy days that I spent in Graz with my parents, my school days at the Akademisches Gymnasium, and my time at the University of Graz. The pleasant hours spent at the opera, the Stephaniensaal, in the Stadtpark, and on the Schloßberg come alive again. And yet these happy thoughts are overshadowed by the tragic events of 1938, especially as regards my dear father, a man who so deeply loved Graz, Styria, and Austria and who persistently did so much to improve the living conditions of all people, regardless of ethnic origin, gender, or political orientation. The terrible fate that he suffered when he was suddenly jailed and then, on November 9, 1938 at the age of 70 was thrown into the Mur by Nazi criminals after they had been unsuccessful in pushing him into the flames of the burning synagogue will remained indelibly in my memory. So will the death of my only brother in the gas chambers of Auschwitz. As my father said in his last sermon in the old synagogue before it was burned, "Never has a word of hate or rejection toward persons of other values or other religions been uttered in this synagogue. Our house of prayer was open to all people of good will, to all the faithful, regardless of their religion." In the spirit of these words, I greet the City of Graz on the occasion of the consecration of the new synagogue.

**Kurt David Brühl,
Präsident der Israelitischen Kultusgemeinde Graz**

Die Rückgabe dieser Synagoge geschieht auf
ehrlichen und aufrichtigen Wunsch der Religionsgemeinschaften dieser Stadt. Wir schätzen deren
Willen, das Unrecht aufzuzeigen. Wir können die
Vergangenheit aber nicht vergessen.

**Kurt David Brühl,
President of the Jewish Community
in Graz**

The return of this synagogue takes place in accordance with the honest and sincere wishes of the
religious leaders of this city. We appreciate their
willingness to uncover injustice. But we can not
forget the past.

*Zur feierlichen Übergabe der Synagoge
waren nicht nur die hohen Vertreter aus
dem öffentlichen Leben der Stadt Graz
und auch alle Bewohner geladen,
sondern vor allem einige Dutzend ehemalige Mitglieder der Grazer Kultusgemeinde, die 1938 ihre Stadt verlassen
mussten. Auf Einladung von Bürgermeister Alfred Stingl scheuten sie trotz ihres
hohen Alters die Anreise aus aller Welt
nicht. Einige, die mehr als 60 Jahre dem
Motto „Nie wieder Österreich" gefolgt
waren, kamen sogar zum ersten Mal
seit 1938 in ihre alte Heimat zurück.
Eine davon war Friederike Cohen, die
1938 als 18-Jährige die schrecklichen
Übergriffe auf die jüdische Bevölkerung
in Graz miterlebt hat. 1939 gelang ihr
im letzten Augenblick die Flucht nach
Palästina. „Ich habe mir damals geschworen, nie wieder einen Fuß nach
Österreich zu setzen", erklärt die heute
80-Jährige. Aber die „reizende Einladung", die Bürgermeister Alfred Stingl
bei einem vorbereitenden Besuch auf
die Synagogeneröffnung in Israel ausgesprochen hatte, habe sie umge-
stimmt. Und drei Tage vor ihrem
80. Geburtstag kommt sie tatsächlich in
die Stadt zurück, die sie als junges
Mädchen verlassen hat. „Es ist sehr
schön hier, ich bereue meine Entscheidung nicht", sagt sie schon sehr bald
nach ihrer Ankunft. Für die ehemaligen
Grazer bedankt sich bei Bürgermeister
Stingl der ebenfalls 1938 vertriebene
Lothar (Josef) Neurath. Er überreicht
Stingl ein Zertifikat, wonach in Israel zu
Ehren der steirischen Landeshauptstadt
ein Hain mit 180 Bäumen gepflanzt
worden sei. Ein kleiner Wald eben – voll
von Symbolen des Lebens.*

Not only prominent public figures and the entire populace of the city were invited to the ceremonial opening of the synagogue, but above all several dozen former members of the Graz Jewish community who had been forced to leave their home city in 1938. In spite of their age, they took the trouble of traveling from all corners of the globe to accept the invitation of Mayor Alfred Stingl. Some whose motto for 60 years had been "Austria? Never again" returned to their former home for the first time since 1938.

One of them was Friederike Cohen, who experienced the terrible brutality against the Jewish population in 1938 as an 18-year-old. In 1939 she managed to flee to Palestine at the last minute. "I swore to myself then that I would never set foot in Austria again" says Ms. Cohen, now 80. But the "lovely invitation" from Mayor Alfred Stingl changed her mind. Mayor Stingl had traveled to Israel on a preliminary visit in preparation for the reconstruction of the synagogue. And three days before her 80th birthday, Ms. Cohen returned to the city that she had left as a young girl. "It's very nice here, and I don't regret my decision to come" she said soon after her arrival. Lothar (Josef) Neurath, also forced to flee in 1938, thanked Mayor Stingl in the name of the former residents. He presented Stingl with a certificate documenting the planting of a grove of 180 trees in Israel in honor of the Styrian capital. It is a little forest — full of symbols of life.

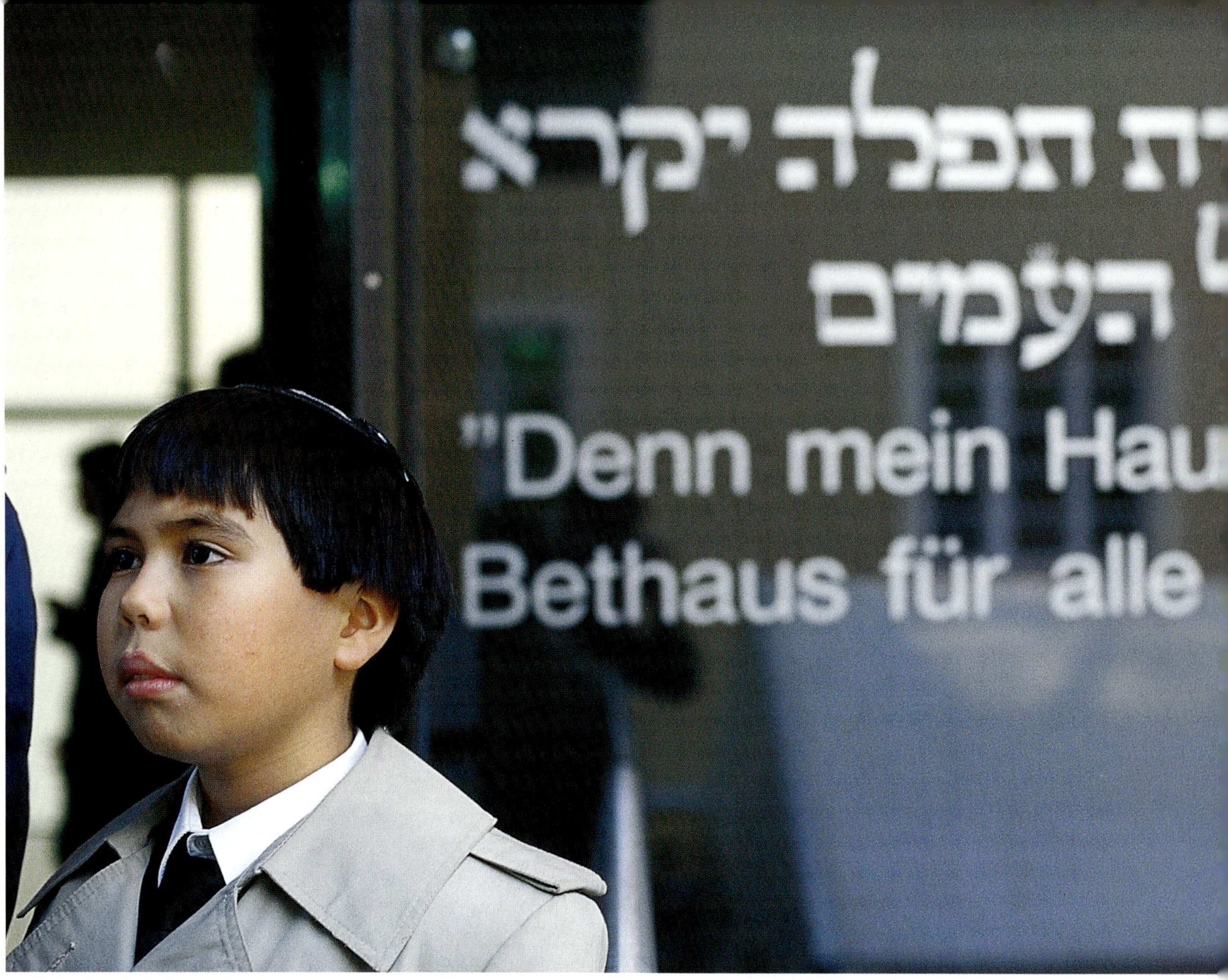
תפלה יקרא
העמים
"Denn mein
Bethaus für alle

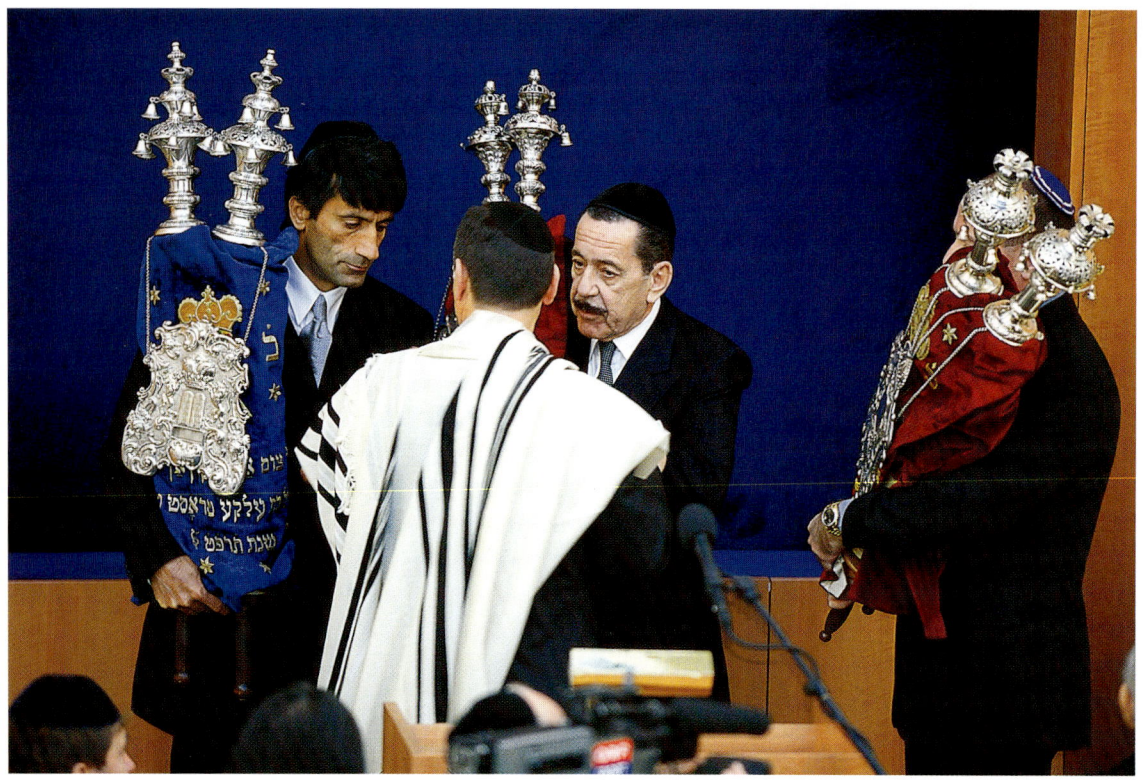

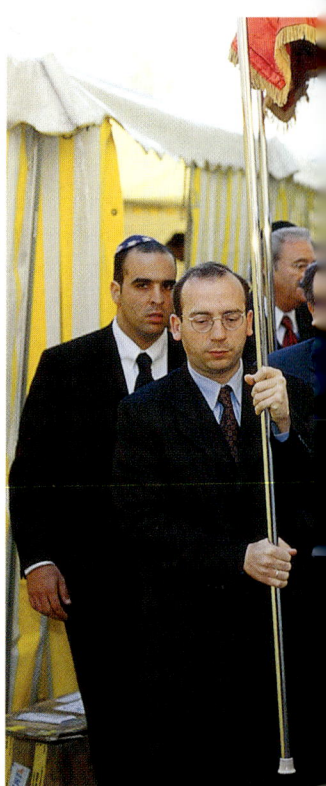

Betrachtungen

Da stehen wir und schauen

Rede von Axel Corti, gehalten am 9. November 1988 anlässlich der Bedenkveranstaltung 1938/1988, bei der am Grazer Synagogenplatz der Gedenkstein aufgestellt wurde.

Sehr geehrte Vertreter der Vertreter der Vertreter. Liebe jüdische Mitbürger, meine Damen und Herren! Es war kalt am Abend des 9. November 1938. Es scheint kalt gewesen zu sein – auch in der Nacht zum zehnten. Auch am Morgen des zehnten. Die Menschen, die auf der Straße waren, froren irgendwie. Selbst in der Nähe der Feuer. Es war kalt, man steckte die Hände in die Manteltaschen oder in die Taschen der Windjacken. Man hatte Fäustlinge an, man stellte den Kragen auf. Man zog Hut und Kappe tiefer ins Genick oder über die Augen. Nein, man hatte nichts zu verbergen, die Kälte ließ die Kappen bloß tiefer rutschen. Nur die Kälte. Aber man kam. Aber man stand. Aber man blieb. Die Kinder durften länger aufbleiben oder sie waren schon sehr früh am Morgen draußen. Es war etwas los, es gab etwas. Die Synagoge brannte hier auf diesem Platz. Vor 50 Jahren auf die Stunde genau war es so weit.

Die Synagoge brannte lange. Bis in die Morgenstunden. Dann fiel die metallene Kuppel krachend in sich zusammen. Die Feuerwehren rückten spät, sehr spät aus. Das Brandbuch verzeichnet es genau: Längst war alles geschehen, da sah man nach dem Unrecht. Es gibt ein Bild, eine Fotografie von diesem Brand. Da stehen sie und schauen, da stehen wir und schauen. Da stehen wir und gedenken. Da stehen wir und

Dear Representatives of the Representatives of the Representatives! Dear Jewish fellow citizens! Ladies and Gentlemen! It was cold on the evening of November 9, 1938. It appears to have been cold during the night as well. And on the morning of the tenth. Somehow, the people who were out on the streets were freezing. Even close to the fires. It was cold; people shoved their hands into the pockets of their winter coats or windbreakers.

They wore mittens, they turned their collars up. They pulled their hats and caps down tighter over their necks and eyes. No, they didn't have anything to hide, it was only the cold which made their caps slide down lower. Just the cold. But they came. They stood there. They stayed. The children were allowed to stay up later, or they were up and about unusually early the next morning. Something was up, something was going on. The synagogue was burning, right here. That was fifty years ago to the hour.

The synagogue burned for a long time, into the morning hours. Then the metal dome collapsed with a crash. The firefighters arrived late, very late. It was all recorded in detail in the fire department archives: it was all over, they just came to make sure everything wasn't okay.

We Stand There, Watching

erinnern uns, vielleicht widerwillig. Da stehen sie. Da stehen wir. Da schauen wir zu.

Sollten wir nicht endlich hinschauen? Müssten wir nicht endlich wahrnehmen? Wir waren dabei, wir haben es gesehen. Wir haben es sehen können. Wir sind in unseren Wohnungen geblieben, wir sind nicht aufgestanden aus unseren Betten, als draußen die Fensterscheiben des Nachbarn klirrten und das Glas sich hoch auf der Straße türmte. Hoch und glitzernd. Wir hätten es sehen können, wir haben es gesehen.

Am Vormittag des 10. 11. 1938 wurden Hunderte und Hunderte in schmählichen, entwürdigenden Prozessionen durch diese Stadt getrieben und durch das Land, bis sie am 11. November um 18 Uhr 15 per Bahn ins KZ gebracht wurden. 40 jüdische Männer waren am 11. November noch in Graz – und einige hundert Frauen und Kinder. 1700 Menschen schwach war einmal die kleine jüdische Gemeinde von Graz. Heute, 1988, sind es noch etwa 80, die zurückkamen, die wieder hier sein wollen, die das Leben retten und es einigen Kindern weitergeben konnten. 80 jüdische Mitbürger.

Ich zitiere das Jahrbuch Graz 1938:

Da die meisten vormals in jüdischem Besitz befindlichen Geschäfte entweder schon arisiert waren oder unter kommissarischer Verwaltung stehend der Arisierung harrten, kam es in Graz kaum zu Plünderungen oder Zerstörungen von Geschäftslokalen. So kommentierte ein Bericht des Sicherheitsdienstes die Vorkommnisse in der Steiermark bzw. in Graz, primär unter dem Aspekt der möglichst raschen Vertreibung der Juden und der Stimmung unter der arischen Bevölkerung. Wirtschaftlich ungünstige Folgen und besondere Schäden sind im Zusammenhang mit der Aktion für die Steiermark nicht festzustellen. Dies ist darauf zurückzuführen, dass im Allgemeinen gesehen die Juden aus dem Wirtschaftsleben bereits vollkommen ausgeschaltet sind. *Im November 38.*

Für die Entfernung der Juden aus dem gesamten Gaugebiet sind aber an sich die Aktionen nicht besonders günstig. Es muss festgestellt werden, dass durch sie manche Grundlagen für die Auswanderung der Juden vernichtet wur-

There is a picture, a photograph of this fire. There they are, watching; here we are, watching. We stand here, commemorating. We stand here, remembering, perhaps unwillingly. There they stand. Here we stand. We watch.

Shouldn't we finally go and look? Isn't it time for us to finally take notice? We were there, we saw it. Wehad the chance to see it. We stayed in our apartments, we didn't get up out of our beds, when the neighbors' windowpanes were being shattered, and the broken glass piled up in the streets. Piled high and glistening. We could have seen it; we did see it.

On the morning of November 10, 1938 hundreds and hundreds of people were driven in pitiful, degrading processions through the streets of this city and this country, until they were finally taken by train to the concentration camp at 6:15 pm. Forty Jewish men were still in Graz on November 11 – and several hundred women and children. The small Jewish community of Graz once numbered a weak 1,700 people. Today, in 1988, there are about 80 who came back, who want to be here again, who were able to save their own lives and pass them on to their children. Eighty Jewish citizens.

I quote from the Graz Yearbook of 1938:

Since most of the businesses which were formerly Jewish-owned have already been either aryanized or placed under commissary administration pending aryanization, there were scarcely any incidents of plundering or destruction of shops in Graz. Thus the security service reported on the events in Styria and Graz mainly from the standpoint of the quickest possible expulsion of the Jews and the mood among the aryan population.

For Styria, no negative economic consequences or particular damage are discernible in connection with the events.

This derives from the fact that, in general, Jews had already been completely eliminated from the business scene. *In November, 1938.*

But, in fact, such actions are not well suited for the removal of the Jews from the entire Gau area. It turns out that because of these events, certain basic structures necessary for the emigration of the Jews have been destroyed, and

Speech by Axel Corti, held on November 9th, 1988 at the Commemorative Ceremony 1938/1988, at which a memorial was erected at the Synagogenplatz in Graz.

den, die nun erst mühsam beschafft werden müssen. Die seinerzeitigen Anordnungen des Obersturmführers Eichmann hätten gewährleistet, dass bis 31. Dezember auf dem Gebiet des Gaues Steiermark kein Jude mehr anwesend gewesen wäre. Ob dies auch jetzt noch durchführbar sein wird, zumal die Sammelaktion „Ansiedlung von 600 Juden in Palästina" eine Verschiebung erfahren hat, ist fraglich. Die Aktionen wurden in den Kreisen der ländlichen Bevölkerung und der Jugend zustimmend angenommen.

Es war möglich. Es gelang. Graz war die erste Stadt der sogenannten Ostmark, die als judenfrei gemeldet werden konnte.

Fackeln brannten heute. Die haben wir heute angezündet. Zur Erinnerung, zum Gedenken. Damals brannte hier das Gotteshaus. Damals brannte die Synagoge. Damals standen wir auch hier und wir schauten zu. Wir sind zu sehen. Auf einer Fotografie kann man uns erkennen. Man sieht uns nur von hinten, aber wir sind es. Es brennt. Wir lassen uns nichts entgehen. Kein Menschenleben ist das her, kein ganzes, normales Menschenleben. Wäre das Leben der Verfolgten damals nicht so unbarmherzig kurz und kürzer gehalten worden, das Menschenleben wäre damals nicht so wohlfeil gewesen.

Und wie geht das zu? Was geht in uns vor, wenn wir heute hierher kommen können, wohlgeordnet, abermals gegen die Kälte geschützt? Und so sinnen wir in die Nacht hinein ...

Heute. Aber standen wir gestern auch hier? Standen wir vor drei Wochen hier? Standen wir vor drei und vor fünf und vor zwanzig Jahren jemals hier? Wo? Wo stehen wir eigentlich? Wie viele Standpunkte gibt es, auf denen wir unsere Rendezvous gaben? Einerseits – aber bitte natürlich auch andererseits. Verzeihen Sie, wenn es so klingen könnte; es ist mir unmöglich, hier das Maul aufzureißen und selbst Dinge zu sagen, die undifferenzierte Anklage bedeuten könnten. Wir haben wehzuklagen. Nicht anzuklagen. Ja, wehzuklagen, das stünde uns besser als das wohlfeile, absolut gefahrlose, weil rückwärts gewandte, selbstgerechte Anklagen. Was haben wir getan? Meine Brüder und

these must now be rebuilt with great effort and at considerable cost. The original orders from Obersturmführer Eichmann would have guaranteed that by December 31, not a single Jew would have been left in the Gau of Styria.

But whether this plan can still be executed is questionable, especially since the resettlement of 600 Jews to Palestine has been postponed. The actions were greeted with approval by the rural population and young people.

It was possible. It succeeded. Graz was the first city in the so-called "Ostmark" to be declared "free of Jews".

Today, torches burned. We lit them today. In memory, in commemoration. Back then, it was the synagogue which burned here. Back then, we also stood here, and we watched. You can recognize us in photos. You can only see our backs, but it is us. The temple is on fire. We don't miss anything. How long has it been? Less than a human life span, less than a complete, normal human life span. If the lives of the persecuted had not been kept so mercilessly short back then, then a human life wouldn't have been so cheap.

But how does that happen? What takes place inside us, now that we are able to come back here, well organized, once again protected against the cold? And so we ponder into the night...

Today. But were we standing here yesterday, too? Were we here three weeks ago, or ever? Were we ever here, three or five or twenty years ago? Where? Where do we really stand? How many standpoints are there, where we had all our rendezvous? On the one hand – but of course, also on the other hand.

Forgive me, if it sounds like that; I can't open my mouth here and say things which might amount to unqualified accusations.

We have great losses to grieve over. Not to make accusations over.

Yes, grieving - that would become us better than cheap, self-righteous accusations which are completely safe because they are pointed toward the past. What did we do? My brothers and I were sitting in school, listening excitedly in religion class. May the blood of Jesus be upon the children and grandchildren of the Jews. They

ich, wir saßen in einer Schule und hörten aufgeregt dem Religionsunterricht zu. Das Blut Jesu Christi komme über die Kinder und Kindeskinder der Juden. Sie hätten es selbst gewollt. Man wiederholte den Satz samt den daraus gezogenen Nutzanwendungen im Chor. Noch einmal: Sein Blut komme über uns und unsere Kinder. Was haben wir dabei gedacht? Wir Kinder. Wer war das, das jüdische Volk? Was dachte sich unser Religionslehrer, der eifrige Kaplan? Und die immerfort mild lächelnde Schulschwester? Was dachte sie sich dabei? Was dachten sich unsere Eltern? Wem glaubten sie? Durch wen bezogen sie ihre Beruhigungen? Ja, wer beruhigte sie? Wo waren die wunderschön prächtigen, allzeit so mächtig imponierenden Messgewänder aus Gold und Purpur? Und bei angezeigter, tiefer Trauer die schwarz-silbern glänzenden Ornate, die so feierlich zu tragen sind? Die den Priester, den Prälaten, den Bischof so weithin sichtbar machen, vorne in den Rauchwolken. In den Weihrauchwolken um den Hochaltar, an dem das Opfer gefeiert wird. Waren sie auszumachen in den Brandwolken dieses ungeheuerlichen Opfers, zu dem dieses Gotteshaus an diesem Platz in Graz ausersehen schien? Hielt einer sein Kreuz hoch aufgereckt? Stellte sich einer hin mit seinem Mut? Mit seinem Glauben, mit seiner Reputation, mit seinem ehrwürdigen und seinem hochwürdigen Ansehen? Und stellt sich gegen den gotteslästerlichen, schändenden Wahnsinn des Mobs? Standen wir neben ihnen? Hinter ihnen? Standen wir ihnen zur Seite, diesen Tapferen, in vollem Ornat erschienenen Priestern und Bischöfen, die nicht zuließen, dass ein Gotteshaus in dieser Stadt willkürlich zerstört wurde? Riefen wir mit ihnen: „Halt! Bis hierher und keinen Schritt weiter! Es sei denn, ihr tobt auch über uns hinweg, über uns und unsere aufgereckten Kreuze!"?

Hatten wir vergessen, dass hier auch das Gotteshaus des Menschen Jesus brannte, der gekommen war – so haben wir es doch gelernt – die Schrift zu erfüllen? Welche Schrift? Dieselbe, auf der auch unser Glaube fußte. Und hier lagen sie, die Thorarollen und Gedanken. Hatte das mit unserer Bibel nichts mehr zu tun? Das Alte Testament, so nannten wir es. Aber was

had brought it upon themselves. This idea was repeated in chorus, along with the useful applications which derived from it. Once again: May His blood be upon us and our children. What did we think, we children? Who was that, the Jewish people? What was our religion teacher thinking, the zealous chaplain?

And the school nurse, with her constant, gentle smile? What was she thinking of? What were our parents thinking? Whom did they believe? From whom did they take their comfort? Yes, who comforted them? Where were the beautiful, magnificent priest's robes, always so impressive in gold and purple? And, in deep, displayed grief, the silver-black robe, which must be worn so solemnly? The ones that make the priest, the prelate, the bishop so visible, up front in the clouds of incense smoke.

In the clouds of incense smoke around the high altar, where the sacrifice is celebrated. Were they visible in the clouds of smoke of this monstrous sacrifice, for which this temple of God, at this place in Graz, had apparently been chosen?

Did one of them hold his cross up high? Did one of them have the courage to stand up? With his faith, with his reputation, with his venerable and reverend appearance? And stand up to the heretical, rapacious madness of the mob?

Were we standing next to them? Behind them? Were we at their side, at the side of these courageous priests and bishops, who came out in their full regalia, who didn't allow a House of God to be arbitrarily destroyed in this city?

Did we cry out with them "Halt! This far, and not a step further! Unless you're ready to swarm right over us, over us and our upright crosses!"

Had we forgotten that here it was also the Temple of Jesus the Man which was burning, Jesus who had come - we learned it in school - to fulfill the Scriptures? What Scriptures? The same ones on which our faith was based. And here they lay, the Torah scrolls and their concepts. Doesn't that have anything to do with the Bible any more?

The Old Testament, we called it. But what did it say? Did we really think that none of that

stand denn da drinnen? Glaubten wir wirklich, das alles beträfe uns nicht? Könnte uns nie, würde uns nie betreffen? Im Frühjahr 1938 hörten wir, lasen wir, was unser oberster Hirte, der Bischof von Graz, die Priester seiner Diözese, wissen ließ. Ich zitiere auszugsweise aus dem historischen Jahrbuch der Stadt Graz, Band 18/19, Graz 1938: Die Antwort betrifft die Stellung, die der Klerus nun, nach der Vereinigung Österreichs mit dem nationalsozialistischen Deutschland, einzunehmen hat. Es bleibt außer Diskussion, jetzt noch diesbezügliche Eventualitäten zu erwägen. Der Klerus muss sich auf den Boden der gegebenen Tatsachen stellen. Der überraschende Umbruch mag manchem Gläubigen seelische Schwierigkeiten bereitet haben. Wir dürfen aber nicht übersehen, dass er von vielen Österreichern begrüßt worden ist. Für uns Katholiken gilt die gläubige Auffassung, dass nichts ohne Wissen und Willen Gottes geschieht. Daher ist auch dieses große historische Ereignis durch Gottes Zulassung vor sich gegangen. Zeitlich ist ein neuer Abschnitt angebrochen. Unser Land wurde dem Deutschen Reich angegliedert, mit dessen Volk wir nun eine Einheit bilden. Mit dem gleichsprachigen und gleichartigen Volke, mit dem uns schon eine Vergangenheit verbunden hatte, traten wir nun in engste Fühlung. Katholiken, die aus dem Glauben leben, werden auch in diesem Wandel nur Gottes Fügung sehen. Es waltet über uns und allem Geschehen Gottes weise Vorsehung. Es fällt kein Haar vom Haupte des Menschen, ohne dass Gott es wüsste oder zuließe. Gottes Wege sind nun einmal anders, als es die Menschenwege sind. Uns steht es nicht zu, mit dem zu richten, der Herr der Zeiten, Welten und Geschicke ist. Es darf jetzt keine Missstimmung aufkommen, weil die Zukunft noch unbekannt vor uns liegt. Da wir vor einer vollendeten Tatsache stehen, beugen wir uns als Christen restlos vor den anbetungswürdigen Plänen Gottes und danken auch Gott hierfür. Verpflichtungen, die sich aus früher geleisteten Eiden ergeben haben, sind nun aufgehoben. Wir haben eine neue Obrigkeit, der wir nach christlichem Sittengesetz in allem, was eine Obrigkeit von ihren Staatsangehörigen fordern

had anything to do with us? Could never, would never? In the spring of 1938 we heard and read what our highest shepherd, the Bishop of Graz made known to the priests of his diocese. I quote excerpts from the historical Yearbook of the City of Graz, Vol. 18/19, Graz, 1938: The answer relates to the position which the clergy must take following the unification of Austria with Nazi Germany. It is out of the question to consider any contingencies in this regard. The clergy must face the facts. The surprising upheavals have caused spiritual difficulties for some of the faithful. But we must not forget that unification was welcomed by many Austrians. For us Catholics, the faithful view that nothing happens without God's knowledge and will is valid. Therefore this great historical event also took place with God's approval.

Temporally, a new age has begun. Our country has joined the German Reich, with whose people we are now unified. We now enter into the closest of relations with this nation, which shares our language and other characteristics, and with which we are bound by our past.

Catholics who live by the faith will see in this development only the hand of God. God's wise providence guides us and all events. Not a hair falls from the head of man, but that God knows it and approves it. God's ways are not the ways of man. It is not our place to pass judgment over Him who is Lord of time, worlds and fates. We must not allow disagreement to arise, just because the future still lies unknown before us. Since we are faced with consummated facts, as Christians we will accept unconditionally the glorious plans of God, and be thankful unto God.

Obligations arising from oaths given previously are now dissolved. We have new authorities whom we must obey, according to Christian moral law, in all things which a worldly authority may rightly demand of its citizens. We are not called upon to bother ourselves with the political course. According to the resolution of the Bishop's Conference of November 30, 1933 clergymen were recalled from the political movement, and their interference in politics was forbidden and remains absolutely prohibited. It is not our job to worry about

kann, gehorchen müssen. Hinsichtlich des politischen Kurses haben wir uns nicht den Kopf zu zerbrechen. Durch den Beschluss der Bischofskonferenz vom 30. 11. 1933 sind die Geistlichen aus der politischen Bewegung zurückgezogen worden, ihre Einmengung in die Politik war verboten und bleibt auch weiterhin absolut untersagt. Es ist nicht unsere Aufgabe, uns um die politischen, gesellschaftlichen und wirtschaftlichen Belange zu kümmern. Unsere Aufgabe ist es, Seelsorge auszuüben, Seelen für das ewige Heil zu gewinnen. Die oberste Gauleitung der NSDAP von Österreich hat die Bischöfe nachdrücklichst auf den Wunsch aufmerksam gemacht, dass sich die Geistlichen von jeder Einmengung in die Politik fern halten sollen. Was nun die Stellungnahme zu Großdeutschland anlangt, sei zugegeben, dass bei dem vor sich gegangenen, raschen Wechsel gerade die Katholiken eine gewisse Beklemmung empfinden, weil sie seit Jahren Ungünstiges über die Stellung des deutschen Staates zur Kirche gehört haben. Der Reichskanzler und Führer hat hinsichtlich Österreich die Bedenken der christlichen Konfessionen anerkannt und unserem hochwürdigsten Kardinal gegenüber den Wunsch und die Erwartung ausgesprochen, dass eine Verständigung zwischen Staat und Kirche zustande kommen möge. Wir Katholiken werden uns aufrichtig freuen, wenn diese Erwartung zur Tatsache wird. Und wir wollen nun das Unsere beitragen, damit allseits eine Befriedigung um sich greife. Wir wollen nicht abseits stehen, sondern mithelfen, zusammenfügen, was eine Zeit der Missverständnisse zerrissen hat. Weil es ein göttliches Gebot ist, die Vorgesetzten zu achten und ihnen zu gehorchen und weil es eine apostolische Weisung ist, jedweder Autorität untertan zu sein, wollen wir unsere staatsbürgerlichen Pflichten gewissenhaft erfüllen, wie es wahren Christen ziemt. Was die Programmpunkte der NSDAP betrifft, würden wir Geistlichen mit vielem einverstanden sein. Wenn sich das nationalsozialistische Programm zum Ziele steckt, dass ein Zusammenschluss aller deutschsprachigen Völker erfolge, dass die Gleichberechtigung des deutschen Volkes gegenüber anderen Nationen

political, social, or economic matters. Our job is to provide spiritual care and to save souls for eternal redemption.

The Highest Nazi Authority of the Gau of Austria has emphatically notified the bishops of its wish that the clergy should abstain from any interference in politics. With regard to our position vis-a-vis Greater Germany, we admit that, following the quick transition which is now complete, Catholics do feel a certain apprehension, because for years they have been hearing negative things about the attitude of the German state toward the Church. With regard to Austria, the Chancellor and Führer has recognized the concerns of the Christian churches, and has expressed the wish and the expectation our Most Reverend Cardinal that an understanding between Church and state will be achieved. We Catholics will be sincerely happy if this expectation is realized. And now we want to do our part to ensure that all sides will be satisfied. We do not want to stand idly by, but rather help to join together that which an era of misunderstanding has torn asunder. Because the divine commandment tells us to respect and obey the authorities, and the Apostolic order tells us to serve every authority, we want to fulfill our civic duties conscientiously, as befits true Christians. Regarding the party platform of the NSDAP, we of the clergy would agree with many points. For example, when the National Socialist program calls for uniting all German-speaking nations, or equal rights for the German nation in relation to other nations, or demands that the Reich, like other European nations, should have colonies.

Spring 38: That only members of the German nation should be citizens. That public offices should be held only by citizens, that a campaign should be fought against unhealthy parliamentarianism, that a true people's army should be created, or that the economically destructive superiority and morally decadent activity of Judaism should be stemmed. These represent reasonable desires. The view of the Führer and Chancellor regarding religion and the Catholic Church as found in his book "Mein Kampf," as well as the utterances of other

gefordert werde, dass das Reich, gleich anderen europäischen Staaten, Kolonien erhalte.

Frühjahr 38: Dass Staatsbürger nur jene sein dürfen, die zum deutschen Volke gehören. Dass öffentliche Ämter nur durch Staatsbürger verwaltet werden, dass ein Kampf gegen den ungesunden Parlamentarismus geführt werde, dass ein wirkliches Volksheer aufgestellt werde, dass die wirtschaftsstörende Übermacht und die sittenverderbende Tätigkeit des Judentums eingedämmt werde, entspricht einem berechtigten Verlangen. Die Anschauung des Führers und Reichskanzlers aus seinem Buche „Mein Kampf" über Religion und katholische Kirche und verschiedene Äußerungen anderer maßgeblicher Persönlichkeiten der neuen Regierung sind solche, dass man auf einen guten Willen rechnen kann. Wo immer der Reichskanzler Stellung zur religiösen Frage nimmt, zeigt er Ehrfurcht vor Gott, Religion und christlichem Sittengesetz.

Zu unseren Seelsorgeaufgaben für die Gegenwart und Hinkunft wiederhole ich: Vor allem haben wir Geistlichen uns von jedweder Politik fern zu halten. Es ist ohnehin schwer zu ertragen, dass uns von so vielen Seiten der Vorwurf gemacht wird, wir trieben Politik. Es soll uns ein solcher Vorwurf künftighin erspart bleiben. Diese Warnung hat mit den Gefühlen der Zugehörigkeit zum deutschen Volke nichts zu tun. Wir werden gute Deutsche sein, auch wenn wir uns mit der Politik nicht beschäftigen. Lassen wir Geistlichen daher diese Aufgabe jenen, die dazu berufen sind oder sich berufen fühlen. Diese sind verantwortlich, die Interessen des irdischen Staates wahrzunehmen. Wir sind hierfür vor Gott nicht verantwortlich, hierfür haben wir Geistliche keine Sendung erhalten. Ende des Zitats.

Wir stehen auf einem Platz, von dem wir einst – vor 50 Jahren – ein Gotteshaus weggebrannt haben. Der Glaube des jüdischen Volkes ist das Fundament, auf dem wir stehen. Auf dem auch unser Glaube aufbaut. Darum und nur darum wagte ich es, den obersten Hirten der Diözese Graz im Frühjahr 1938 zu zitieren. Später sah das zwar anders aus. Aber das war der Same, das war der Tranquilizer, daran

influential persons in the new government are such that we can expect good will. Wherever the Chancellor takes a position on religion, he demonstrates respect for God, religion, and Christian mores.

With regard to our duties as spiritual ministers for the present and the future, I repeat: Above all, we of the clergy are to stay away from politics. It is hard enough to accept that we are accused by so many of engaging in politics. Let us be spared from this accusation in the future. This warning has nothing to do with feelings of affiliation with the German people. We will be good Germans, even if we are not involved in politics. We clergymen should leave that task to those who are called to it or feel called to it. They are responsible for protecting the interests of the earthly state. We are not responsible for this before God; we clergymen have no mandate for it. End of quote.

We stand here at a place where we once – 50 years ago - burned away a House of God. The faith of the Jewish people is the foundation on which we stand. And on which our own faith is based. For this reason, and only for this reason, have I dared to cite the highest shepherd of the Diocese of Graz in Spring of 1938. Later on, everything was different. But that was the seed, that was the tranquilizer; it was something to cling to, and we clung to it.

Much was stolen from them, we called it Aryanization. And we took things over quickly. We kept the insurance claims which resulted from the destruction and damage to goods and buildings. They were paid out to the German people. We were a part of it, and often, we didn't mind it. Our Jewish fellow citizens had to pay a billion goldmarks as punishment. What were they punished for, after that night? For their nefarious crimes! That's how Minister of Internal Affairs Göhring put it, after ordering the contribution payments. What crimes, what crimes?

I quote from the newspaper *"Die Welt"*:

In early autumn of 1938, the government in Warsaw had threatened, effective November 1, to rescind the citizenship of Polish citizens who had been living abroad for a long time. The

konnte man sich halten und wir hielten uns daran.

Vieles wurde ihnen gestohlen, wir nannten es *Arisieren*. Und wir übernahmen sie bald. Die Versicherungssummen, die für die zerstörten und beschädigten Güter und Häuser anfielen, haben wir einbehalten. Sie wurden dem deutschen Volke ausgefolgt. Wir waren ein Teil von ihm und waren es dabei oft nicht ungern. Eine Milliarde Goldmark mussten unsere jüdischen Mitbürger als Strafe bezahlen. Wofür wurden sie bestraft nach dieser Nacht? Für ihre ruchlosen Verbrechen! So formulierte es der Reichsinnenminister Göring, als er die Kontributionszahlung verfügt hat. Welche Verbrechen, welche?

Ich zitiere aus der Zeitung „Die Welt":

Im Frühherbst 1938 hatte die Warschauer Regierung damit gedroht, ab 1. November polnischen Bürgern, die schon länger im Ausland lebten, die Staatsbürgerschaft abzuerkennen. Die Reichsregierung, die während des Jahres 1938 den Druck auf alle in Deutschland lebenden Juden, auszuwandern, immer mehr verstärkt hatte, war wütend über diese Ankündigung, denn innerhalb der damaligen Grenzen lebten mehr als 30.000 Juden mit polnischen Personalpapieren. So wurden in Nacht-und-Nebel-Aktionen am 26. und 27. Oktober etwa 18.000 dieser Unglücklichen zusammengetrommelt und in Massentransporten an die polnische Grenze gebracht.

Erst nach mehreren Tagen durften sie einreisen. Polen nahm sie nicht auf, diese Menschen. Deutschland nahm sie nicht zurück. Im Niemandsland zwischen den Grenzen irrten sie tagelang verzweifelt hin und her. 18.000 Juden, rechtlos, hilflos, ihrer Heimat gleich zweimal beraubt und ihrer Würde. Mitten im Frieden, 1938, Ende Oktober, wussten sie nicht, wie ihnen geschah. Und vor allem nicht warum.

Zu den Deportierten gehörte auch die seit 1811 in Hannover ansässige Familie des Schneiders Grünspan. Ein Sohn, Herschel, war 1936 nach Paris ausgewandert und schrieb dort seinen Namen wieder auf Polnisch. Grynszpan. Als er von der Vertreibung seiner Eltern und Geschwister erfuhr, drehte er durch. Mit einem

German government, which during the year 1938 had increased pressure on all Jews living in Germany to emigrate, was furious at this announcement, for along what was then the border lived more than 30,000 Jews with Polish documents. So in a secret operation on October 26 and 27, about 18,000 of these unfortunate people were rounded up and taken to the Polish border in mass transports.

Only after several days were they allowed to enter Poland. Poland refused to accept them, these people. Germany refused to take them back. In the no-man's-land between the borders, they wandered back and forth, desperately, for days. 18,000 Jews, without rights, helpless, robbed twice of their homelands and their dignity. In peacetime, in 1938, at the end of October, they didn't know what was happening to them. And above all, why.

Among the deportees was the family of a tailor named Grünspan. Grünspan's forebears had been living in Hannover since 1811. A son, Herschel, had moved to Paris in 1936, and there resumed using the Polish spelling of his name: Grynszpan. When he heard of the expulsion of his parents and siblings, he went crazy. With a revolver in his pocket, he went to the German embassy with the intention of killing the ambassador.

But Herschel Grienspan only made it to the office of the legation secretary, Ernst von Rath, and fired in desperation at the young diplomat without saying a word.

With his act of desperation, Herschel Grynszpan wanted to draw the attention of the world to the events in Germany. In his despair, he did the only thing he could think of, what terrorists do today to call attention to the suffering of minorities. That was the last little push. The Nazis gave the order for the pogrom.

I quote a report from the magazine "Profil".
On the night of November 10, the Gauleiter of Tirol, Franz Hofer, returned to Innsbruck from festivities he had attended in Munich. Tirolean SS leaders were waiting for him at the provincial parliament. An SS Untersturmführer wrote a secret report on the orders given by Hofer. The Gauleiter announced the following:

Revolver in der Tasche ging er zur deutschen Botschaft in der Absicht, den Missionschef umzubringen. Doch Herschel Grynszpan gelangte nur in das Büro des Legationssekretärs Ernst von Rath und schoss – ohne ein Wort zu sagen – in seiner Verzweiflung auf den jungen Diplomaten. Herschel Grynszpan wollte mit seinem Verzweiflungsakt die Aufmerksamkeit der Welt auf die Vorgänge in Deutschland lenken. Er tat das, was ihm in seiner Verzweiflung übrig blieb und was heute Terroristen tun, um auf das Leid einer Minderheit aufmerksam zu machen. Das war der letzte Anstoß. Die Nationalsozialisten gaben die Parole zum Pogrom aus.

Ich zitiere eine Begebenheit aus der Zeitschrift „Profil":

Am 10. November, nachts, traf der Tiroler Gauleiter Franz Hofer von Feierlichkeiten aus München kommend in Innsbruck ein. Tiroler SS-Führer erwarteten ihn bereits im Landhaus. Über die von Hofer getroffenen Anordnungen verfasste ein SS-Untersturmführer eine geheime Niederschrift. Der Gauleiter gab Folgendes bekannt:

Als Antwort auf den feigen jüdischen Mordüberfall auf unseren Gesandtschaftssekretär von Rath in Paris hat sich die kochende Volksseele bereits im Reich gegen die Juden gewandt. Unter anderem seien bereits mehrere Synagogen in Brand gesteckt worden. Es sei notwendig, dass sich auch in Tirol die kochende Volksseele gegen die Juden erhebe. Der kochenden Volksseele sei bis 6 Uhr in der Früh volle Aktionsfreiheit zu gewähren. Bis dahin habe die Polizei nirgends den Demonstranten gegenüber in Erscheinung zu treten.

Wo waren wir? Wo? Wo waren wir Schriftsteller? Wo waren wir Maler? Wo waren wir zartfühlenden Lyriker? Wo waren wir hochgerühmten Schauspieler? Wo waren wir empfindsamen Musiker? Galt uns die Kultur, die unsere jüdischen Mitbürger mit uns teilten, nichts mehr? War sie nicht Teil unserer Kultur? Waren uns die jüdischen Dichter, Maler, Architekten, die unser Jahrhundert mitgeprägt hatten und deren wir uns heute so rühmen auf allen Ausstellungen rings in der Welt, waren die uns wirklich alle fremd? Waren sie uns ekelhaft ge-

In response to the cowardly Jewish murder of our embassy secretary von Rath in Paris, the spirit of the people has already boiled over and turned against the Jews. Among other actions, several synagogues have been set on fire. It was necessary for the "spirit of the people" to "boil over" against the Jews in Tirol, too. The spirit of the people would be given free reign until 6 am. Until then, the police should not approach the demonstrators anywhere. End of quote.

Where were we? Where? Where were the writers? Where were the painters? Where were the gentle, feeling poets? Where were the famous actors? Where were the sensitive musicians? Did the culture which our Jewish fellow citizens shared with us no longer mean anything to us? Wasn't it a part of our culture? Were the Jewish poets, painters, architects, who had helped shape the century, and of whom we are now so proud, at exhibitions around the world, were they really all strangers to us? Had they become disgusting to us, dangerous, or were we afraid? Poor, miserable, gnome-like, petty, palpable fear? Have we ever thought about it? Why did we let ourselves be afraid?

Just imagine, let me alter a well-known saying slightly: Just imagine, what if they gave a cowardly, abominable crime, and nobody let it happen! The instigators know, the instigators would know, that they should be afraid, that we would run them out of town. That we would not stand idly by. That we wouldn't move into stolen apartments, that we would be ashamed, and that we would put out the fires at the synagogues. Imagine how the crime would suffocate on our shame! We were there. We existed. We were pressed into service in the true people's army already mentioned. We were raped by our own fear. We weren't courageous in the face of death. We believed that we could never get away from those in power, we wanted to adapt. We had all read the holy legends, but in the legends the saints always relied on a different kind of holiness, a weak, suffering holiness. Yes, it is understandable, this cowardice of ours is understandable. We had fathers or sons, wives and children, jobs, and we were afraid. But our

worden, gefährlich oder hatten wir Angst? Arme, elende, wichtelhafte, viertelhalbe, begreifbare Angst? Haben wir darüber je nachgedacht? Warum haben wir uns Angst machen lassen? Stell dir vor, möchte ich in Abwandlung des bekannten Zitates sagen, stell dir vor, es geschieht ein feiges, gemeines, widerliches Verbrechen, aber keiner lässt es zu! Die Anstifter wissen, die Anstifter wüssten, sie hätten zu fürchten, dass wir sie davonjagten. Dass wir uns nicht heraushielten. Dass wir die geraubten Wohnungen nicht in Anspruch nähmen, dass wir uns schämten, dass wir diese Synagoge löschten. Stellen wir uns vor, wie das Verbrechen an unserer Scham ersticken müsste!

Wir waren dabei. Es gab uns. Wir sind in das zitierte, echte Volksheer gepresst worden. Wir wurden vergewaltigt von unserer eigenen Angst. Wir waren nicht todesmutig. Wir glaubten, den Mächtigen nicht entrinnen zu können, wir wollten uns anpassen. Wir hatten die heiligen Legenden alle gelesen, aber die Heiligen hielten es in den Legenden immer mit einer anderen, einer darbenden Heiligkeit. Ja, das ist zu begreifen, diese unsere Feigheit ist zu begreifen. Wir hatten Väter und Söhne, Frauen und Kinder, einen Posten und wir hatten Angst. Aber unsere Pflicht haben wir *nicht* getan. Wir haben uns unterwunden. Wir haben der Furcht nachgegeben. Wer ohne Angst war, werfe den ersten ... Ja sicher, wir können uns nur eines nicht: Wir können uns nicht selbst verzeihen.

Wir können versuchen, es besser zu machen. Nicht gut machen. Es anders machen. Wir müssen unsere trotzige Selbstgerechtigkeit einsargen. Wir wissen heute, dass kein Bischof in keinem Land so arg, so angepasst seine Gläubigen dem Verrat überlassen hat. Keiner würde heute so sprechen, schreiben oder handeln. Niemand in der ganzen Welt, nicht in Südamerika, Südafrika oder im Osten Europas.

Wissen diese Priester, was auch Franz Jägerstätter wusste, den sie heute, den sie so lange im Schatten ließen, weil er ihnen ein ehrliches Ärgernis war? Heute preisen sie ihn zögernd. Seht her, er ist einer der Unseren. Auch Jägerstätter kannte den Satz vom Kaiser, dem zu geben sei, was des Kaisers ist. Aber Jägerstätter versteckte

duty is the one thing we *didn't* do. We "undercame" ourselves. We gave in to fear. Whoever was without fear, cast the first... Yes, sure, there's only one thing we can't do: we can't forgive ourselves. We can try to do better. Not do well. Do it differently. We must bury our own stubborn selfrighteousness.

We know today that no bishop in any country has ever handed his faithful over to betrayal so infamously. No one would say, write, or do such things today. No one in the whole world, in South America, South Africa, or Eastern Europe.

Do these priests know what Franz Jägerstätter knew? Franz Jägerstätter, whom they covered up for so long because he was an honest annoyance to them.

Today, hesitatingly, they praise him. Look here, he's one of us. Jägerstätter, too, knew the bit about rendering unto Caesar what is Caesar's. But Jägerstätter didn't hide behind it.

And he paid for it with his life. He corrected the sentence: Render unto Caesar what *is* Caesar's, and not what he *wants*, or what he *demands*, or what he *usurps*. Today, maybe, courage has grown. And it will grow even more if we add our courage to it. Disobedience is always called for. Disobedience when our Caesars want to keep us in the dark. When they want to tempt us into murderous ignorance, in their bastions of yesteryear, which they defend, narrowmindedly and with teeth bared.

We must learn to laugh. Laugh at people sometimes. We should take the oft-quoted idea of "walking tall" not merely as a cliché, but as a motto for each day. Even if it makes us go hungry, walking tall. It will keep us in shape! We must search for our regret and the shame which moves us and which we deserve for what we allowed to happen. Only in our shame can we perhaps dare to unearth foundations, unveil memorials, and cry out, and write, "Never again."

We have to protect our Jewish fellow citizens from our chumminess, from the pity which we offer them, self-righteously, like alms. We have to point our shame toward yesterday, but also toward today, and especially toward tomorrow.

sich nicht hinter diesem Satz. Und er bezahlte dafür mit seinem Leben. Er stellte ihn richtig: Gebt dem Kaiser, was des Kaisers *ist*, und nicht, was er will, was er fordert, was er usurpiert. Der Mut mag größer geworden sein, heute. Und er wird noch größer, wenn wir unseren Mut hinzugesellen. Verweigerung ist allemal angesagt. Verweigerung, wenn unsere Kaiser uns im Halbwissen halten wollen. Wenn sie uns in die mörderische Verblödung locken, in ihre Bastionen von gestern, die sie engstirnig und zähneknirschend verteidigen. Wir müssen das Lachen lernen. Das Auslachen manchmal. Wir sollten uns den viel zitierten aufrechten Gang nicht nur als Pointe, sondern wirklich jeden Tag leisten. Auch wenn er hungrig macht, der aufrechte Gang. So wird man nicht fett! Wir müssen unsere Reue aufspüren und unsere Scham, die uns betroffen macht und die uns ereilen soll für das, was wir zugelassen haben. In unserer Scham nur können wir es vielleicht wagen, hier Fundamente freizulegen, Gedenksteine zu enthüllen und „Nie mehr wieder" zu rufen und zu schreiben.

Wir haben unsere jüdischen Mitbürger vor unserer Anbiederung zu schützen, vor einem Mitleid, das wir ihnen selbstgerecht wie Almosen anbieten. Wir haben unsere Scham ins Gestern zu richten, aber auch ins Heute, vor allem aber ins Morgen. Wir haben keine Einladungen auszusprechen, wir können nur bitten. Sack und Asche stehen uns nicht zu. Das wären anheischige, widerlich dramatische Requisiten; das wären ekelhaft pathetische Bekleidungen. Wir haben uns unsere eigene Sentimentalität gefälligst zu verbieten. Durch dieses Gefühl der Mörder beleidigen wir die wenigen Österreicher, die noch als jüdische Mitbürger bei uns sind oder die zurückkommen konnten. Anbiederung haben wir ihnen zu ersparen. Ich sage es noch einmal: Ich fühle kein Recht hier anzuklagen, Urteile zu fällen, mich wichtig herauszuhalten. Bitten wir unsere jüdischen Mitbürger, die österreichischen Juden, uns zu unserer Identität zu verhelfen. Wir finden uns schwer, wir brauchen euch. Nehmt unsere Scham, wenigstens die, an. Wir empfinden sie in dem Bewusstsein, dass das, was wir euch angetan haben,

We can't utter invitations, we can only ask. We don't even deserve sack-cloth and ashes. They would be disgustingly dramatic props, repugnantly pathetic costumes. We would do well to kindly prohibit our own sentimentality. With this sympathy of the murderers, we offend the few Austrians who are still with us as Jewish fellow citizens, or who were able to return. We should spare them our chumminess.

I say it once again: I don't feel any right to accuse, pass judgment, or act as if I were above it all. Let us ask our Jewish fellow citizens, the Austrian Jews, to help us find our identity. We're having trouble finding ourselves, we need you. Accept our shame, at least that. In feeling it, we are conscious that what we did to you didn't happen all of a sudden. It wasn't some anonymous, fascist regime that ordered what happened to you, it was us. We were the soil in which the seed sprouted. When we try to count up our dead, when we try to heap them on the scale to our own advantage, then remind us that injustice can't be compensated by injustice. When we deny the womb from whence crept the thing that set your synagogue afire, then we deny our own womb. When we fail to resist the soothing righteousness in our land, then help us! Unless we conquer our fear, we will fertilize anew that womb whence crept the thing. Fear of a too flattering press, fear of adept, too – adept elected representatives, slick fellows who act without committing themselves. Fear of slippery Church representatives who even in retrospect are merciless in their zeal. If we undercome ourselves, the womb will swell anew.

There are a few more thoughts which I don't want to spare you, thoughts of Walter Jens, the great publicist and author. *Let's not fool ourselves. If there is anything which accounts for the uniqueness of poetry, it is this: that it does not erase, but preserves. It doesn't judge, but it doesn't forget, either. It's greatest gift is memory, and thus it is poetry's task, on a day like this, to remind us how little we still know of those who were expelled. How they lived in exile, their literary legacy, the message they wanted to send us from so-*

nicht von heute auf morgen geschehen konnte. Was euch geschah, hat nicht ein anonymes, faschistisches Regime veranlasst, sondern wir. Wir waren der Boden, auf dem die Saat aufging. Wenn wir unsere Toten aufzurechnen versuchen, wenn wir sie zu unseren Gunsten auf die Waagschale häufen wollen, dann erinnert uns daran, dass Unrecht nicht durch Unrecht aufzuwiegen ist. Wenn wir den Schoß verleugnen, aus dem kroch, was eure Synagoge in Brand steckte, dann verleugnen wir unseren Schoß. Wenn wir uns nicht zur Wehr setzen gegen die zu salbende Gerechtigkeit in unserem Land, dann helft uns! Wir würden den Schoß, aus dem das kroch, von Neuem befruchten, wenn wir weiterhin Angst haben. Angst vor einer liebesdienerischen Presse, Angst vor geschickten, allzu geschickten, gewählten Volksvertretern, die seifig und unverbindlich agieren. Angst vor glatten, auch rückwärts unbarmherzig eifernden Kirchenvertretern. Wenn wir uns unterwinden, bläht sich der Schoß von neuem.

Ich möchte Ihnen noch einige Gedanken *nicht* ersparen. Gedanken des großen Publizisten und Literaten Walter Jens.

Machen wir uns nichts vor. Wenn etwas die Besonderheit der Poesie ausmacht, dann dies, dass sie nicht tilgt, sondern bewahrt. Nicht richtet, aber auch nicht vergisst. Ihre wichtigste Mitgift ist das Gedächtnis und darum ist es ihre Aufgabe, gerade an einem Tag wie diesem daran zu erinnern, wie wenig wir immer noch von den Vertriebenen wissen. Von ihren Lebensumständen im Exil, ihrem literarischen Vermächtnis, der Botschaft, die sie uns von irgendwoher kassiberähnlich wollten zukommen lassen. Wie wenig von Schriftstellern, deren Schicksal es war, dass ihnen nach einem berühmten, aber wenig bedachten Wort Fremde nicht Heimat wurde, aber die Heimat Fremde. Machen wir uns nichts vor: Wir leben in einem Land, in dem Autoren, die einmal den Nationalsozialismus hoffähig machten, noch hoch geachtet sind, während die Namen unzähliger Exilierter kaum mehr als Schall sind und Rauch. Wer kennt Armin T. Wegener, der Hitler am Morgen der Kristallnacht als sogenannter arischer Schriftsteller einen Brief schrieb, in dem er ihn anprangerte für das, was geschah? Wer kennt selbst Alfred Kantorowicz, der sich nach der Befrei-

mewhere, like secret messages. How little we know of authors whose fate it was that, to use a well-known but little-observed phrase, not a strange land became their home, but their home became a strange land. Let's not fool ourselves: we live in a country in which authors who once made Nazism socially acceptable are still highly respected, whereas the names of countless exiles mean nothing to us. Who has heard of Armin T. Wegener, a so-called Aryan author who wrote a letter to Hitler criticizing him for what was happening. Who has heard of Alfred Kantorowicz, who, after the liberation of Germany from fascism, was the first to try to gather the literature of exiles into the fold? His intention was to undo, step by step, Hitler's work of destroying German culture. A job which even today remains unfinished. For the spirit of the prohibited and burned books of 2,000 decent authors has not yet made it into the school texts. We live in a country in which, once again, authors have been compared to vermin and accused in a shoddy documentation of preparing the way for terrorism. In a country in which, due to ignorance, the words "degeneracy" and "fecal culture" are once again in circulation. On a day like today it becomes evident just how small a step it is from incrimination to liquidation, from the threat of execution to execution itself. It should be utterly unnecessary to remind politicians and publicists of the destructive potential of words whose power has already been demonstrated. We live in a country in which, just as in the 20's and 30's, conservative politicians call for old-fashioned German virtues like industry, loyalty, a strong work ethic and discipline, homeland and patriotism.

It is high time for writers, those partisans of the vanquished and the victims, to make sure that they don't betray themselves and become tools of the powerful. It is time to remind politicians that, unlike the doctrine of conservative virtues, values themselves are not society-specific, and thus don't mean anything if they remain indefinite and aimless. Honor and loyalty can be useful in our obligation to work with the outcasts of society. But they can also obey the laws of an authoritarian state in antagonizing them. The motto of the SS was "Loyalty is your

Axel Corti, österreichischer Autor und Journalist, wurde am 7. Mai 1933 als Sohn eines österreichisch-italienischen Kaufmanns und einer Berlinerin polnischer Abstammung in Paris geboren. Der Sohn jüdischer Eltern inszenierte für die Salzburger Festspiele und leitete eine Regieklasse an der Wiener Hochschule für Musik und Darstellende Kunst. Einem breiten Publikum wurde Corti durch zahlreiche Film- und Fernseharbeiten bekannt. Zu den bekanntesten zählen unter anderem „Welcome in Vienna", „Hetzjagd", „Radetzkymarsch" und „Eine blaßblaue Frauenschrift". Corti starb im Alter von 60 Jahren in einer Klinik in Oberndorf bei Salzburg.

ung Deutschlands vom Faschismus als Erster um die Eingemeindung der Exilliteratur bemühte, bestrebt, Hitlers Ziel, die deutsche Kultur zu zerschlagen, Schritt für Schritt rückgängig zu machen? Eine Aufgabe, die auch heute – 50 Jahre danach – immer noch Postulat bleibt. Denn er hat nicht Eingang gefunden in die Schulbücher: der Geist der verbotenen und verbrannten Bücher von 2000 Gerechten. Der Geist der von Kantorowicz im Exil gesammelten Freiheitsbibliothek.

Wir leben in einem Land, in dem man Schriftsteller zum zweiten Mal mit Ungeziefer verglichen und sie in einer Schunddokumentation als Wegbereiter des Terrorismus angeprangert hat. In einem Land, in dem aus Ignoranz das Wort *Entartung*, das Wort *Afterkultur* erneut die Runde macht. An einem Tag wie heute wird deutlich, wie klein der Schritt vom Inkriminieren zum Vernichten, von der Androhung der Exekution zur Exekution selbst ist. Es sollte längst überflüssig sein, die Politiker und Publizisten an die Vernichtungspotenz von Vokabeln zu erinnern, deren Sprengkraft sich schon einmal gezeigt hat.

Wir leben in einem Land, in dem – wie in den zwanziger Jahren auch – von Seiten der Konservativen wieder nach alten deutschen Tugenden wie Fleiß und Treue, Arbeitswillen und Disziplin, Heimat- und Vaterlandsliebe gerufen wird. Da wird es hohe Zeit, dass gerade die Schriftsteller, diese Partisanen der Besiegten und der Opfer, sich nicht selbst aufgeben und nicht zu Spießgesellen der Macht werden. Da wird es Zeit für die Erinnerungshüter, die Politiker daran zu erinnern, dass – im Gegensatz zur konservativen Tugendlehre – die Werte als solche nicht gesellschaftsbezogen sind und auch nichts bedeuten, wenn sie unbestimmt und ungerichtet bleiben. Ehre und Treue können sich in verpflichtender Arbeit mit den Ausgestoßenen der Gesellschaft bewähren. Sie können aber auch den Gesetzen einer autoritären Staatsführung folgen im Kampf gegen sie. Der Wahlspruch der SS lautete: „Deine Ehre heißt Treue". Fleiß und Arbeitswille können eine humane Welt aufbauen helfen, aber sie sind – wie wir es erlebt haben – ebenso dienlich, um ein

honor." Industriousness and a strong work ethic can help to build a humane world, but, as we have experienced, they are just as well suited to building a concentration camp. A country in which the bonfires once burned, first for books, and then for people, will one day recognize no higher honor than to welcome every person of good will here, and to have it said that people have learned from history. We can't say "forgive us," we can only promise "We won't forget. We are ashamed of our parents, our children. Help us and accept us." In the holy scripture, in Jeremiah's lament, we read:

"How lonely sits the city that was so full of people! How like a widow has she become, she that was great among the nations! She that was a princess among the cities has become a vassal.

She weeps bitterly into the night, tears on her cheeks; among all her lovers she has none to comfort her; all her friends have dealt treacherously with her, they have become her enemies.

I called to my lovers but they deceived me; my priests and elders perished in the city, while they sought food to revive their strength.

Remember , O Lord, what has befallen us; behold, and see our disgrace! Our inheritance has been turned over to strangers, our homes to aliens. We have become orphans, fatherless; our mothers are like widows. „Slaves rule over us; there is none to deliver us from their hand. We get our bread at the peril of our lives, because of the sword in the wilderness. Our skiin is hot as an oven, buring with the heat of famine.

Marschierende Hitlerjugend.
March of the Hitler Youth.

KZ zu errichten. Ein Land, in dem einmal die Scheiterhaufen brannten, zuerst für Bücher, dann für Menschen, wird sich eines Tages durch keine Auszeichnung mehr geehrt sehen als dadurch, dass jeder Mensch guten Willens hier willkommen ist, und wenn es heißt, die Bürger haben aus der Geschichte gelernt. Wir können nicht sagen: „Verzeiht uns", wir dürfen nur versprechen: „Wir werden es nicht vergessen. Wir schämen uns. Helft uns, nehmt uns an."

In der Heiligen Schrift heißt es in den Klageliedern des Jeremias:

Wie liegt die Stadt so verlassen, die an Volk einst so reich! Sie ist wie eine Witwe, die Fürstin war unter den Völkern und wie eine Königin in den Ländern, die nun dienen muss. Sie weint des Nachts und ihre Kinder sind gefangen, vor dem Feind dahingezogen. Ich rief meine Freunde, aber sie ließen mich im Stich. Meine Priester und meine Ältesten sind in der Stadt verschmachtet. Ihr ganzes Volk seufzt und sucht nach Brot, ihre Schätze geben sie hin, um ihr Leben zu erhalten. „Bedenke, Herr, wie es uns geht. Schau uns, sieh an unsere Schmach. Unser Erbe ist den Fremden zuteil geworden. Wir sind Waisen und haben keinen Vater. Unsere Mütter sind wie Witwen. Knechte herrschen über uns und niemand ist da, der uns vor ihrer Hand errettet. Wir müssen unser Brot unter Gefahr für unser Leben holen, bedroht von dem Schwert in der Wüste. Unsere Haut ist verbrannt. Wie in einem Ofen vom schrecklichen Hunger. Es sitzen die Ältesten nicht mehr im Tor und die Jünglinge nicht mehr beim Saitenspiel. Unseres Herzens Freude hat ein Ende. Unser Reigen ist in Wehklagen verkehrt." So der Prophet Jeremias. IM ALTEN TESTAMENT.

The old men have quit the city gate, the young men their music. The joy of our hearts has ceased; our dancing has been turned to mourning."

Thus spake the Prophet Jeremiah IN THE OLD TESTAMENT.

Axel Corti, Austrian author and journalist and son of Jewish parents, was born in Paris on May 7, 1933. His father was an Austrian-Italian businessman, and his mother, who came from Berlin, was of Polish decent. He staged productions for the Salzburg Festival, and taught stage direction at the Vienna University of Music and the Performing Arts. He was well known for numerous TV and film projects. The best-known of these include "Welcome in Vienna," "Hetzjagd", "Radetzkymarsch", and "Eine blassblaue Frauenhandschrift." Corti died in a clinic in Oberndorf bei Salzburg at the age of 60.

Dem Verschwinden entreißen

Rede von Alfred Kolleritsch zur Grundsteinlegung der Grazer Synagoge am 9. November 1998.

Ein Bogen senkt sich auf den Grundstein herab, er kehrt heim und damit auch dorthin zurück, wo er seine Bestimmung, seinen Ort erhalten hatte. Einst vom Tor des Erbarmens ausgesandt, durch das für die einen der Messias kommen wird, für die anderen schon gekommen ist. Die Geschichte hat das Tor zugemauert, der Gott oder das Unaussprechbare ist dahinter oder gänzlich verborgen. Das Eschaton schweigt.

Ein Volk, das jüdische, ringt mit diesem Schweigen, es hat das Rästel dieses Schweigens für das Abendland übernommen und es bewahrt den Funken Gottes über der Ödnis der globalisierten Welt. Der tiefe Sinn der komplexen Verflechtung des Jüdischen mit dem hellen, rationalisierten Römischen hat sich in einer immer oberflächlicheren Aufklärung aufgelöst, als hätte Nathan der Weise nicht das Ganze gemeint.

Der Bogen, der sich zu dieser Stunde wieder herabsenkt, wurde am 9. November 1938 vom Feuer in die Nacht verstoßen. Es war nicht die Flamme des Geistes. Das Feuer wurde aus Wotans Esse genommen, das den Schmieden der wahren Rasse diente. Der Bogen speicherte die Erinnerung an die Daten der Unmenschen, der gleichgültigen Menschen gleichermaßen, die dem bejubelten Absturz in den Faschismus mit glänzenden Augen entgegenrannten. Sie ließen die Synagoge brennen, stumpfsinnig, banal, grausam,

The cornerstone is coming full circle, it is coming home, back to the place where it once received its destiny and its place. Once sent out from those gates of mercy through which, for some, the messiah will one day come, and for others, he has already come. History bricked up the gate, and the God or the unnamable one behind it is utterly hidden. The eschaton is silent.

One people, the Jewish people, wrestles with this silence; it has accepted the riddle of this silence for the western world, and preserves God's spark over the wasteland of the globalized world. The deeper meaning of the complex intertwinement between Jewish culture and the clear, rationalized Roman culture has dissolved in an increasingly superficial enlightenment. It is as though Nathan the Wise wasn't serious about everything. That trajectory which in this hour once again comes to rest here was cast out by the Nazis, from the fire into the night, on November 9, 1938. It was not the flame of reason. The fire was taken from Odin's chimney which served the blacksmiths of the "true race." The trajectory stored the memory of everything: information about the monsters as well as the indifferent people who hurled themselves brighteyed into the abyss of fascism as the crowds cheered. They burned the synagogue and stood

Out of the Jaws of Disappearance

ausrottend, hilflos dabeistehend. Sie freuten sich, eine Identität zu erhalten, frei vom Anderen, Fremden. Der neue Bogen öffnet einen neuen Raum, umgrenzt vom neuen Haus, er ist erhellt vom Augenblick einer neuen Zeit. Sie schickt unsere Stadt in die Zukunft, mit diesem Haus als Wunde und mit diesem Haus als Hoffnung auf Heilung, und was würde dieser Stadt und diesem Land mehr nützen als die Heilung. Die Heilung wäre der Abschied von dem im Heimat-Boden wirkenden Starren, das ein stets bereites Vorfeld für den Ungeist ist, für die selbstgenügsame Finsternis des Denkens, die das Licht scheut. Wer in diesem Land schreibt und denkt, ist von dieser rücksichtslosen Finsternis oft umgeben, von den Stammtischen dieser Finsternis, die ihre Eigenart auf das gnadenlos Ausgeschlossene loslassen.

Seit meiner Kindheit höre ich dieses Dröhnen – fast wie Naturlaute – und das Dröhnen hat nie abgenommen. Ich hörte überall das, was geschehen ist, aber vernahm nie Betroffenheit. Das Reden war immer das gleiche Reden, das hoffnungslose Reden, das uneinnehmbar sich jeder anderen Dimension verweigert hat. Es ist das Andauern dessen, was sich als „Bewegung" zu erkennen glaubte, aber doch das Immergleiche war, jenes Immergleiche, das das Wesensmerkmal aller Fundamentalismen ist.

Es kann nicht der Sinn dieser Rede sein, das komplexe Phänomen des Antisemitismus zu analysieren. Es ist die Anschauung aus dem Konkreten zu finden, aus der eigenen Erfahrung. Die Erfahrung ist in den Erinnerungen gespeichert: die judenfeindlichen Lehrbücher der Vorkriegszeit, die schon damals auftauchenden Broschüren: „Der ewige Jude", die Selbstverständlichkeit der Ausgrenzung des Jüdischen als des Gefährlichsten, die Abwesenheit jeder anderen Meinung. Dann die bedrohende Bestätigung des Gehörten, als ich als Kind ins Gymnasium nach Graz kam und den von allen begierig angehörten Erzählungen der älteren Schüler, wie sie es jüdischen Mitschülern gezeigt haben, beiwohnte.

Ich vernahm die Verflüchtigung des Jüdischen als Leib, die Verflüchtigung sogar der Abwesenheit, die Auslöschung der Erinnerung an die Mitmenschen und Mitbewohner, die Verdrängung als Nichtwissen um das Schicksal jener,

stupidly watching; what banality, what cruelty, what annihilation, what helplessness! They were glad to have an identity, free of the other, the foreign. The new trajectory now opens up a new dimension, surrounded by a new building, one which is illuminated by the current moment of a new time. It pushes our city into the future, where this building is a wound but also a hope of healing. And what could be better for this city and this country than healing?

Healing would be a farewell to the rigidity which reaches into the very earth of our homeland, which has always been a ready front for that anti-spirit, that self-sufficient darkness of thought which the fears the light.

Those of us in this country who write and think are often surrounded by this ruthless darkness, by the *Stammtische* of this darkness which unleash their peculiarities on the mercilessly excluded.

Since the days of my childhood I have heard this droning – almost like a sound of nature – and the droning has never receded. Everywhere, I heard what had happened, but I never heard any sorrow or shame. The talk was always the same talk which unconquerably denied any other dimension. It is the continuation of something which sees itself as a "movement" but in fact was always the same, the Always-Remaining-The-Same, the essential characteristic of all fundamentalisms.

It cannot be the point of this speech to analyze the complex phenomenon of anti-Semitism. The point is to examine it concretely, from my own experience. Experience is stored in memories: anti-Semitic schoolbooks before the war. Brochures of the same period: "The Eternal Jew." The exclusion of everything Jewish as if it were the most dangerous thing, and that as a matter of course; the lack of any other opinion. Then the blustering reiteration of what I had heard when, as a child, I came to Graz to go to school; and the stories told by older pupils, heard eagerly by all, of how they had "showed them." "Them," of course, meant Jewish kids in school.

I took note of the dissipation of everything Jewish as if it were one entity, the evaporation of even the absence, the eradication of the memory

Speech by Alfred Kolleritsch at the Cornerstone Ceremony of the Graz Synagogue on November 9th, 1998.

Alfred Kolleritsch, gebo-
ren 1931 in Brunnsee/
Steiermark, ist Schrift-
steller und Philosoph,
Herausgeber der Litera-
turzeitschrift „manus-
kripte", war Mitbegrün-
der und bis 1995 Präsi-
dent des Grazer Forum
Stadtpark; Werkauswahl:
„Allemann" (1989);
„Der letzte Österreicher"
(1995); „Zwei Wege, mehr
nicht" (1993); „In den
Tälern der Welt" (1999).

Alfred Kolleritsch, born in
Brunnsee, Styria in 1931,
is a writer and philoso-
pher and the editor of
the literary magazine
"manuskripte". He was a
co-founder of the "Forum
Stadtpark" and its presi-
dent until 1995. Selected
works: "Allemann", 1989;
"Der letzte Österreicher",
(The Last Austrian), 1995;
"Zwei Wege, mehr nicht",
(Two Paths, No More),
1993; and "In den Tälern
der Welt" (In the Valleys
of the World), 1999.

deren Schicksal man nicht den Rang eines Schicksals zugestand, die in meinen Kinderhänden, begleitet von Witzen, als ein Stück grüner Seife ihre Realpräsenz halten. Und am Ende des Krieges standen wir in der Südsteiermark am Straßenrand und starrten die erschöpften, abgemagerten ungarischen Juden an, an die ein Gedenkstein auf dem israelitischen Friedhof erinnert. Unauslöschbar in meinem Gedächtnis bleibt die Frau, die zu den Erschöpften hinlief und ihnen ein Brot geben wollte, aber von einem Wächter weggestoßen wurde. Ihrem Mut möchte ich den Rang des Mutes zugestehen, den Johannes Ude einsetzte, als er gegen die Brandlegung an diesem Ort scharf protestiert hat.

Wie gering erscheint mir meine Erfahrung in dieser Hierarchie des Schreckens, und ich spüre, wie sich das Konkrete ins Abstrakte und in die gnadenlose horizontale Geschichte verliert. Und trotzdem: Es ereignet sich der Augenblick der Vertikalen, jene plötzliche Zeit, von der Walter Benjamin schrieb. Sie holt das Konkrete zurück, entreißt es dem Verschwinden. Der Augenblick dieser Grundsteinlegung versammelt, was geschehen ist, und holt die Zukunft herbei als Dimension des Offenen. In diesem Offenen könnten sich die Vergangenheit, die Gegenwart bleibt, und die Zukunft zur Versöhnungsarbeit treffen.

Das Vergessen leistet nicht die Versöhnung, es ist nicht so, dass die Geschichte nur weitergeht und das Gras wachsen lässt. Als wir nach dem Krieg in die Schule und in ein katholisches Institut zurückkehrten, stand das Gras schon hoch und wir hörten gar nichts über das Geschehene, ja es schien geradezu so zu sein, als hätten unsere Erzieher Angst, darüber zu sprechen, aber nicht aus Scham, sondern aus Gleichgültigkeit, als ginge uns das Schicksal der Hingemordeten gar nichts an. Und so war es lange Zeit. Die moralische Verwüstung war so groß, dass in vielem erst das letzte Jahrzehnt dieses Jahrtausends das sorgsam Vergessene, erneut ins Bewusstsein zurückrief. Es ist der Stadt Graz und ihren Politikern hoch anzurechnen, dass sie, ohne zu einer Wiedergutmachung gedrängt worden zu sein, die neue Synagoge bauen, wenngleich erschreckend spät. Sie sei das sichtbare Zeichen einer Wende.

of fellow human beings and citizens, the denial disguised as ignorance of the fate of those whose fate the title of fate. These memories maintain their presence in the form of a bit of green soap in my young hands, accompanied by jokes.

Toward the end of the war, we in Styria stood at the roadside and stared at the exhausted, emaciated Hungarian Jews who are now commemorated by a stone at the Jewish cemetery. A vision of one woman remains indelibly etched in my memory: she ran to the exhausted people and wanted to give them bread, but was shoved away by a guard. In my view, her courage was of the same caliber as that of Johannes Ude when he protested sharply against the arson at this place. How minor my experience with this hierarchy of terror seems! How the concrete is lost unto the abstract, and to the merciless horizontal plane of history. And still, the "moment of the vertical", that sudden time of which Walter Benjamin wrote, does take place. It retrieves the concrete, snatches it from the jaws of disappearance. The moment of this cornerstone ceremony collects all that has happened, and draws in the future, an open dimension. In this open dimension, the past which remains as present could meet the future to work toward reconciliation.

Forgetting does not bring reconciliation. History doesn't just go on and let the grass grow over it. After the war, when we returned to school and to a catholic institution, the grass was already high, and we didn't hear anything about what had happened. In fact, it seemed that our teachers were afraid to talk about it, but not out of shame, rather out of indifference, as if the fate of the murder victims were none of our business. And that's the way it remained for a long time. The moral devastation was so great that, in many things, it has only been in the last decade of this milennium that everything we had so carefully forgotten has once again been called to mind.

It speaks highly of the City of Graz and its politicians that, without being coerced to provide recompense, they are building the new synagogue, even if it is shockingly late. May this be the visible mark of a turning point.

Gottes Wort über Allem

Unter dem Wort Gottes

1. KAPITEL

1

Am Anfang schuf Gott Himmel und Erde. Und die Erde war wüst und leer, und es war finster auf der Tiefe; und der Geist Gottes schwebte auf dem Wasser. Und Gott sprach: Es werde Licht! Und es ward Licht. Und Gott sah, dass das Licht gut war. Da schied Gott das Licht von der Finsternis. … Aber Noah fand Gnade vor dem HERRN.

2

Dies ist die Geschichte von Noahs Geschlecht. Noah war ein frommer Mann und ohne Tadel zu seinen Zeiten; er wandelte mit Gott. Und er zeugte drei Söhne: Sem, Ham und Jafet. … Und Terach wurde zweihundertundfünf Jahre alt und starb in Haran.

3

Und der HERR sprach zu Abram: Geh aus deinem Vaterland und von deiner Verwandtschaft und aus deines Vaters Hause in ein Land, das ich dir zeigen will. Und ich will dich zum großen Volk machen und will dich segnen und dir einen großen Namen machen, und du sollst ein Segen sein. … Und was männlich in seinem Hause war, im Hause geboren und gekauft von Fremden: es wurde alles mit ihm beschnitten.

4

Und der HERR erschien ihm im Hain Mamre, während er an der Tür seines Zeltes saß, als der Tag am heißesten war. Und als er seine Augen aufhob und sah, siehe, da standen drei Männer vor ihm. Und als er sie sah, lief er ihnen entgegen von der Türe seines Zeltes und neigte sich zur Erde. … Und seine Nebenfrau mit Namen Rëuma gebar auch, nämlich den Tebach, Gaham, Tahasch und Maacha.

5

Sara wurde hundertsiebenundzwanzig Jahre alt und starb in Kirjat Arba – das ist Hebron – im Lande Kanaan. Da kam Abraham, dass er sie beklagte und beweinte. … Und sie wohnten von Hawila an bis nach Schur östlich von Ägypten nach Assyrien hin. So ließ er sich nieder all seinen Brüdern zum Trotz.

CHAPTER I

1

In the beginning, God created the heavens and the earth. And the earth was without form, and void; and darkness was upon the face of the deep. And God said, Let there be light: and there was light. And God saw the light, that it was good: and God divided the light from the darkness. … But Noah found grace in the eyes of the Lord.

2

These are the generations of Noah: Noah was a just man and perfect in his generations, and Noah walked with God. And Noah begat three sons, Shem, Ham, and Japheth. … And the days of Terah were two hundred and five years: and Terah died in Haran.

3

Now the Lord had said to Abram, Get thee out of thy country, and from thy kindred, and from thy father's house, unto a land that I will shew thee. And I will make of thee a great nation, and I will bless thee, and make thy name great, and thou shalt be a blessing. … And all the men of his house, born in the house, and bought with money of the stranger, were circumcised with him.

4

And the Lord appeared to him in the plains of Mamre: and he sat in the tent door in the heat of the day; And he lift up his eyes and looked, and lo, three men stood by him: and when he saw them, he ran to meet them from the tent door, and bowed himself toward the ground. … And his concubine, whose name was Reumah, she bare also Tebah, and Gaham, and Thahash, and Maachah.

5

And Sarah was an hundred and seven and twenty years old: these were the years of the life of Sarah. And Sarah died in Kirjath-arba: the same is Hebron in the land of Canaan: and Abraham came to weep for Sarah, and to mourn for her. … And they dwelt from Havilah unto Shur, that is before Egypt, as thou goest toward

With the Word of God Above

6

Dies ist das Geschlecht Isaaks, des Sohnes Abrahams: Abraham zeugte Isaak. Isaak aber war vierzig Jahre alt, als er Rebekka zur Frau nahm, die Tochter Betuëls, des Aramäers aus Mesopotamien, die Schwester des Aramäers Laban. ... Da ging er hin zu Ismael und nahm zu den Frauen, die er bereits hatte, Mahalat, die Tochter Ismaels, des Sohnes Abrahams, die Schwester Nebajots, zur Frau.

7

Aber Jakob zog aus von Beerscheba und machte sich auf den Weg nach Haran und kam an eine Stätte, da blieb er über Nacht, denn die Sonne war untergegangen. Und er nahm einen Stein von der Stätte und legte ihn zu seinen Häupten und legte sich an der Stätte schlafen. Und ihm träumte, und siehe, eine Leiter stand auf Erden, die rührte mit der Spitze an den Himmel, und siehe, die Engel Gottes stiegen daran auf und nieder. ... Jakob aber zog seinen Weg. Und es begegneten ihm die Engel Gottes. Und als er sie sah, sprach er: Hier ist Gottes Heerlager, und nannte diese Stätte Mahanajim.

8

Jakob aber schickte Boten vor sich her zu seinem Bruder Esau ins Land Seïr, in das Gebiet von Edom, und befahl ihnen und sprach: So sprecht zu Esau, meinem Herrn: Dein Knecht Jakob lässt dir sagen: Ich bin bisher bei Laban lange in der Fremde gewesen. ... Der Fürst Magdiël, der Fürst Iram. Das sind die Fürsten von Edom nach ihren Wohnsitzen in ihrem Erblande. Das ist Esau, der Stammvater der Edomiter.

9

Jakob aber wohnte im Lande, in dem sein Vater ein Fremdling gewesen war, im Lande Kanaan. Und dies ist die Geschichte von Jakobs Geschlecht: Josef war siebzehn Jahre alt und war ein Hirte bei den Schafen mit seinen Brüdern; er war Gehilfe bei den Söhnen Bilhas und Silpas, der Frauen seines Vaters, und brachte es vor ihren Vater, wenn etwas Schlechtes über sie geredet wurde. ... Aber den obersten Bäcker

Assyria; and he died in the presence of all his brethren.

6

And these are the generations of Isaac, Abraham's son: Abraham begat Isaac: And Isaac was forty years old when he took Rebekah to wife, the daughter of Bethuel the Syrian of Padan-aram, the sister to Laban the Syrian. ... Then he went to Ishmael and took unto the wives which he had Mahalat the daughter of Ishmael Abraham's son, the sister of Nebajoth, to be his wife.

7

And Jacob went out from Beersheba, and went toward Haran. And he lighted upon a certain place, and tarried there all night, because the sun was set; and he took of the stones of that place, and put them for his pillows, and lay down in that place to sleep. And he dreamed, and behold a ladder set up on the earth, and the top of it reached to heaven: and behold the angels of God ascending and descending on it. ...
And Jacob went on his way, and the angels of God met him. And when Jacob saw them, he said, This is God's host: and he called the name of that place Mahanaim.

8

And Jacob sent messengers before him to Esau his brother unto the land of Seir, the country of Edom. And he commanded them, saying, Thus shall ye speak unto my lord Esau; thy servant Jacob saith thus, I have sojourned with Laban, and stayed there until now. ... Duke Magdiel, Duke Iram: these be the dukes of Edom, according to their habitations in the land of their possession: he is Esau the father of the Edomites.

9

And Jacob dwelt in the land wherein his father was a stranger, in the land of Canaan. These are the generations of Jacob. Joseph, being seventeen years old, was feeding the flock with his brethren: and the lad was with the sons of Bilhah, and with the sons of Zilpah, his father's wives: and Joseph brought unto his father their

The dome of the new Graz synagogue is a glass construction composed of five elements representing the Five Books of Moses (Pentateuch). Each glass segment contains texts from Genesis, Exodus, Leviticus, Numbers, or Deuteronomy, including the first and last verse of each book.

ließ er aufhängen, wie ihnen Josef gedeutet hatte. Aber der oberste Schenk dachte nicht an Josef, sondern vergaß ihn.

10

Und nach zwei Jahren hatte der Pharao einen Traum, er stünde am Nil und sähe aus dem Wasser steigen sieben schöne, fette Kühe; die gingen auf der Weide im Grase. … Er aber sprach: Das sei ferne von mir, solches zu tun! Der, bei dem der Becher gefunden ist, soll mein Sklave sein; ihr aber zieht hinauf mit Frieden zu eurem Vater.

11

Da trat Juda zu ihm und sprach: Mein Herr, lass deinen Knecht ein Wort reden vor den Ohren meines Herrn, und dein Zorn entbrenne nicht über deinen Knecht, denn du bist wie der Pharao. Mein Herr fragte seine Knechte und sprach: Habt ihr noch einen Vater oder Bruder? Da antworteten wir: Wir haben einen Vater, der ist alt, und einen jungen Knaben, in seinem Alter geboren, und sein Bruder ist tot, und er ist allein übriggeblieben von seiner Mutter, und sein Vater hat ihn lieb. … So wohnte Israel in Ägypten im Lande Goschen, und sie hatten es inne und wuchsen und mehrten sich sehr.

12

Und Jakob lebte siebzehn Jahre in Ägyptenland, dass sein ganzes Alter wurde hundertundsiebenundvierzig Jahre. … Darum nahm er einen Eid von den Söhnen Israels und sprach: Wenn euch Gott heimsuchen wird, so nehmt meine Gebeine mit von hier. Und Josef starb, als er hundertundzehn Jahre alt war. Und sie salbten ihn und legten ihn in einen Sarg in Ägypten.

2. KAPITEL
1

Dies sind die Namen der Söhne Israels, die mit Jakob nach Ägypten kamen; ein jeder kam mit seinem Hause: Ruben, Simeon, Levi, Juda, Issachar, Sebulon, Benjamin, Dan, Naftali, Gad, Asser. … Da sprach der HERR zu Mose: Nun sollst du sehen, was ich dem Pharao antun werde; denn durch eine starke Hand gezwun-

evil report. … But he hanged the chief baker: as Joseph had interpreted to them. Yet did not the chief butler remember Joseph, but forgat him.

10

And it came to pass at the end of two full years that Pharaoh dreamed: and, behold, he stood by the river. And behold, there came up out of the river seven well favoured kine and fatfleshed: and they fed in a meadow. … And he said, God forbid that I should do so: but the man in whose hand the cup is found, he shall be my servant; and as for you, get you up in peace unto your father.

11

Then Judah came near unto him, and said, Oh my lord, let thy servant, I pray thee, speak a word in my lord's ears, and let not thine anger burn against thy servant: for thou art even as Pharaoh. My lord asked his servants, saying, have ye a father, or a brother? And we said unto my lord, We have a father, an old man, and a child of his old age, a little one; and his brother is dead, and he alone is left of his mother, and his father loft him. … And Israel dwelt in the land of Egypt, in the country of Goshen; and they had possessions therein, and grew , and multiplied exceedingly.

12

And Jacob lived in the land of Egypt seventeen years: so the whole age of Jacob was an hundred and forty and seven years. … And Joseph took an oath of the children of Israel, saying, God will surely visit you, and ye shall carry up my bones from hence. So Josef died, being an hundred and ten years old: and they embalmed him, and he was put in a coffin in Egypt.

CHAPTER II
1

Now these are the names of the children of Israel, which came into Egypt: every man and his household came with Jacob. Reuben, Simeon, Levi, and Judah, Issachar, Zebulun, and Benjamin, Dan, and Naphtali, Gad, and Asher. … Then the LORD said unto Moses, Now shalt

gen, muss er sie ziehen lassen, ja er muss sie, durch eine starke Hand gezwungen, aus seinem Lande treiben.

2

Und Gott redete mit Mose und sprach zu ihm: Ich bin der HERR und bin erschienen Abraham, Isaak und Jakob als der allmächtige Gott, aber mit meinem Namen „HERR" habe ich mich ihnen nicht offenbart. … So wurde des Pharao Herz verstockt, dass er die Israeliten nicht ziehen ließ, wie der HERR durch Mose gesagt hatte.

3

Da sprach der HERR zu Mose: Geh hin zum Pharao; denn ich habe sein und seiner Großen Herz verhärtet, auf dass ich diese meine Zeichen unter ihnen tue. … Und das soll dir wie ein Zeichen auf deiner Hand sein und wie ein Merkzeichen zwischen deinen Augen; denn der HERR hat uns mit mächtiger Hand aus Ägypten geführt.

4

Als nun der Pharao das Volk hatte ziehen lassen, führte sie Gott nicht den Weg durch das Land der Philister, der am nächsten war; denn Gott dachte, es könnte das Volk gereuen, wenn sie Kämpfe vor sich sähen, und sie könnten wieder nach Ägypten umkehren. … Und er sprach: Die Hand an den Thron des HERRN! Der HERR führt Krieg gegen Amalek von Kind zu Kindeskind.

5

Damals sangen Mose und die Israeliten dies Lied dem HERRN und sprachen: Ich will dem HERRN singen, denn er hat eine herrliche Tat getan, Ross und Mann hat er ins Meer gestürzt. Der HERR ist meine Stärke und mein Lobgesang und ist mein Heil. Das ist mein Gott, ich will ihn preisen, er ist meines Vaters Gott, ich will ihn erheben. Der HERR ist der rechte Kriegsmann, HERR ist sein Name. Des Pharao Wagen und seine Macht warf er ins Meer, seine auserwählten Streiter versanken im Schilfmeer. Die Tiefe hat sie bedeckt, sie sanken auf den Grund wie die Steine.

thou see what I will do unto Pharaoh: for with a strong hand shall he let them go, and with a strong hand shall he drive them out of his land.

2

And God spake unto Moses, and said, I am the LORD: and I appeared unto Abraham, unto Isaac, and unto Jacob, by the name of God Almighty, but by my name JEHOVAH was I not known to them. … And the heart of Pharaoh was hardened, neither would he let the children of Israel go; as the LORD had spoken by Moses.

3

And the LORD said unto Moses, Go in unto Pharaoh: for I have hardened his heart, and the heart of his servants, that I might shew these signs before him: … And it shall be for a sign unto thee on thine hand, and for a memorial between thine eyes, that the LORD's law may be in thy heart: for with a strong hand hath the LORD brought thee out of Egypt.

4

And it came to pass, when Pharaoh had let the people go, that God led them not through the way of the land of the Philistines, although that was near; for God said, Lest peradventure the people repent when they see war, and they return to Egypt. … And Moses built an altar, and called the name of it Jehovah-nissi: Because the LORD hath sworn that the LORD will have war with Amalek from generation to generation.

5

Then sang Moses and the children of Israel, this song unto the LORD, and spake, saying, I will sing unto the LORD, for he hath triumphed gloriously: the horse and his rider hath he thrown into the sea. The LORD is my strength and song, and he is become my salvation: he is my God, and I will prepare him an habitation; my father's God, and I will exalt him. The LORD is a man of war: the LORD is his name. Pharaoh's chariots and his host hath he cast into the sea: his chosen captains also are drowned in the Red sea. The depths have covered them: they sank to the bottom as a stone.

6

Und Jitro, der Priester in Midian, Moses Schwiegervater, hörte alles, was Gott an Mose und seinem Volk Israel getan hatte, dass der HERR Israel aus Ägypten geführt hatte. … Und wenn du mir einen steinernen Altar machen willst, sollst du ihn nicht von behauenen Steinen bauen; denn wenn du mit deinem Eisen darüber kommst, so wirst du ihn entweihen. Du sollst auch nicht auf Stufen zu meinem Altar hinaufsteigen, dass nicht deine Blöße aufgedeckt werde vor ihm.

7

Dies sind die Rechtsordnungen, die du ihnen vorlegen sollst: Rechte hebräischer Sklaven: Wenn du einen hebräischen Sklaven kaufst, so soll er dir sechs Jahre dienen; im siebenten Jahr aber soll er freigelassen werden ohne Lösegeld. … Und die Herrlichkeit des HERRN war anzusehen wie ein verzehrendes Feuer auf dem Gipfel des Berges vor den Israeliten. Und Mose ging mitten in die Wolke hinein und stieg auf den Berg und blieb auf dem Berge vierzig Tage und vierzig Nächte.

8

Und der HERR redete mit Mose und sprach: Sage den Israeliten, dass sie für mich eine Opfergabe erheben von jedem, der es freiwillig gibt. … Die Länge des Vorhofes soll hundert Ellen sein, die Breite fünfzig Ellen, die Höhe fünf Ellen, und alle Behänge sollen von gezwirnter feiner Leinwand sein und seine Füße aus Kupfer. Alle Geräte der Wohnung für den gesamten Dienst und alle ihre Zeltpflöcke und alle Zeltpflöcke des Vorhofes sollen aus Kupfer sein.

9

Gebiete den Israeliten, dass sie zur dir bringen das allerreinste Öl aus zerstoßenen Oliven für den Leuchter, dass man ständig Lampen aufsetzen könne. … Und Aaron soll an den Hörnern dieses Altars einmal im Jahr die Sühnung vollziehen mit dem Blut des Sündopfers, das zur Sühnung dargebracht wird. Solche Sühnung soll jährlich einmal geschehen bei euren

6

WHEN Jethro, the priest of Midian, Moses' father in law, heard of all that God had done for Moses, and for Israel his people, and that the LORD had brought Israel out of Egypt. … And if thou wilt make me an altar of stone, thou shalt not build it of hewn stone: for if thou lift up thy tool upon it, thou hast polluted it. Neither shalt thou go up by steps unto mine altar, that thy nakedness be not discovered thereon.

7

Now these are the judgments which thou shalt set before them. If thou buy an Hebrew servant six years he shall serve: and in the seventh he shall go out free for nothing. … And the sight of the glory of the LORD was like devouring fire on the top of the mount in the eyes of the children of Israel. And Moses went into the midst of the cloud, and gat him up into the mount: and Moses was in the mount forty days and forty nights.

8

And the LORD spake unto Moses, saying, Speak unto the children of Israel, that they bring me an offering: of every man that giveth it willingly with his heart ye shall take my offering. … The length of the court shall be an hundred cubits, and the breadth fifty every where, and the height five cubits of fine twined linen, and their sockets of brass. All the vessels of the tabernacle in all the service thereof, and all the pins thereof, and all the pins of the court, shall be of brass.

9

And thou shalt command the children of Israel, that they bring thee pure olive oil beaten for the light, to cause the lamp to burn always. … And Aaron shall make an atonement upon the horns of it once in a year with the blood of the sin offering of atonements: once in the year shall he make atonement upon it throughout your generations: it is most holy unto the LORD.

Nachkommen. Hochheilig ist der Altar dem HERRN.

10

Und der HERR redete mit Mose und sprach: Wenn du die Israeliten zählst, so soll ein jeder dem HERRN ein Sühnegeld geben, um sein Leben auszulösen, damit ihnen nicht eine Plage widerfahre, wenn sie gezählt werden. ... Da sahen die Israeliten, wie die Haut seines Angesichts glänzte. Dann tat er die Decke auf sein Angesicht, bis er wieder hineinging, mit ihnen zu reden.

11

Und Mose versammelte die ganze Gemeinde der Israeliten und sprach zu ihnen: Dies ist's, was der HERR geboten hat, dass ihr es tun sollt: Sechs Tage sollt ihr arbeiten, den siebenten Tag aber sollt ihr heilig halten als einen Sabbat völliger Ruhe, heilig dem HERRN. Wer an diesem Tag arbeitet, soll sterben. ... Und alle Zeltpflöcke der Wohnung und des Vorhofs ringsherum waren aus Kupfer.

12

Dies ist die Summe der Aufwendungen für die Wohnung des Gesetzes, die nach dem Gebot des Mose errechnet wurde von den Leviten unter der Leitung Itamars, des Sohnes Aarons, des Priesters. ... Und immer, wenn die Wolke sich erhob von der Wohnung, brachen die Israeliten auf, solange ihre Wanderung währte. Wenn sich aber die Wolke nicht erhob, so zogen sie nicht weiter bis zu dem Tag, an dem sie sich erhob. Denn die Wolke des HERRN war bei Tage über der Wohnung, und bei Nacht ward sie voll Feuers vor den Augen des ganzen Hauses Israel, solange die Wanderung währte.

Kapitel III
1

Und der HERR rief Mose und redete mit ihm aus der Stiftshütte und sprach: Rede mit den Israeliten und sprich zu ihnen: Wer unter euch dem HERRN ein Opfer darbringen will, der bringe es von dem Vieh, von Rindern oder von Schafen und Ziegen. ... So soll der Priester

10

And the LORD spake unto Moses, saying, when thou takest the sum of the children of Israel after their number, then shall they give every man a ransom for his soul unto the LORD, when thou numberest them; that there be no plague among them, when thou munberest them. ... And the children of Israel saw the face of Moses, that the skin of Moses' face shone: and Moses put the vail upon his face again, until he went to speak with him.

11

And Moses gathered all the congregation of the children of Israel together, and said unto them, These are the words which the LORD hath commanded, that ye should do them. Six days shall work be done, but on the seventh day there shall be to you an holy day, a sabbath of rest to the LORD: whosoever doeth work therein shall be put to death. ... And all the pins of the tabernacle, and of the court round about, were of brass.

12

This is the sum of the tabernacle, even of the tabernacle of testimony, as it was counted, according to the commandment of Moses, for the service of the Levites, by the hand of Ithamar, son to Aaron the priest. ... And when the cloud was taken up from over the tabernacle, the children of Israel went onward in their journeys: But if the cloud were not taken up, then they journeyed not till the day that it was taken up. For the cloud of the LORD was upon the tabernacle by day, and fire was on it by night, in the sight of all the house of Israel, throughout all their journeys.

Chapter III
1

And the LORD called unto Moses and spake unto him out of the tabernacle of the congregation, saying, Speak unto the children of Israel, and say unto them, If any man of you bring an offering unto the LORD, ye shall bring your offering of the cattle, even of the herd, and of the flock.

die Sühnung für ihn vollziehen vor dem HERRN und ihm wird alles vergeben, was er getan und womit er sich verschuldet hat.

2

Und der HERR redete mit Mose und sprach: Gebiete Aaron und seinen Söhnen und sprich: Dies ist das Gesetz über das Brandopfer. Das Brandopfer soll bleiben auf dem Herd des Altars die ganze Nacht bis zum Morgen, und es soll des Altars Feuer brennend darauf erhalten werden. … Und Aaron und seine Söhne taten alles, was der HERR durch Mose geboten hatte.

3

Und am achten Tage rief Mose Aaron und seine Söhne und die Ältesten in Israel. … Das ist das Gesetz von den vierfüßigen Tieren und Vögeln und von allen Tieren, die sich regen im Wasser, und von allen Tieren, die auf der Erde kriechen, auf dass ihr unterscheidet, was unrein und rein ist und welches Tier man essen und welches man nicht essen darf.

4

Und der HERR redete mit Mose und sprach: Das ist das Gesetz über die aussätzigen Stellen an Kleidern, sie seien wollen oder leinen, an Gewebtem oder an Gewirktem und an allerlei Lederwerk, wie sie rein oder unrein zu sprechen sind.

5

Und der HERR redete mit Mose und sprach: Dies ist das Gesetz über den Aussätzigen, wenn er gereinigt werden soll. Er soll zum Priester kommen, und der Priester soll aus dem Lager gehen und feststellen, dass die kranke Stelle am Aussätzigen heil geworden ist. … Das ist das Gesetz über den, der einen Ausfluss hat und dem der Same im Schlaf abgeht, dass er unrein davon wird, und über die, die ihren Blutfluss hat, und wer sonst einen Ausfluss hat, es sei Mann oder Frau, und wenn ein Mann bei einer Unreinen liegt.

… and the priest shall make an atonement for him as concerning his sin, and it shall be forgiven him.

2

And the LORD spake unto Moses, saying, Command Aaron and his sons, saying, This is the law of the burnt offering: It is the burnt offering because of the burning upon the altar all night unto the morning, and the fire of the altar shall be burning in it. So Aaron and his sons did all the things which the LORD commanded by the hand of Moses.

3

And it came to pass on the eighth day that Moses called Aaron and his sons, and the elders of Israel. …This is the law of the beasts, and of the fowl, and of every living creature that moveth in the waters, and of every creature that creepeth on the earth. To make a difference between the unclean and the clean, and between the beast that may be eaten and the beast that may not be eaten.

4

And the LORD spake unto Moses, saying, This is the law of the plague of leprosy in a garment of woolen or linen, either in the warp, or woof, or any thing of skins, to pronounce it clean, or to pronounce it unclean.

5

And the LORD spake unto Moses, saying, This shall be the law of the leper in the day of his cleansing: He shall be brought unto the priest: And the priest shall go forth out of the camp; and the priest shall look, and behold, if the plague of leprosy be healed in the leper.

This is the law of him that hath an issue, and of him whose seed goeth from him, and is defiled therewith; And of her that is sick of her flowers, and of him that hath an issue, of the man, and of the woman, and of him that lieth with her that is unclean.

6

Und der HERR redete mit Mose, nachdem die zwei Söhne Aarons gestorben waren, als sie vor dem HERRN opferten. ... Denn alle, die solche Greuel tun, werden ausgerottet werden aus ihrem Volk. Darum haltet meine Satzungen, dass ihr nicht tut nach den schändlichen Sitten derer, die vor euch waren, und dadurch unrein werdet; ich bin der HERR, euer Gott.

7

Auch soll euch dies eine ewige Ordnung sein: Am zehnten Tage des siebenten Monats sollt ihr fasten und keine Arbeit tun, weder ein Einheimischer noch ein Fremdling unter euch. ... Denn an diesem Tage geschieht eure Entsühnung, dass ihr gereinigt werdet; von allen euren Sünden werdet ihr gereinigt vor dem HERRN. Darum soll es euch ein hochheiliger Sabbat sein, und ihr sollt fasten. Eine ewige Ordnung sei das.

8

Und der HERR redete mit Mose und sprach: Wenn ein Mann oder eine Frau Geister beschwören oder Zeichen deuten kann, so sollen sie des Todes sterben; man soll sie steinigen; ihre Blutschuld komme über sie.

9

Und der HERR sprach zu Mose: Sage den Priestern, den Söhnen Aarons, und sprich zu ihnen: Ein Priester soll sich an keinem Toten seines Volks unrein machen. ... Es soll ein und dasselbe Recht unter euch sein für den Fremdling wie für den Einheimischen; ich bin der HERR, euer Gott. Mose aber sagte es den Israeliten, und sie führten den Flucher hinaus vor das Lager und steinigten ihn. So taten die Israeliten, wie der HERR es Mose geboten hatte.

10

Und der HERR sprach zu Mose auf dem Berge Sinai: Rede mit den Israeliten und sprich zu ihnen: Wenn ihr in das Land kommt, das ich euch geben werde, so soll das Land dem HERRN einen Sabbat feiern. Sechs Jahre sollst du dein Feld besäen und sechs Jahre deinen

6

And the LORD spake unto Moses after the death of the two sons of Aaron, when they offered before the LORD, and died. For whosoever shall commit any of these abominations, even the souls that commit them shall be cut off from among their people. Therefore shall ye keep mine ordinance, that ye not commit any one of these abominable customs, which were committed before you, and that ye defile not yourselves therein: I am the LORD your God.

7

And this shall be a statute for ever unto you: that in the seventh month, on the tenth day of the month, ye shall afflict your souls, and do no work at all, whether it be one of your own country, or a stranger that sojourneth among you; For on that day, shall the priest make an atonement for you, to cleanse you, that ye may be clean from all your sins before the LORD. It shall be a Sabbath of rest unto you, and ye shall afflict your souls, by a statute for ever.

8

And the LORD spake unto Moses, saying: A man also that hath a familiar spirit, or that is a wizard, shall surely be put to death: they shall stone them with stones: their blood shall be upon them.

9

And the LORD said unto Moses, Speak unto the priests the sons of Aaron, and say unto them, There shall none be defiled for the dead among his people. ... Ye shall have one manner of law, as well for the stranger, as for one of your own country: for I am the LORD your God. And Moses spake unto the children of Israel, that they should bring forth him that had cursed out of the camp, and stone him with stones. And the children of Israel did as the LORD commanded Moses.

10

And the LORD spake to Moses in mount Sinai, saying, Speak unto the children of Israel, and say unto them, When ye come into the land

Weinberg beschneiden und die Früchte ein-sammeln. ... Haltet meine Sabbate und habt Ehrfurcht vor meinem Heiligtum. Ich bin der HERR.

11

Werdet ihr in meinen Satzungen wandeln und meine Gebote halten und tun, so will ich euch Regen geben zur rechten Zeit, und das Land soll sein Gewächs geben und die Bäume auf dem Felde ihre Früchte bringen. Und die Dreschzeit soll reichen bis zur Weinernte, und die Weinernte soll reichen bis zur Zeit der Saat. Und ihr sollt Brot in Fülle haben und sollt sicher in eurem Lande wohnen.

12

Man soll nicht fragen, ob es gut oder schlecht sei, man soll's auch nicht auswechseln. Wenn es aber jemand auswechselt, soll beides heilig sein und darf nicht abgelöst werden. Das sind die Gebote, die der HERR dem Mose gebot für die Israeliten auf dem Berge Sinai.

Kapitel IV
1

Und der HERR redete mit Mose in der Wüste Sinai in der Stiftshütte am ersten Tage des zweiten Monats im zweiten Jahr, nachdem sie aus Ägyptenland gezogen waren, und sprach: Sie aber sollen nicht selbst hineingehen, auch nur einen Augenblick das Heilige zu schauen, dass sie nicht sterben.

2

Und der HERR redete mit Mose und sprach: Nimm auch die Summe der Söhne Gerschon auf nach ihren Sippen und Geschlechtern. ... Seine Gabe war eine silberne Schüssel, hundert-dreißig Lot schwer, eine silberne Schale, siebzig Lot schwer nach dem Gewicht des Heiligtums, beide voll feinstem Mehl, mit Öl vermengt, zum Speisopfer.

3

Und der HERR redete mit Mose und sprach: Sage Aaron und seinen Söhnen und sprich: So sollt ihr sagen zu den Israeliten, wenn ihr sie

which I give you, then shall the land keep a sabbath unto the LORD. Six years thou shalt sow thy field, and six years thou shalt prune thy vineyard ... Ye shall keep my sabbath, and reverence my sanctuary: I am the LORD.

11

If ye walk in my statutes, and keep my com-mandments, and do them; Then I will give you rain in due season, and the land shall yield her increase, and the trees of the field shall yield their fruit. And your threshing shall reach unto the vintage, and the vintage shall reach unto the sowing time: and ye shall eat your bread to the full, and dwell in your land safely.

12

He shall not search whether it be good or bad, neither shall he change it: and if he change it at all, then both it and the change thereof shall be holy; it shall not be redeemed. These are the commandments, which the LORD commanded Moses for the children of Israel in mount Sinai.

Chapter IV
1

And the LORD spake unto Moses in the wilderness of Sinai, in the tabernacle of the con-gregation, on the first day of the second month, in the second year after they were come out of the land of Egypt, saying: But they shall not go in to see when the holy things are uncovered, lest they die.

2

And the LORD spake unto Moses, saying, Take also the sum of the sons of Gershon, throughout the houses of their fathers, by their families. ... His offering was one silver charger, the weight whereof was an hundred and thirty shekels, one silver bowl of seventy shekels, after the shekel of the sanctuary; both of them full of fine flour mingled with oil for a meat offering.

3

And the LORD spake unto Moses, saying, Speak unto Aaron and his sons, saying, On this wise shall ye bless the children of Israel, saying

segnet: Der HERR segne dich und behüte dich; der HERR lasse sein Angesicht leuchten über dir und sei dir gnädig; der HERR hebe sein Angesicht über dich und gebe dir Frieden. Denn ihr sollt meinen Namen auf die Israeliten legen, dass ich sie segne.

4

Und der HERR redete mit Mose und sprach: Rede mit Aaron und sprich zu ihm: Wenn du die Lampen aufsetzt, sollst du sie so setzen, dass sie alle sieben von dem Leuchter nach vorwärts scheinen. Und Aaron tat so und setzte die Lampen auf, dass sie von dem Leuchter nach vorwärts schienen, wie der HERR es Mose geboten hatte. ... Danach brach das Volk von Hazerot auf und lagerte sich in der Wüste Paran.

5

Und der HERR redete mit Mose und sprach: Sende Männer aus, die das Land Kanaan erkunden, das ich den Israeliten geben will, aus jedem Stamm ihrer Väter je einen Mann, lauter Älteste.

6

Und dazu sollen die Quasten euch dienen: sooft ihr sie anseht, sollt ihr an alle Gebote des Herrn denken und sie tun, damit ihr euch nicht von eurem Herzen noch von euren Augen verführen lässt und abgöttisch werdet, sondern ihr sollt an alle meine Gebote denken und sie tun, dass ihr heilig seid eurem Gott. Ich bin der HERR, euer Gott, der euch aus Ägyptenland geführt hat, dass ich euer Gott sei, ich, der HERR, euer Gott.

7

Und Korach, der Sohn Jizhars, des Sohnes Kehats, des Sohnes Levis, dazu Datan und Abiram, die Söhne Eliabs, und On, der Sohn Pelets, die Söhne Rubens. ... Ihr dürft es essen an allen Orten, ihr und eure Kinder; denn es ist euer Lohn für euer Amt an der Stiftshütte. Ihr werdet dabei nicht Sünde auf euch laden, wenn ihr das Beste davon abgebt, und werdet nicht entweihen die heiligen Gaben der Israeliten und nicht sterben.

unto them, The LORD bless thee and keep thee: The LORD make his face to shine upon thee, and be gracious unto thee: The LORD lift up his countenance upon thee, and give thee peace. And they shall put my name upon the children of Israel; and I will bless them.

4

And the LORD spake unto Moses, saying, Speak unto Aaron and say unto him, When thou lightest the lamps, the seven lamps shall give light over against the candlestick. And Aaron did so; he lighted the lamps thereof over against the candlestick, as the LORD commanded Moses. And afterward the people removed from Hazeroth, and pitched in the wilderness of Paran.

5

And the LORD spake unto Moses, saying, Send thou men, that they may search the land of Canaan, which I give unto the children of Israel: of every tribe of their fathers shall ye send a man, every one a ruler among men.

6

And it shall be unto you for a fringe, that ye may look upon it, and remember all the commandments of the LORD, and do them; and that ye seek not after your own eyes, after which ye use to go a whoring: That ye may remember, and do all my comandments, and be holy unto your God. I am the LORD your God, which brought you out of the land of Egypt, to be your God: I am the LORD your God.

7

And Korah, the son of Izhar, the son of Kohath, the son of Levi, and Dathan and Abiram, the sons of Eliab, and On, the son of Peleth, sons of Reuben. ... And ye shall eat it in every place, ye and your households: for it is your reward for your service in the tabenacle of the congregation.And ye shall bear no sin by reason of it, when ye have heaved from it the best of it: neither shall ye pollute the holy things of the children of Israel, lest ye die.

8

Und der HERR redete mit Mose und Aaron und sprach: Dies ist die Ordnung des Gesetzes, das der HERR geboten hat: Sage den Israeliten, dass sie zu dir führen eine rötliche Kuh ohne Fehler, an der kein Gebrechen ist und auf die noch nie ein Joch gekommen ist. … Danach zogen die Israeliten weiter und lagerten sich im Jordantal der Moabiter gegenüber Jericho.

9

Und Balak, der Sohn Zippors, sah alles, was Israel den Amoritern angetan hatte. Und die Moabiter fürchteten sich sehr vor dem Volk, dass so groß war, und den Moabitern graute vor den Israeliten. … Es waren aber durch die Plage getötet worden vierundzwanzigtausend.

10

Und der HERR redete mit Mose und sprach: Pinhas, der Sohn Eleasars, des Sohnes des Priesters Aaron, hat meinen Grimm von den Israeliten gewendet durch seinen Eifer um mich, dass ich nicht in meinem Eifer die Israeliten vertilgte. Darum sage: Siehe, ich gebe ihm meinen Bund des Friedens. … Und Mose sagte zu den Israeliten alles, was ihm der HERR geboten hatte.

11

Und Mose redete mit den Häuptern der Stämme Israels und sprach: Dies ist's, was der HERR geboten hat: Wenn jemand dem HERRN ein Gelübde tut oder einen Eid schwört, dass er sich zu etwas verpflichten will, so soll er sein Wort nicht brechen, sondern alles tun, wie es über seine Lippen gegangen ist. … Jaïr aber, der Sohn Manasses, ging hin und eroberte ihre Dörfer und nannte sie „Dörfer Jaïrs". Nobach ging hin und eroberte Kenat mit seinen Ortschaften und nannte es Nobach nach seinem Namen.

12

Dies sind die Lagerplätze der Israeliten, als sie aus Ägypten gezogen sind mit ihrem Heer unter Mose und Aaron. Und Mose schrieb auf nach dem Befehl des HERRN ihre Wanderungen nach ihren Lagerplätzen. Dies sind ihre

8

And the LORD spake unto Moses and unto Aaron, saying, This is the ordinance of the law which the LORD hath commanded, saying, Speak unto the children of Israel, that they bring thee a red heifer without spot, wherein is no blemish, and upon which never came yoke. … And the children of Israel set forward, and pitched in the plains of Moab on this side Jordan by Jericho.

9

And Balak the son of Zippor saw all that Israel had done to the Amorites. And Moab was sore afraid of the people, because they were many: and Moab was distressed because of the children of Israel. … And those that died in the plague were twenty and four thousand.

10

And the LORD spake unto Moses, saying, Phineas, the son of Eleazar, the son of Aaron the priest, hath turned my wrath away from the children of Israel, while he was zealous for my sake among them, that I consumed not the children of Israel in my jealousy. Wherefore say, Behold, I give unto him my covenant of peace. … And Moses told the children of Israel according to all that the LORD commanded Moses.

11

And Moses spake unto the heads of the tribes concerning the children of Israel, saying, This is the thing which the LORD hath commanded. If a man vow a vow unto the LORD, or swear an oath to bind his soul with a bond; he shall not break his word, he shall do according to all that proceedeth out of his mouth. … And Jair the son of Manasseh went and took the small towns thereof, and called them Havoth-jair. And Nobath went and took Kenath, and the villages thereof, and called it Nobath, after his own name.

12

These are the journeys of the children of Israel, which went forth out of the land of Egypt with their armies under the hand of Moses and Aaron. And Moses wrote their goings out

Lagerplätze auf ihren Wanderungen: ... Das sind die Gebote und Rechte, die der HERR durch Mose den Israeliten gebot im Jordantal der Moabiter gegenüber Jericho.

KAPITEL V

1

Dies sind die Worte, die Mose zu ganz Israel redete jenseits des Jordans in der Wüste, im Jordantal gegenüber Suf, zwischen Paran und Tofel, Laban, Hazerot und Di-Sahab. Elf Tagesreisen weit ist es vom Horeb bis Kadesch-Barnea auf dem Wege zum Gebirge Seïr. ... Fürchtet euch nicht vor ihnen; denn der HERR, euer Gott, streitet für euch.

2

Und ich bat den HERRN zur selben Zeit und sprach: Und vergilt ins Angesicht denen, die ihn hassen, und bringt sie um und säumt nicht, zu vergelten ins Angesicht denen, die ihn hassen. So halte nun die Gebote und die Gesetze und Rechte, die ich dir heute gebiete, dass du danach tust.

3

Höre, Israel, der HERR ist unser Gott, der HERR allein. Und du sollst den HERRN, deinen Gott, liebhaben von ganzem Herzen, von ganzer Seele und mit all deiner Kraft. ... Und sollst sie deinen Kindern einschärfen und davon reden, wenn du in deinem Hause sitzt oder unterwegs bist, wenn du dich niederlegst oder aufstehst. Und du sollst sie binden zum Zeichen auf deine Hand, und sie sollen dir ein Merkzeichen zwischen deinen Augen sein, und du sollst sie schreiben auf die Pfosten deines Hauses und an die Tore.

4

Und wenn ihr diese Rechte hört und sie haltet und danach tut, so wird der HERR, dein Gott, auch halten den Bund und die Barmherzigkeit, wie er deinen Vätern geschworen hat. ... Niemand wird euch widerstehen können. Furcht und Schrecken vor euch wird der HERR über alles Land kommen lassen, das ihr betretet, wie er euch zugesagt hat.

according to their journeys by the commandment of the LORD: and these are their journeys according to their goings out. ... These are the commandments and the judgments, which the LORD commanded by the hand of Moses unto the children of Israel in the plains of Moab by Jordan near Jericho.

CHAPTER V

1

These be the words which Moses spake unto all Israel on this side Jordan in the wilderness, in the plain over against the Red sea, between Paran, and Tophel, and Laban, and Ha-zeroth, and Diza-hab. (There are eleven days journey from Horeb by the way of mount Seir unto Kadesh-barne-a.) ... Ye shall not fear them, for the LORD your God he shall fight for you.

2

And I besought the LORD at that time, saying ... And repayeth them that hate him to their face, to destroy them: he will not be slack to him that hateth him, he will repay him to his face. Thou shalt therefore keep the commandments, and the statutes, and the judgments, which I command thee this day, do them.

3

Hear, o Israel: The LORD our God is one LORD: And thou shalt love the LORD thy God with all thine heart, and with all thy soul, and with all thy might. ... And thou shalt teach them didligently unto thy children, and shalt talk of them when thou sittest in thine house, and when thou walkest by the way, and when thou risest up. And thou shalt bind them for a sign upon thine hand, and they shall be as frontlets between thine eyes. And thou shalt write them upon the posts of thy house, and on thy gates.

4

Wherefore it shall come to pass, if ye hearken to these judgments, and keep, and do them, that the LORD thy God shall keep unto thee the covenant and the mercy which he sware unto thy fathers. ... There shall no man be able to

5

Siehe, ich lege euch heute vor den Segen und den Fluch… … Dreimal im Jahr soll alles, was männlich ist in deiner Mitte, vor dem HERRN, deinem Gott, erscheinen, an der Stätte, die der HERR erwählen wird: zum Fest der ungesäuerten Brote, zum Wochenfest und zum Laubhüttenfest. Sie sollen aber nicht mit leeren Händen vor dem HERRN erscheinen, sondern ein jeder mit dem, was er zu geben vermag, nach dem Segen, den dir der HERR, dein Gott, gegeben hat.

6

Richter und Amtleute sollst du dir bestellen in allen Toren deiner Städte, die dir der HERR, dein Gott, geben wird, in jedem deiner Stämme, dass sie das Volk richten mit gerechtem Gericht. Du sollst das Recht nicht beugen und sollst auch die Person nicht ansehen und keine Geschenke nehmen; denn Geschenke machen die Weisen blind und verdrehen die Sache der Gerechten. … So sollst du das unschuldig vergossene Blut aus deiner Mitte wegtun, damit du handelst, wie es recht ist vor den Augen der HERRN.

7

Wenn du in einen Krieg ziehst gegen deine Feinde und der HERR, dein Gott, gibt sie dir in deine Hände, dass du Gefangene von ihnen wegführst, … Wenn nun der HERR, dein Gott, dich vor allen deinen Feinden ringsumher zur Ruhe bringt im Lande, das dir der HERR, dein Gott, zum Erbe gibt, es einzunehmen, so sollst du die Erinnerung an die Amalekiter austilgen unter dem Himmel. Das vergiss nicht!

8

Wenn du in das Land kommst, das dir der HERR, dein Gott, zum Erbe geben wird, und es einnimmst und darin wohnst, … und ihr Land eingenommen und zum Erbteil gegeben den Rubenitern und Gaditern und dem halben Stamm Manasse. So haltet nun die Worte dieses Bundes und tut danach, auf dass ihr glücklich ausrichten könnt all euer Tun.

stand before you: for the LORD your God shall lay the fear of you and the dread of you upon all the land that ye shall tread upon, as he hath said unto you.

5

Behold, I set before you this day a blessing and a curse; Three times in a year shall all thy males appear before the LORD thy God in the place which the LORD shall choose; for the feast of unleavened bread, and in the feast of weeks, and in the feast of tabernacles: and they shall not appear before the LORD empty: Every man shall give as he is able, according to the blessing of the LORD thy God which he hath given thee.

6

Judges and officers shalt thou make thee in all thy gates, which the LORD thy God giveth thee, throughout thy tribes: and they shall judge the people with just judgment. Thou shalt not wrest judgment; thou shalt not respect persons, neither take a gift: for a gift doth blind the eyes of the wise, and pervert the words of the righteous. … So shalt thou put away the guilt of innocent blood from among you, when thou shalt do that which is right in the sight of the LORD.

7

When thou goest forth to war against thine enemies, and the LORD thy God hath delivered them into thine hands, and thou hast taken them captive. … Therefore it shall be, when the LORD thy God hath given thee rest from all thine enemies round about, in the land which the LORD thy God giveth thee for an inheritance to possess it, that thous shalt blot out the remembrance of Amolek from under heaven; thou shalt not forget it.

8

And it shall be, when thou art come unto the land which the LORD thy God giveth thee for an inheritance, and possessest it, and dwelleth therein. … And we took their land, and gave it for an inheritance unto the Reubenites, and to the Gadites, and to the half-tribe of Ma-nasseh. Keep therefore the words of this covenant, and do them, that ye may prosper in all that ye do.

9

Ihr steht heute alle vor dem HERRN, eurem Gott, die Häupter eurer Stämme, eure Ältesten, eure Amtleute, jeder Mann Israel, … indem ihr den HERRN, euren Gott, liebt und seiner Stimme gehorcht und ihm anhanget. Denn das bedeutet für dich, dass du lebst und alt wirst und wohnen bleibst in dem Lande, das der HERR deinen Vätern Abraham, Isaak und Jakob geschworen hat, ihnen zu geben.

10

Und Mose ging hin und redete diese Worte mit ganz Israel und sprach zu ihnen: Ich bin heute hundertundzwanzig Jahre alt, ich kann nicht mehr aus- und eingehen. Dazu hat der HERR zu mir gesagt: Den Jordan hier sollst du nicht überschreiten! … Und Mose trug vor den Ohren der ganzen Gemeinde Israel dies Lied bis zum letzten Wort vor:

11

Merkt auf, ihr Himmel, ich will reden, und die Erde höre die Rede meines Mundes. Meine Lehre rinne wie der Regen, und meine Rede riesele wie Tau, wie der Regen auf das Gras und wie die Tropfen auf das Kraut. Denn ich will den Namen des HERRN preisen. Gebt unserem Gott allein die Ehre! Er ist ein Fels. Seine Werke sind vollkommen; denn alles, was er tut, das ist recht. Treu ist Gott und kein Böses an ihm, gerecht und wahrhaftig ist er. … Denn du sollst das Land vor dir sehen, das ich den Israeliten gebe, aber du sollst nicht hineinkommen.

12

Dies ist der Segen, mit dem Mose, der Mann Gottes, die Israeliten vor seinem Tode segnete. … Und es stand hinfort kein Prophet in Israel auf wie Mose, den der HERR erkannt hätte von Angesicht zu Angesicht, mit all den Zeichen und Wundern, mit denen der HERR ihn gesandt hatte, dass er sie täte in Ägyptenland am Pharao und an allen seinen Großen und an seinem ganzen Lande, mit all der mächtigen Kraft und den großen Schreckenstaten, die Mose vollbrachte vor den Augen von ganz Israel.

9

Ye stand this day all of you before the LORD your God; your captains of your tribes, your elders, and your officcers, with all the men of Israel. … That thou mayest love the LORD thy God, and that thou mayest obey his voice, and that thou mayest cleave unto him: for he is thy life, and the length of thy days: that thou mayest dwell in the land which the LORD sware unto thy fathers, to Abraham, to Isaac, and to Jacob, to give them.

10

And Moses went and spake these words unto all Israel. and he said unto them, I am an hundred and twenty years old this day; I can no more go out and come in: also the LORD hath said unto me, Thou shalt not go over this Jordan. … And Moses spake in the ears of all the congregation of Israel the words of this song until they were ended.

11

Give ear, O ye heavens, and I will speak; and hear, O earth, the words of my mouth. My doctrine shall drop as the rain, my speech shall distil as the dew, as the small rain upon the tender herb, and as the showers upon the grass: Because I will publish the names of the LORD: ascribe ye greatness unto our God. He is the Rock, his work is perfect: for all his ways are judgment: a God of truth and without iniquity, just and right is he. … Yet thou shalt see the land before thee; but thou shalt not go thither unto the land which I give the children of Israel.

12

And this is the blessing, wherewith Moses the man of God blessed the children of Israel before his death. … And there arose not a prophet since in Israel like unto Moses, whom the LORD knew face to face, In all the signs and the wonders, which the LORD sent him to do in the land of Egypt to Pharaoh, and to all his servants, and to all his land. And in all that mighty hand, and in all the great terror which Moses shewed in the sight of all Israel.

Chronologischer Überblick über die Geschichte der Juden in Graz

Chronological Outline of Jewish History in Graz

First historic mention of the "villa ad judeos", the Jewish village of Judendorf near Strassengel, north of Graz	**1147**
Resettlement from Judendorf to Graz; a closed Jewish quarter grows up south of today's Hauptplatz	**After 1160**
First historic mention of Jews in Graz	**1261**
First expulsion of Jews and razing of the Jewish quarter	**1439**
Repeal of the Jewish ban, followed by new settlement	**1447**
Styrian nobles successfully demand second expulsion of Jews	**1497**
Graz is closed to Jews	**1497–1848**
Tempory residence is permitted by court decree of Emperor Josef II, which allows citizens and foreigners of Christian or other religion to buy and sell at fairs	**1783**
Theoretical equality and civil rights for citizens regardless of religion. First settlement of Jews from southern Burgenland; officially they are "in transit."	**1848**
Statutes of the City of Graz are revised; Jews are now legally allowed to spend the night in Graz	**1861**
In the extra rooms of the inns "Zum Luftschützen" and "Zum Hasen," Sabbath services are held	**1861-65**
The *Israelitische Korporation* is chartered.	**1863**
There is a permanent prayer room at the "Coliseum"	**1865-92**
The constitution grants Jews citizenship and equal rights	**1867**
The Israelite Congregation is founded	**1869**
Dedication of the synagogue	**1892**
The congregation reaches its peak size with 1,971 members, or 1.3 percent of the population of Graz. The ceremonial hall is dedicated at the Jew cemetery.	**1910**
The windows of Jewish-owned shops are smashed	**February 14, 1938:**
First wave of arrests	**March 11-12,1938**
Kosher butchering is prohibited	**March 17, 1938**
Membership list and ritual objects are confiscated	**March 21, 1938**
An "Assets Office" is opened to administrate the aryanization of Jewish businesses	**April 26, 1938**
Jews are banned from the swimming pool and the schools, and Jewish clubs are dissolved	**May, 1938**
Jewish doctors are prohibited from practicing medicine	**July 15, 1938**
Jewish lawyers are prohibited from practicing law	**September, 1938**
November pogrom, the "*Reichskristallnacht*." Synagogues and ceremonial halls are destroyed and burned by the SA; more than 300 Jews are taken to Dachau concentration camp	**November 9–10, 1938**
Jewish veterinarians, druggists, and dentists are prohibited from practicing their professions	**January, 1939**
Jewish citizens – 305 people – are driven out of their apartments	**April, 1939**
Graz declares itself "free of Jews."	**Spring, 1940**
Return of a few members of the Jewish community and new beginning	**1945**
Renovation of the prayer room in the city hall	**1969**
A monument is erected	**1988**
Construction of the new synagogue begins	**1998**
Presentation of the new building to the Israelite Congregation	**November 9, 2000**

Abbildungsverzeichnis

Illustration Sources